铁路通信线路

王　邠　李　灿◎主　编
蒋明华◎副主编
李永芳◎主　审

中国铁道出版社有限公司

2024年·北　京

内 容 简 介

本书全面系统地介绍了铁路通信线路的主要技术。全书共九章，主要包括概述，通信电缆的结构、类型及电气参数，通信电缆的接续与接头封合，通信电缆的电气测试，通信电缆芯线障碍检修，光纤和光缆，光纤的连接和测量技术，通信线路的防护与安全作业，通信线路的维护。

本书可作为高等职业院校通信专业教材，也可供从事铁路通信的工程技术人员和管理人员参考。

图书在版编目(CIP)数据

铁路通信线路 / 王邠，李灿主编. —北京：中国铁道出版社有限公司，2024. 5

ISBN 978-7-113-31139-1

Ⅰ.①铁… Ⅱ.①王…②李… Ⅲ.①铁路通信-通信线路-高等职业教育-教材 Ⅳ.①U285. 19

中国国家版本馆 CIP 数据核字(2024)第 068195 号

书　　名：铁路通信线路
作　　者：王　邠　李　灿

责任编辑：亢嘉豪　　　　**电话：**(010) 51873134
封面设计：郑春鹏
责任校对：苗　丹
责任印制：高春晓

出版发行：中国铁道出版社有限公司（100054，北京市西城区右安门西街 8 号）
网　　址：http：//www. tdpress. com
印　　刷：河北宝昌佳彩印刷有限公司
版　　次：2024 年 5 月第 1 版　2024 年 5 月第 1 次印刷
开　　本：787 mm×1 092 mm　1/16　**印张：**15. 25　**字数：**389 千
书　　号：ISBN 978-7-113-31139-1
定　　价：65. 00 元

前言

铁路通信线路是铁路通信网的重要组成部分，是铁路信息化的基础设施，因此，维护通信线路的安全就是保证铁路通信的安全，就是保证行车安全。

本书根据铁路通信信号、信息工作岗位职责，参考通信行业相关标准编写而成，是一本适合于铁路通信专业的教材。本书共分为九章，系统讲述了通信线路维护的各种技术。

第一章主要介绍通信网的构成、通信光电缆线路的现状及发展，通过本章学习，学生可以在宏观上了解通信线路的概况。第二章主要介绍通信对称电缆、同轴电缆的结构、类型及电气特性参数，对双绞线的结构、类型及特性，通过本章学习，学生能够对通信线路的电气特性有深入地理解。第三章主要介绍通信电缆线路的接续与接头封合技术，通过本章学习，学生能够对通信线路接续与接头封合技术的工作方法、步骤及原理有较好的掌握。第四章主要介绍电缆的单盘测试与配盘、用万用表测试电缆线路、电缆的绝缘电阻测试、电缆芯线障碍性质测试、接地电阻测试、通信电缆串音测试等技术。第五章主要介绍电缆线路障碍种类及维护技术要求、电缆线路障碍测试、QJ45 型线路故障测试器测试电缆线路障碍、QTQ02 型电缆探测器测试方法、电缆故障综合测试仪测试芯线障碍、电缆线路障碍的检修等技术。第六章主要介绍光纤通信系统，光纤、光缆、光缆端别与纤序的识别，重点介绍光纤的传输特性、光纤导光原理。第七章主要介绍光纤连接器、光纤熔接、光缆接续、光纤测量等技术。第八章主要介绍通信线路的防护、通信线路工程的安全作业，通过本章学习，学生能够对通信线路的安全生产有深刻的理解。第九章主要介绍通信光电缆线路日常检测、维护及故障处理。

全书由王邠、李灿任主编，蒋明华任副主编，李永芳任主审。在本书编写和审定过程中，提供帮助的还有袁孝钧、王泉啸、邓建芳、龙章勇、张国候、薄宜勇、康瑞锋、李萍、王予平。此外，中国铁路上海局集团公司、中国铁路通信信号集团公司苏州光缆工艺研究所等单位也给予了帮助和支持。在此一并表示感谢！

限于编者水平所限，书中不妥之处在所难免，希望读者给予批评指正。

编　者

2024 年 2 月

目录

第一章 概 述

第一节 通信系统的基本概念

一、通信的概念和通信系统的组成

人们生活在信息的时代，离不开信息的传递与交流。信息具有不同的载体形式，如符号、文字、语言、数据、图像等。信息的传输是利用通信系统来实现的。通信的目的就是传输信息，通信就是信息的传递和交换。通信系统就是用电信号或光信号传递信息的系统，也叫电信系统，其基本组成包括：信源、变换器、信道、反变换器、信宿及噪声源。

信源是指产生各种信息（如语音、文字、图像及数据等）的源头，即原始信息来源。信息源可以是离散的数字信息源，也可以是连续的模拟信息源。它的作用是把各种可能的信息转换成相应的电信号。通常见到的信息源可以是人，也可以是机器（如电话机、摄像机、电传机、计算机和各种数字终端设备等）。

变换器的功能是把信源发出的信息变换成适合在信道上传输的信号，即将信息源产生的消息信号变换为便于传送的信号形式，送往传输媒介。这是因为信息源提供的原始电信号往往不适宜在信道中直接传输。对应不同的信息源和不同的通信系统，变换器有不同的组成和变换功能。例如，模拟电话通信系统中，变换器由送话器和载波机（主要包括放大器、滤波器和调制器）等组成，其中送话器将人发出的语声信号变换为电信号；载波机的作用是将送话器输出的话音信号（频率范围为0.3～3.4 kHz）经过频率搬移、频分复用处理后，变换成适合于在模拟信道上传输的信号。而对于数字电话通信系统，变换器则包括送话器和模/数变换器等，模/数变换器的作用是将送话器输出的模拟语声信号经过模/数变换和时分复用等处理后，变换成适合于在数字信道中传输的信号。

信道是信号传输媒介的总称。信道按传输媒介的种类可以分为有线信道和无线信道。在有线信道中，电磁信号（或光信号）约束在某种传输线（架空明线、电缆或光缆等）上传输；在无线信道中，电磁信号沿空间（大气层、对流层及电离层等）传输。信道如果按传输信号的形式分类，又可以分为模拟信道和数字信道。

反变换器具有与变换器相反的逆变换功能。反变换器的作用是将从信道上接收的信号变换成信息接收者可以接收的信息。它的任务是从带有干扰的信号中正确恢复出原始电信号，对于多路复用信号，还包括解除多路复用，实现正确分路。

信宿是指信息传送的终点，也就是信息接收者，可以是人或机器。受信者与信息源对应构成人与人的通信、机与机的通信、人与机或机与人的通信。

噪声源并不是一个人为实现的实体，但在实际通信系统中又是客观存在的。噪声源是系统内各种干扰影响的等效结果。系统的噪声来自各个部分，从发出信息和接收信息的周围环境、各种设备的电子器件，到信道所受到的外部电磁场干扰，都会对信号形成噪声影响。将系统内所存在的干扰均折合到信道中，用噪声源表示。

二、无线通信和有线通信

为实现长距离、大容量、迅速、准确而可靠的通信，现代通信利用光、电子技术和设备进行。把各种信息变换为电信号则称为“电通信”；把各种信息变换为光信号则称为“光通信”。当前所说的通信，实际上指的就是电通信和光通信，它们均属于现代通信的范畴。电信号是一种电磁波；光信号指光波，其实质是频率极高、波长极短的电磁波。各种通信方式，如电话、电报、传真、电视电话以及数字通信等，都是利用电磁波来传输信息的。

电磁波的传输信道通常有两种方式：一种是沿通信光电缆线路(如架空明线、对称电缆、同轴电缆、光缆等线路)传输，称为有线通信；另一种则是在自由空间传输，称为无线通信。两种方式各有其优缺点。有线通信不易受外界大气条件及电磁波影响，在长距离的传输中通信稳定、可靠、保密性强，且易于沿线分歧复接，故在目前铁路通信系统中，还是以有线通信为主。但有线通信线路的初建费用大，而且建设时间较长。无线通信不需要铺设通信线路，在运行移动中仍可保证不间断的通信，对于加强行车的指挥能力、提高编组效率都有显著作用，而且维护简单、建设较快。因此，铁路无线通信已在长途、站场、施工、养路以及区段通信方面大力发展推广。

目前，国外铁路多数是有线通信与无线通信并用，在同一条铁路上采用几种传输手段。例如，长途通信以光、电缆通信线路作为主要信道，同时用微波线路作为无线迂回通道和部分长途通道。光、电缆线路发生故障时，立即自动转换到无线通道上，以提高通信的可靠性。总之，现代的铁路通信网往往都是有线通信与无线通信兼而有之，互为补充，以使通信更加可靠、灵活、迅速、方便。

第二节　通信网的基本概念

一、通信网的基本结构

通信网是由一定数量的节点和连接节点的传输链路组成，以实现两个或多个点之间信息传输的通信体系。通信网的基本结构主要有网型、星型、复合型、环型和总线型等，如图 1-1 所示。

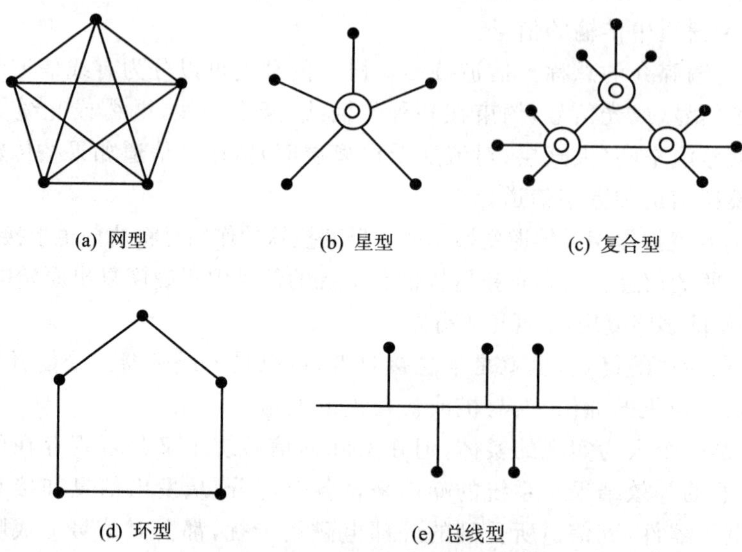

图 1-1　通信网的基本结构形式

网型网是完全互联网结构，网络结构经济性较差，但接续质量和网络稳定性好。具有 N 个节点的星型网共需 $(N-1)$ 条传输链路，N 值较大时会比网型网节省大量的链路，但这种网络因需设置转接中心而增加费用。复合型网是由网型网和星型网综合而成。环型网和总线型网在计算机网络中应用较多，在这两种网中一般传输速率较高。

二、通信网的构成要素

一个完整的通信网包括硬件和软件。

1. 通信网的硬件

通信网的硬件一般由终端设备、传输系统和转接交换系统等三部分电信设备构成，是构成通信网的物理实体。终端设备是通信网的外围设备；传输系统是信息传输通道；转接交换系统完成接入交换节点链路的汇集、转接接续和分配。

2. 通信网的软件

通信网的软件是指为了使全网协调合理地工作，还要有各种规定，如信令方案、各种协议、网络结构、路由方案、技术体制、编号方案、资费制度与质量标准等，这些均属于软件。

三、通信网的类型

1. 按电信业务的性质分为：电话网、电报网、用户电报网、数据通信网、传真通信网、图像通信网、有线电视网等。

2. 按服务地域分为：本地电信网、农村电信网、长途电信网、国际电信网等。

3. 按传输媒介种类分为：架空明线网、电缆通信网、光缆通信网、卫星通信网、无线通信网、低轨道卫星移动通信网等。

4. 按交换方式分为：电路交换网、报文交换网、分组交换网、宽带交换网等。

5. 按结构形式分为：网型网、星型网、环型网、总线型网等。

6. 按信息信号形式分为：模拟通信网、数字通信网、数字/模拟混合网等。

7. 按信息传递方式分为：同步转移模式（STM）的综合业务数字网（ISDN）和异步转移模式（ATM）的宽带综合业务数字网（B-ISDN）等。

8. 按服务对象分为：公用通信网和专用通信网。

四、通信网的质量

1. 一般通信网的质量要求

对一般通信网提出三个要求：接通的任意性与快速性，信号传输的透明性与传输质量的一致性，网络的可靠性与经济合理性。

2. 电话通信网的质量要求

对电话通信网是从以下三个方面提出要求：接续质量、传输质量、稳定质量。

五、现代通信网的构成及发展

1. 现代通信网的构成

一个完整的现代通信网，除了有传递各种用户信息的业务网之外，还需要有若干支撑网。现代通信网的构成如图 1-2 所示。

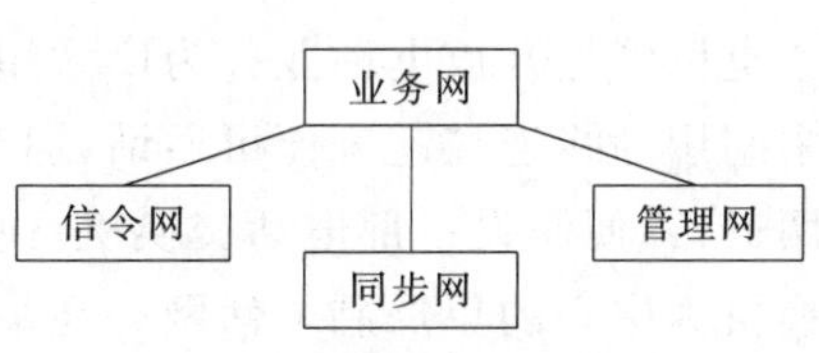

图 1-2 现代通信网的构成

(1)业务网

业务网是向用户提供诸如电话、电报、传真、数据、图像等各种电信业务的网络。业务网包括电话网、数据网、智能网、移动通信网等,可分别提供不同的业务。

(2)支撑网

支撑网是使业务网正常运转,增强网络功能,提高全网服务质量,以满足用户需求的网络。在各个支撑网中传送相应的控制、检测信号。支撑网包括信令网、同步网和电信管理网。

2. 现代通信网的发展

现代通信网的未来发展趋势可概括为"六化",即:

(1)通信技术数字化;

(2)通信业务综合化;

(3)网络互通融合化;

(4)通信网络宽带化;

(5)网络管理智能化;

(6)通信服务个人化。

六、本地电话网的构成

1. 电话通信系统的基本构成

电话通信系统的基本任务是提供从任一个终端到另一个终端传送话音信息的路由,完成信息传输、信息交换,为终端提供良好的服务。电话通信系统的基本构成如图 1-3 所示。

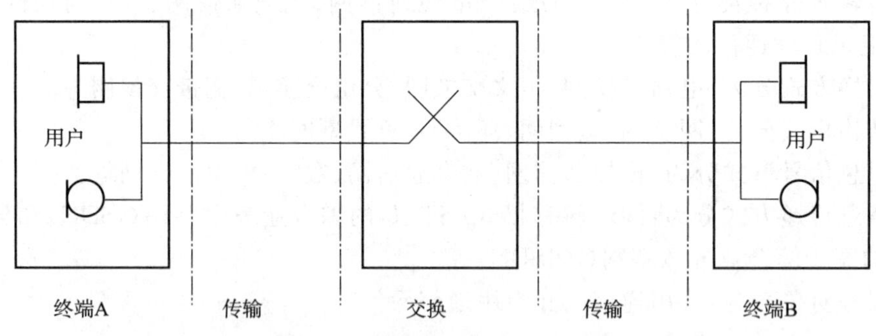

图 1-3　电话通信系统的基本构成

(1)终端设备:在电话业务中,终端设备就是电话机。

(2)传输设备:传输设备是指终端设备与交换中心以及交换中心到交换中心之间的传输线路及其相关设备。

(3)交换设备:交换设备根据主叫终端所发出的选择信号来选择被叫终端,使这两个终端建立连接,然后经过交换设备所连通的路由传递电信号。

2. 电话网的结构

电话网是开放电话业务为广大用户服务的通信网络。最早的电话通信形式只是两部电话机中间用导线连接起来便可通话,但当某一地区电话用户增多时要想使众多用户相互间都能两两通话,便需设一部电话交换机,由交换机完成任意两个用户的连接,这时便形成了一个以交换机为中心的单局制电话网。在某一地区(或城市)随着用户数继续增多,便需建立多个电话局,然后由局间中继线路将各局连接起来,形成多局制电话网。

(1)我国传统的五级电话网结构

电话网基本结构形式分为多级汇接网和无级网两种，过去的电话网络采用多级汇接制。我国传统电话网由四级长途交换中心和一级本地网端局组成五级结构。

其中一、二、三、四级的长途交换中心构成长途电话网，由本地网端局和按需要设置的汇接局组成本地电话网。我国传统电话网的网络结构如图 1-4 所示。电话网的等级分为五级，C1 为大区交换中心，C2 为省交换中心，C3 为地区交换中心，C4 为县交换中心。本地电话网的网络结构一般设置汇接局(Tm)和端局(C5)两个等级。Tm 局可分为市话汇接局、郊区汇接局、农话汇接局等。

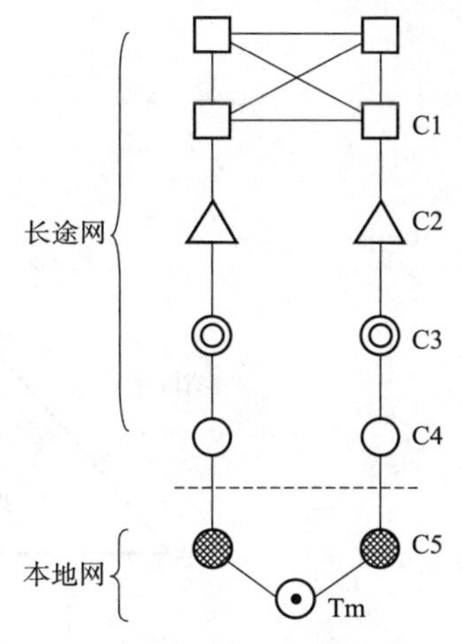

图 1-4 我国传统电话网的网络结构

按电话使用范围分类，电话网可分为：本地电话网、国内长途电话网和国际长途电话网。

①本地电话网

本地电话网是指在一个统一号码长度的编号区内，由端局、汇接局、局间中继线、长市中继线以及用户线、电话机组成的电话网。

②国内长途电话网

国内长途电话网是指全国各城市间用户进行长途通话的电话网，网中各城市都设一个或多个长途电话局，各长途局间由各级长途电路连接起来。

③国际长途电话网

国际长途电话网是指将世界各国的电话网相互连接起来进行国际通话的电话网。为此，每个国家都需设一个或几个国际电话局进行国际去话和来话的连接。一个国际长途通话实际上是由发话国的国内网部分、发话国的国际局、国际电路和受话国的国际局以及受话国的国内网等组成的。

(2)我国现代电话网的三级结构

由于长途交换机容量增加，全国光缆干线建成以及各省内本地网的扩大，我国电信网近年来已将 C1 和 C2、C3 和 C4 合并成同级处理，电话网已由原来的五级交换中心转化为三级交换中心，即由原来的 C1、C2 两级长途交换中心变为一级省际交换中心 DC1，由原来的 C3、C4 两级交换中心组成一级汇接本地网的长途交换中心 DC2。DC1 和 DC2 构成我国两级长途网结构，如图 1-5 所示。

3. 本地电话网

本地电话网是指在一个长途编号区内，由若干端局(或端局与汇接局)、局间中继线、长市中继线及端局用户线所组成的自动电话网。

在一个长途编号区内只有一个本地网，同一个本地网的用户之间呼叫只拨本地电话号码，而呼叫本地网以外的用户则需按长途程序拨号。

我国本地电话网有两种类型：

(1)特大城市、大城市本地电话网；

(2)中、小城市及县本地电话网。

4. 本地电话网的网络结构

程控数字电话交换机和模拟电话交换机已在本地电话网内同时存在，部分本地电话网将

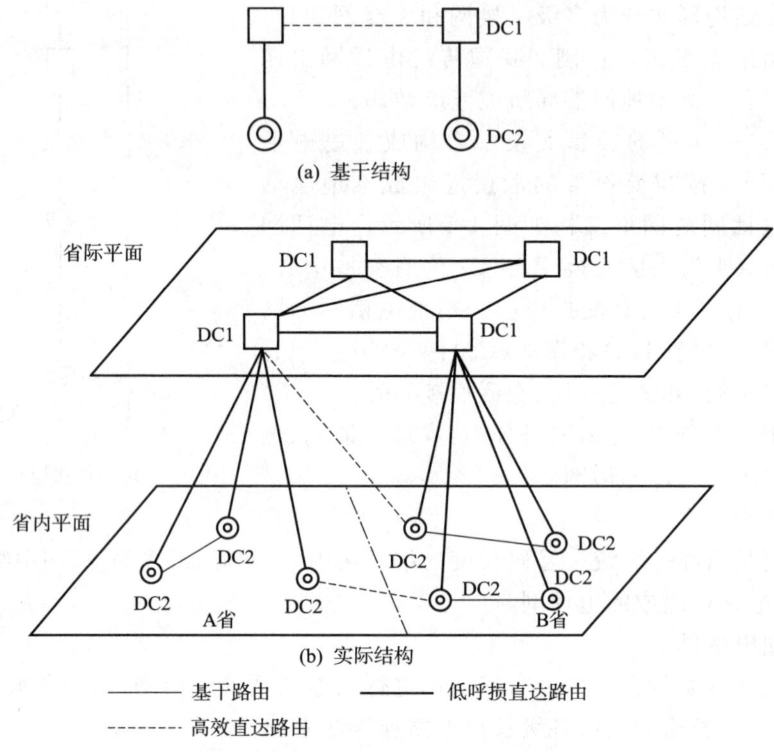

图 1-5　我国长途网的两级网络结构

是数、模混合网的格局。特大城市、大城市数模混合本地电话网一般采用两级网的网络结构，中、小城市及县本地电话网根据服务区的大小和端局的数量可以采用两级网的网络结构或网型网结构。

(1)两级网的网络结构如图 1-6 所示。

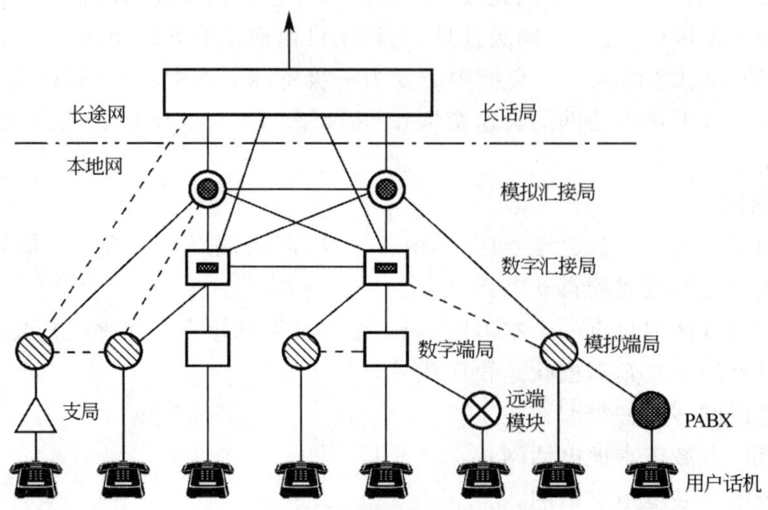

图 1-6　两级网的网络结构

(2)网型网结构如图 1-7 所示。

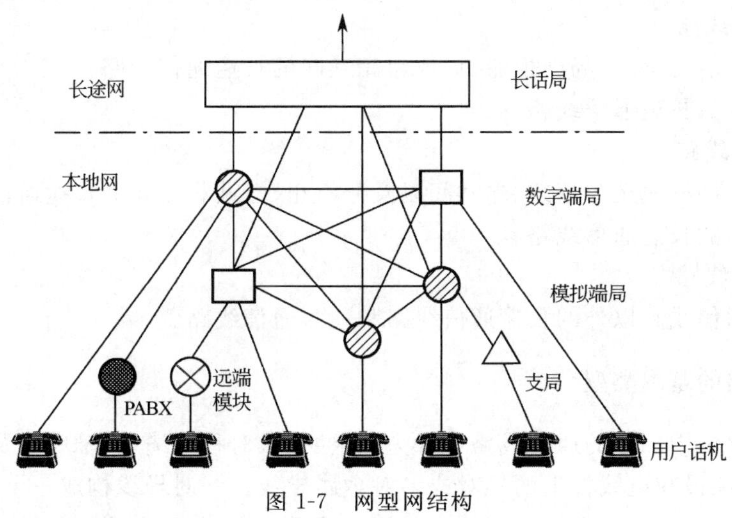

图 1-7 网型网结构

第三节 通信光电缆线路

一、通信光电缆线路的作用

有线通信系统是由通信设备和通信线路组成的。通信线路的作用有两个:一是用来传输电信号或光信号,输送电磁能,借助于通信线路可把各种形式的电、光信号从甲地传到乙地,这是它的信道作用;二是利用通信线路可构成四通八达、安全可靠的通信网。

铁路通信网是由长途通信、地区通信及铁路专用通信组成的整体。国铁集团至各铁路局集团公司之间的通信称为干线通信,铁路局集团公司至站段间的通信称为局间通信,干线通信和局线通信称为干局线长途通信。国铁集团、铁路局集团公司、站段所在本地区通信称为地区通信。长途和地区通信均为一般公务通信,主要用于传达上级指示和铁路各部门进行业务联系。铁路专用通信是直接为铁路运输服务的通信,是直接指挥列车运行、组织铁路运输、服务与运输的第一线的重要工具。铁路专用通信可分为区段通信和站场专用通信两类。利用通信线路可将分布在铁路线上各点的通信设备连接成一个整体,构成一个完整的、灵活的、可靠的铁路通信网。因此,通信线路是通信网中的重要组成部分。

二、对通信光电缆线路的基本要求

通信光电缆线路是光、电信号的信道,为保证通信系统具有较好的通信效果,不仅要有良好的通信设备,还要有高质量的通信光电缆线路。因此对通信光电缆线路的基本要求是:

(1)传输频率要高,频带要尽量宽,衰减要小;

(2)由线路产生的失真要小;

(3)回路间串音要小,对外界干扰的防卫度要高;

(4)尽量减少造价,降低成本。

三、通信线路的等级

铁路通信系统的等级,应根据在铁路通信网中所处的地位和铁路等级两个因素之一确定,特殊情况可由国铁集团具体确定。

1. Ⅰ级通信线路

(1)铁路通信的总枢纽、局间枢纽、局枢纽相互间的长途通信线路；

(2)Ⅰ级铁路的长途通信线路。

2. Ⅱ级通信线路

(1)铁路通信局枢纽至分枢纽、端站间以及分枢纽、端站相互间的长途通信线路；

(2)Ⅱ级铁路的长途通信线路。

3. Ⅲ级通信线路

除Ⅰ、Ⅱ级通信线路以外的长途通信线路和地区通信线路。

四、通信线路的基本类型

目前，有线通信中应用的通信线路可分为架空明线、对称电缆、同轴电缆及光缆四个类型。

架空明线是架设在电线杆上的一对或多对金属导线。一对导线构成一个通信回路。

通信电缆实际上是具有保护外层的相互绝缘的导线束，与架空明线一样，也是由两根导线组成一个通信回路。通信电缆由于结构不同分成对称电缆和同轴电缆。对称通信电缆是用两根或四根互相绝缘的金属导线绞合在一起的结构单元。而同轴电缆的一个通信回路是由一个同轴对构成，即圆柱状的铜导体称作内导体，与内导体同轴线的管状铜导体(或铝导体)称为外导体，内外导体用绝缘体隔开。内外导体构成一个通信回路，内、外导体相当于架空明线或对称电缆的两根导线。

通信光缆的传输元件是光导纤维，简称光纤。光纤是一种特制的可以传导光信号的玻璃纤维。光发射机发射的光信号，经过光纤传输，传送到另一端的接收机，以达到通信的目的。光缆的结构类似电缆，由单根、数根、数十根乃至数百根光纤组成。

第四节　通信电缆的现状

1. 通信电缆的分类、型号及规格

通信电缆是指用于近距音频通信和远距的高频载波和数字通信及信号传输的电缆。根据通信电缆的用途和使用范围，可分为六大系列产品，即市内通信电缆(包括纸绝缘市内话缆、聚烯烃绝缘聚烯烃护套市内话缆)、长途对称电缆(包括纸绝缘高低频长途对称电缆、铜芯泡沫聚乙烯高低频长途对称电缆以及数字传输长途对称电缆)、同轴电缆(包括小同轴电缆、中同轴和微小同轴电缆)、海底电缆(可分对称海底电缆和同轴海底电缆)、光纤电缆(包括传统的电缆型、带状列阵型和骨架型)、射频电缆(包括对称射频和同轴射频)。

通信电缆的种类、型号及规格繁多，主要有聚烯烃绝缘聚烯烃护套市内话缆，导体直径按标准规定采用 0.32 mm、0.40 mm、0.50 mm、0.60 mm 和 0.80 mm。产品型号及规格为 HYA、HYAT、HYAC、HYAGC，其生产范围可根据采用导体直径不同而有差异，总的加工范围是 10～3 000 对。

长途对称电缆的型号有 HEYFL23、HEYFQ23、HEYFQ41 等，其代表规格有 3 组、4 组、7 组、14 组、19 组等。

2. 制造方法及技术指标

不同的电缆，其制造工艺虽有一定的差异，但就其总的加工方法有其共性。为保证电缆的结构尺寸稳定,有良好的电气性能,电缆的生产顺序按其结构采取由内向外进行。整个制造过程,分为绝缘线芯的制造、线组绞合、同轴对的制造、成缆工艺、缆芯干燥、电缆的金属套和外护层的制造。通信电缆的电气技术指标项目多而高。一般的金属缆有导线电阻、绝缘电阻、工作电容、绝缘强度、电容不平衡等要求。对于长途和同轴电缆,除以上要求外,还有端阻抗、阻抗不均匀性、衰减常数、串音等特殊要求。

3. 通信电缆的发展特点

(1)宽带的 HYA 通信电缆需要更好地为数字通信新业务服务

原有的电缆网络虽然可以支持一些数字新业务,但是在实际使用中并不是特别理想,在通信距离、速率及质量上仍有一定的限制。对于新的网络当然是以光纤为主,对于光纤不能达到的地方或因各种原因仍然要新建电缆网络的地区,应该考虑新型宽带结构的 HYA 电缆(铜芯聚乙烯绝缘综合护套市内通信电缆),以便更能符合新业务发展的需要。但 HYA 市话电缆不能达到 5 类电缆的技术要求,户外电缆要实现 5 类电缆的特性,必须通过特殊的设计和制造来达到。但在 20 MHz 以下,所有电缆都显示出充分适宜的传输性能。

(2)超 5 类及 6 类电缆将替代 5 类电缆成为布线系统发展的趋势

随着智能化大楼、智能化建筑小区对宽带布线的要求愈来愈高,超 5 类和 6 类电缆已逐渐成为布线系统中的主流。超 5 类电缆与 5 类电缆的频带都是 100 MHz,但其具有双向通信的能力,用户可以同时收发宽带信息。超 5 类电缆比 5 类电缆在电阻不平衡性、绝缘电阻、对地电容不平衡性、传输速度等指标上都有提高,并且增加了近端串音衰减功率和等电平远端串音功率等一些指标,因此在工艺和结构上要做一定的改进才能达到。6 类电缆在超 5 类的基础上,又提高了传输频带,达到 250 MHz,其相应的指标也有较大的提高。同时,6 类电缆要求不但有严格的工艺,而且不少厂商在结构上也有一定的改进和创新,如采用泡沫皮绝缘芯线或皮泡皮绝缘芯线、骨架式结构隔离线对等都改善了电缆的高频特性。

(3)物理发泡射频同轴电缆及漏泄同轴电缆将具有较好的发展前景

由于移动通信的高速发展,物理发泡射频同轴电缆,特别是超柔形结构的室内电缆、路由连接电缆都有了较大的市场需求。同时,随着移动通信信号覆盖面的不断扩大,基站站数的增多,以及边缘地区(电梯、地铁、地下建筑、高层建筑室内等)对移动信号的要求不断提高,预计这类电缆将会有较好的发展前景。但对电缆指标的要求(如驻波比、屏蔽衰耗等)已明显提高,要求电缆的工艺及结构应不断改进,以与之适应。

第五节 光纤通信的现状

一、光纤技术发展的特点

1. 网络的发展对光纤提出新的要求

下一代传送网要求更高的速率、更大的容量,这非光纤网莫属,但高速骨干传输的发展也对光纤提出了新的要求。

(1)扩大单一波长的传输容量。目前,单一波长的传输容量已达到 40 Gbit/s,并已开始进行 160 Gbit/s 的研究。美国已提出对 40 Gbit/s 系统引入一个新的光纤类别(G. 655. C)的提议,也许不久的将来就会出现一种专门的 40 Gbit/s 光纤类型。

(2)实现超长距离传输。无中继传输是骨干传输网的理想,目前有的公司已能够实现 2 000~5 000 km 的无电中继传输。有的公司正进一步改善光纤指标,采用拉曼光放大技术,可以更大地延长光传输的距离。

(3)适应 DWDM 技术的运用。目前 32×2.5 Gbit/s DWDM 系统已经运用，64×2.5 Gbit/s 及 32×10 Gbit/s 系统已在开发并取得很好的进展。DWDM 系统的大量使用，对光纤的非线性指标提出了更高的要求。ITU-T 对光纤的非线性属性及测试方法的标准(G. 650. 2)也已完成，当光纤的非线性测试指标明确后，对光纤的有效面积将会提出相应指标，特别是对 G. 655 光纤的非线性特性会有进一步改善的要求。

2. 光纤标准的细分促进了光纤的准确应用

2000 年世界电信标准大会批准将原 G. 652 光纤重新分为 G. 652. A、G. 652. 8 和 G. 652. C3 类光纤；将 G. 655 光纤重新分为 G. 655. A 和 G. 655. B 两类光纤。这种光纤标准的细分促进了光纤的准确使用，细化标准的同时也提高了一些光纤的指标要求(如有些光纤几何参数的容差变小)，明确了对不同的网络层次和不同的传输系统中使用的光纤的不同指标要求(如 PMD 值的规定)，并提出了一些新的指标概念(如色散纵向均匀性等)，对合理使用光纤发挥了很好的作用。

3. 新型光纤在不断出现

为了适应市场的需要，光纤的技术指标在不断改进，各种新型光纤在不断涌现，同时各大公司正加紧开发新品种。

(1)用于长途通信的新型大容量长距离光纤。主要是一些有效面积大、色散维护低的新型 G. 655 光纤，其 PMD(偏振模色散)值极低，可以使现有传输系统的容量方便地升级至 10～40 Gbit/s，并便于在光纤上采用分布式拉曼效应放大，使光信号的传输距离大大延长。

(2)用于城域网通信的新型低水峰光纤。城域网设计中需要考虑简化设备和降低成本，还需要考虑非波分复用技术(CWDM)应用的可能性。低水峰光纤在 1 360～1 460 nm 的延伸波段使带宽被大大扩展，使 CWDM 系统被极大地优化，增大了传输信道，增长了传输距离。

(3)用于局域网的新型多模光纤。由于局域网和用户驻地网的高速发展，大量的综合布线系统也采用了多模光纤来代替数字电缆，因此多模光纤的市场份额会逐渐加大。ITU-T 至今未接受 62.5/125 μm 型多模光纤标准，但由于局域网发展的需要，它仍然得到了广泛使用。而 ITU-T 推荐的 G. 651 光纤，即 50/125 μm 的标准型多模光纤，其芯径较小，耦合与连接相应困难一些。针对这些问题，目前有的公司已进行了改进，研制出新型的 50/125 μm 渐变型(G1)光纤，区别于传统的 50/125 μm 光纤纤芯的梯度折射率分布，它将带宽的正态分布进行调整，以配合 850 nm 和 1 300 nm 两个窗口的运用，这种改进可能会为 50/125 μm 光纤在局域网运用找到新的市场。

(4)前途未卜的空芯光纤。从理论上讲，空芯光纤没有纤芯，减小了衰耗，增长了通信距离，防止了色散导致的干扰现象，可以支持更多的波段，并且它允许较强的光功率注入，预计其通信能力可达到目前光纤的 100 倍。

二、光纤通信的发展趋势

1. 向超高速系统的发展

高速系统的出现不仅增加了业务传输容量，而且也为各种各样的新业务，特别是宽带业务和多媒体业务提供了实现的可能。在理论上，高速系统的速率还有望进一步提高，然而采用电的时分复用来提高传输容量的做法已经接近硅和镓砷技术的极限，没有太多潜力可挖，此外，电的 40 Gbit/s 系统在性能价格比及在实用中是否能成功还是个未知因素，因而更现实的出路是转向光的复用方式。光复用方式有很多种，但目前只有波分复用(WDM)方式进入大规模商用阶段，而其他方式尚处于试验研究阶段。

2. 向超大容量 WDM 系统的演进

如果将多个发送波长适当错开的光源信号同时在一根光纤上传送，则可大大增加光纤的信息传输容量，这就是波分复用(WDM)的基本思路。采用波分复用系统的主要好处是：

(1)可以充分利用光纤的巨大带宽资源，使容量可以迅速扩大几倍至上百倍；

(2)在大容量长途传输时可以节约大量光纤和再生器，从而大大降低了传输成本；

(3)与信号速率及电调制方式无关，是引入宽带新业务的方便手段；

(4)利用 WDM 网络实现网络交换和恢复，实现未来透明的、具有高度生存性的光联网。

3. 实现光联网

如果在光路上也能实现类似 SDH 在电路上的分插功能和交叉连接功能，无疑将增加新一层的威力。根据这一基本思路，光的分插复用器(OADM)和光的交叉连接设备(OXC)均已研制成功，并投入商用。实现光联网的基本目的是：

(1)实现超大容量光网络；

(2)实现网络扩展性，允许网络的节点数和业务量的不断增长；

(3)实现网络可重构性，达到灵活重组网络的目的；

(4)实现网络的透明性，允许互联任何系统和不同制式的信号；

(5)实现快速网络恢复，恢复时间可达 100 ms。

4. 新一代的光纤

传统的 G.652 单模光纤在适应超高速长距离传送网络的发展需要方面已表现出力不从心的态势，开发新型光纤已成为开发下一代网络基础设施的重要组成部分。目前，为了适应干线网和城域网的不同发展需要，已出现两种不同的新型光纤，即非零色散光纤(G.655 光纤)和无水吸收峰光纤(全波光纤)。

非零色散光纤的基本设计思想是在 1 550 nm 窗口工作波长区具有合理的较低色散，足以支持 10 Gbit/s 的长距离传输而无需色散补偿，从而节省色散补偿器及其附加光放大器的成本；同时，其色散值又保持非零特性，具有一起码的最小数值[如 2 ps/(nm·km)以上]，足以压制四波混合和交叉相位调制等非线性影响，适宜开通具有足够多波长的 DWDM 系统，同时满足 TDM 和 DWDM 两种发展方向的需要。

与长途网相比，城域网面临更加复杂多变的业务环境，要直接支持大用户，因而需要频繁的业务量疏导和带宽管理能力。但其传输距离却很短，通常只有 50～80 km，因而很少应用光纤放大器，光纤色散也不是问题。显然，在这样的应用环境下，如何才能最经济有效地使业务量上下光纤成为网络设计至关重要的因素。采用具有数百个复用波长的高密集波分复用技术将是一项很有前途的解决方案。此时，可以将各种不同速率的业务量分配给不同的波长，在光路上进行业务量的选路和分插。在这类应用中，开发具有尽可能宽的可用波段的光纤成为关键。目前影响可用波段的主要因素是 1 385 nm 附近的水吸收峰，因而若能设法消除这一水峰，则光纤的有用频谱有望大大扩展。全波光纤就是在这种形势下诞生的。全波光纤采用了一种全新的生产工艺，几乎可以完全消除由水峰引起的衰减。除了没有水峰以外，全波光纤与普通的标准 G.652 匹配包层光纤一样。然而，由于没有了水峰，光纤可以开放第 5 个低损窗口，从而带来一系列好处：

(1)可用波长范围增加 100 nm，使光纤的全部可用波长范围从大约 200 nm 增加到

300 nm，可复用的波长数大大增加；

(2)在上述波长范围内，光纤的色散仅为 1 550 nm 波长区的一半，因而，容易实现高比特率长距离传输；

(3)可以分配不同的业务给最适合这种业务的波长传输，改进网络管理；

(4)当可用波长范围大大扩展后，允许使用波长间隔较宽、波长精度和稳定度要求较低的光源、合波器、分波器和其他元件，使元器件特别是无源器件的成本大幅度下降，这就降低了整个系统的成本。

5. 光接入网

所谓光接入网，从广义上可以包括光数字环路载波系统(ODLC)和无源光网络(PON)两类。数字环路载波系统 DLC 不是一种新技术，但结合了开放接口 VS. 1/V5. 2，并在光纤上传输综合的 DLC(IDLC)，显示了很大的生命力。在无源光网络的发展进程中，近来又出现了一种以 ATM 为基础的宽带无源光网络(APON)，这种技术将 ATM 和 PON 的优势相互结合，传输速率可达 622/155 Mbit/s，可以提供一个经济高效的多媒体业务传送平台并有效地利用网络资源，代表了多媒体接入网发展的一个重要方向。

第二章　通信电缆的结构、类型及电气参数

第一节　通信对称电缆的结构、类型及参数

一、通信对称电缆的结构

1. 缆芯结构

全塑市内通信电缆主要由芯线、缆芯绝缘、缆芯扎带及包带层等组成。

(1)芯线

①芯线结构

芯线由金属导线和绝缘层组成。导线是用来传输电信号的，要求具有良好的导电性能、足够的柔软性和机械强度，同时还要求便于加工、敷设和使用。导线的线质为电解软铜，铜线的线径主要有 0.32 mm、0.4 mm、0.5 mm、0.6 mm、0.8 mm 五种。导线的表面应均匀光滑，无毛刺、裂纹、伤痕和锈蚀等缺陷。

芯线绝缘层简称绝缘，芯线绝缘的优劣对于信号传输及使用是十分重要的。理想的电缆芯线绝缘应具有介电常数低、介质损耗小和绝缘强度高，并具有一定的机械强度、耐老化和性能稳定等特点。

②绝缘材料

全塑市内通信电缆的芯线绝缘主要采用高密度的聚乙烯、聚丙烯或乙烯丙烯共聚物等高分子聚合物，称为聚烯烃塑料。优点是对各种溶剂具有较好的稳定性，防潮性能好，机械强度高，有较好的弹性和延展性，加工方便。

③绝缘结构

全塑市内通信电缆芯线绝缘主要有：

a. 实芯聚烯烃绝缘，如图 2-1(a)所示；

b. 泡沫聚烯烃绝缘，如图 2-1(b)所示；

c. 泡沫/实芯皮聚烯烃绝缘，如图 2-1(c)所示。

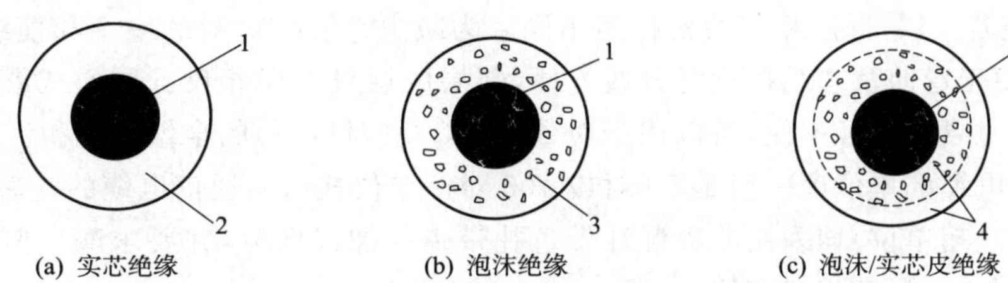

1—金属导线；2—实芯聚烯烃绝缘层；3—泡沫聚烯烃绝缘层；4—泡沫/实芯皮聚烯烃绝缘层。

图 2-1　全塑市内通信电缆芯线绝缘

④芯线扭绞

全塑市内通信电缆线路为双线回路，因此必须构成线对(组)。为了减少线对之间的电磁

耦合，提高线对之间的抗干扰能力，便于电缆弯曲，增加电缆结构的稳定性，线对（或四线组）应进行扭绞。

扭绞是将一对线的两根导线或一个四线组的四根导线均匀地绕着同一轴线旋转。电缆芯线沿轴线旋转一周的纵向长度称为扭绞节距。

芯线扭绞包括对绞和星绞两种，如图 2-2 所示。

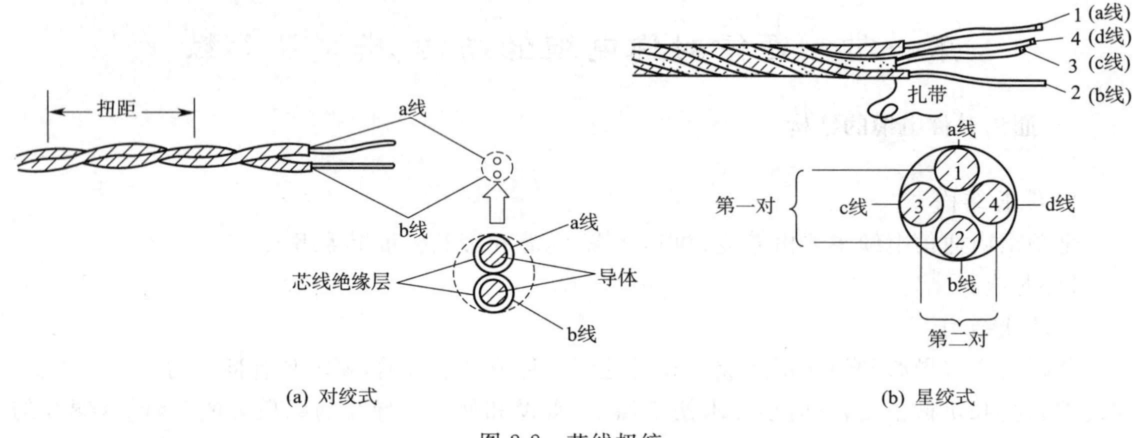

图 2-2　芯线扭绞

对绞式的扭绞节距（简称扭距）在任意一段 3 m 长的线对上均不超过 155 mm，相邻线对的扭距均不相等，电缆制造时要适当搭配，使线对间串音最小。

星绞式的扭绞节距平均长度一般不大于 200 mm，星绞组组内的两对线处于互为对角线的位置，由分布电容构成的电桥接近于平衡，所以串音较小，一般多用于长途通信电缆。线对是传输信号的回路，为了保证导电可靠、绝缘良好、串音最小，扭绞时应使芯线张力不过松或过紧，松紧一致且平衡，便于成缆。

(2)缆芯

芯线扭绞成对（或组）后，再将若干对（或组）按一定规律绞合（即绞缆）成为缆芯。常用的有对绞式缆芯和星绞式缆芯。

①对绞式缆芯

对绞式全塑市内通信电缆的缆芯结构，有同心式、单位式、束绞式和 SZ 绞四种。

a. 同心式缆芯

同心式缆芯也称为层绞式缆芯。中心层一般为 1 对、2 对或 3 对，然后每层大约依次增加 6 个线对，绞绕若干层，同层相邻线对扭距不同。为减少邻层线对间的串音和使线束绞绕得较为紧凑，电缆便于弯曲及芯线接续时分线方便，邻层的层绞方向相反。同心式缆芯结构稳定，但在层数较多时寻找线号不便，所以用于对数较少（800 对以下）的全塑电缆。

普通色谱电缆的单位束一般是 50 对或 100 对。单位式市内通信电缆的缆芯组成单位（子单位、基本单位、超单位）均采用非吸湿性带色扎带疏扎加以区分，并要求颜色鲜明易辨，在规定条件下不褪色，不污染相邻芯线。

组成同一基本单位的子单位，扎带颜色是相同的。当电缆内既有 50 对又有 100 对超单位时，若采用 100 对超单位序号计数，两个 50 对超单位占一个序号；而采用 50 对超单位序号计数时，1 个 100 对超单位则要占用两个序号。全塑市内通信电缆的导线直径与对数见表 2-1。

表 2-1　全塑市内通信电缆的导线直径与对数

导线直径(mm)	0.8	0.6	0.5	0.4	0.32
缆芯中线对数（300 对及以下可以制作成自承式电缆）	10	10	10	10	
	15	15	15	15	
	20	20	20	20	
	30	30	30	30	
	50	50	50	50	
	100	100	100	100	
	200	200	200	200	
	300	300	300	300	
	400	400	400	400	
	600	600	600	600	
		800	800	800	
		900	900	900	
		1 000	1 000	1 000	
			1 200	1 200	
			1 600	1 600	
				1 800	
				2 000	2 000
				2 400	2 400
					2 700
					3 000

b. 单位式缆芯

单位式缆芯是把 10、25(12＋13)、50、100 个线对采用编组方法分成单位束，然后再将若干个单位束分层绞合而成单位式缆芯。

根据芯线绝缘的颜色，可将全塑市内通信电缆分为普通色谱单位式缆芯和全色谱单位式缆芯。

全色谱单位式缆芯的单位束可根据单位束内线对的多少，将这些单位束分为子单位(12 对和 13 对)、基本单位(10 对或 25 对，代号为 U)和超单位(50 对，代号为 S、SI 或 SJ；100 对，代号为 SD；150 对，代号为 SC；200 对，代号为 SB)。全色谱电缆是先把单位束分为基本单位或子单位，再由基本单位或子单位绞合成超单位。

为了保证成品电缆具有完好的标称对数，100 对及以上的全色谱(80 对及以上的同心式电缆)单位式电缆中设置备用线对(又叫做预备线对)，其数量均为标称对数的 1%，最多不超过 6 对(其中 0.32 及以下线径最多不超过 10 对)，备用线对作为一个预备单位或单独线对置于缆芯的间隙中。

c. 束绞式缆芯

束绞式缆芯是许多线对以一个方向绞合成束状结构，其特点是生产效率高，但束内线对位置不固定，相互有挤压。束绞式缆芯可作为单位式缆芯中的一个单位，也可单独使用于市内通信电缆中。

d. SZ 绞缆芯

SZ 绞是一种专门缆芯绞合工艺，是将被绞合的绝缘线对按顺时针及逆时针方向旋转，从而得到左向及右向的绞合，所以 SZ 绞又称为“左右绞”。

②星绞式缆芯

星绞式缆芯是由若干星绞组绞合而成，有同心式和单位式。同心式如图 2-3 所示。

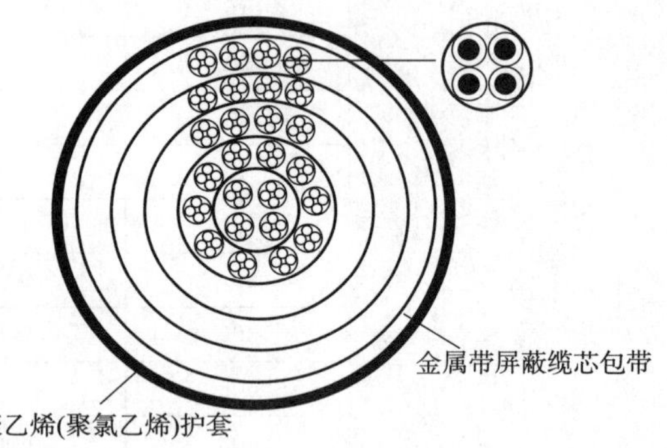

图 2-3　星绞同心式缆芯

星绞单位式缆芯通常是以 5 个星绞组(10 对)、25 个星绞组(50 对)或 50 个星绞组(100 对)为单位分层绞合而成。

(3)全塑电缆规格程式

全塑电缆的规格程式(芯线总绞合方式)可分为基本单位、子单位、50 对超单位、100 对超单位。

①基本单位由 10 对线对或 25 对线对组成。

②子单位，把一个基本单位的 25 对分为 12 对和 13 对，称为两个子单位(或半单位)。

③50 对超单位，由两个基本单位(25 对)组成。

④100 对超单位，由 4 个基本单位(25 对)组成。

(4)缆芯包层

在总绞缆完成后，为保证缆芯结构的稳定性，必须在缆芯外面重叠绕包或纵包一二层非吸湿性的绝缘材料带(聚乙烯或聚酯薄膜带)作为缆芯包层，然后再用非吸湿性的扎带疏扎牢固。缆芯包层应具有隔热性能好和机械强度高等特点，以保证缆芯在加屏蔽层和挤压塑料护套后以及在使用过程中，不会遭到损伤、变形或粘接。

在缆芯包层的外表面，有的电缆还附加纵向标志带，带上印有产品规格、制造长度、制造厂名和制造年月日等(有的电缆印在外护套上)。

2. 色谱

电缆的缆芯色谱可分为普通色谱和全色谱两大类。

(1)普通色谱

普通色谱对绞同心式缆芯线对的颜色有蓝/白对和红/白对(分子为 a 线色谱，分母为 b 线色谱)两种。每层中有一对特殊颜色的芯线，作为该层计算线号的起始标记，这一对线称为标记(或标志)线对，作为本层最小线号，其他线对称为普通线对。100 对及以上的市内通信电缆设置备用线对，备用线对数为电缆对数的 1%，色谱与普通线对相同。

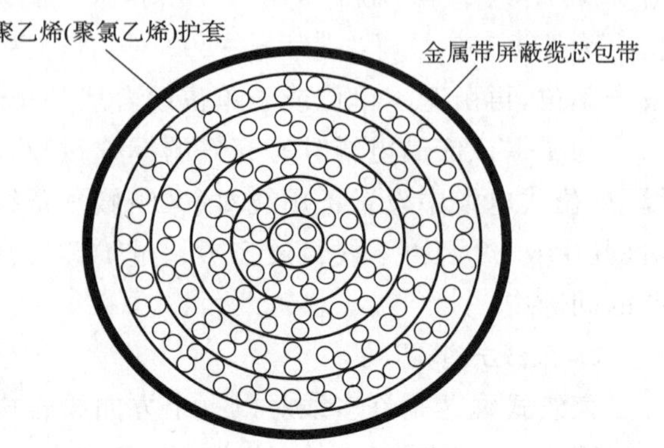

图 2-4　对绞同心式缆芯

图 2-4 为对绞同心式缆芯。普通色谱对绞单位式缆芯的单位束一般是由若干个 100 对同心式缆芯组成的，其线对颜色与同心式缆芯相同。

在单位式缆芯中，每一层的第一个单位称为标志单位，其余为普通单位。在标志单位中，每层的第一对线(即标记线)色谱为红/

白，其余普通线对为蓝/白，在普通单位中每一层的第一对（标志线）色谱为蓝/白，其余普通线对为红/白。为分辨单位，每个单位均疏扎白色扎带。普通色谱星绞同心式缆芯和单位式缆芯，每个四线组色谱均为红（a 线）、黄（白，b 线）、蓝（c 线）、绿（d 线）。

（2）全色谱

全色谱的含义是指电缆中的任何一对芯线，都可以通过各级单位的扎带颜色以及线对的颜色来识别，也就是说给出线号就可以找出线对，拿出线对就可以说出线号。

①全色谱对绞同心式缆芯

全色谱对绞同心式缆芯是由若干个规定色谱的线对按同心方式分层绞合而成，其线对色谱见表 2-2。

表 2-2　全色谱对绞同心式缆芯的线对色谱

<table>
<tr><td colspan="3" rowspan="2">线对号</td><td rowspan="2">1</td><td rowspan="2">2</td><td rowspan="2">3</td><td rowspan="2">4</td><td rowspan="2">5</td><td colspan="2">其他线对号</td><td rowspan="2">最末线对号</td></tr>
<tr><td>偶数号</td><td>奇数号</td></tr>
<tr><td colspan="3">芯线</td><td>a，b</td><td>a，b</td><td>a，b</td><td>a，b</td><td>a，b</td><td>a，b</td><td>a，b</td><td>a，b</td></tr>
<tr><td colspan="3">1 对</td><td>橘（黄）/白</td><td></td><td></td><td></td><td></td><td></td><td></td><td></td></tr>
<tr><td colspan="3">5 对</td><td>橘（黄）/白</td><td>红/灰</td><td>蓝/棕</td><td>红/灰</td><td>绿/黑</td><td></td><td></td><td></td></tr>
<tr><td rowspan="4">5对以上</td><td rowspan="3">中心层</td><td>1 对</td><td>橘（黄）/白</td><td></td><td></td><td></td><td></td><td></td><td></td><td></td></tr>
<tr><td>2 对</td><td>橘（黄）/白</td><td>绿/黑</td><td></td><td></td><td></td><td></td><td></td><td></td></tr>
<tr><td>3 对</td><td>橘（黄）/白</td><td>红/灰</td><td>绿/黑</td><td></td><td></td><td></td><td></td><td></td></tr>
<tr><td colspan="2">其他层</td><td>橘（黄）/白</td><td>红/灰</td><td>蓝/棕</td><td>红/灰</td><td>蓝/棕</td><td>红/灰</td><td>蓝/棕</td><td>绿/黑</td></tr>
</table>

从表 2-2 可看出，全色谱对绞同心式缆芯每层的第一对线为橘（黄）/白，最后一对线为绿/黑，其余偶数线对为红/灰，奇数线对为蓝/棕重复循环排列构成。

全色谱对绞同心式缆芯每层均疏扎特定的扎带，扎带的色谱见表 2-3。

表 2-3　扎带的色谱

层的位置	中心及偶数层	奇数层
扎带颜色	蓝	橘

②全色谱对绞单位式缆芯

全色谱对绞单位式缆芯在全塑市话电缆中使用最多。它是由白（W）、红（R）、黑（B）、黄（Y）、紫（V）作为领示色（代表 a 线），蓝（Bl）、橘（O）、绿（G）、棕（Br）、灰（S）作为循环色（代表 b 线）。10 种颜色组成 25 对全色谱线对，见表 2-4。

表 2-4　全色谱与线对编号色谱

线对编号	1	2	3	4	5	6	7	8	9	10	11	12	13
a 线	白	白	白	白	白	红	红	红	红	红	黑	黑	黑
b 线	蓝	橘	绿	棕	灰	蓝	橘	绿	棕	灰	蓝	橘	绿
线对编号	14	15	16	17	18	19	20	21	22	23	24	25	
a 线	黑	黑	黄	黄	黄	黄	黄	紫	紫	紫	紫	紫	
b 线	棕	灰	蓝	橘	绿	棕	灰	蓝	橘	绿	棕	灰	

已知全色谱单位式缆芯的基本单位有 25 对和 10 对两种，其中 25 对基本单位线对色谱如图 2-5 所示，10 对基本单位线对色谱如图 2-6 所示。

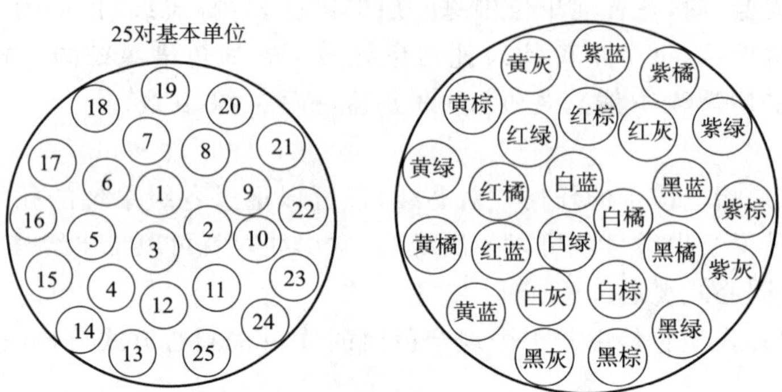

图 2-5　25 对基本单位线对色谱

50 对的单位称超单位，是由两个 25 对基本单位组成。

100 对超单位是由 4 个 25 对的基本单位或 10 个 10 对基本单位组成。

基本单位采用 25 对，超单位为 100 对，由若干超单位组成的大对数电缆内超单位序号和扎带色谱见表 2-6。从表中可看出，超单位的扎带色谱有 6 个白色、6 个红色、6 个黑色、6 个黄色和 6 个紫色。超单位的序号是从中心层顺次向外层排列的，扎带色谱顺序为白、红、黑、黄、紫。但要在同色扎带的超单位中识别出先后顺序，则要根据基本单位的扎带色谱来判断。

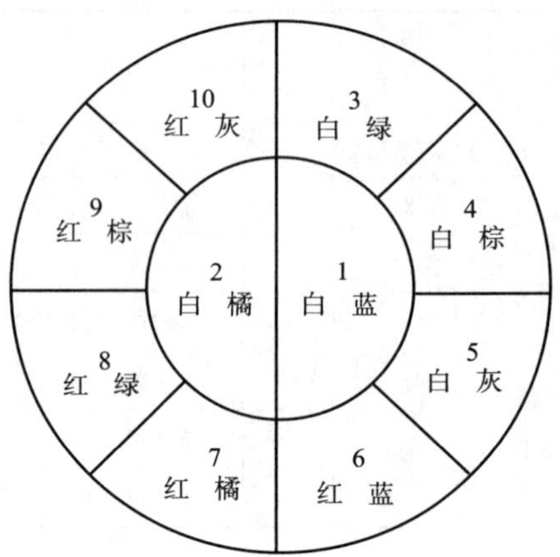

图 2-6　10 对基本单位线对色谱

③全色谱星绞同心式或单位式缆芯

全色谱星绞同心式或单位式缆芯，每个四线组的色谱见表 2-5。

表 2-5　星绞四线组的线组号和色谱排列

星绞四线组组　号	星绞四线组色谱				星绞四线组组　号	星绞四线组色谱			
	a 线	b 线	c 线	d 线		a 线	b 线	c 线	d 线
1	白	蓝	蓝	紫	14	黑	棕	蓝	紫
2	白	橘	蓝	紫	15	黑	灰	蓝	紫
3	白	绿	蓝	紫	16	黄	蓝	蓝	紫
4	白	棕	蓝	紫	17	黄	橘	蓝	紫
5	白	灰	蓝	紫	18	黄	绿	蓝	紫
6	红	蓝	蓝	紫	19	黄	棕	蓝	紫
7	红	橘	蓝	紫	20	黄	灰	蓝	紫
8	红	绿	蓝	紫	21	紫	蓝	蓝	紫
9	红	棕	蓝	紫	22	紫	橘	蓝	紫
10	红	灰	蓝	紫	23	紫	绿	蓝	紫
11	黑	蓝	蓝	紫	24	紫	棕	蓝	紫
12	黑	橘	蓝	紫	25	紫	灰	蓝	紫
13	黑	绿	蓝	紫					

3. 全塑市内通信电缆的端别

普通色谱对绞式市话电缆一般不作 A、B 端规定。为了保证在电缆布放、接续等过程中的质量，全塑全色谱市内通信电缆规定了 A、B 端。

全塑市内通信电缆 A 端用红色标志，又叫内端，伸出电缆盘外，常用红色端帽封合或用红色胶带包扎；规定 A 端面向局方。另一端为 B 端，用绿色标志，常用绿色端帽封合或绿色胶带包扎，一般又叫外端，紧固在电缆盘内，绞缆方向为反时针；规定外端面向用户。

4. 电缆屏蔽层

为了减少电缆线对受外界电磁场的干扰，电缆缆芯的外层(护套的里层)包覆金属屏蔽层，将缆芯与外界隔离。

全塑市内通信电缆的金属屏蔽层有绕包和纵包两种结构。纵包屏蔽层有轧纹和不轧纹两种形式，屏蔽带重叠宽度一般不少于 6 mm。

根据使用场合与使用要求的不同，常用的屏蔽带类型有：裸铝带，双面涂塑铝带，铜带，铜包不锈钢带，高强度软性铜带，裸铝、裸钢双层金属带，双面涂塑铝、钢双层金属带。

5. 电缆护套和外护层

(1)护套

全塑市内通信电缆的护套包在屏蔽层(或缆芯包带层)的外面，其材料主要采用高分子聚合物塑料。护套的种类有单层护套、双层护套、综合护套、粘接护套和特殊护套等。

①单层护套

单层护套是由低密度聚乙烯树脂加炭黑及其他助剂或普通聚氯乙烯塑料挤制而成的。这类护套的特点是加工方便、质轻柔软、容易接续等。

a. 黑色聚乙烯护套分为两类：PE-HJ 适用于一般场合；PE-HH 适用于耐火环境和对外力开裂要求苛刻的场合。

b. 单层聚氯乙烯护套是发展较早、应用较广泛的一种护套，具有耐磨、不延燃、耐老化、柔软等特点。

②双层护套

双层护套主要有两种：聚乙烯—聚氯乙烯双层护套和聚乙烯—黑色聚乙烯双层护套。其结构如图 2-7 所示。

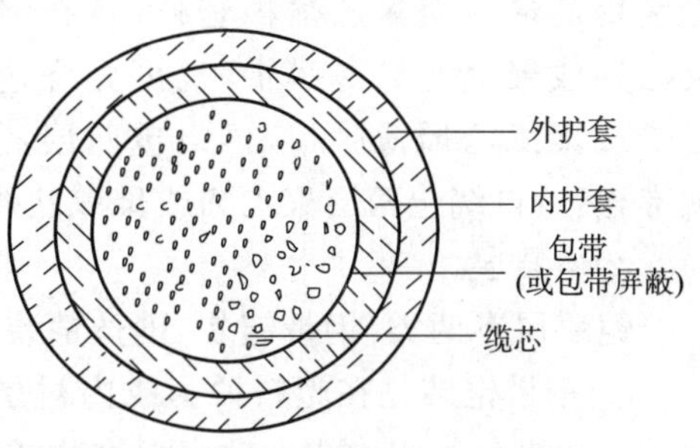

图 2-7　双层塑料护套结构

双层护套的挤制是先在屏蔽层(或缆芯包层)外挤包一层内护套，然后再挤包一层外护套。单层护套、双层护套均由单纯的高分子聚合物塑料构成，所以又称为普通塑料护套。

普通塑料护套的缺陷是具有一定透潮性，原因是高分子聚合物的分子比水分子大。塑料护套透潮会造成电缆芯线绝缘电阻下降，衰减常数增加，甚至造成芯线短路，严重影响通信质量。因此，普通塑料护套电缆应尽量避免在潮湿环境下使用。

③综合护套

通常把电缆金属屏蔽层与塑料护套组合在一起，称为电缆综合护套，综合护套有下列两种。

a. 铝—聚乙烯(聚氯乙烯)护套

由里面一层 0.15～0.2 mm 厚铝带轧纹纵包和外面一层黑色聚乙烯(或聚氯乙烯)护套构

成。这种护套的全塑市内通信电缆主要适用于架空安装。

b. 聚乙烯—铝—聚乙烯(聚氯乙烯)护套

在缆芯包层外先挤包一层聚乙烯内护套,然后再包覆一层铝带屏蔽层,最后再挤包一层黑色聚乙烯或聚氯乙烯护套。这类护套的特点是机械强度高,芯线对屏蔽层的耐压强度高,防潮效果也较好,用途较广泛。

④粘接护套

为了解决塑料护套的防潮问题,将黑色聚乙烯护套和铝屏蔽层紧密地粘接,构成了铝—塑粘接护套,其结构如图 2-8 所示。其防潮、防电磁干扰和机械强度等方面的性能,都比上述一些塑料护套优良,防潮效果可提高 50～200 倍。

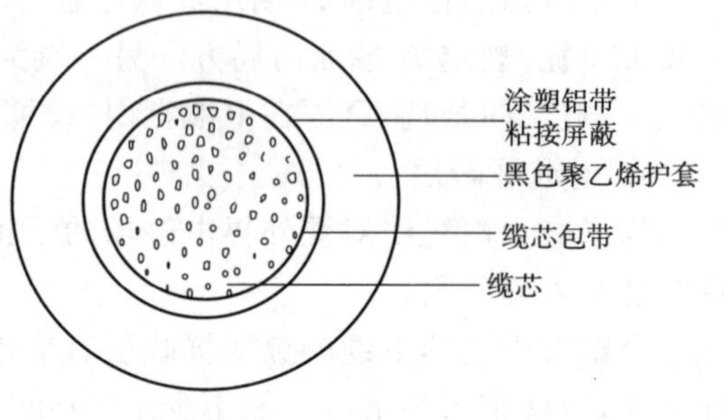

图 2-8 铝—塑粘接护套结构

⑤特殊护套(层)

a. 用于改善电缆护层机械强度和屏蔽性能的裸钢、铝双层金属—聚乙烯护层,双面涂塑钢、铝双层金属—聚乙烯粘接护层;铜包钢带—聚乙烯护层,高强度软性铜带—聚乙烯护层,铜带—聚乙烯护层。

b. 用于防昆虫(如白蚁、蜂等)叮咬的半硬塑料护套。

c. 用于防冻裂的耐寒塑料护套。

(2)外护层

全塑市内通信电缆的外护层,主要包括 3 层结构:内衬层、铠装层和外被层,如图 2-9 所示。

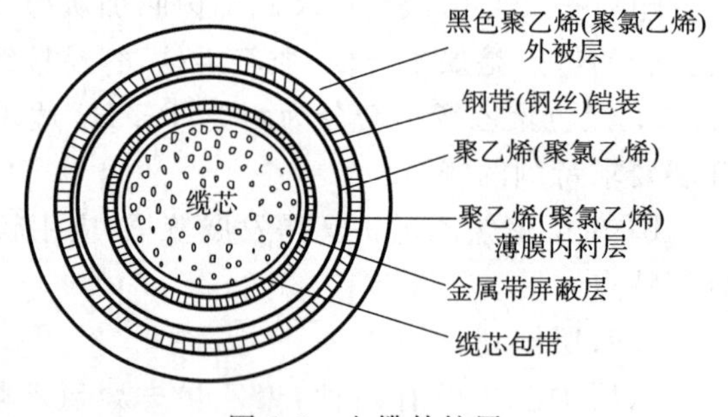

图 2-9 电缆外护层

①内衬层

内衬层是铠装层的衬垫,防止塑料护套因直接受铠装层的强大压力而受损。内衬层可在黑色聚乙烯或聚氯乙烯护套外,重叠绕包三层聚乙烯或聚氯乙烯薄膜带,也可先绕包两层聚乙烯或聚氯乙烯薄膜带,再绕包两层浸渍皱纹纸带,然后再绕包两层聚乙烯或聚氧乙烯薄膜带,作为铠装的内衬层。

②铠装层

铠装层有两类:钢带铠装、钢丝铠装。

a. 钢带铠装是在塑料护套或内衬层外纵包一层钢带(厚 0.15～0.20 mm 的钢带或涂塑钢带),在纵包过程中浇注防腐混合物或者绕包两层防腐钢带,并浇注防腐混合物。

b. 钢丝铠装电缆一般敷设在水下,有单钢丝和双钢丝之分,轻型单钢丝通常用于静止水域和有岩石的沟里,粗型单钢丝用于水流不急和不受船锚伤害的水域。双层钢丝通常用于流速较大,岩底河床和有可能带锚航行的水域,为防止钢丝受摩擦损伤,可对钢丝挤制一层氯丁橡胶。双层钢丝的绞向是相反的,而双层钢带的绞向则相同。

③外被层

为了保护铠装层,在金属铠装层外面还要加一层(1.4～2.4 mm 厚的黑色聚乙烯或聚氯乙烯)外被层。其主要作用是增强电缆的屏蔽、防雷、防蚀性能和抗压及抗拉机械强度,加强保护缆芯。

6. 自承式全塑市内通信电缆

自承式全塑市内通信电缆是为架空敷设而设计的，特点是电缆和钢绞线合为一体，架设时不需另装吊线和电缆挂钩，施工和维护都极为方便。

自承式全塑市内通信电缆的一般结构特性与全塑市内通信电缆相同，电缆带有自承吊线。自承吊线为钢绞线，与缆芯处在同一护套内，安装后承受电缆自身重量与附加载荷。自承式全塑电缆的钢绞线必须符合规格要求：外径 12 mm 以下的电缆使用 7 mm×1.0 mm 的钢绞线；外径 12.1～36 mm 的电缆使用 7 mm×1.6 mm 的钢绞线；外径 36.1～50 mm 的电缆使用 7 mm×2.0 mm 的钢绞线。

自承式全塑市内通信电缆分为同心型和葫芦型两种结构。葫芦型自承式全塑市内通信电缆如图 2-10 所示。

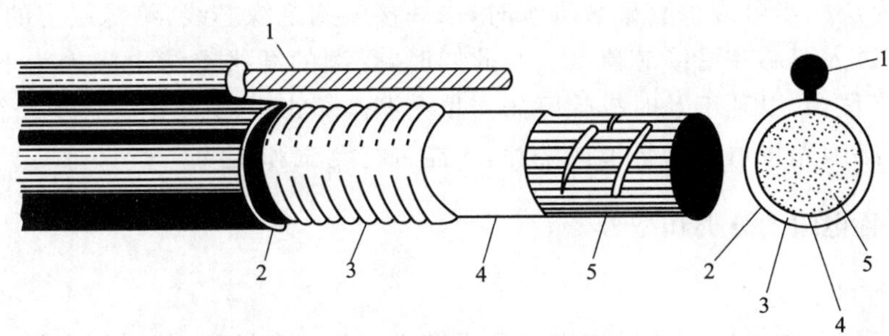

1—自承钢绞线；2—护套；3—屏蔽；4—缆芯包带；5—芯线。

图 2-10　葫芦型自承式全塑市内通信电缆

7. 特殊结构的全塑电缆

全塑市内通信电缆随着其使用领域的扩大，为适应特殊情况，相继出现了特殊结构的全塑电缆，如填充型全塑市内通信电缆、内屏蔽(PCM)电缆等。

填充型全塑市内通信电缆是利用亲水或憎水的绝缘介质材料填充在缆芯内绝缘芯线之间和缆芯与包带之间的所有空隙，防止护套外面的水沿径向(垂直于电缆中心线)进入缆芯和沿纵向流动，护套损坏时水也无法进入缆芯或沿电缆内流动，从而确保通信的可靠性，也便于电缆障碍的修复。填充型电缆不需充气维护，从而减少了维护工作量和费用。

(1)石油膏填充型全塑市内通信电缆

普通塑料护套电缆由于存在着“透潮”问题而影响使用，即使是防潮性能较好的铝—塑粘接护套，当护套受损伤或粘接不完备时，也会造成缆芯进水。填充型全塑市内通信电缆的出现旨在解决此类问题。其中发展最快的是石油膏填充型全塑市内通信电缆，如图 2-11 所示。

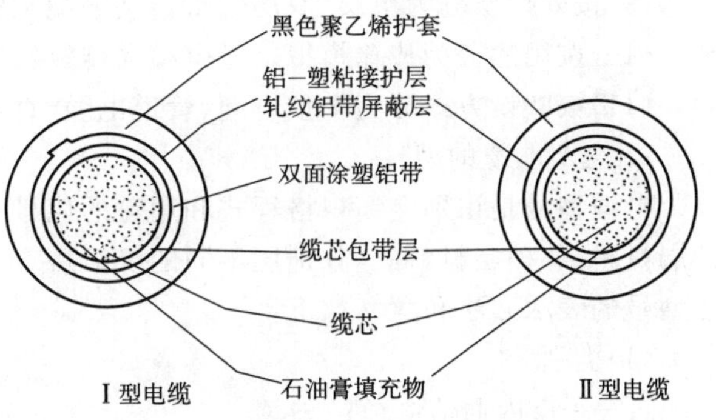

图 2-11　石油膏填充型全塑市内通信电缆

石油膏填充材料主要是采用石油膏烃类混合物。石油膏混合物的性能对电缆的传输特性、防潮效果、机械强度和使用寿命影响很大，电缆制造厂家选用最佳配方和优质石油膏混合物，以确保电缆的电气特性和机械性能。

(2)粉末填充型全塑市内通信电缆

粉末填充型全塑市内通信电缆，是在缆芯内绝缘芯线之间和缆芯与包带之间的所有空隙中填入绝缘粉末填充剂。该填充剂包括经脂肪酸处理过的碳酸钙和亲水的高分子聚合物树脂。它们一般按 95∶5 的比例配制而成。采用粉末填充后，电缆具有可靠的防潮效果。

粉末填充型全塑市内通信电缆，在使用和维护方面类似于石油膏填充型全塑市内通信电缆。在电缆接续或测试中，开剥外护套后只要稍加抖掸就可去掉缆芯内的填充粉末，比石油膏填充型全塑市内通信电缆操作简单方便。

(3)纤维素微囊填充型全塑市内通信电缆

纤维素微囊填充型全塑市内通信电缆是在芯线绝缘层套塑后尚未冷却前，采用静电吸附的方法把聚乙烯粉末和纤维素沉积于绝缘外表层上。所吸附的纤维和粉末层的厚度要均匀，以形成防水填充层。当电缆护套破裂进水时，水一接触到绝缘芯线，绝缘层上的纤维素立刻膨胀，阻止水继续进入缆芯和沿缆芯流动。与此同时，受潮的纤维绝缘电阻大为下降，因而可检测出故障的准确位置，以利于及时排除障碍。填充型全塑市内通信电缆也有一个缺陷，在芯线测试和接续时，必须先将填充物抖掉或洗掉，才能进行测试和接续。

二、通信对称电缆的分类和型号

1. 全塑电缆的分类

全塑市内通信电缆无论是芯线绝缘还是成缆后的包层和护套，均采用聚烯烃塑料制成。

全塑市内通信电缆的常见类型有：

(1)按电缆结构类型分为非填充型电缆和填充型电缆。

(2)按导线材料分为铜导线电缆和铝导线电缆。

(3)按芯线绝缘结构分为实芯绝缘电缆、泡沫绝缘电缆、泡沫/实芯皮绝缘电缆。

(4)按线对绞合方式分为对绞式电缆和星绞式电缆。

(5)按芯线绝缘颜色分为全色谱电缆和普通色谱电缆。

(6)按缆芯结构分为同心式(层绞式)电缆、单位式电缆、束绞式电缆、SZ 绞电缆。

(7)按屏蔽方式分为单层涂塑铝带屏蔽电缆、多层铝及钢金属带复合屏蔽电缆，而屏蔽带又分为绕包和纵包。

(8)按护套分为单层塑料护套电缆、双层塑料护套电缆、综合护套电缆、粘接护套电缆、密封金属/塑料护套电缆和特种护套电缆。

(9)按外护层分为单层、双层钢带铠装电缆和钢丝铠装塑料护层电缆。

(10)按用途分为传输模拟信号电缆和传输数字信号电缆。

(11)按敷设方式分为架空电缆、管道电缆、直埋电缆、水底电缆等。

2. 全塑电缆的型号

电缆型号是识别电缆规格程式和用途的代号。按照用途、芯线结构、导线材料、绝缘材料、护层材料、外护层材料等，分别用不同的汉语拼音字母和数字来表示，称为电缆型号。全塑电缆型号的表示方法和意义如下：

(1)类别

H——市内通信电缆；

HP——配线电缆；

HJ——局用电缆。

(2)绝缘

Y——实芯聚烯烃绝缘；

YF——泡沫聚烯烃绝缘；

YP——泡沫/实芯皮聚烯烃绝缘。

(3)屏蔽护套

A——涂塑铝带粘接屏蔽聚乙烯护套；

S——铝、钢双层金属带屏蔽聚乙烯护套；

V——聚氯乙烯护套。

(4)特征(派生)

T——石油膏填充；

G——高频隔离；

C——自承式。

电缆同时有几种特征存在时，型号字母顺序依次为 T、G、C。

(5)外护层

23——双层防腐钢带绕包铠装聚乙烯外护层；

32——单层细钢丝铠装聚乙烯外护层；

43——单层粗钢丝铠装聚乙烯外护层；

53——单层钢带皱纹纵包铠装聚乙烯外护层；

553——双层钢带皱纹纵包铠装聚乙烯外护层。

全塑市内通信电缆型号中各代号的排列次序如图 2-12 所示，各代号的意义见表 2-6。

表 2-6　电缆型号中各代号的含义

类别、用途	导体	绝缘层	内护层	特征	外护层	派生
H 市话电缆 HE 长途通信电缆 HJ 局用电缆 HP 配线电缆	G 钢 L 铝 T 铜 (省略不标)	M 棉纱 V 聚氯乙烯 Y 聚乙烯 YF 泡沫聚乙烯 Z 纸(省略不标) YP 聚乙烯发泡带实芯皮	A 铝-聚乙烯综合粘接护层 BM 棉纱编织 G 钢管 GW 皱纹钢管 L 铝管 LW 皱纹铝管 Q 铅包(省略不标) S 钢-铝-聚乙烯 V 聚氯乙烯 Y 聚乙烯 AG 表示铝塑综合粘接护层的复合铝带是轧纹的	B 扁、平行 C 自承式 J 交换机用 P 屏蔽 T 填充石油膏 Z 表示综合电缆兼有高、低频线对	02 聚氯乙烯套 03 聚乙烯套 20 裸钢带铠装 (21)钢带铠装纤维外被 22 钢带铠装聚氯乙烯套 23 钢带铠装聚乙烯套 30 裸细圆钢丝铠装 (31)细圆钢丝铠装纤维外被 32 细圆钢丝铠装聚氯乙烯套 33 细圆钢丝铠装聚乙烯套 (40)裸粗圆钢丝铠装 41 粗圆钢丝铠装纤维外被 (42)粗圆钢丝铠装聚氯乙烯套 (43)粗圆钢丝铠装聚乙烯套 441 双粗圆钢丝铠装纤维外被 241 钢带——粗圆钢丝铠装纤维外被 2441 钢带——双粗圆钢丝铠装纤维外被	—1 第一种 —2 第二种 —252 252 kHz —120 120 kHz

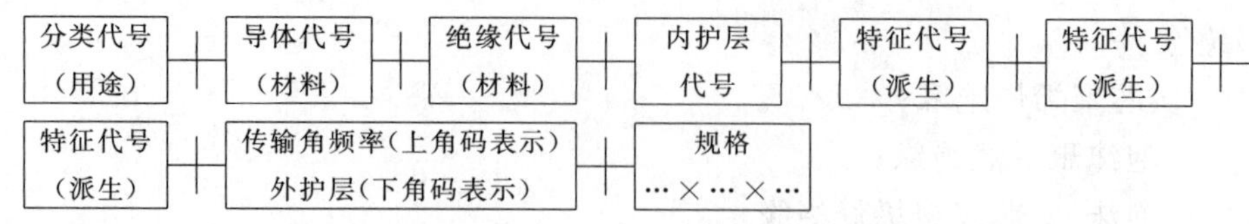

图 2-12　电缆型号构成

以 HYA-100×2×0.5 为例，HYA-100×2×0.5 表示铜芯、实芯聚烯烃绝缘、涂塑铝带粘接屏蔽、容量 100 对、对绞式、线径为 0.5 mm 的市内通信全塑电缆。

三、通信对称电缆的主要电气参数

1. 全塑电缆的一次参数

(1)回路有效电阻 R

全塑市内通信电缆回路的有效电阻 R，由直流电阻 R_0 和交流电阻 $R_\sim$ 组成。

$$R=R_0+R_\sim \tag{2-1}$$

全塑市内通信电缆常用于 5 000 Hz 以下，电缆回路的有效电阻 R 近似等于回路的直流电阻 R_0，计算公式为

$$R\approx R_0=\lambda\rho\,\frac{8\,000}{\pi d^2} \tag{2-2}$$

式中，ρ 为导线的电阻系数，在 20 ℃时，铜和铝的电阻系数分别为 0.017 5 和 0.023 8；d 为导线直径；λ 为电缆芯线总绞合系数，即扭绞电缆芯线的实际长度与电缆标称长度之比，一般总绞合系数为 1.005～1.070。

当环境温度不是 20 ℃时，回路电阻可换算为

$$R_t=R_{20}[1+\alpha(t-20)] \tag{2-3}$$

式中，R_t 为温度为 t℃时的回路电阻；R_{20} 为温度为 20 ℃时的回路电阻；α 为导体的电阻温度系数（铜为 0.003 93，铝为 0.004 10）；t 为计算时的环境温度。

(2)回路电感 L

电缆回路的电感决定于导线的相对位置、材料和形状等。回路电感 L 推理过程如图 2-13 所示。

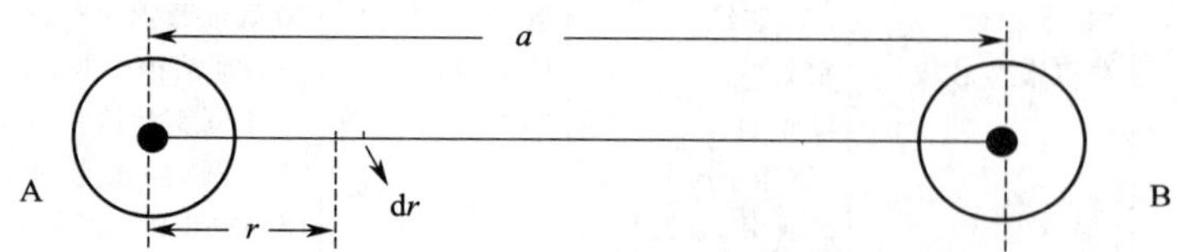

图 2-13　回路电感 L 推理过程

电缆内两导线 A、B 间距离为 a，导线直径为 d，均匀变量为 dr。

由电感定义得回路电感为

$$L=\frac{\Psi}{I}=\frac{BS}{I}=\frac{\mu HS}{I} \tag{2-4}$$

式中，Ψ 为磁通量；I 为通过导体的电流；μ 为磁导率；μ_r 为相对磁导率；μ_0 为真空磁导率；B 为磁感应强度；H 为磁场强度；S 为磁力线穿过的面积。

总磁场强度应是两个导体产生磁场强度之和，故有

$$H=H_A+H_B \tag{2-5}$$

$$H_A=\frac{1}{2\pi r} \tag{2-6}$$

$$H_B=\frac{-I}{2\pi(a-r)} \tag{2-7}$$

$$\Delta S=1\times \mathrm{d}r \tag{2-8}$$

式(2-5)～式(2-7)联立化简得 $H=\frac{I}{2\pi}\left(\frac{1}{r}-\frac{1}{a-r}\right)$ (2-9)

式(2-4)、式(2-8)、式(2-9)联立得

$$\begin{aligned}L&=\frac{\mu}{2\pi}\int_{\frac{d}{2}}^{a-\frac{d}{2}}\left(\frac{1}{r}-\frac{1}{a-r}\right)\mathrm{d}r\\&=\frac{\mu}{2\pi}\left[\int_{\frac{d}{2}}^{a-\frac{d}{2}}\frac{1}{r}\mathrm{d}r-\int_{\frac{d}{2}}^{a-\frac{d}{2}}\frac{1}{a-r}\mathrm{d}r\right]\\&=\frac{\mu}{2\pi}\ln\left(\frac{2a}{d}\right)\times 2\\&=\frac{\mu\ln\frac{2a}{d}}{\pi}\\&=\frac{4\pi\times 10^{-7}\times\ln\frac{2a}{d}}{\pi}\\&=4\ln\frac{2a}{d}\times 10^{-4}\end{aligned}$$

注：$\int\frac{1}{r}\mathrm{d}r=\ln r$；$\mu=\mu_r\mu_0=4\pi\times 10^{-7}$；$\mu_0=1$。

(3)回路电容 C

电缆回路两根导线相当于电容器的两个极板，线间绝缘相当于介质，电缆芯线间的电容是均匀分布的。回路电容分为工作电容和部分电容(分布电容)，一次参数中的电容是指工作电容，因为任何相邻芯线间和芯线与屏蔽间都会有分布电容存在。回路电容 C 推理过程如图 2-14 所示。

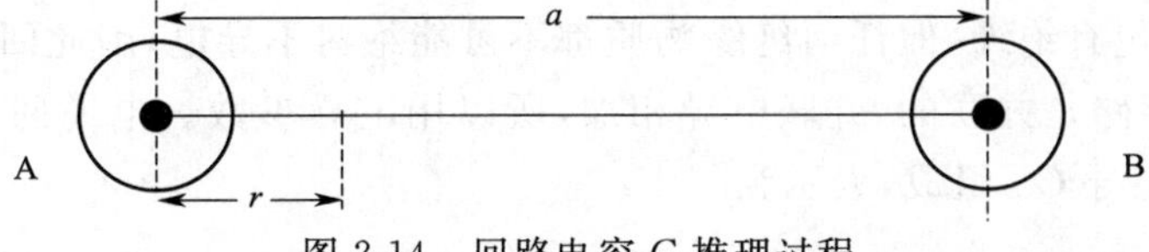

图 2-14　回路电容 C 推理过程

电缆回路两导线 A、B 间距离为 a，导线直径为 d，均匀变量为 $\mathrm{d}r$。

由电容定义得：

$$C=Q/U \tag{2-10}$$

式中，Q 为电荷量；U 为电压。由电压定义得：

$$U=\int_{\frac{d}{2}}^{a-\frac{d}{2}}E\mathrm{d}r \tag{2-11}$$

式中，E 为电场强度，总电场强度应是两个电荷产生电场强度之和，所以：

$$E=E_A+E_B \tag{2-12}$$

$$E_A=\frac{Q}{2\pi\varepsilon_r} \tag{2-13}$$

$$E_B=\frac{-Q}{2\pi\varepsilon(a-r)} \tag{2-14}$$

$$\varepsilon=\varepsilon_0\times\varepsilon_r=\frac{\varepsilon_r\times10^{-9}}{36\pi} \tag{2-15}$$

式中，ε 为介电常数；ε_r 为相对介电常数；ε_0 为真空介电常数。

式(2-12)～式(2-14)联立化简得

$$E=\frac{Q}{2\pi\varepsilon}\left(\frac{1}{r}-\frac{1}{a-r}\right) \tag{2-16}$$

将式(2-16)代入式(2-11)得

$$\begin{aligned}U&=\int_{\frac{d}{2}}^{a-\frac{d}{2}}\frac{Q}{2\pi\varepsilon}\left(\frac{1}{r}-\frac{1}{a-r}\right)\mathrm{d}r\\&=\frac{Q}{2\pi\varepsilon}\left[\int_{\frac{d}{2}}^{a-\frac{d}{2}}\frac{1}{r}\mathrm{d}r+\int_{\frac{d}{2}}^{a-\frac{d}{2}}\frac{-1}{a-r}\mathrm{d}r\right]\\&=\frac{Q}{2\pi\varepsilon}\left[2\ln\left(\frac{2a}{d}\right)\right]\end{aligned}$$

所以$\dfrac{Q}{U}=\dfrac{\pi\varepsilon}{\ln\dfrac{2a}{d}}$

$$C=\frac{\pi\varepsilon_r\times10^{-9}}{36\pi\ln\dfrac{2a}{d}}=\frac{\varepsilon_r\times10^{-6}}{36\ln\dfrac{2a}{d}}$$

芯线扭绞修正为

$$C=\frac{\varepsilon_r\times10^{-6}}{36\ln\dfrac{2a}{d}}=\frac{\varepsilon_r\times10^{-6}}{36\ln\alpha\dfrac{2a}{d}} \tag{2-17}$$

式中，α 为由于芯线扭绞形式而决定的校正系数，对绞为 0.94，星绞为 0.74。

(4)绝缘电导 G

电缆芯线虽然包有绝缘，但任何绝缘物质都不可能绝对不导电，因此回路上总存在着一定的漏电通道，漏电回路是并联的，并联电导相加，所以用电导参数。电缆回路的绝缘电导由直流电导 G_0 和交流电导 $G_\sim$ 组成，表示为

$$G=G_0+G_\sim \tag{2-18}$$

式中，G_0 是由于介质的绝缘不完善对直流造成泄漏而引起的；$G_\sim$ 则是由于介质产生循环极化而引起的。实际上 $G_0\ll G_\sim$，直流绝缘电导 G_0 忽略不计，因此绝缘电导可按式(2-19)计算：

$$G\approx G_\sim \tag{2-19}$$

交流电导 $G_\sim$ 等效电路如图 2-15 所示。

电缆回路两导线之间电压矢量为 $\boldsymbol{U}$，通过总电流矢量为 $\boldsymbol{I}$，流过电容 C 和电导 G 的电流分别为矢量 $\boldsymbol{I}_c$ 和矢量 $\boldsymbol{I}_g$，矢量 $\boldsymbol{I}_c$ 与总电流矢量 $\boldsymbol{I}$ 的角为损耗角 δ，总电流矢量 $\boldsymbol{I}$ 等于矢量 $\boldsymbol{I}_c$ 与矢量 $\boldsymbol{I}_g$ 的矢量和。可以根据矢量图求出绝缘电导 G。

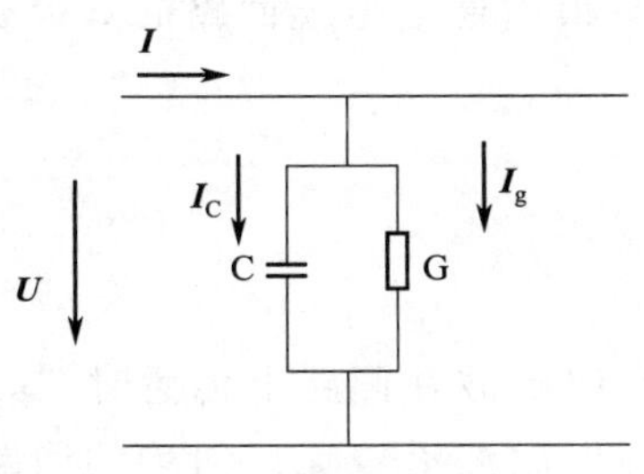

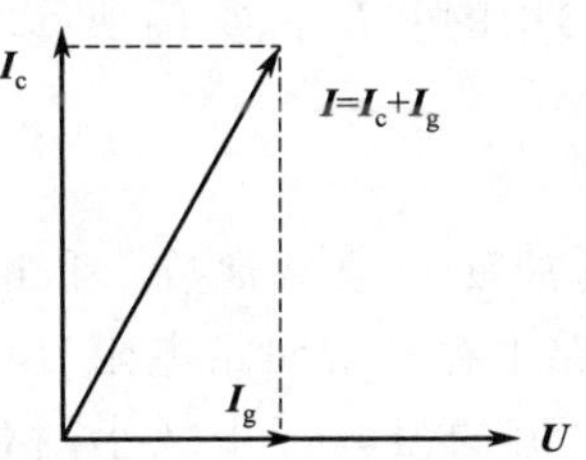

图 2-15 交流电导 $G_{\sim}$ 等效电路

采用矢量法，作出矢量图，选两导线间的电压 $\boldsymbol{U}$ 为参考矢量，再根据电流矢量 $\boldsymbol{I}_g$ 与电压矢量 $\boldsymbol{U}$ 同相，矢量 $\boldsymbol{I}_c$ 与总电流矢量的角为损耗角 δ，电容具有电流超前电压 90°的特性，用损耗角 δ 的正切关系，即可求得绝缘电导 G。

$$\boldsymbol{I}_c=\boldsymbol{U}/Z_c=\boldsymbol{U}/(1/\omega C)=\boldsymbol{U}\omega C$$

$$\boldsymbol{I}_g=\boldsymbol{U}/R=\boldsymbol{U}G$$

所以

$$\tan\delta=\boldsymbol{I}_g/\boldsymbol{I}_c=(\boldsymbol{U}G)/(\boldsymbol{U}\omega C)$$

$$G=\omega C\tan\delta \tag{2-20}$$

式中，ω 为传输信号的角频率；C 为回路电容；$\tan\delta$ 为介质损耗角的正切。

从式(2-20)可知，G 与传输信号的频率 f、电缆回路工作电容 C 和绝缘介质的介质损耗角的正切 $\tan\delta$ 成正比。全塑市内通信电缆验收时，经常测试每根绝缘导线与其余导线和屏蔽地之间的绝缘电阻和绝缘(耐压试验)。

全塑电缆回路的一次参数 R、L、C、G 随频率及两导线之间的距离 a 和导线直径 d 而变化，其关系如图 2-16、图 2-17、图 2-18 所示。

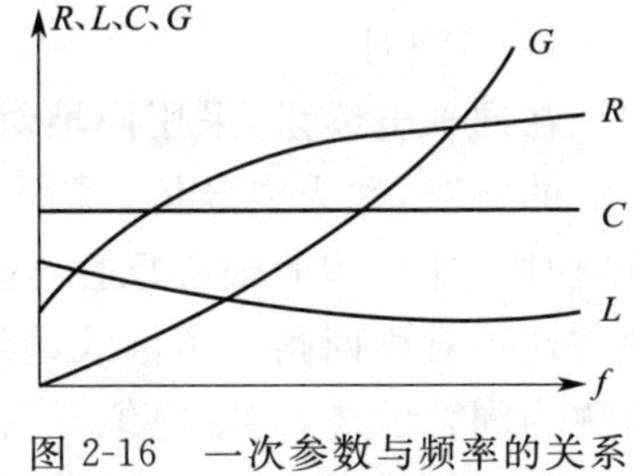

图 2-16 一次参数与频率的关系

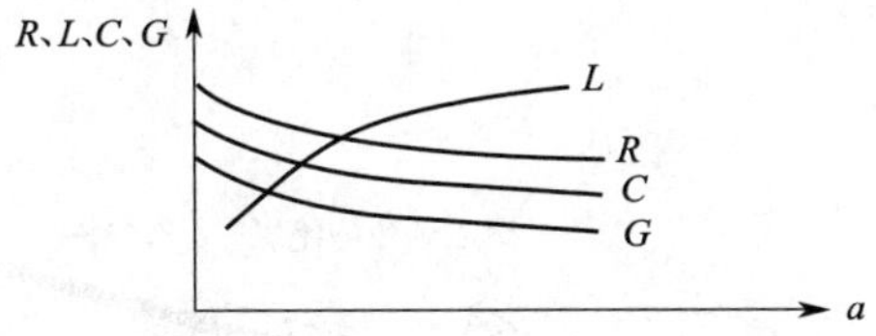

图 2-17 一次参数与两导线间距离的关系

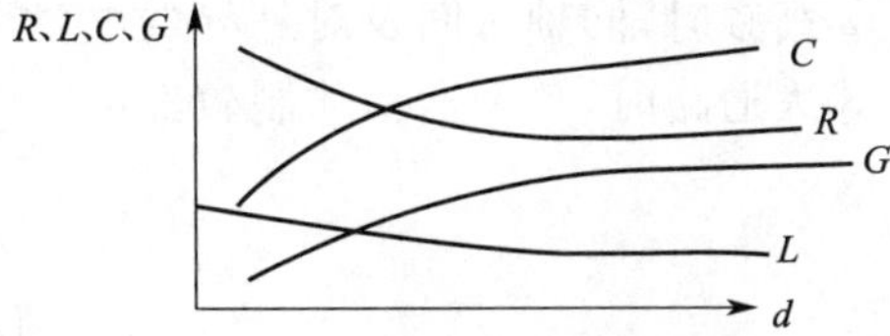

图 2-18 一次参数与两导线直径的关系

2. 全塑电缆的二次参数

二次参数由一次参数确定，是一次参数的函数。二次参数有特性阻抗 Z_C、传输常数 γ(衰减常数 α 和相移常数 β)。

(1)特性阻抗 Z_C

电磁波在终端匹配的均匀回路中传播时，回路上电压波幅与电流波幅的比值称为特性阻抗。特性阻抗可表示为

$$Z_C=\sqrt{\frac{R+j\omega L}{G+j\omega C}} \tag{2-21}$$

可见，特性阻抗只与电缆回路的一次参数和传输信号的频率有关，而与回路的长度无关，也就是说，一定形式的电缆线路在某个频率下具有一定的特性阻抗。

市内通信电缆一般在音频范围内使用,800 Hz 时市内通信电缆回路的 $R \gg \omega L$、$\omega C \gg G$,因此式(2-21)中的 $\mathrm{j}\omega L$ 和 G 两项可以省略,得:

$$Z_{\mathrm{C}}=\sqrt{\frac{R}{\mathrm{j}\omega C}} \tag{2-22}$$

(2)传输常数 γ(衰减常数 α 和相移常数 β)

由于回路上存在着回路电阻、电感、电容和电导,电磁波在回路上传播时,其能量逐渐减小,电压和电流的振幅逐步减小,相位也逐步滞后。电磁波沿着无反射均匀回路传播 1 km 时,其电压或电流振幅的衰减和相位的变化称为该回路的传输常数,可表示为

$$\gamma=\sqrt{(R+\mathrm{j}\omega L)(G+\mathrm{j}\omega C)}=\alpha+\mathrm{j}\beta \tag{2-23}$$

可以看出,传输常数是复数,实部 α 称为衰减常数,表示每公里回路对传输信号引起的衰耗,单位为 dB/km;虚部 β 为相移常数,表示每公里回路对传输信号引起初相角的变化,单位为 rad/km。

第二节　通信同轴电缆的结构、类型及参数

一、通信同轴电缆的结构与类型

1. 同轴对

在同轴电缆里,采用同轴对(或称同轴管)作为信息的传输回路。同轴对的中心是一根圆柱形的铜线,称为内导体;外面是一个空心铜质圆筒,称为外导体。内、外导体间用绝缘物隔开,使内、外导体的轴心重合,这种用内导体、外导体构成的通信回路称为同轴对。同轴对是一种对地不对称回路。鱼泡式绝缘的小同轴对,其结构如图 2-19 所示。以同轴对组成缆芯的电缆称为同轴电缆,同轴电缆与对称电缆相比有下列特点:

①高频时,衰减小、传输频带宽。

②高频时,同轴对间及对外界的电磁干扰防卫度高。

③大通路时,整个通信体制较经济。

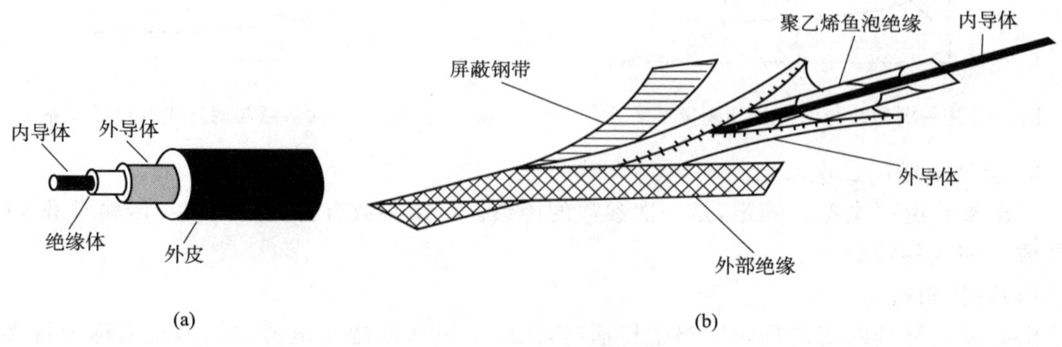

图 2-19　同轴电缆结构

根据内、外导体的结构尺寸,同轴电缆分为微同轴、小同轴、中同轴及大同轴电缆等。同轴对的结构尺寸可用 d/D(d 为内导体直径,D 为外导体内直径)表示,小同轴对表示为 1.2/4.4 mm(即内导体标称直径为 1.2 mm,外导体标称内直径为 4.4 mm),中同轴电缆结构尺寸为 2.6/9.5 mm(即内导体的标称直径为 2.6 mm,外导体标称内直径为 9.5 mm)。中、小

同轴对是国际上的标准尺寸。大同轴电缆是指其结构尺寸比中同轴直径还大的一类电缆。大同轴电缆用得不多，属于非标准型电缆，有各种不同的结构尺寸，如 5/18 mm、5.5/20 mm 等。为了适应数据传输、工业电视或较短线路通信的需要，有些国家设计并制造了微型同轴电缆，如 0.65/2.8 mm、0.9/3.2 mm、0.7/2.9 mm 等微同轴电缆。微同轴也属于非标准型电缆。同轴电缆可用于长途干线开通多路载波通信或传输电视节目，也可用于同轴电缆传输高速率的数据信息。

2. 同轴对的结构元件

(1)同轴对的内导体。同轴对的内导体必须是圆柱形的导体，它具有优良的导电性能、足够的机械强度和一定的柔韧性。中、小同轴对的内导体均由导电性能良好的实心铜线制成，我国已生产的小同轴内导体为直径 1.19 mm 的软铜线，中同轴内导体为直径 2.6 mm 的半硬铜线。为保证其电特性，内导体直径公差不能超过±0.005 mm。

(2)同轴对的外导体。外导体的理想结构是沿全长均匀的空心圆筒，要制造这种具有足够柔韧性且无纵缝的外导体，在工艺上是难以实现的。在实际生产中，采用纵包铜带来构成同轴对的外导体。根据纵缝的形式，小同轴对外导体多为皱边式和压痕式，图 2-19 所示为皱边式。它是在铜带两边缘上压有反向锯齿形波纹，以便纵包时两边缘的波纹互相顶住，以保持圆筒的直径和形状。压痕式是皱边式的派生结构，是在铜带两边每隔 7～8 mm 有规则地滚压上压痕，两边相互错开，纵包时可相互顶住。

(3)同轴对的绝缘。同轴对内、外导体通过之间的绝缘介质，其轴线才能恰好重合，形成同轴结构。绝缘材料均采用聚乙烯和空气的混合绝缘。绝缘结构形式很多，常用的有管状鱼泡式和垫式，铁路用小同轴对便采用前者。

(4)同轴对的屏蔽层。为使同轴对具有足够的机械强度，防止同缆中各同轴对间、同轴对与对称四芯组间的相互串音以及外界电磁场对同轴对引起的低频干扰，在同轴对外导体的外面，再绕包两层镀锡钢带作为屏蔽。内层钢带是间隙绕包的，外层镀锡钢带是反向重叠绕包的。中同轴对采用厚 0.15 mm、宽 14.3 mm 的镀锡钢带。为了改善电缆的弯曲性能，中同轴对两层钢带均同向间隙绕包。

(5)同轴对的外部绝缘。在镀锡钢带外面，再绕包一层或两层厚为 0.25 mm 的聚乙烯带或电缆纸带，以保持同轴对间的相互绝缘，并提高靠近同轴对的其他电缆芯线的对地电气绝缘强度。包覆外部绝缘，也可便于在制造、施工及维护中进行电气测试。

3. 同轴电缆的其他结构类型

(1)超导同轴电缆

与对称电缆相比，同轴电缆具有高频时衰减小的特点。但是，同轴对仍然有随着传输频率增高而衰减增大的传输特性。因此，在一定结构尺寸的前提下，其通信容量进一步扩展将受到限制。为了解决通信网不断扩容的需要，目前除了正在发展通信光缆外，超导同轴电缆也是一种可以提供特大容量的通信线路。

超导同轴电缆具有传输频带宽、结构尺寸小、损耗小、在超低温下工作热噪声极低以及屏蔽性能好的特点。

超导同轴对的内导体采用镀铅铜线，外导体采用镀铅铜带。铅为导体材料，在 4.2 K 时呈超导状态。由于铅质地柔软，加工制造时不易保持同轴对要求的结构特点，故用铜加固。内外导体间绝缘，使用氟化乙烯丙烯共聚物制成，外包材料用两条聚乙烯对酞酸聚酯带绕包而成。

通信专用超导同轴电缆如图 2-20 所示。在一根铜线周围，螺旋形地缠绕 18 个超导同轴对构成缆芯，缆芯固定在低温护套中。低温护套是由内、外两层皱纹铜管组成的隔热层，在两管之间放置多层真空屏蔽绝热层以及作为返回气态氦用的中间管子，真空屏蔽绝热层上面还绕了铜带。液态氦冷却剂在同轴对与内层铜管间流动，内层铜管的外径为 12.3 mm，外层铜管的外径为 60 mm，聚乙烯护套外径为 64 mm。

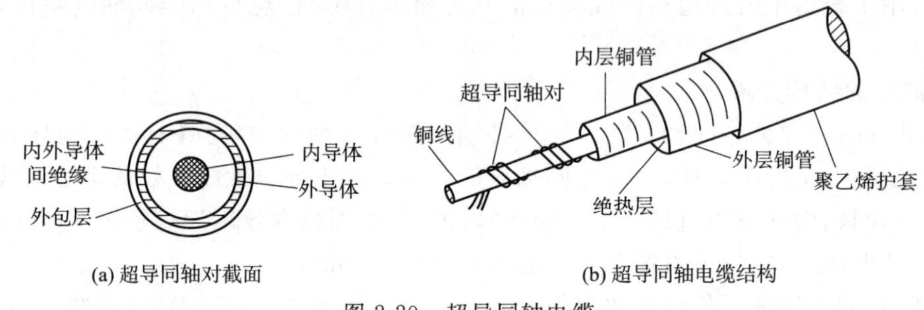

图 2-20 超导同轴电缆

(2)漏泄同轴电缆

为了解决地下、隧道、街道、铁道、矿井巷道以及其他大型地下建筑物内部的无线通信传输问题，制造和发展了漏泄同轴电缆。该电缆是在同轴对外导体上周期性开槽，并能沿电缆辐射电磁波的同轴电缆。它是具有传输线和辐射场天线两方面性能的一种电缆。

漏泄同轴电缆是可以辐射电磁波的传输线，电磁能量沿同轴对传输过程中有一小部分能量作为辐射波形式沿线路均匀地发射出去，大部分能量沿电缆继续向前传输。由于这些辐射波的发射方向垂直于传输方向，能够按一定方向传输到接收点，因而漏泄同轴电缆具有收信电平稳定的特点。

漏泄同轴电缆可在较小衰减下传送高频信号，通信频谱一般是在 30～450 MHz 范围之内。漏泄同轴电缆的典型结构是用铝管或单根软铜线做内导体，采用带周期性斜槽的外导体，即所谓“八字槽”结构，如图 2-21 所示。这种结构的电缆传输频带较宽，所以又称为宽带漏泄同轴电缆。图中 h 表示“八字槽”节距。漏泄同轴电缆“八字槽”的周期配置可以是多种多样的，可以是单一周期式的，也可以双周期和多重周期的开槽排列形式，如图 2-22 所示。采用多重周期排列可以提高有效带宽，如双重周期的使用频率上下限之比，由单一周期的 2 倍提高到 7 倍。

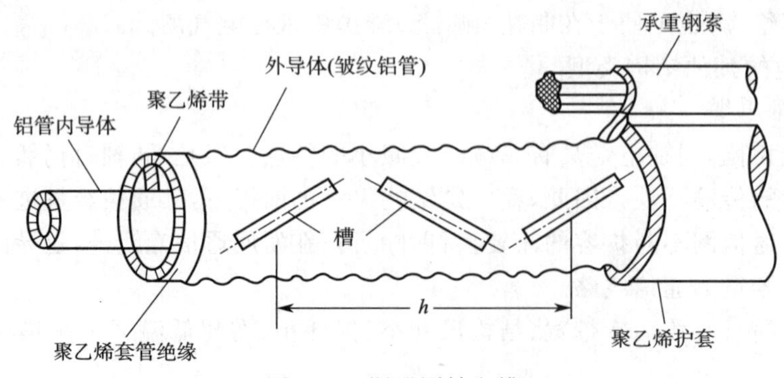

图 2-21 漏泄同轴电缆

漏泄同轴电缆的辐射电场强度，也就是辐射性能，通常是用耦合损耗来衡量的。耦合损耗(A_C)是用传输线内传输的功率 P_L 与外部空间天线接收功率 P_T 之比的对数值，即

$$A_C = 10\lg(P_L/P_T) \tag{2-24}$$

在电缆制造与实际使用时，式中的 P_L 通常采用传输线的传输功率，P_T 采用半波长标准偶极子天线在离电缆方向 1.5 m 处所测得的接收功率。

漏泄同轴电缆为了满足传输功率较大、本身衰减较低、重量轻的使用要求，其结构尺寸都比较大，一般在 20～60 mm。外导体大都采用铝导体，最理想的是采用铝—塑黏结复合带。为便于安装敷设，电缆往往都制成自承式及单同轴对的结构。

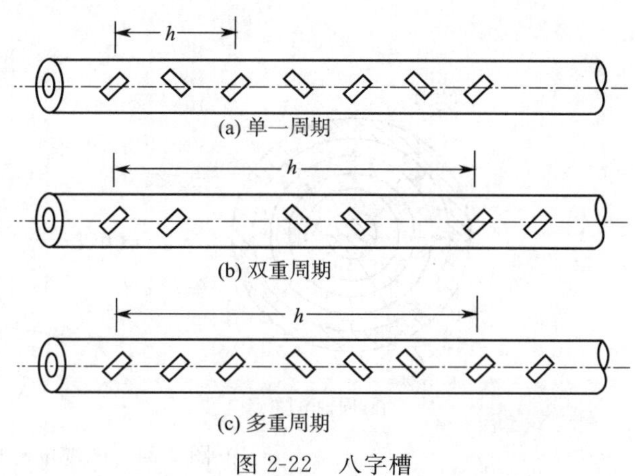

图 2-22　八字槽

(3)隧道通信天线

移动通信的空间波在隧道中传播时，衰减非常严重。工作频率为 160 MHz，且隧道中无车辆时，传播距离只有 183 m，传播损耗达 110 dB；若隧道内有车辆或天线架设在隧道外，则传播损耗更大，通信距离只有一百多米，甚至更短。为了解决电波在隧道内传播，保证通信的连续，通常采用两种措施：一是沿隧道壁敷设导波线，使电磁波沿导波线传播，减少传播损耗，增大通信距离；二是在数百兆赫以上频段，使用强方向性天线，把大功率电磁波集中射入隧道内，以提高通信距离，如图 2-23 所示。

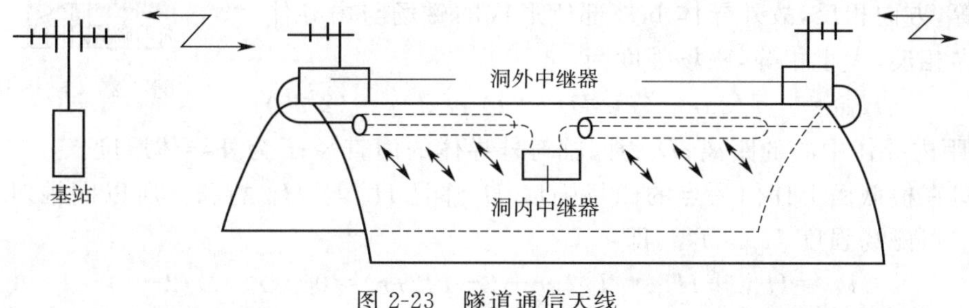

图 2-23　隧道通信天线

导波线与电台相连，代替原有天线，向周围辐射电磁场，供机车台天线接收，同时也接收机车台天线辐射的电磁场，传向电台，从而实现机车台与站台间通信。导波线可用单根或双根传输线沿隧道壁敷设，高频工作时其辐射特性受敷设条件和周围环境的影响大，造成通信不稳定。目前广泛使用的是漏泄同轴电缆。

二、通信同轴电缆的电气参数

1. 同轴电缆的电磁场分布及传输特点

如前所述，同轴对是由内导体和外导体组成一个回路的。由于内、外导体轴线重合的特殊结构，形成了如图 2-24(a)所示的电磁场场型。首先讨论同轴对的电场。

当某一瞬间，内导体的电流方向为正，则外导体的电流方向为负。此时，在内、外导体之间产生电场。同轴电缆的电场只存在于内、外导体之间，外部空间的电场为零。

图 2-25 中表示了同轴对内、外导体磁场的合成情况，在内导体 a 的内部，根据安培环路定律可知，其磁场强度 H_a 随着距导线中心距离 r 的增加，由零逐渐增大；在内导体 a 的外部，则磁场强度 $H_{a外}$ 随着 r 的增加而减小，其计算公式为

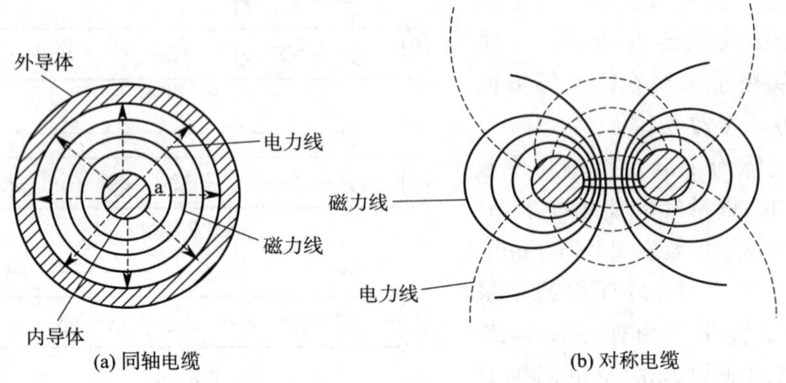

(a) 同轴电缆　　(b) 对称电缆

图 2-24　电缆电磁场分布

$$H_{a外}=I/2\pi r \quad (r \geqslant d/2) \tag{2-25}$$

式中，I 为同轴电缆内导体上的电流；r 为距内导体中心的距离；d 为内导体直径。

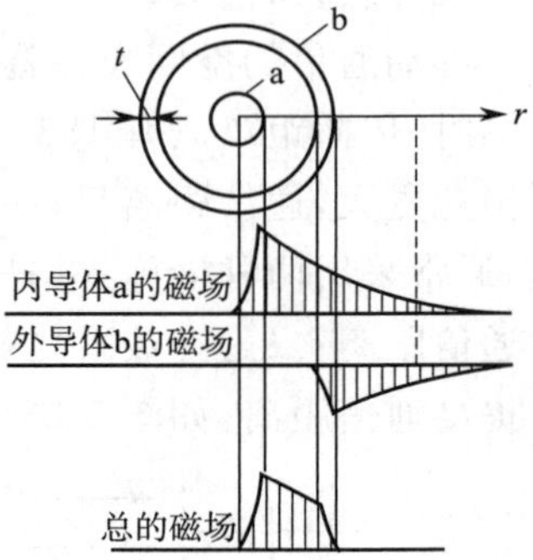

根据电磁学原理，在外导体 b 的空心内部不存在磁场；在外导体的横截面上，随着离开轴心的距离 r 增大，磁场强度 H_b 逐渐增大。而在外导体外径以外的磁场强度 $H_{b外}$，随着离开轴心距离 r 的增大，磁场强度 $H_{b外}$ 逐渐减小。由于内、外导体上的电流大小相等，方向相反，故外导体 b 外部所形成的磁场与内导体的磁场方向相反，大小相等，磁场强度为

图 2-25　磁场分布

$$H_{b外}=-I/2\pi r \quad (r \geqslant D/2+t) \tag{2-26}$$

式中，r 为距内导体中心的距离；D 为同轴对外导体的内直径；t 为外导体厚度。

同轴对在横截面上任何一点的磁场强度 H 都是 H_a 与 H_b 的和。所以同轴对在外导体外部任意一点磁场强度 $H_外$ 为零，即：

$$H_外=H_{a外}+H_{b外}=I/2\pi r+(-I/2\pi r)=0 \quad (r \geqslant D/2+t) \tag{2-27}$$

从以上分析可知，同轴电缆产生的电磁场只作用在内、外导体之间，其磁力线是以内导体轴心为圆心按同心圆分布。在同轴对的外部空间，没有电磁场的影响，即同轴电缆的电磁场是封闭型的。而对称电缆回线的电磁场，则是开放型的。在该电磁场的作用下，使邻近回路受到干扰；另外，该电磁场还在邻近金属层内产生涡流而增大回路的衰减。传输频率越高，上述两种现象愈显著。而同轴对外部无电磁场，因而不会产生对称回路上述情况，故同轴电缆具有传输衰减较低、相互干扰小的传输特性。

现在来分析同轴电缆传输高频电流时，内、外导体上的电流密度分布情况以及给传输带来的影响。由于外导体中的电流不会在内导体中产生磁场，所以内导体上电流密度的分布仅决定于集肤效应的作用，其结果是内导体外表面电流密度增大，如图 2-26 所示。外导体电流密度的分布，决定于内导体对它的邻近效应以及外导体本身集肤效应作用之和。由于合成后总磁场的作用结果，使外导体中的电流愈趋近内表面，电流密度增大，如图 2-26(a)、(b)所示。综合以上内、外导体的电流密度分布情况，可以看出，当高频电流经过同轴电缆传输时，电流集中在内导体的外表面和外导体的内表面上，如图 2-26(c)所示。

传输电流的频率越高，电流趋向内导体外表面和外导体内表面集中的现象越突出。电流的这种分布现象，会对同轴电缆传输造成什么后果呢？若邻近其他回路产生干扰磁场时，在同

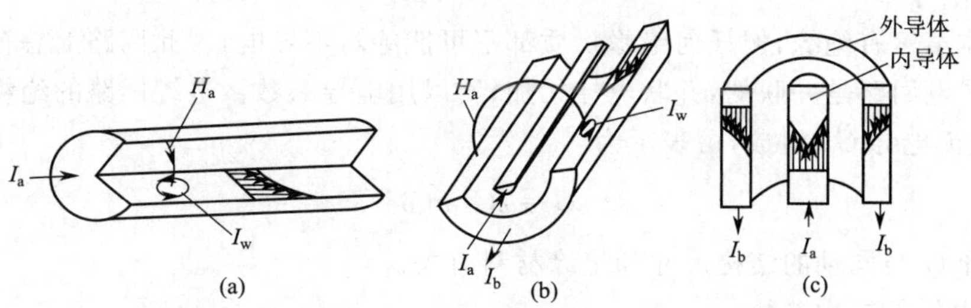

图 2-26 电流密度分布

轴回路中产生的干扰电流因集肤效应将仅仅在外导体的外表面流动，使得外导体中工作电流和干扰电流分开，而传输的工作电流不受干扰，如图 2-27 所示。这样，同轴电缆的外导体，不仅作为回路的一根导线，而且还起着有效的屏蔽作用。所以同轴电缆电流密度分布的这种特点，又决定了同轴电缆具有防干扰性能强的传输优点。以上所述同轴电缆的传输特点，在传输高频信号时，是十分明显的。但当同轴电缆传输低频电流或直流时，则电流通过内、外导体的整个截面，上述特点不复存在。同时，同轴电缆内、外导体的电气参数不一致，是不对称回路，所以它在传输低频电流时，效果反而不及对称电缆。因此，小同轴电缆使用的频率在 60 kHz 以上，中同轴电缆则在 300 kHz 以上。

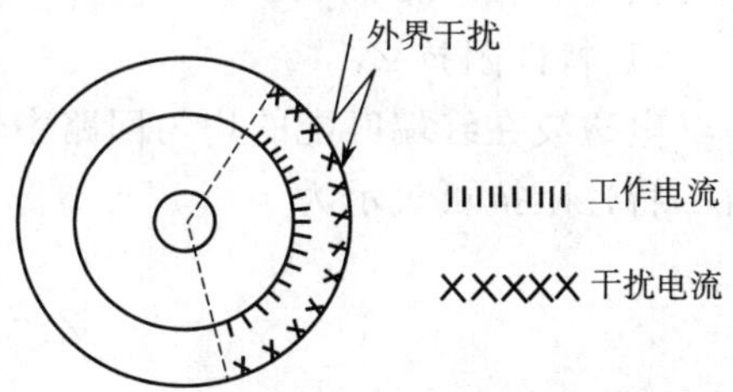

图 2-27 同轴电缆抗干扰电流分布图

需要指出的是，以上的分析都是假定同轴电缆在理想结构和理想导体的情况下得出的，实际同轴电缆回路还存在着相互干扰，也要受到外界干扰。

2. 同轴电缆的一次参数

(1)回路有效电阻 R

同轴电缆回路的有效电阻 R，由直流电阻 R_0 和交流电阻 $R_\sim$ 组成。近似计算如下：

$$R=\frac{5.5}{d^2}+8.32\sqrt{f}\left(\frac{1}{d}+\frac{1}{D}\right)\times10^{-2} \tag{2-28}$$

回路有效电阻 R 与频率的平方根成正比，与内、外导体直径成反比。

(2)回路电感 L

回路的电感为内电感和外电感之和，回路电感的近似值为

$$L=L_{内}+L_{外}\approx L_{外}=2\ln\frac{D}{d}\times10^{-4} \tag{2-29}$$

高频时，电感近似等于外电感，电感大小决定于同轴对的结构尺寸。

(3)回路电容 C

由于无外磁场，故只计算内外导体间的工作电容。回路电容的近似值为

$$C=2\pi\varepsilon/\ln\frac{D}{d}=\frac{\varepsilon_\gamma}{18\ln\frac{D}{d}}\times10^{-6} \tag{2-30}$$

回路电容 C 与相对介电常数有关，与内外导体的直径比值有关。

(4)绝缘电导 G

内外导体虽然有绝缘,但任何绝缘物质都不可能绝对不导电,因此回路上总存在着一定的漏电通道。漏电回路是并联的,并联电导相加,所以用电导参数。电缆回路的绝缘电导由直流电导 G_0 和交流电导 $G_{\sim}$ 组成,可表示为

$$G=\omega C\tan\delta \tag{2-31}$$

绝缘电导 G 与同轴的结构尺寸和绝缘材料有关。

3. 同轴电缆的二次参数

二次参数由一次参数确定,是一次参数的函数。二次参数有特性阻抗 Z_C、传输常数 γ(衰减常数 α 和相移常数 β)。

(1)特性阻抗 Z_C

电磁波在终端匹配的均匀回路中传播时,回路上电压波幅与电流波幅的比值称为特性阻抗。特性阻抗可表示为

$$Z_C=\sqrt{\frac{R+j\omega L}{G+j\omega C}}=|Z_C|e^{j\varphi_c} \tag{2-32}$$

(2)传输常数

同轴对传输常数计算与对称电缆一样,即

$$\gamma=\sqrt{(R+j\omega L)(G+j\omega C)}=\alpha+j\beta \tag{2-33}$$

但是,因为同轴电缆工作频率很高,$\omega L\gg R$,$\omega C\gg G$,计算公式为

$$\gamma=\left(\frac{R}{2}\sqrt{\frac{C}{L}}+\frac{G}{2}\sqrt{\frac{L}{C}}\right)+j\omega\sqrt{LC} \tag{2-34}$$

第三节　双绞线的结构、类型及特性

一、概　　述

双绞线是综合布线工程中最常用的一种传输介质。双绞线由两根具有绝缘保护层的铜导线组成。把两根绝缘的铜导线按一定密度互相绞在一起,可降低信号干扰的程度,每一根导线在传输中辐射的电波会被另一根线上发出的电波抵消。如果把一对或多对双绞线放在一个绝缘套管中,便成为双绞线电缆。在双绞线电缆(也称双扭线电缆)内,不同线对具有不同的扭绞长度,一般来说,扭绞长度在 14～38.1 cm 内,按逆时针方向扭绞,相邻线对的扭绞长度在 12.7 cm 以上。与其他传输介质相比,双绞线在传输距离、信道宽度和数据传输速度等方面均受到一定限制,但价格较为低廉。双绞线可分为非屏蔽双绞线和屏蔽双绞线。

虽然双绞线主要是用来传输模拟声音信息的,但同样适用于数字信号的传输,特别适用于较短距离的信息传输。在传输期间,信号的衰减比较大,且产生波形畸变。采用双绞线的局域网的带宽取决于所用导线的质量、长度及传输技术。只要精心选择和安装双绞线,就可以在有限距离内达到几百万 bit/s 的可靠传输率。当距离很短且采用特殊的电子传输技术时,传输速率可达 100～155 Mbit/s。由于利用双绞线传输信息时要向周围辐射,信息很容易被窃听,因此要花费额外的代价加以屏蔽。屏蔽双绞线电缆的外层由铝箔包裹,以减小辐射,但并不能完全消除辐射。屏蔽双绞线价格相对较高,安装时要比非屏蔽双绞线电缆困难。类似于同轴

电缆，它必须配有支持屏蔽功能的特殊连接器和相应的安装技术。但它有较高的传输速率，100 m 内可达到 155 Mbit/s。

另外，非屏蔽双绞线电缆具有以下优点：

(1)无屏蔽外套，直径小，节省所占用的空间；

(2)重量轻，易弯曲，易安装；

(3)将串扰减至最小或加以消除；

(4)具有阻燃性；

(5)具有独立性和灵活性，适用于结构化综合布线。

二、规格型号

EIA/TIA 为双绞线电缆定义了五种不同质量的型号。计算机网络综合布线使用第三、四、五类。这五种型号如下：

(1)第一类：主要用于传输语音(一类标准主要用于 20 世纪 80 年代初之前的电话线缆)，不用于数据传输。

(2)第二类：传输频率为 1 MHz，用于语音传输和最高传输速率 4 Mbit/s 的数据传输，常见于使用 4 Mbit/s 规范令牌传递协议的旧的令牌网。

(3)第三类：指目前在 ANSI 和 EIA/TIA 568 标准中指定的电缆。该电缆的传输频率为 16 MHz，用于语音传输及最高传输速率为 10 Mbit/s 的数据传输，主要用于 10 base-T。

(4)第四类：该类电缆的传输频率为 20 MHz，用于语音传输和最高传输速率 16 Mbit/s 的数据传输，主要用于基于令牌的局域网和 10 base-T/100 base-T。

(5)第五类：该类电缆增加了绕线密度，外套一种高质量的绝缘材料，传输频率为 100 MHz，用于语音传输和最高传输速率为 100 Mbit/s 的数据传输，主要用于 100 base-T 和 10 base-T 网络，这是最常用的以太网电缆。

三、性能指标

对于双绞线，用户最关心的是表征其性能的指标。这些指标包括衰减、近端串扰、特性阻抗、分布电容、直流电阻等。

1. 衰减

衰减是沿链路的信号损失度量。衰减与线缆的长度有关系，随着长度的增加，信号衰减也随之增加。衰减表示源传送端信号到接收端信号强度的比率。由于衰减随频率变化而变化，因此，应测量在应用范围内全部频率上的衰减。

2. 近端串扰

串扰分为近端串扰(NEXT)和远端串扰(FEXT)，测试仪主要是测量 NEXT。由于存在线路损耗，FEXT 的影响较小。近端串扰损耗是测量一条 UTP 链路中从一对线到另一对线的信号耦合。对于 UTP 链路，NEXT 是一个关键的性能指标，也是最难精确测量的一个指标。随着信号频率的增加，其测量难度将加大。

NEXT 并不表示在近端点所产生的串扰值，只是表示在近端点所测量到的串扰值。这个量值会随电缆长度不同而变，电缆越长，其值变得越小。同时发送端的信号也会衰减，对其他线对的串扰也相对变小。实验证明，只有在 40 m 内测量得到的 NEXT 是较真实的。如果另一端是远于 40 m 的信息插座，那么它会产生一定程度的串扰，但测试仪可能无法测量到这个串扰值。因此，最好在两个端点都进行 NEXT 测量。现在的测试仪都配有相应设备，使得在链路一端就能测量出两端的 NEXT 值。NEXT 测试的结果参照表 2-7 和表 2-8。

表 2-7 各种连接为最大长度时各种频率下的衰减极限

频率(MHz)	最大衰减(20 ℃)					
	信道(100 m)			链路(90 m)		
	3类	4类	5类	3类	4类	5类
1	4.2	2.6	2.5	3.2	2.2	2.1
4	7.3	4.8	4.5	6.1	4.3	4.0
8	10.2	6.7	6.3	8.8	6	5.7
10	11.5	7.5	7.0	10	6.8	6.3
16	14.9	9.9	9.2	13.2	8.8	8.2
20		11	10.3		9.9	9.2
25			11.4			10.3
31.25			12.8			11.5
62.5			18.5			16.7
100			24			21.6

表 2-8 特定频率下的 NEXT 衰减极限

频率(MHz)	最小 NEXT					
	信道(100 m)			链路(90 m)		
	3类	4类	5类	3类	4类	5类
1	39.1	53.3	60.0	40.1	54.7	60.0
4	29.3	43.3	50.6	30.7	45.1	51.8
8	24.3	38.2	45.6	25.9	40.2	47.1
10	22.7	36.6	44.0	24.3	38.6	45.5
16	19.3	33.1	40.6	21	35.3	42.3
20		31.4	39.0		33.7	40.7
25			37.4			39.1
31.25			35.7			37.6
62.5			30.6			32.7
100			27.1			29.3

以上两个指标是 TSB67 测试（TSB67 测试是综合布线的连接参数测试，TSB67 测试的连接参数主要有接线图、距离、衰减和近端串扰 4 项）的主要内容，但某些型号的测试仪还可以给出直流电阻、特性阻抗、衰减串扰比等指标。

3. 直流电阻

直流环路电阻会消耗一部分信号，并将其转变成热量。直流电阻是指一对导线电阻的和。每对间的差异不能太大（小于 0.1 Ω），否则表示接触不良，必须检查连接点。

4. 特性阻抗

与环路直流电阻不同，特性阻抗包括电阻和频率为 1～100 MHz 的电感阻抗及电容阻抗，与一对电线之间的距离及绝缘体的电气性能有关。各种电缆有不同的特性阻抗，而双绞线电缆则有 100 Ω、120 Ω 及 150 Ω 等。

5. 衰减串扰比（ACR）

在某些频率范围，串扰与衰减量的比例关系是反映电缆性能的另一个重要参数。ACR 有时也以信噪比（SNR）表示，由最差的衰减量与 NEXT 量值的差值计算。ACR 值较大，表示抗干扰的能力更强。一般系统要求至少大于 10 dB。

6. 电缆特性

通信信道的品质是由它的电缆特性描述的。SNR 是在考虑到干扰信号的情况下，对数据信号强度的一个度量。如果 SNR 过低，将导致数据信号在被接收时，接收器不能分辨数据信号和噪声信号，最终引起数据错误。因此，为了将数据错误限制在一定范围内，必须定义一个最小的可接收的 SNR。

四、测试数据

100 Ω 4 对非屏蔽双绞线有 3 类线、4 类线、5 类线和超 5 类线。主要的性能指标包括衰减、分布电容、直流电阻、直流电阻偏差值、阻抗特性、返回损耗、近端串扰。标准测试数据见表 2-9。

表 2-9　双绞线的标准测试数据

类型	衰减(dB)	分布电容（以 1 kHz 计量）	直流电阻（20 ℃测量校正值）	直流电阻偏差值（20 ℃时测量校正值）	阻抗特性（1 MHz 至最高的参考频率值）	返回损耗（测量长度 >100 m）	近端串扰（测量长度 >100 m）
3 类	≤2.320sqrt(*f*)+0.238(*f*)	≤330 pF/100 m	≤9.38 Ω/100 m	5%	100 Ω±15 Ω	12 dB	43 dB
4 类	≤2.050sqrt(*f*)+0.1(*f*)	≤330 pF/100 m	≤9.38 Ω/100 m	5%	100 Ω±15 Ω	12 dB	58 dB
5 类	≤1.926 7sqrt(*f*)+0.075(*f*)	≤330 pF/100 m	≤9.38 Ω/100 m	5%	100 Ω±15 Ω	23 dB	64 dB

注：*f* 表示测试频率，sqrt(*f*)表示频率开平方根。

五、常用的双绞线电缆

1. 5 类 4 对非屏蔽双绞线

该双绞线是美国线缆规格为 24 的实芯裸铜导体，以氟化乙烯做绝缘材料，传输频率达 100 MHz。导线色彩编码见表 2-10，物理结构如图 2-28 所示。

表 2-10　导线色彩编码

线对	色彩码
1	白/蓝//蓝
2	白/橙//橙
3	白/绿//绿
4	白/棕//棕

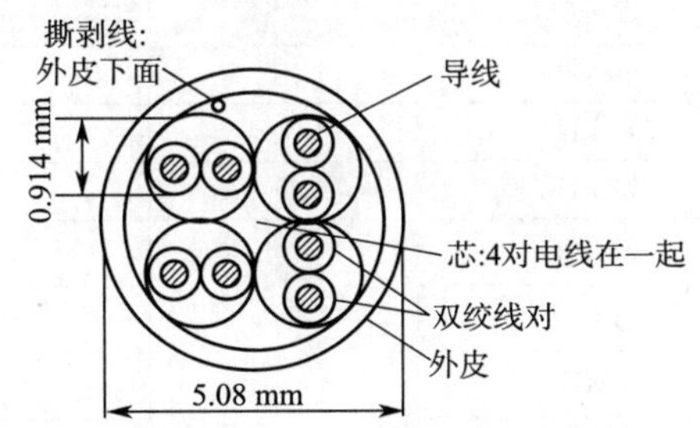

图 2-28　5 类 4 对非屏蔽双绞线

电气特性见表 2-11。其中，“9.38 Ω MAX. Per100 m @ 20 ℃”是指在 20 ℃的恒定温度下，每 100 m 双绞线的电阻为 9.38 Ω。

表 2-11　5 类 4 对非屏蔽双绞线电气特性

频率	阻抗	衰减值 Max (dB/100)	NEXT(dB)（最差对）	直流阻抗
256 kHz	—	1.1	—	9.38 Ω MAX. Per 100 m @ 20 ℃
512 kHz	—	1.5	—	
772 kHz	—	1.8	66	
1 MHz	85～115 Ω	2.1	64	
4 MHz		4.3	55	
10 MHz		6.6	49	
16 MHz		8.2	46	
20 MHz		9.2	44	
31.25 MHz		11.8	42	
62.50 MHz		17.1	37	
100 MHz		22.0	34	

2. 5类4对24AWG100 Ω屏蔽电缆

该电缆是美国线缆规格为24的裸铜导体，以氟化乙烯做绝缘材料，内有24AWG TPG漏电线。传输频率达100 MHz，导线色彩编码见表2-12，物理结构如图2-29所示，电气特性见表2-13。屏蔽项"0.002[0.051]铝/聚酯带最小交叠@20℃及一根24AWG TPC漏电线"的含义是：

表2-12 导线色彩编码

线对	色彩码	屏蔽
1	白/蓝//蓝	0.002[0.051]铝/聚酯带最小交叠@20°及一根24AWG TPC漏电线
2	白/橙//橙	
3	白/绿//绿	
4	白/棕//棕	

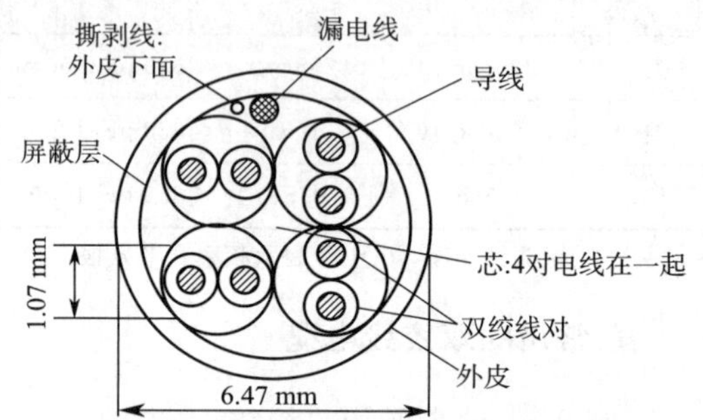

图2-29 5类4对24AWG100 Ω屏蔽电缆

表2-13 5类4对24AWG100 Ω屏蔽电缆电气特性

频率	阻抗	衰减值Max (dB/100)	NEXT(dB) (最差对)	直流阻抗
256 kHz	—	1.1	—	9.38 Ω MAX. Per 100 m @ 20 ℃
512 kHz	—	1.5	—	
772 kHz	—	1.8	66	
1 MHz	85～115 Ω	2.1	64	
4 MHz		4.3	55	
10 MHz		6.6	49	
16 MHz		8.2	46	
20 MHz		9.2	44	
31.25 MHz		11.8	42	
62.50 MHz		17.1	37	
100 MHz		22.0	34	

(1)屏蔽层厚度为0.002 cm或0.051英寸。

(2)@20 ℃代表在20 ℃恒定温度下。

3. 5类4对26AWG屏蔽软线

它由4对线和一根26AWG TPC漏电线组成，传输频率达100 MHz。导线色彩编码见表2-14，物理结构如图2-30所示。

表2-14 导线色彩编码

线对	色彩码	屏蔽
1	白/蓝//蓝	0.002[0.051]铝/聚酯带箔内有一段26AWG TPC漏电线
2	白/橙//橙	
3	白/绿//绿	
4	白/棕//棕	

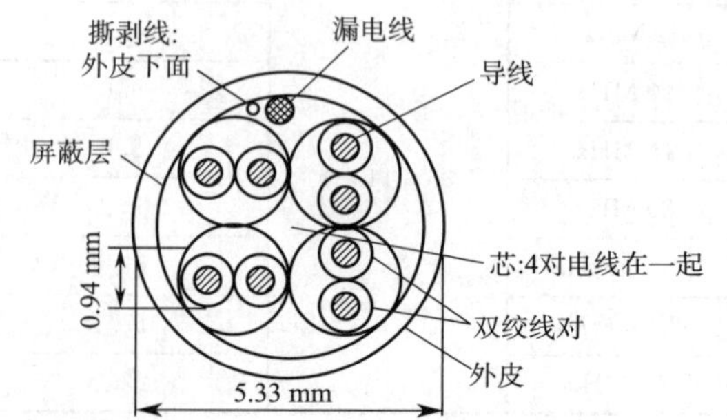

图2-30 5类4对24AWG非屏蔽电缆

4. 5类4对24AWG非屏蔽软线

它由4对线组成,用于高速数据传输,适合于扩展传输距离,应用于互连或跳接线。传输速率达100 MHz。导线色彩编码见表2-15,物理结构如图2-31所示,电气特性见表2-16。

表2-15 导线色彩编码

线对	色彩码
1	白/蓝//蓝
2	白/橙//橙
3	白/绿//绿
4	白/棕//棕

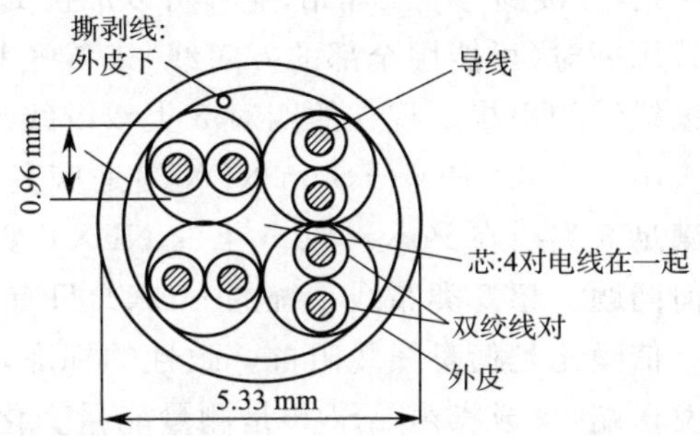

图2-31 5类4对24AWG非屏蔽软线

表2-16 5类4对24WAG100非屏蔽软线电气特性

频率	阻抗	衰减值 Max (dB/100)	NEXT(dB) (最差对)	直流阻抗
256 kHz	—	—	—	8.8 Ω MAX. Per 100 m @ 20 ℃
512 kHz	—	—	—	
772 kHz	—	2.0	66	
1 MHz	85～115 Ω	2.3	64	
4 MHz		5.3	55	
10 MHz		8.2	49	
16 MHz		10.5	46	
20 MHz		11.8	44	
31.25 MHz		15.4	42	
62.50 MHz		22.3	37	
100 MHz		28.9	34	

5. 超5类布线系统

超5类布线系统是一个非屏蔽双绞线(UTP)布线系统,通过对它的“链接”和“信道”性能的测试表明,其超过TIA/EIA 568的5类线要求。与普通的5类UTP相比,其衰减更小,串扰更少,同时具有更高的衰减与串扰的比值(ACR)和信噪比(SRL)、更小的时延误差,性能得到提高。

它具有四大优点:

(1)提供坚实的网络基础,可以方便转移、更新网络技术。

(2)能够满足大多数应用的要求,并且满足低偏差和低串扰总和的要求。

(3)被认为是为将来网络应用提供的解决方案。

(4)充足的性能余量,给安装和测试带来方便。

与5类线缆相比,超5类在近端串扰、串扰总和、衰减和信噪比四个主要指标上都有较大的改进。近端串扰(NEXT)是评估性能的最重要的标准。一个高速的LAN在传送和接收数据时是同步的。NEXT是当传送与接收同时进行时所产生的干扰信号。NEXT的单位是

dB,表示传送信号与串扰信号之间的比值。

在普通应用中,衡量 NEXT 的标准方法是用一对线进行传送,另一对线用于接收,如 10 BASE-T 和令牌环,甚至 100 BASE-T 和 155 Mbit/s ATM。但是,有时候也可以使用另外两对线,并接到另一工作站,这样可以加快 LAN 的速度,如 622 Mbit/s ATM 和 1000 BASE-T,不只用一对(可能用全部的 4 对线)来传送和接收。在一根线缆中使用多对线进行传送会增加这根线缆的串扰。现在的四对 5 类双绞线没有考虑这种情况。

串扰总和(Power Sum NEXT)是从多个传输端产生 NEXT 的和。如果一个布线系统能够满足 5 类线在 Power Sum 下的 NEXT 要求,那么就能处理从应用共享到高速 LAN 应用的任何问题。超 5 类布线系统的 NEXT 只有 5 类线要求的 1/8。

信噪比是衡量线缆阻抗一致性的标准,阻抗的变化引起反射。一部分信号的能量被反射到发送端,形成噪声。SRL 是测量能量变化的标准,由于线缆结构变化而导致阻抗变化,使得信号的能量发生变化。反射的能量越少,意味着传输信号越完整,在线缆上的噪声越小。

比起普通 5 类双绞线,超 5 类系统在 100 MHz 的频率下运行时,为用户提供 8 dB 近端串扰的余量,用户设备受到的干扰只有普通 5 类线系统的 1/4,使系统具有更强的独立性和可靠性。

第三章　通信电缆的接续与接头封合

第一节　通信电缆的接续

电缆芯线的编号与对号是保证电缆芯线接续质量的一项重要工作。

1. 电缆芯线的编号

全色谱电缆芯线顺序是由中心层起向外层顺序编号的。

一般规定 A 端线号是面向电缆按顺时针方向进行编号；而 B 端线号则按反时针方向进行编号。

全塑全色谱电缆的线序使用原则为“由远到近，从小到大”。

2. 电缆芯线的对号

(1)电缆芯线对号的目的和要求

电缆芯线对号的目的，主要是核对和辨认一段全塑电缆的芯线序号，防止造成错接的一种手段。

对号时一般以靠近电话局或交接箱的一端为准，用放音对号器与另一端对号，使两端线序一致。

(2)全塑电缆对号特点

①要求芯线和接续不得发生瞬断现象。

②芯线直径小，不允许直接接触方式对号应使用专用静电感应式的全塑电缆对号器来进行对号。

(3)全塑电缆对号器的使用

①全塑电缆对号器主要指标如下：

a. 放大能力：不低于 80 dB；

b. 抗干扰能力：不低于 60 dB(50 Hz)；

c. 静态情况下电源消耗：不大于 10 mA。

②全塑电缆对号器使用方法如下：

a. 在对号器放音一端，一般把放音器的地线端子接地(即屏蔽线)，从放音端子连出另一根放音线，逐对连接需要对号的线对(一般从小号到大号逐一对号)。

b. 如果在新建的电缆中对号，放音一端用联络线把芯线号及其色谱通知对号一方(如该线由测量室配线架放音则告诉线号及 A 或 B 线)。对号一方根据放音一方提供的情况测找线号。

c. 为了提高效率，第一根线对号方法是：对号一方把电缆按大单位分开，左手拿探针，右手一把把地抓各个大单位，如果所抓的这个单位的声音比其他单位略大，则被查找的芯线必在此单位中，下一步再用同样方法找小单位，然后再根据色谱来测找被放音线对的线号。这时应反复验证是否正确。如果是按顺序对第二号线，放音方应按色谱放音，先放 A 线后放 B 线。查找方也应按色谱摸音。

d. 如果被对号的线对正在使用中或在旧电缆中摸音，这时对号的困难程度较大。查找方用左手拿住探头后，用右手一束一束地分线，对于其中声音较大的一束应反复比较与分析，找出声音较大的一束，然后把该束一分为二，比较两束声音的大小，取其中声音大的一束再一分为二比较，直到找出所放音的线对。

以上方法是对芯线线序比较混乱的电缆的对号。一般情况下，只要能找出被放音的线号，按线号去查找所对号的线对，然后根据扎带及线对色谱，很快就能查到其他线对，最后再放音其他线对以核实对错。

(4)利用蜂鸣器放音对号方法

蜂鸣器面板及蜂鸣器放音对号电路连接如图 3-1 所示。

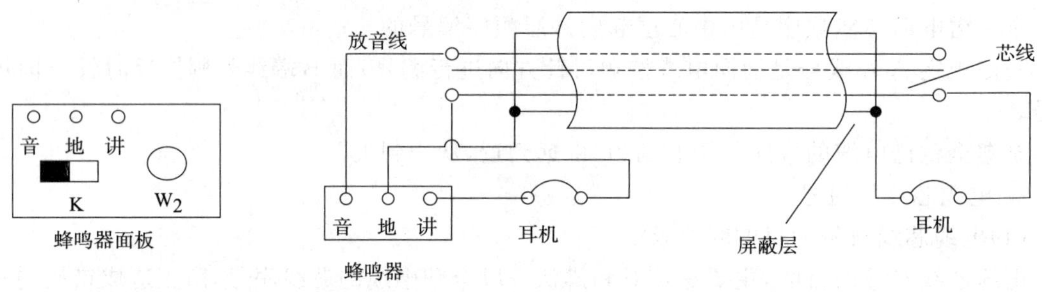

图 3-1　蜂鸣器面板及蜂鸣器放音对号电路连接

放音对号的具体方法如下：

a. 在放音端把蜂鸣器的“地”端子连接在电缆屏蔽层上或电缆芯线中的好线上(称公用线)。

b. 在蜂鸣器的“讲”端子上连接耳机一端，耳机的另一端连接电缆中好芯线(称联络线)。

c. 蜂鸣器的“音”端子连接电缆芯线所要放音的芯线上(称放音线)。

d. 在接收端把耳机的一端接电缆屏蔽层或电缆芯线中的好线(公用线)。

e. 耳机的另一端连接电缆中的好芯线(联络线)。

f. 在联络线上并联一根测试线(也称摸线)。

放音对号电路建立后，就可进行放音对号。放音端用放音线放信号，在接收端用摸线去触摸电缆芯线，在触摸到芯线中某一根时听到声音，说明要对号的线已找到。接收端要通知放音端该线已测试到，放音端可调换下一根线放音，如此循环直到全部线对测试完为止(放音对号一般从小号到大号逐一对号)。

第二节　全塑电缆常用接续方法

全塑电缆芯线接续是全塑电缆敷设施工中的一个重要组成部分。在质量上要求较高：必须接续可靠和长时期保持应有的性能，以保证通信畅通；要求施工有较高的效率，劳动强度低，操作简便，易于掌握；要求工料费少；适合架空、直埋或管道等各种使用场合。

全塑电缆芯线接续技术主要采用接线子压接法。我国全塑电缆芯线的接续方法主要采用扣式接线子和模块式接线子接续法。

全塑电缆芯线接续的一般规定如下：

(1)电缆芯线接续前,应保证气闭良好(填充型电缆除外),并应核对电缆程式、对数,检查端别,如有不符合规定者应及时返修,合格后方可进行电缆接续。

(2)全塑电缆芯线接续必须采用压接法,不得采用扭接法。

(3)电缆芯线的直接、复接线序必须与设计要求相符,全色谱电缆必须色谱、色带对应接续。

(4)电缆芯线接续不应产生混线、断线、地气、串音及接触不良,接续后应保证电缆的标称对数全部合格。

(5)填充型全塑电缆的清洗应使用专用清洗剂。

一、全塑电缆芯线压接接续的原理和要求

1. 全塑电缆芯线压接接续的原理

导线连接后其电阻值决定于导体材料的电阻、两接触面间的接触电阻和因污染或氧化而产生的薄膜电阻。因此,芯线的接续除了要考虑增大和保持接触面间的压力外,还要做到两点:

(1)要除去或刺穿任何存在于导线表面上的不导电薄膜。

(2)让这些接触面上没有或不产生新的氧化膜,这就需要有足够牢固的气密接触面。

2. 全塑电缆芯线压接接续的要求

(1)在芯线接续过程中,要除去或刺穿导线表面的不导电薄膜。

(2)在接头处要有一个紧密的接触面,形成一个可靠的气密面接触状态。

(3)接续后要在芯线接头处长期保持稳定与持久的压力。

(4)芯线接头应加硅脂保护,以便与外界空气隔离,以免再生成新的氧化膜。

二、扣式接线子接续法

扣式接线子接续法是我国广泛采用的小对数全塑全色谱电缆芯线接续方式。本节主要介绍接线子的型号、扣式接线子的结构和接续原理、扣式接线子的程式、扣式接线子压接钳、扣式接线子接续操作方法和步骤。

1. 接线子的型号

市话全塑电缆的接线子品种较多,按其接续方式、器件外形和内部结构及特点,可分为套管型、纽扣型、槽型、销钉型、齿型和模块型等。

接线子的型号如图 3-2 所示。其型号编写方法如下:

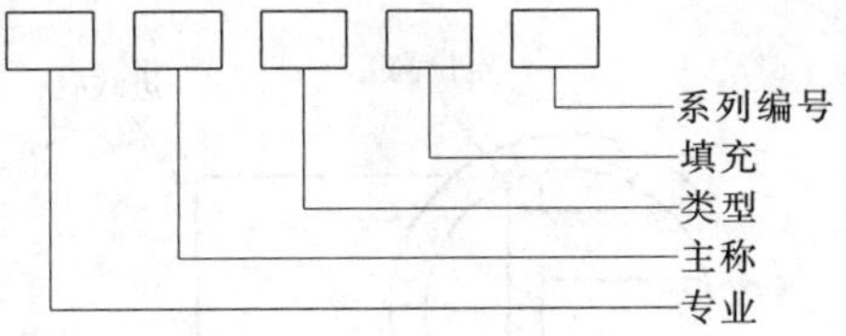

(1)专业:H——市内通信电缆。

(2)主称:J——接线子。

(3)类型:K——纽扣型;

X——销钉型(又称销套型、销子型);

C——齿型;

M——模块型。

(4)填充:T——含防潮填充剂,如无填充则不写。

(5)系列:1,2,…,9——系列编号。

接线子型式分类见表 3-1。

图 3-2 接线子的型号

表 3-1　接线子型式

接线子名称	代　号	
	不含防潮填充剂	含防潮填充剂
纽扣式接线子	HJK	HJKT
销套型接线子	HJX	—
齿型接线子	HJC	—
模块式接线子	HJM	HJMT

2. 扣式接线子的结构和接续原理

扣式接线子外形如图 3-3 所示，由三部分组成：扣身、扣帽、U 形卡接片。

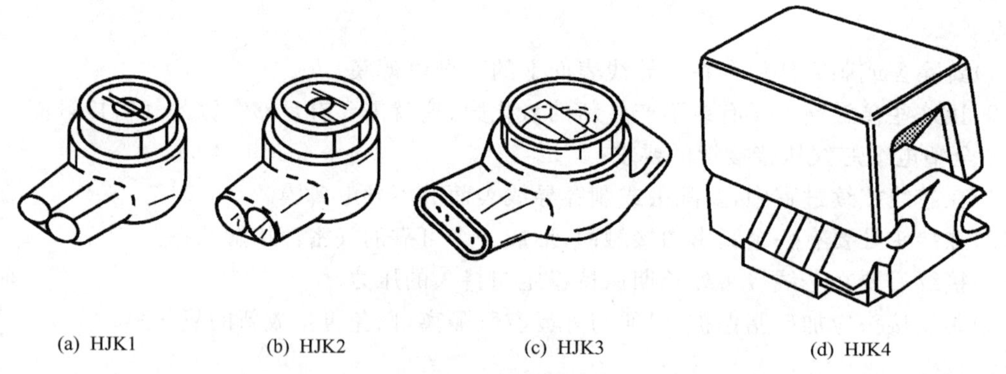

(a) HJK1　(b) HJK2　(c) HJK3　(d) HJK4

图 3-3　扣式接线子外形

扣式接线子 U 形卡接片卡接(二线)如图 3-4、图 3-5 所示。在塑料盖内镶嵌镀锡的铜合金 U 形卡接片，在接续时将待接芯线放入沟槽内，用专用手压钳将塑料盖压入塑料座内，芯线被压入 U 形卡接槽内。由于芯线可压入槽内比线径稍窄处，刀口可卡破芯线绝缘及氧化层，卡接片能与铜线本体接触，同时能够保持一定的接续压力，形成无空隙接续。充有硅脂的接线子，具有防潮、防氧化性能。

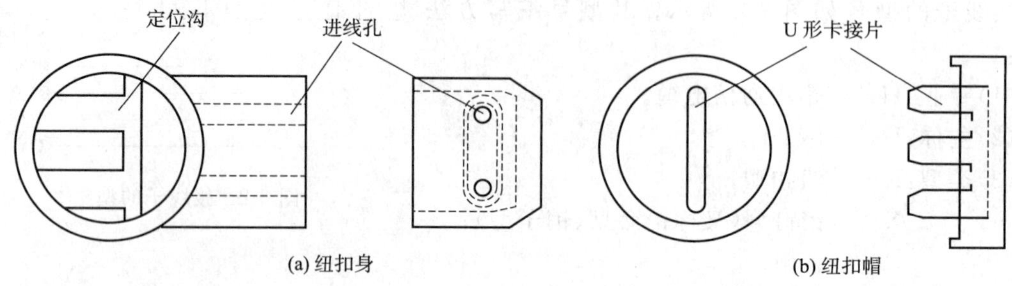

(a) 纽扣身　(b) 纽扣帽

图 3-4　卡接片

3. 扣式接线子的程式

扣式接线子分为进口和国产两大类。国产扣式接线子的程式及适用范围见表 3-2。

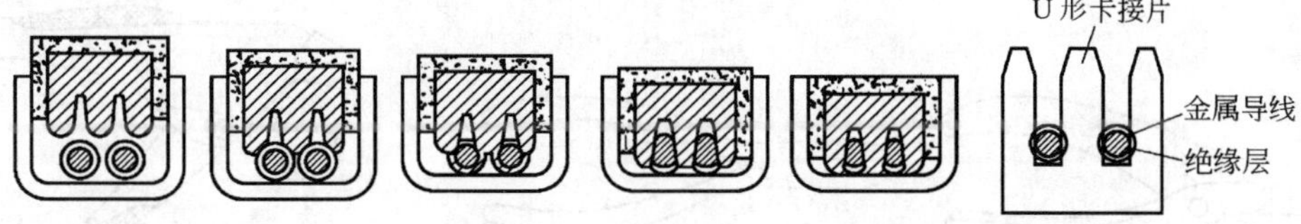

图 3-5　扣式接线子 U 形卡接片卡接示意图(二线)

表 3-2　扣式接线子的程式

规格型号	接线形式	连接片形式	适用范围	
			聚烯烃塑料绝缘	
			绝缘层最大外径（mm）	填充或非填充聚烯烃塑料绝缘电缆(mm)
HJK1	二线接续	单式	1.52	—
HJKT1				0.4～0.5
HJK2	二线接续	双式	1.80	—
HJKT2				0.4～0.9
HJK3	三线或二线接续	双式		—
HJKT3			1.67	0.4～0.5
HJK4	不中断线路复接	单式	1.27	—
HJKT4				0.4～0.9
HJKT5	不中断线路复接	双式	1.67	0.4～0.9

4. 扣式接线子压接钳

扣式接线子压接时，为了保证接续良好，要求将待接续的接线子完全放入钳口内，钳口要平行夹住接线子扣盖和扣身上下两个平面，钳口张合时应完全平行不可偏斜。各种型号的压接钳如图 3-6 所示。

(1)E-9Y 压接钳：带有剪线钳口，在架空作业及修理时使用，是最轻便的一种，如图 3-6(a)所示。

(2)E-9E 压接钳：在压紧时，钳口动作平行度好。使用功能与 E-9Y 相同，但无剪线钳口，如图 3-6(b)所示。

(3)E-9B/E-9BM 压接钳：用途最广的接线钳，可适用于各种接线子，其压接钳口间距可用调节螺丝调节，如图 3-6(c)所示。

(4)E-9C 压接钳：用来压接链带式的接线子，每个链带上装有接线子 10 只，可在一定程度上提高接续效率，如图 3-6(d)所示。

(5)E-9CH 高容量压接钳：为了进一步提高接续效率，对于 50 对以上电缆的接续，可采用此种压接钳，钳下有一个铁架，用于存放链带接线子，可以连续接续，如图 3-6(e)所示。

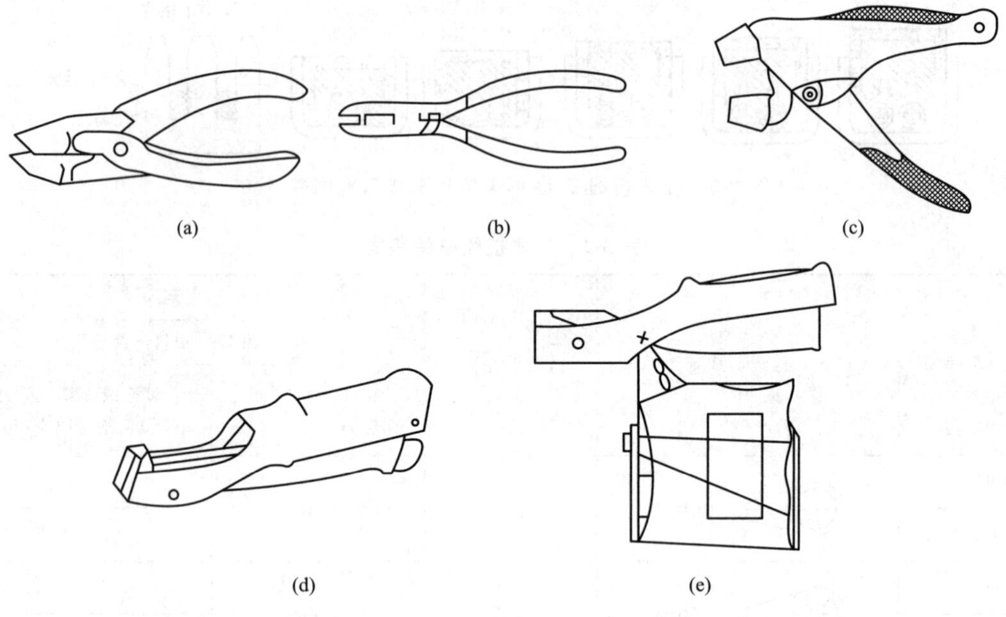

图 3-6　扣式接线子压接钳

5. 扣式接线子接续规定

(1)按设计要求的型号选用扣式接线子。

(2)接续长度为 50 mm,并扭绞 3～4 花。

(3)接线子排列整齐、均匀,每 5 对(同一领示色)为一组,分别倒向两侧的电缆切口。

(4)无接续差错,芯线绝缘电阻合格。

6. 扣式接线子接续操作方法和步骤

扣式接线子接续方法一般适用于 300 对以下电缆,或在大对数电缆中接续分歧电缆。

(1)扣式接线子排数及接续长度

全塑电缆接续长度及扣式接线子的排数应根据电缆对数、电缆直径及封合套管的规格等来确定。接线子排列及接续长度见表 3-3。

表 3-3　扣式接线子排数及接续长度

电缆对数(对)	接线子排数	接续长度(mm)
25	2～3	149～160
50	3	180～300
100	4	300～400
200	5	300～450
300	6	400～500

(2)直接口与分歧接口的接续步骤

①根据电缆对数、接线子排数,电缆芯线留长应不小于接续长度的 1.5 倍。

②剥开电缆护套后,按色谱挑出第一个超单位线束,将其他超单位线束折回电缆两侧,临时用包带捆扎,以便操作,将第一个超单位线束编好线序。

③把待接续单位的局方及用户侧的第一对线(4 根),或三端(复接、6 根)芯线在接续扭线点疏扭 3～4 花,留长 5 cm,对齐剪去多余部分,要求四根导线平直、无钩弯。a 线与 a 线、b 线与 b 线压接。

④将芯线插入接线子进线孔内[直接口:两根 a 线(或 b 线)插入二线接线孔内;复接:将三根 a 线(或 b 线)插入三线接线孔内]。必须观察芯线是否插到底。

⑤芯线插好后,将接线子放置在压接钳钳口中,可先用压接钳压一下扣帽,观察接线子扣

帽是否平行压入扣身并与壳体齐平，然后再一次压接到底。用力要均匀，扣帽要压实压平，如有异常，可重新压接。

⑥压接后用手轻拉一下芯线，防止压接时芯线跑出没有压牢。扣式接线子接续如图 3-7 所示。

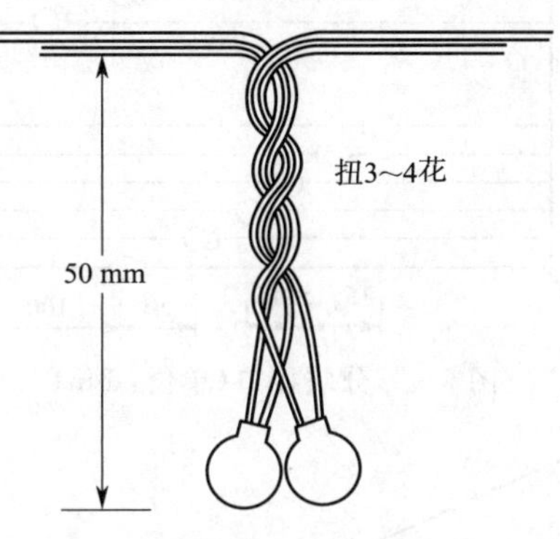

图 3-7　扣式接线子接续

芯线接续尺寸如图 3-8 所示。

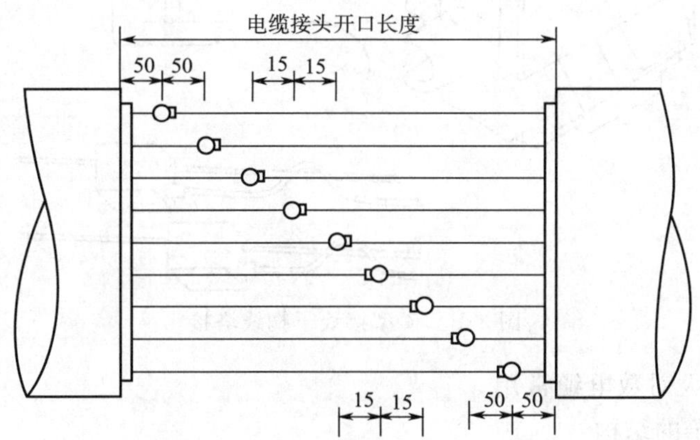

图 3-8　芯线接续尺寸(单位：mm)

芯线接续尺寸分歧接口如图 3-9 所示。

(3)芯线的掏线搭接(T 字形接)步骤

①将直通电缆芯线从 4 型或 5 型接线子侧面凹进的开口线槽套入，将扣式接线子在芯线上滑动，使扣式接线子悬挂在芯线上并放在预掏线的位置上。

②将被搭接的电缆芯线插入 4 型或 5 型扣式接线子半通的进线孔内，通过透明的扣帽检查芯线位置及色谱，确认无误后预压扣帽，使接线子在芯线上固定。

③选用压接钳进行正式压接。

④电缆芯线的掏线搭接，常用在电缆装设分线设备的接头中，4 型接线子掏线搭接如图 3-10 所示。

三、模块式接线子接续法

模块式接线子也称为模块型卡接排，简称模块或卡接排，具有接续整齐均匀、性能稳定、操作方便和接续速度快等优点。一般模块式接线子一次接续 25 对。利用模块式接线子可进行

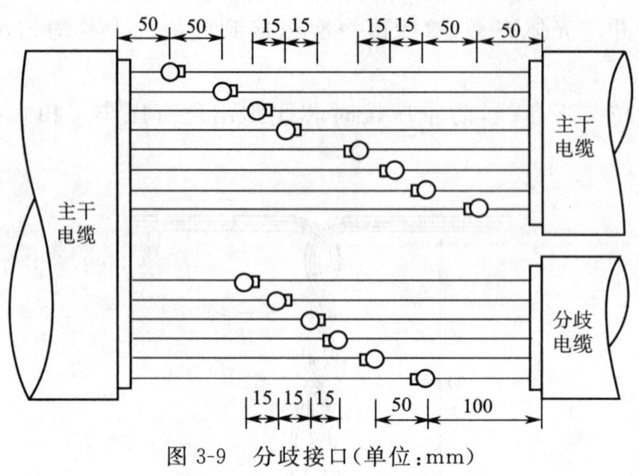

图 3-9　分歧接口(单位:mm)

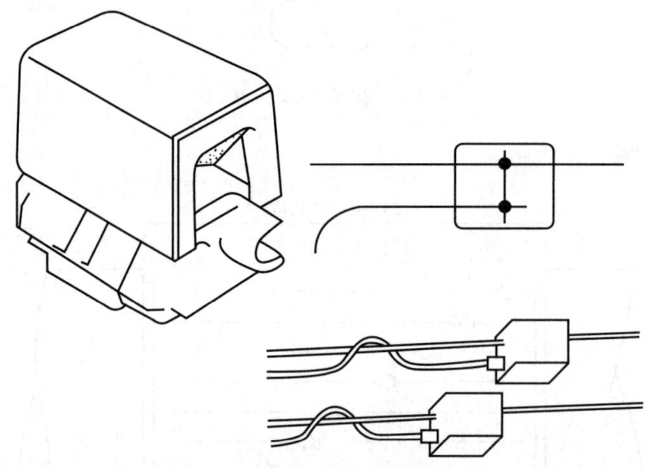

图 3-10　4 型接线子掏线搭接

直接、桥接和搭接。大对数电缆常用。

1. 模块式接线子的结构

模块式接线子由底板、主板和盖板三部分组成。主板由基板、U 形卡接片、刀片组成。基板由塑料制成上、下两种颜色。靠近底板一侧与底板颜色相同,一般为金黄色;靠近盖板一侧与盖板颜色一致,一般为乳白色。一般用底板与主板压接局方芯线,主板与盖板压接用户芯线。模块式接线子如图 3-11 所示。

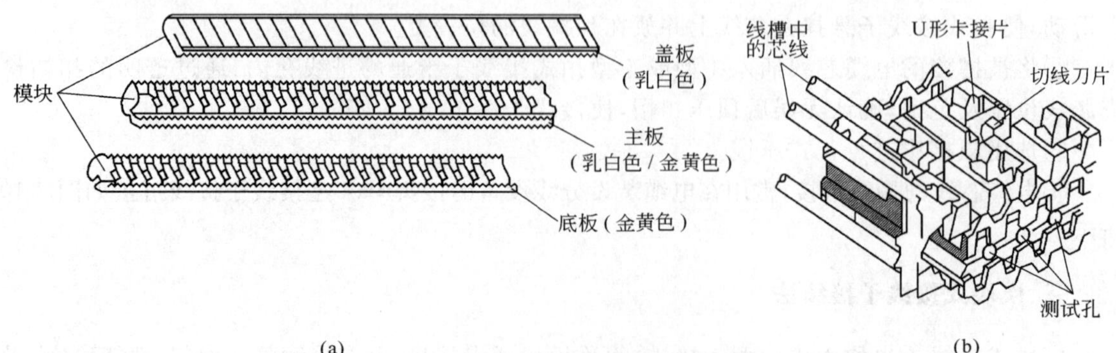

图 3-11　模块式接线子

2. 模块式接线子的型号

目前常用的模块式接线子有国产和进口两大类。其规格型号与适用范围见表 3-4 和表 3-5。

表 3-4　国产模块接线子(HJM、HJMT)的型号、接线形式及适用范围

规格型号	接线形式	适用范围	
		聚烯烃塑料绝缘电缆芯线	
		接续对数	线径(mm)
HJM1	标准接续	25	0.32～0.6
HJMT1	标准接续	25	0.32～0.6
HJM2	桥接	25	0.32～0.6
HJMT2	桥接	25	0.32～0.6

表 3-5　进口卡接排型号及选用表

用途	编写(美式)	类别		有无硅脂保护	适用电缆线径(mm)		备注
		标准型	超小型		线径	最大绝缘外径	
一字形接续直接	4000-B	√			0.32～0.7	1.17	
	4000-D		√		0.32～0.8	1.65	
	4000-DWP		√	√	0.32～0.8	1.65	
	4000-UWP		√	√	0.4～0.8	1.65	4000D 防潮盒
Y 字形接续桥接	4002-B	√			0.32～0.7	1.17	
	4005-D		√		0.32～0.8	1.65	
T 字形接续搭接	4008-B	√			0.32～0.7	1.17	
	4008-D		√		0.32～0.8	1.65	

3. 模块式接线子的压接工具

用模块式接线子接续时,要用专用的压接工具。压接工具主要由接线架和压接器两部分组成。接线架包括接线机头 1～2 个、支架管(电缆固定架)、接线机头支架、电缆扣带两个、检线梳及试线塞子等,如图 3-12 所示。

(1)接线机头:是安装模块式接线子及进行接续的部件。它由两边的金属挡板、带色谱的进线板、蓝色分线齿和两排导线固定弹簧组成。

(2)电缆固定架:安放两侧(局方和用户方)已剖开护套的电缆,两侧各由一组皮带和皮带钩组成。

(3)接线机头支架:由接线机头固定夹及横动杆组成。

(4)检线梳:用于检查卡线质量,左移时仅显示 a 线,右移时仅显示 b 线。

(5)开启钳:用于开启未卡接好芯线的模块式接线子。

(6)测试插针:接续完成后,从模块式接线子测试插孔插入,检测接续质量,尾部导线可接测试仪表。

(7)修补工具:有大、小两种,主要用于修补个别未卡好的芯线,重新卡接好。

压接器提供导线压接时的动力,常用手动液压器。它常由液压器主体、夹具和高压软管等

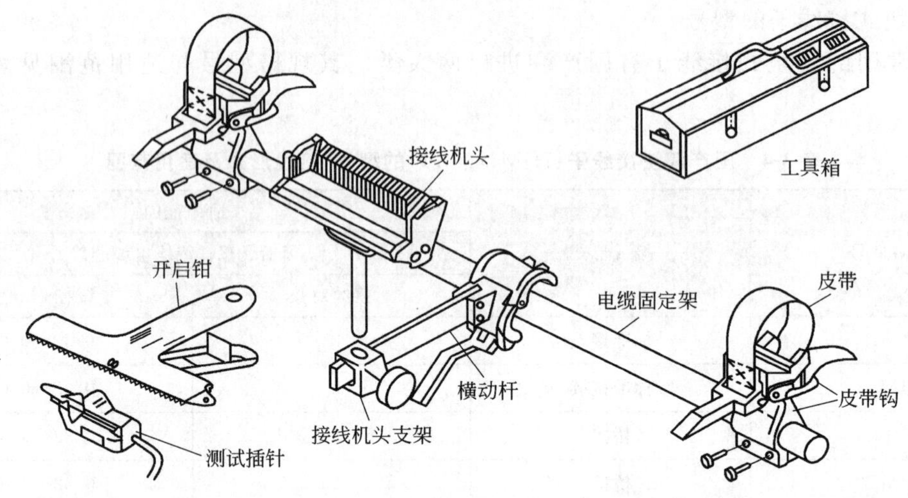

图 3-12　压接工具

组成,液压器提供 30 MPa 的压强,可对顺好线的底板、主板、盖板进行压接。加压时先旋紧气闭旋钮,上下扳动手柄,听到液压器发出“唧、唧”声时,压接工序完成。图 3-13 所示为模块式接线子接续工具压接器。

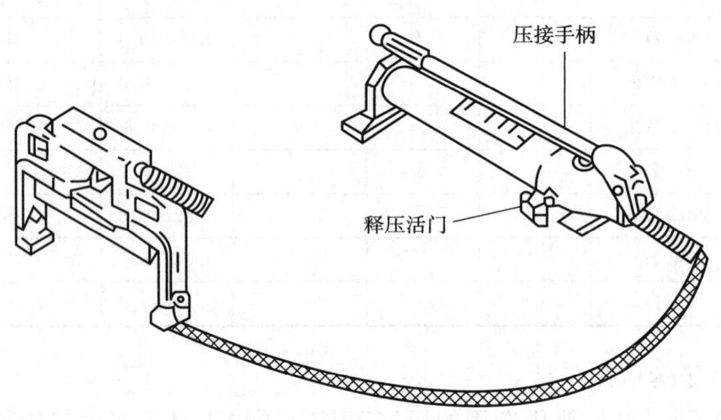

图 3-13　压接器

4. 模块式接线子接续规定

(1)按设计要求的型号选用模块式接线子。

(2)接续配线电缆芯线时,模块下层接局端线,上层接用户端线;接续中继电缆芯线时,模块下层接 B 端线,上层接 A 端线;接续不同线径芯线时,模块下层接细线径线,上层接粗线径线。

(3)模块排列整齐,松紧适度,线束不交叉,接头呈椭圆形。

(4)无接续差错,芯线绝缘电阻合格。

5. 模块式接线子的接续方法

(1)准备工作和接口开长

①准备接线工具及接续器材,安装接线架,并把接线机头装在接线架上。

②电缆接续长度及模块式接线子排数,应根据电缆对数、芯线直径及接头套管的直径等确定。两排模块式接线子接续尺寸可参考表 3-6。

表 3-6　模块式接线子电缆接续开口长度参照表

对数	线径（mm）	接续长度（mm）	直接头直径（mm）	折回接头直径（mm）
400	0.4	432	66	69
	0.5		74	81
	0.6		79	107
600	0.4	432	79	89
	0.5		89	104
	0.6		97	133
1 200	0.4	432	107	135
	0.5		114	160
2 400	0.4	483	157	198

③全塑电缆护套开剥长度，根据电缆芯线接续长度而定。一般一字形接续（直接头）开剥长度至少为接续长度的 1.5 倍。例如：接续长度为 483 mm，则护套开剥长度至少为 483×1.5＝724.5 mm，如图 3-14 所示。

若为折回直接，塑料护套的开剥长度至少为接续长度的 2 倍，并另外加 152 mm。例如，接续长度为 483 mm，则护套开剥长度至少为 483×2＋152＝1 118 mm。为了简化计算，一般也可乘 2.5 倍，无需另加 152 mm（483×2.5＝1 207.5 mm）。

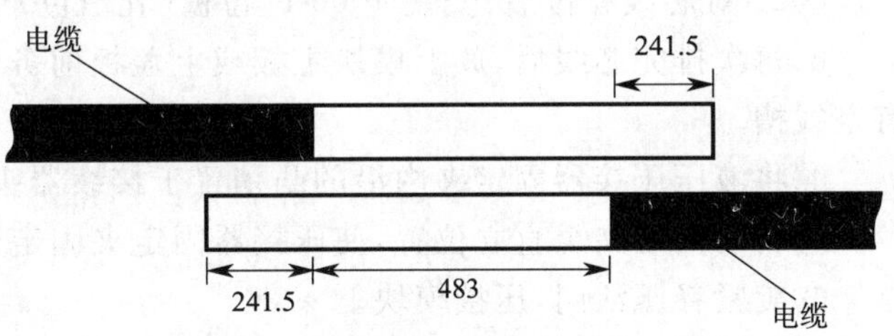

图 3-14　护套开剥长度（单位：mm）

④模块式接线子的排列

一般 400～1 200 对电缆按两排模块安排。1 200 对（含 1 200 对）以上的电缆一般也按两排模块安排，但也可根据套管长度、直径安排 3～4 排。模块式接线子接续后，应排列及绑扎整齐，并应在模块盖面上标明电缆线序。模块接线子的排列及间隔如图 3-15 所示。

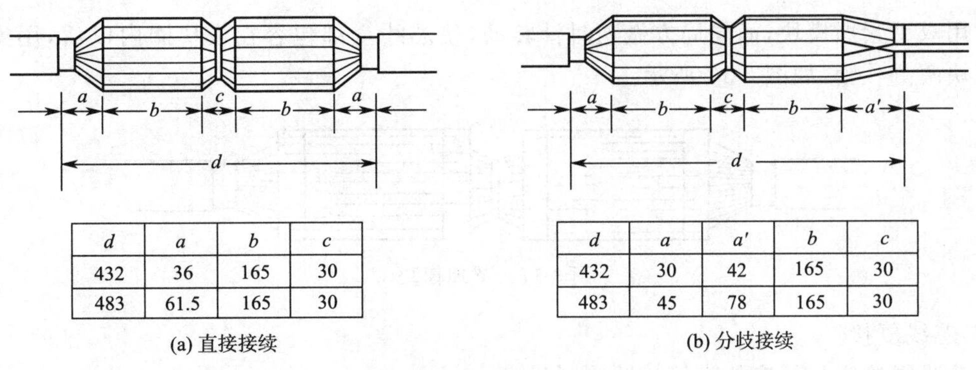

d	a	b	c
432	36	165	30
483	61.5	165	30

(a) 直接接续

d	a	a'	b	c
432	30	42	165	30
483	45	78	165	30

(b) 分歧接续

图 3-15　模块接线子的排列及间隔（单位：mm）

⑤模块式接线子接续 100 对超单位的接续顺序，应先下后上，先远后近。

⑥全塑电缆的备用线对，应采用扣式接线子接续。

⑦电缆、支架及接续机头的装置如图 3-16 所示。

(2)模块型接线子直接

①在接续器头内安装衬板。

②检查芯线固定弹簧是否符合适当的线径。

③将模块的底板 4000-D(金黄色)置于固定座内。

④取出局向(中继线为龙头局向)相应 100 对线,按色谱取出第一个 25 对线,根部以色带结扎后,按照色谱次序用手的拇指和食指引导每一对芯线通过接线机头和底板置入固定弹簧夹紧,使 a 线在左、b 线在右。

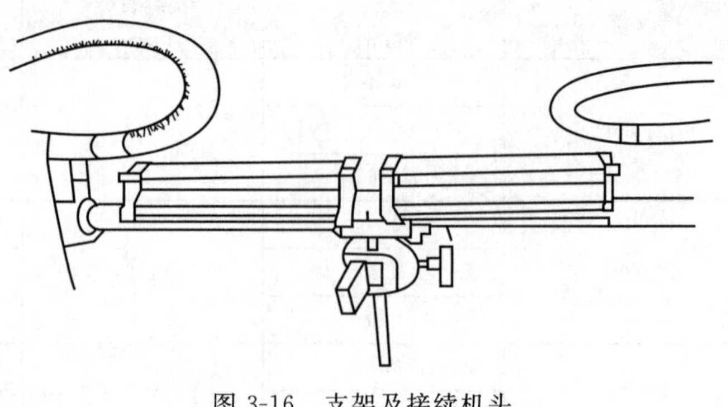

图 3-16　支架及接续机头

⑤用检查梳检查 a、b 线及色谱是否正确。

⑥安装 4000-D 主板(下为金黄色,上为乳白色)于底板。

⑦取出用户(中继线为局方)相应百对中的 25 芯线,重复第⑥步骤。

⑧25 对芯线就位后,安装 4000-D 盖板(乳白色)于主板。

⑨每次排完芯线后,放上模块主板或上盖板前务必用检查梳检查 a 线或 b 线是否排错或有空线槽。

⑩将液压压接器固定夹内沿的凸梢置于接续器头的凹槽内。

⑪转动固定夹至直立位置,使压接器固定夹固定于接续器。

⑫旋紧释压活门,压接模块。

⑬拉去切掉的芯线。

⑭放松释压活门,拆卸压接器。

⑮不断调整接续器与被接续芯线间位置,重复上述接续步骤直到全部芯线接续完毕。

⑯各接续完成的模块应标注线号。

⑰整理模块,使模块的芯线部分朝向缆芯,模块排列成圆形,将塑料带扎在两模块间的芯线部分。

⑱用双手紧握模块,面向局方做逆时针转动,使芯线全部包容在模块圈内以后,用聚乙烯带将模块两侧扎紧,如图 3-17 所示。

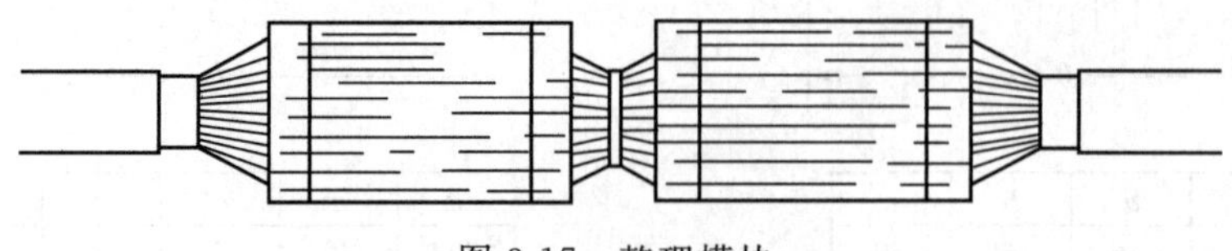

图 3-17　整理模块

(3)芯线复接

①芯线复接应与相应的直接接续同时进行。

②将被复接的分支电缆进行线序编排,使芯线束环头后,在另端电缆切口处附近固定,如图 3-18 所示。

③打开主干电缆已完成接续的相应模块的盖板,在打开盖板前应仔细检查复接线束,被复

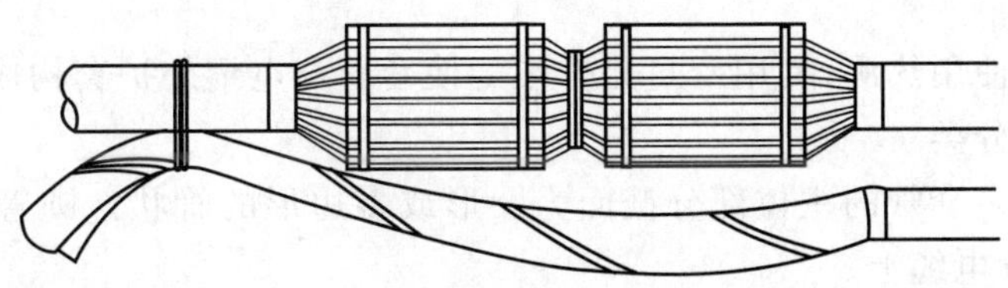

图 3-18　芯线复接

接线束的超单位色带、基本单位色带与设计规定的复接线序是否相符。

④安装 4005-D 复接模块的主板于 4000-D 主板之上，并以手指压紧。

⑤取出分支电缆中的相应线束，按照色谱，通过接续机和 4005-D 主板，置入固定弹簧夹，使 a 线在左、b 线在右，并用检查梳检查。

⑥装上 4005-D 盖板于主板之上，与接续机头上的弹簧卡紧。

⑦装液力压接器，切除多余线头，并检查芯线是否有重复入槽和模块空槽的现象。

⑧重复①～⑦操作，直至全部复接工作完成。

⑨整理模块，使模块的芯线部分朝向缆芯，模块排列成圆形，用塑料带扎住两模块间的芯线部分。

6. 模块接续注意事项

(1)模块接续时对不同线径的处理：将细线径芯线置于模块的下方，将较粗线径的芯线置于模块上方。也就是先放置较细线径，后放置较粗线径。

(2)模块三排列：3 000 对及以上的大对数电缆的模块接续，为适应现有的热缩套管的最大外径，模块需分列三排，开口长度为 678 mm。

(3)防潮措施：宜采用模块本体加防潮胶体为好，如 4000DWP。

第三节　通信电缆的接头封合

一、全塑电缆接续套管及其安装的技术要求

全塑电缆线路的外界环境复杂、多变，外界影响因素较多。既要考虑经常性因素，如夏季烈日照射、严冬的低温和冰凌、风雨和气温变化以及潮气水分带来的影响，又要考虑突发现象，如雷电、台风、地震的影响和电力烧伤、直流管线的泄漏腐蚀等影响。根据电缆线路的维护经验，电缆线路的故障大部分发生在电缆接头封合处，因此选用合适的封合材料和方式正确进行全塑电缆接头封合对设计、施工和维护工作具有极其重要的意义。

1. 全塑电缆接头封合的技术要求

(1)具有较强的机械强度，接头应能承受一定的压力和拉力。

(2)具有良好的密封性，能达到气闭要求。

(3)便于施工和维护方便，操作简单。

(4)具有较长的使用寿命。

2. 全塑电缆接续套管的分类

(1)按品种分类

①热缩套管：利用加热使套管径向收缩，使套管与电缆塑料外护套构成密封接头。

②注塑熔接套管：利用熔融塑料在一定压力下进行注塑，使套管与电缆塑料外护套熔接成

密封接头。

③装配套管：不使用热源，利用密封元件装配使套管与电缆外护套构成密封接头。

(2)按结构特征分类

①圆管式(O形)：套管的主体部分截面为圆形或多边形的管状。圆管式套管要在电缆芯线接续前套在待接续电缆上。

②纵包式(P形)：套管主体沿纵向有一条或两条开口。在电缆芯线接续以后，套管可以纵包在电缆芯线接头之外，利用必要的连接件，使纵向开口连成一体，形成完整的密封套筒。

③罩式：套管的一端开口，另一端为圆罩形。电缆进出口都在套管的开口端。

(3)按是否用于电缆气压维护系统分类

①气压维护用套管：接头套管用于额定气压为 70 kPa 的气压维护电缆中，即接续套管能长期承受 70 kPa 的内部压力。

②非气压维护用套管：接头套管用于电缆非气压维护系统中，例如用于不充气系统或填充电缆接头密封。正常情况下接续套管中没有恒定的高气压，但接头仍应维持密封。非气压维护用套管有加强型和普通型之分，必要时可使用加强型。

(4)按直通或分歧分类

①直通型：套管一端进，另一端出，两端各接入一根电缆。

②分歧型：套管的一端或两端接入两根或多根电缆。

当套管本身的结构既允许直通使用也允许分歧使用时，可以不加区分。

3. 全塑电缆接续套管的型式代号和规格代号

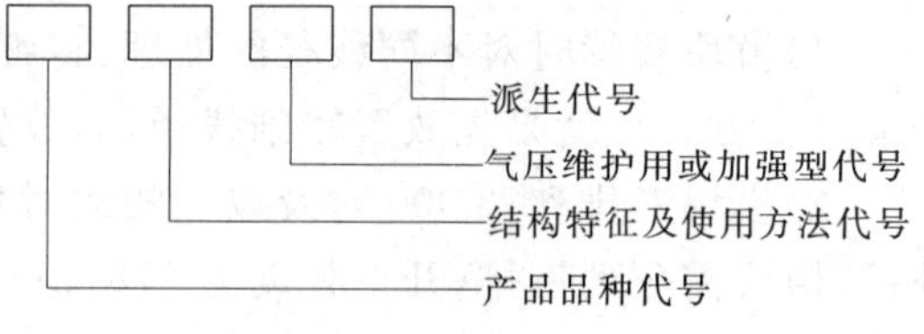

图 3-19　型式代号的组成

(1)全塑电缆接续套管的型式代号

①型式代号的组成

全塑电缆接续套管的型式代号一般由 2～4 部分组成，各部分的含义如图 3-19 所示。

②型式代号各部分规定(表 3-7)

表 3-7　型式代号各部分规定

型式代号名称	型式分类	代号	型式代号名称	型式分类	代号
产品品种	热缩套管	RS	是否气压维护或加强	气压维护用	A
	注塑熔接套管	ZS		非气压维护用加	J
	装配套管	ZP		非气压维护用普	—
结构特征	圆管式	Y	派生	分歧型	F
	纵包式	B			
	罩式	Z		直型	—

其他用途通信电缆附件型式代号可参照表 3-8。

表 3-8　附件型式代号

代号	C	D	M	Q	T	W
名称	成端	堵塞	端帽	气门	填充	维护用外包覆材料(管、片、盖)

(2)全塑电缆接续套管的规格代号

接续套管的规格用 $D \times d\text{-}L$ 表示，见表 3-9。

表 3-9　接续套管的规格

品种代号	热缩套管	注塑熔接套管	装配套管	备注
D	允许接头线束最大直径			必须标注
d	允许电缆最小直径	允许电缆最小直径	允许电缆最小直径	不必区分可省略
L	接头内电缆开口距离(对于罩式套管为接头线束的长度)			必须标注

(3)全塑电缆接续套管型号示例

气压维护用纵包热缩接续套管，允许接头线束最大直径 122 mm，允许电缆最小直径 38 mm，接头内电缆开口距离 500 mm，表示为 RSBA 122×38-500。

4. 全塑电缆接续套管的选用

(1)热可缩套管：O 形和片形，可用于架空、管道、直埋的填充型和非填充型电缆(自承式电缆除外)，成端电缆也能采用。

(2)注塑套管：O 形只能用于聚烯烃护套充气维护的管道电缆和埋式电缆，成端电缆也能采用。

(3)玻璃钢 C 形套管：可用于非填充型不充气维护的自承式和吊挂式架空电缆。

(4)接线筒：一般用于 300 对以下的架空、墙壁、管道充气电缆。

(5)多用接线盒：用于非填充型不充气维护的自承式或吊挂式架空电缆。

(6)装配式套管(剖管)：包括用于充气型架空、管道、直埋电缆的机械式套管和用于非充气型填充电缆的装配式套管。

5. 全塑电缆接续套管的技术要求

(1)接续套管在下列环境条件下应能维持正常工作。

环境温度：−30 ℃～60 ℃；环境大气压力：86～106 kPa。

(2)接续套管施工环境温度应在−10 ℃～45 ℃范围内。

(3)接续套管的各主要部分的尺寸应符合相应的产品标准规定。

(4)接续套管无论是气压维护型或非气压维护型，其性能均应满足检验要求。

(5)能防潮防水。

(6)要有一定的机械强度。

(7)能重开重合。可以重新打开，重新封合，并尽可能节省费用。

(8)要有较长的使用寿命。

6. 全塑电缆接续套管的封合方法

全塑电缆接头封合的类型有冷接法和热接法之分。冷接法主要应用于架空电缆线路和墙壁电缆线路；热接法由于气闭性好，广泛应用于充气维护的电缆线路中。

(1)冷接法：用于架空电缆、墙壁电缆和楼层电缆(采用带硅脂的接线子接续，防潮性能较好)等，接续套管有多用接线盒、接线筒、玻璃钢 C 形套管、装配式套管(剖管)等。前三种接续套管主要应用于架空电缆，后一种适用于填充型或充气型电缆。

(2)热接法：有热缩套管封合法、注塑 O 形套管封合法和辅助 O 形套管包封法。

二、热缩套管封合法

1. 接续芯线的包扎

(1)接续芯线包扎前的准备

全塑电缆接头封合前，应对芯线进行电性能测试，确认无故障时，再进行芯线包扎。

(2)接续模块的管理和绑扎

①整理已接续的模块，使所有的模块的背向外，排列成圆柱形。

②用塑料带在两块模块之间进行绑扎。

③转动全部模块，使每个模块排列整齐，芯线全部包容在模块内呈圆柱形，再用聚乙烯带将模块两端扎紧。

(3)接线子接续的包扎

①整理已接续的接线子，使接线子排列整齐。

②用宽 75 mm 聚酯薄膜带，从中间开始向两端进行往返 3 次交叉的包扎，如图 3-20 所示。

(4)接头包扎注意事项

①严禁使用受潮或发霉的聚酯薄膜。

②严禁使用白布带一类棉纺品包扎芯线。

③严禁使用有粘胶一类胶带包扎芯线。

图 3-20 接线子接续的包扎

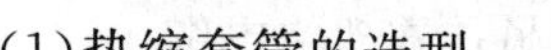

2. 热缩套管的选型、组件、封合要求

(1)热缩套管的选型

根据电缆外径、接头开长、接头外径、电缆保气要求，选择进口或国产产品。部分国产热缩套管的规格见表 3-10，进口热缩套管的规格见表 3-11。

表 3-10 部分国产接续套管规格型号参考表(充气型强力纤维热缩套管)

序号	分歧接头型号规格		接头最大外径(mm)	接头最小外径(mm)	电缆开口长度(mm)	套管标称长度(mm)	适应电缆参考外径(mm)	
	不带气门	带气门					0.5 mm 线径	0.4 mm 线径
1	RSBAF43/8-200	RSBAQF43/8-200	43	8	200	450	10～50	10～50
2	RSBAF62/15-350	RSBAQF62/15-350	62	15	350	690	50～200	100～200
3	RSBAF92/30-500	RSBAQF92/30-500	92	30	500	900	300～600	300～600
4	RSBAF122/38-500	RSBAQF122/38-500	122	38	500	950	800～1 200	800～1 200
5	RSBAF160/55-500	RSBAQF160/55-500	160	55	500	950	1 200～2 000	1 200～2 400
6	RSBAF175/60-500	RSBAQF175/60-500	175	60	500	950	2 400	2 400
7	RSBAF200/65-500	RSBAQF200/65-500	200	65	500	950	2 400～3 000	3 000～3 600

表 3-11 XAGA-1000 型热缩套管规格参考表

序号	型号 XAGA-1000	接头最大外径(mm)	接头最小外径(mm)	电缆开口长度(mm)	序号	型号 XAGA-1000	接头最大外径(mm)	接头最小外径(mm)	电缆开口长度(mm)
1	XAGA1000-62/15-350	62	15	350	7	XAGA1000-122/38-500	122	38	500
2	XAGA1000-62/15-500	62	15	500	8	XAGA1000-122/38-650	122	38	650
3	XAGA1000-62/15-650	62	15	650	9	XAGA1000-160/55-500	160	55	500
4	XAGA1000-92/30-350	92	30	350	10	XAGA1000-160/55-650	160	55	650
5	XAGA1000-92/30-500	92	30	500	11	XAGA1000-200/65-500	200	65	500
6	XAGA1000-92/30-650	92	30	650	12	XAGA1000-200/65-650	200	65	650

(2)热缩套管组件

①热缩套管RSB系统和XAGA-250型热缩套管目前仅能用于非充气电缆的接头封合。RSB系列和XAGA-250型热缩套管组件如图3-21所示。

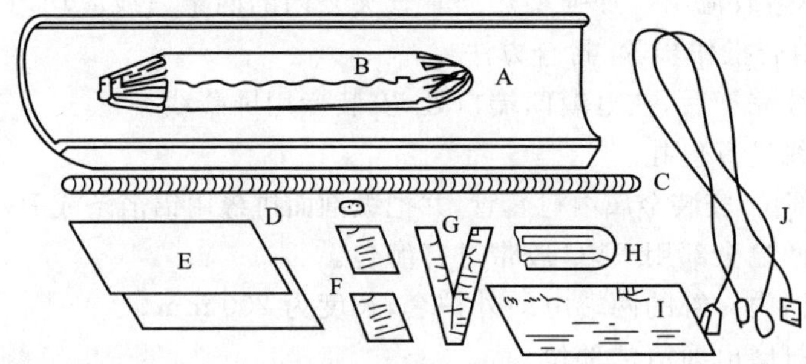

A—热缩包管；B—金属内衬筒；C—不锈钢夹条(接练)；D—夹条连接扣；E—铝箔(隔热铝箔)；F—清洁剂；G—砂皮条；H—分歧夹；I—施工说明书；J—屏蔽连接线。

图3-21　热缩套管组件

②XAGA-1000型热缩套管为强力纤维(加强型)热缩充气型包管,用于充气型电缆的直接头和最大三分歧电缆接头。XAGA-1000型套管组件如图3-22所示。

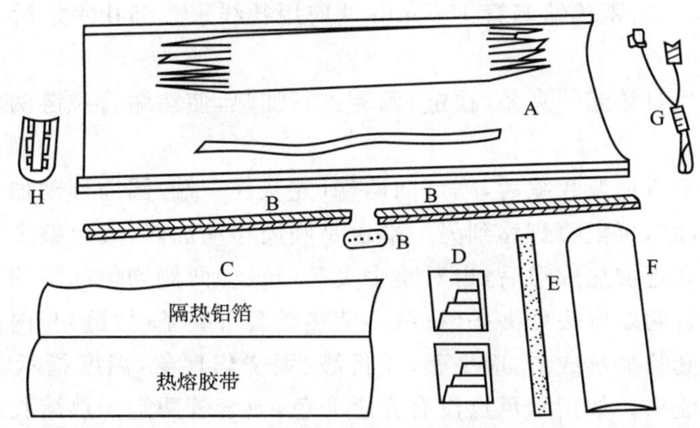

A—热缩套管，铝内衬管；B—夹条，夹条连接器；C—密封热熔胶带(连铝箔)；D—清洁剂；E—砂布条；F—施工说明书；G—屏蔽连接线；H—分歧夹。

图3-22　XAGA-1000型套管组件

(3)热缩套管的封合要求

①电缆采用充气维护方式,应选用充气型套管。

②非充气维护的电缆,可选用非充气型套管。

③应根据电缆的规格先选用热缩套管。

④电缆接头的金属内衬套管应置于接头的中间。

⑤电缆接头的一端,最多以三条电缆为限。

⑥内衬套管的纵向拼缝与热缩套管夹条成90°。

⑦在电缆的接头两端,应绕包隔热铝箔,隔热铝箔应与热缩套管重叠20 mm左右。

⑧热缩套管的夹条(拉链)应面向操作人员(架空或墙挂电缆的夹条必须置于电缆的下方),气门朝上,遇有分歧电缆的一端,小电缆应在大电缆的下方。

⑨遇有分歧电缆的一端,距热缩套管150 mm处应用扎线永久绑扎固定后,方可加温烘烤

热缩套管。

⑩热缩套管加热时要用中等火焰，加热要均匀，热缩套管封合后应平整、无折皱、无气泡、无烧焦现象。所有温度指示漆均变色消失，套管内热熔胶应充分熔化，在套管两端及拉链处、分歧夹两面都应有热熔胶流出。加强型热缩套管夹条内的两条白线应均匀显示。

3. 热缩套管的封合操作步骤、封合方法

(1)电缆芯线接续完毕后，在电缆两端口处，安装专用屏蔽线。

(2)对已接续芯线进行包扎。

(3)在电缆接续部位，安装金属内衬套管，并把纵剖面拼缝用铝箔条或 PVC 胶带粘接固定。

(4)把内衬管的两端全部用 PVC 胶带进行缠包。

(5)用清洁剂清洁内衬管的两端电缆外护套，长度为 200 mm。

(6)再用砂布条打磨电缆清洁部位。

(7)在热缩套管两侧向内侧 20 mm 处的电缆护套划上标记。

(8)把隔热铝箔贴缠在电缆所划的标记外部。

(9)用钝滑工具平整隔热铝箔。

(10)用喷灯加热金属内衬管和铝箔之间的电缆护层约 10 s，其表面温度为 600 ℃左右。

(11)将热缩套管居中装在接头上，如遇有分支电缆时，应装上分歧夹。

(12)分歧电缆一端，距热缩套管 150 mm 处应用扎线永久绑扎固定后，方可进行加温烘烤热缩套管。

(13)用喷灯首先对热缩管夹条(拉链)两侧进行加热，使热缩管拉链两侧先收缩，然后再从热缩管中下方加热。

(14)热缩套管下方加温收缩后，喷灯向两端(先从任一端)圆周移动加热，温度指示漆应均匀变色，直至完全收缩，再把喷灯移到另一端也是圆周移动加热，直至整个热缩管收缩成型。

(15)整个热缩套管加热成形后，再对整个夹条(拉链)两侧均匀加热约 1 min 左右，然后用锤子柄轻敲打热缩管两端弯头处夹条(拉链)，使热缩套管夹条(拉链)与内衬套紧密黏合。

(16)整个热缩套管加热成形，应平整、无折皱、无烧焦现象，温度指示漆应均变色，套管两端应有少量热熔胶流出。如指示色点没有完全变色，或套管两端无热熔胶流出，应再次用喷灯(中等火焰)对整个热缩管进行加热，直到达到要求。

(17)架空和挂墙电缆接头固定，要求接头位置稍高于电缆，形成接头两端自然下垂，使雨水往两端流，接头的夹条(拉链)必须安放在电缆的下方。

4. 热缩套管加热注意事项

(1)在安装套管前，应对热缩套管进行检验。

(2)在封合热缩套管时，喷灯头不能直接接触热缩套管，火焰要求中等、均匀。

(3)有绿色指示漆的热缩套管，指示漆应完全消失且无烤焦现象。

(4)热缩套管的两端周围热熔胶应均匀溢出。

(5)热缩套管上的白色指示线正直不歪。

(6)分歧夹保持原位，没有移动，并应有热熔胶溢出。

(7)接续后的套管必须检查，不得遗漏。

(8)当热缩套管收缩最小内径大于电缆的外径时，可采用一段适当大小的塑料电缆(带有热缩端帽)或尼龙棒，插入热缩套管内，形成二分歧。

(9)如采用 RSY 系列圆形热缩套管时，应在芯线接续前套进电缆。

第四章　通信电缆的电气测试

第一节　电缆的单盘测试与配盘

一、单盘测试

单盘电缆测试的主要项目有：不良线对测试、电缆气闭性测试、绝缘电阻测试、耐压测试及全塑电缆传输端别（A、B 端）标记测试等。

1. 不良线对及测试

(1)电缆中的常见不良线对见表 4-1。

表 4-1　不良线对

障碍种类	符号	图　示
断线	D	
自混	C	a b　a b
他混	MC	甲对{a b　a b}甲对 乙对{a b　a b}乙对
地气	E	屏蔽层
反接	反	a b　a b
差接	差	甲对{a b　a b}甲对 乙对{a b　a b}乙对
交接 （跳对）	交	甲对{a b　a b}甲对 乙对{a b　a b}乙对

①断线：电缆芯线断开。

②混线：芯线相碰触（又名短路）。本对线间相碰为自混；不同线对间芯线相碰为他混。

③地气：芯线与金属屏蔽层（地）相碰，又称接地。

④反接：本对芯线的 a、b 线在电缆中间或接头中间错接。

⑤差接：本对芯线的 a（或 b）线错与另一对芯线的 b（或 a）线相接，又称鸳鸯对。

⑥交接：本对线在电缆中间或接头中间错接到另一对芯线，产生错号，又称跳对。

单盘测试中一般只作断线、混线和地气测试。全塑电缆不能剥除芯线绝缘层进行测试，一般可利用模块型接线子卡破绝缘，通过试线孔和试线塞子进行测试（或打开电缆护套后，用火将芯线端头绝缘烧掉，注意火灾，或采用交流信号电源利用电磁感应原理进行测试)。由于不良线对测试手续繁杂，费工费时，对于有信誉的厂商，可查阅电缆出厂测试记录，一般在工程上可不再进行。否则一定要进行不良线对测试。

(2)不良线对检验

①断线检验

如图 4-2 所示，通过模块型接线子将一端短路，另一端用模块开路，在调试端接出一根引线与耳机及干电池(3～6 V)串联后再接出一根摸线连测试塞子，通过模块型接线子的测试孔与芯线接触，若耳机听到"咯"声，说明是好线；若无声，则是断线。

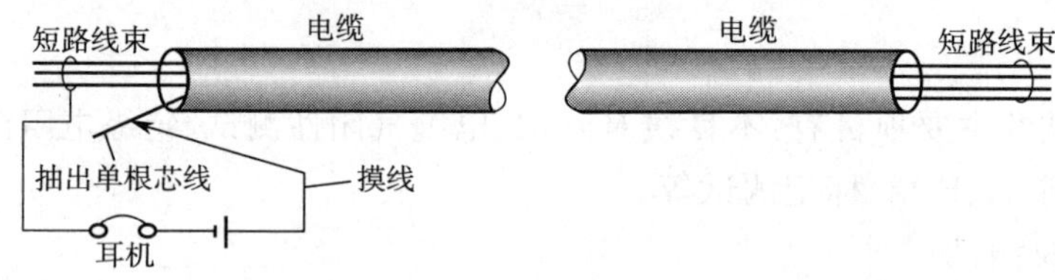

图 4-2　断线检验

②混线检验

如图 4-3 所示，测试端的接法与断线检验相同，另一端全部芯线腾空，当摸线通过试线塞子和测试孔与被测芯钱接触时，耳机内听到"咯"声，即表明有混线。

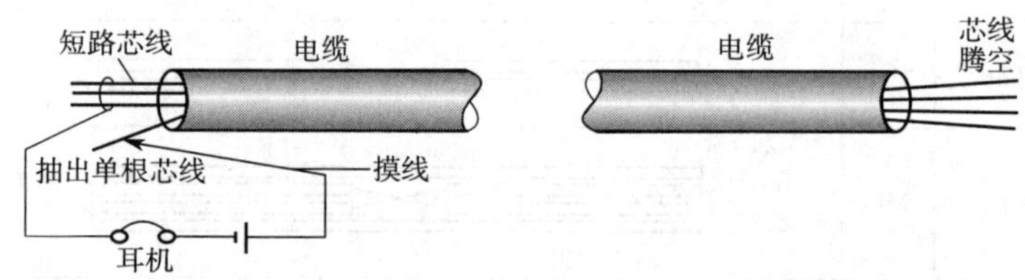

图 4-3　混线检验

③地气检验

如图 4-4 所示，电缆的另一端芯线全部腾空，测试端的耳机一端与金属屏蔽层连接，摸线通过试线塞子和模块型接线子的测试孔与芯线逐一碰触，当听到"咯"声时，即表示有地气。

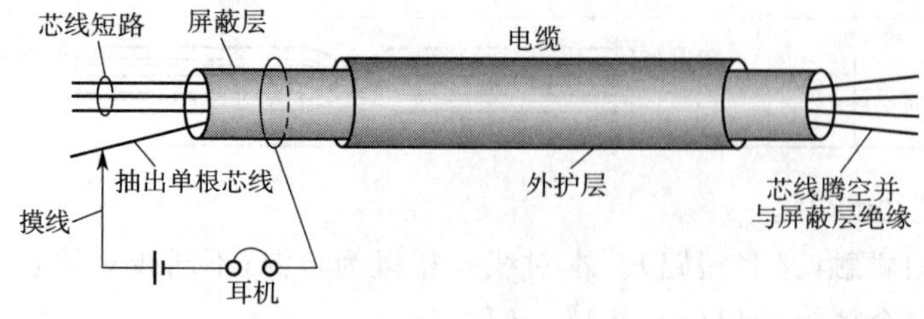

图 4-4　地气检验

2. 电缆气闭性检验

首先在全塑电缆的一端封上带气门的端帽，另一端封上不带气门的热缩端帽，以便充入气体和测量气压。充气时，在电缆气门嘴处通过皮管连接一个 0～0.25 MPa 的气压表，用来指示气压，充气设备本身及输气管等不得漏气。充气设备可用人工打气筒或移动式充气机，充入电缆内的空气要经过干燥和过滤，滤气罐一般用有机玻璃制成，内装干燥剂(无水氯化钙或硅胶)。使用时，一般应串接两个滤气罐，如图 4-5 所示。

3. 绝缘电阻的测量

(1)磁电系兆欧表的测量原理

兆欧表的原理电路如图 4-6 所示，图中一个圆上加有互相垂直且同水平成 45°角的两条细实线，表示电压线圈动圈 1 和动圈 2，虚线框内是兆欧表的内部电路，被测电阻 R 接在兆欧表的"线路"和"地线"端钮间。此外，"线路"端钮的外圈还有一铜环(图中虚线圆)，叫保护环或保护遮蔽环，直接与发动机负极相连。动圈 1 和动圈 2 分处两个不同的串联支路中，动圈 1、内附电阻 R 相串联构成另一条支路，两条支路并在手摇发电机两端，所以两条支路所承受的外加电压是相同的。

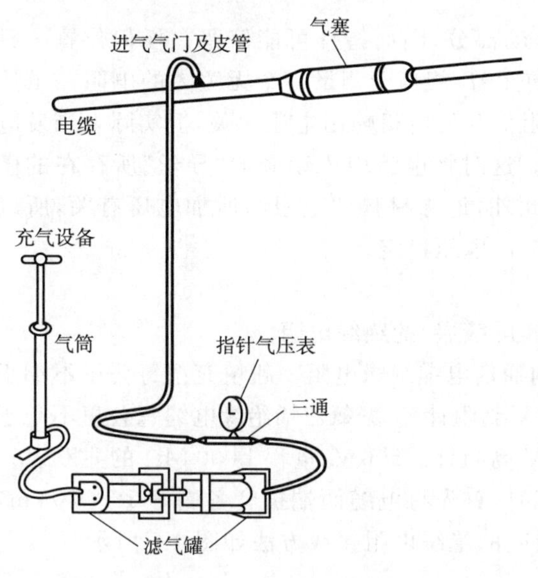

图 4-5　气闭性检验

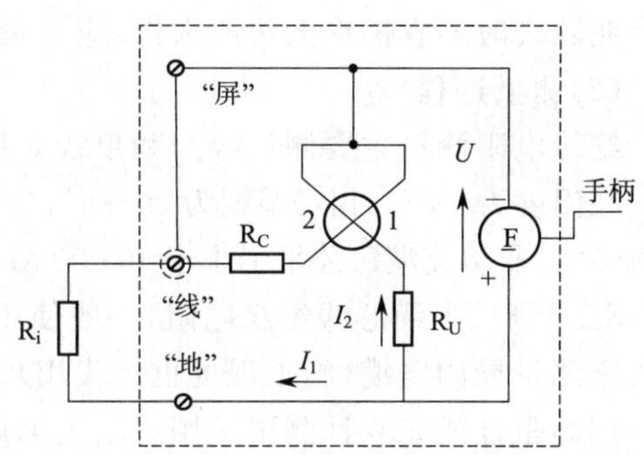

图 4-6　兆欧表的原理电路

动圈 1 所在支路的电流 I 除了与测试电压 U 和内附电阻 R 有关之外，还与被测绝缘电阻 R 有关，而动圈 2 所在支路的电流 I 则仅与内附电阻 R 和测量电压 U 有关，两电流之比为

$$\frac{I_1}{I_2}=\frac{R_U+R_2}{R_C+R_1+R_U} \tag{4-1}$$

式中，R_1、R_2 分别表示动圈 1 和动圈 2 的线圈电阻。这说明当测量电路确定后两动圈中电流之比值仅取决于 R，而与测量电压无关。

两个动圈中有电流通过时均将产生偏转力矩，但由于比率表测量机构气隙中磁场分布不均，所以对于相同大小的电流来说，线圈所处的位置不同，产生的偏转力矩大小是不相同的。动圈 1、动圈 2 产生的偏转力矩分别为

$$M_1=2I_1L_1B_1(\alpha)=I_1F_I(\alpha) \tag{4-2}$$

$$M_2=2I_2L_2B_2(\alpha)=I_2F_2(\alpha) \tag{4-3}$$

选择流过两动圈的电流方向，使它们产生的偏转力矩方向相反，则当两力矩相等时，仪表可动部分停止转动，这时有

$$I_1F_1(\alpha)=I_2F_2(\alpha) \tag{4-4}$$

因而有

$$\frac{I_1}{I_2}=\frac{F_2(\alpha)}{F_1(\alpha)}=F(\alpha) \tag{4-5}$$

用反函数表示就是

$$\alpha=F^{-1}\left(\frac{I_1}{I_2}\right) \tag{4-6}$$

偏转角 α 是动圈中电流比值的函数。

以上分析说明，只有当被测电阻 R 发生变化时，动圈电流的比值 I_1/I_2 才会发生变化，两力矩的相对平衡位置才会发生变化，这就是兆欧表测量电阻的原理。

由于该机构指针偏转取决于两动圈中电流的比率，所以这种机构的仪表称为比率表，图 4-6 所示仪表称为磁电系双动圈比率表。

这种比率表在测量前没有任何力矩作用在可动部分，因而指针可能停留在任何位置。只有当摇动发电机时，指针才会在 M_1 的作用下指向无穷，相当于测量一个无穷大的电阻。虽然从理论上说用兆欧表测量电阻时，测得的绝缘电阻值与发电机输出电压无关，但实际上当发电机输出电压太小时，动圈产生的力矩将随之变小。这时将电流引入动圈的“导丝”所存在的微小残余力矩不能忽略，将对测量结果产生影响。此外，绝缘材料的电阻与所加电压有关，所以使用兆欧表时不宜摇得太快或太慢，应尽量保持输出电压稳定。

(2)测量过程

绝缘电阻测量主要测量线间和单线对地(金属屏蔽层)的绝缘电阻。

在温度为 20 ℃，相对湿度为 80%时，全塑市内通信电缆绝缘电阻一般填充型每公里不小于 3 000 MΩ；非填充型每公里不小于 10 000 MΩ(500 V 高阻计)。聚氯乙烯绝缘电缆每公里不小于 200 MΩ。测试电缆芯线绝缘电阻，一般使用 500 V 高阻计。500 V、量程 1 000 MΩ 的兆欧表只能用来测量局内电缆(施工现场也可代用)。测试时，首先将电缆两端护套各剥开 10～20 cm，然后用高阻计或兆欧计测试。用兆欧表测试芯线间的绝缘电阻接线方法如图 4-7 所示。

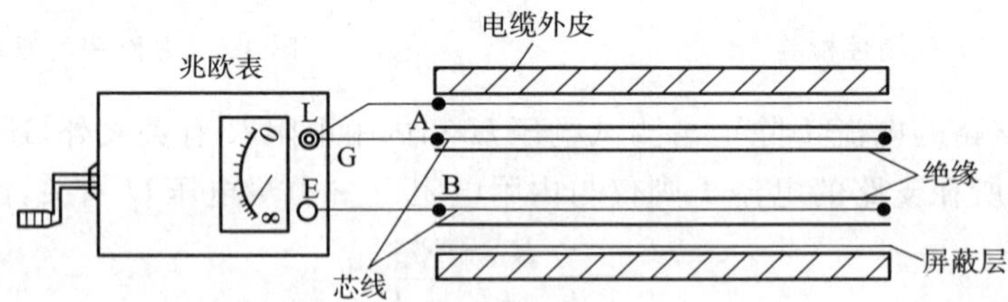

图 4-7 测试电缆芯线间的绝缘电阻

将兆欧表的 L 接线柱接一根芯线，E 接线柱接至另一根芯线，G 保护环接地，测试时要把仪表放平，然后摇动手摇发电机，转速由慢逐渐加快，表针稳定后即可直接读出绝缘电阻值。

测试芯线对地绝缘电阻接线如图 4-8 所示。将芯线与金属屏蔽层之间保持开路，L 接线柱接至被测芯线，E 接线柱接至金属屏蔽层，G 保护环接至芯线绝缘层表面。通过模块型接线子和测试塞子，可测试芯线与地之间的绝缘电阻，测试方法与测试芯线间的绝缘电阻相似。

4. 耐压测试

原则上所有电缆的芯线都应进行耐压测试，但在电缆质量比较稳定，绝缘电阻良好的情况下，也可以只对传输远供电源或在野外敷设的电缆进行测试。测试时可用输出电压相当的耐压测试器，根据通信行业标准规定的电压及时间进行。

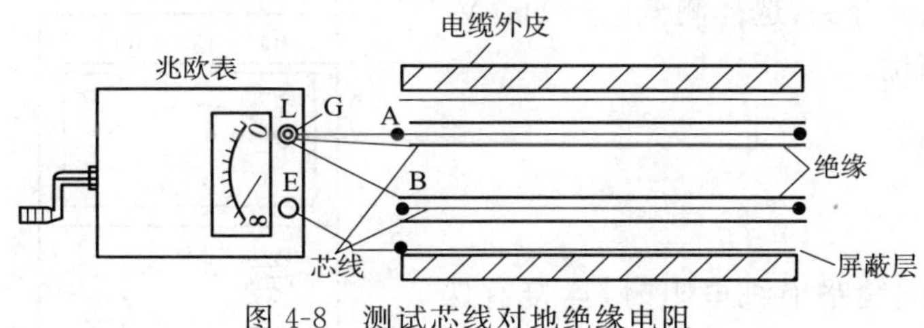

图 4-8　测试芯线对地绝缘电阻

注意成盘电缆的盘号、型号及长度等，应与电缆出厂时的产品合格证一致。无屏蔽层的全塑电缆严禁在线路上使用。全塑电缆的端别应符合市内通信全塑电缆端别的标准。

二、电缆配盘

各盘电缆的电特性不可能完全一样，长度也可能不同，按一定的要求将每盘电缆进行编组、配盘，把长度不等和电气性能不同的电缆安排在预定的段落内，以保证传输质量和合理的经济效果。这种选盘配放电缆的工作叫“配盘”。

电缆配盘必须以单盘电缆检验记录、线路图、电缆分歧点、递减点的分布等为依据。市内通信全塑电缆主要是根据电缆的制造长度配盘。根据线路图所提供的各种规格的电缆所在段长和现有盘装电缆的实际情况，在一定地段配设指定盘上一定长度的电缆，以免造成任意截断电缆，既增加接头，又浪费材料。对线路图所提供的长度，尤其对电缆管道的实际长度要进行实地测量。同一地段应布放同一类型的电缆，根据自然地段等情况，必要时布放特种电缆。在配盘时要注意不要把不同厂家的电缆或不同结构的电缆混在一起布放，应把它们分类集中在一个段落内。另外，还应熟悉敷设电缆的沿途地形，必要时还要实地查勘，要考虑到线路通过的特殊地段对电缆实际长度的影响，如“S”弯、电缆余长、留长等。

第二节　利用兆欧表测试绝缘电阻

市内通信全塑电缆的绝缘电阻测试，是为了发现潜在电缆障碍，当塑料护套破损、受潮、进水时，及时发现地气障碍并进行修复。

绝缘电阻测试是市内通信全塑电缆线路测试项目之一，测试 a、b 线间及 a 线或 b 线对屏蔽层(屏蔽层接地)的绝缘电阻。测试仪表经常使用兆欧表或绝缘电阻测试器(高阻计)进行。

一、QZ3 型兆欧表

QZ3 型兆欧表是绝缘电阻的通用测试仪器，其测量范围 0～500 000 MΩ，测试电压分三挡，即 500 V、250 V、100 V。兆欧表的面板如图 4-9 所示。仪表各部分的功能如下：

(1)工作指示灯：绿(正常工作)，红(欠压指示)。

(2)G 保护端子：排除由于导线绝缘层表面漏电电流和 L、E 接线端子间漏电电流所引起的误差。

(3)测量与校准选择开关：用于选择测量或校准工作。

(4)校准旋钮：仪表校准调节。

(5)放电开关：测试结束放电。

(6)测量电压选择开关:选择测量电压 500 V、250 V、100 V 不同挡位。

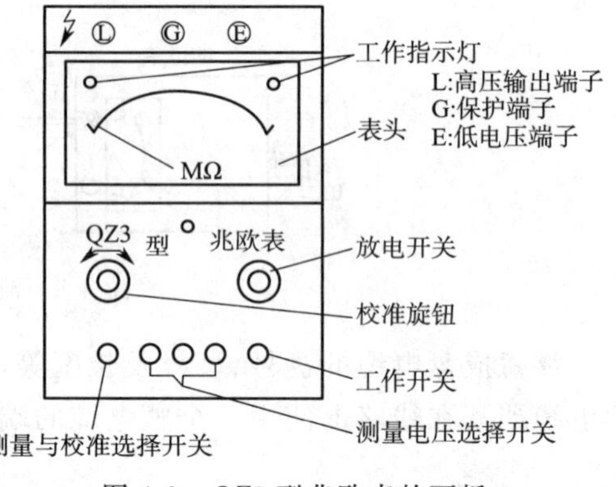

图 4-9　QZ3 型兆欧表的面板

二、仪表的使用

1. 准备

利用兆欧表测试线路绝缘电阻时,连接有保安排或分线箱的电缆线路应使用不大于 250 V 电压挡位。在电缆线路上没有连接保安设备者,可使用 500 V 电压挡位。

利用兆欧表测试线路绝缘电阻,应先将测量室竖列保安单元拔出,并断开用户下线。

2. 校准

首先确定测量电压,然后应将“测量与校准选择开关”打到“校准”,按下仪表“开关”键,表头指针逐渐地指向校准线,如果一段时间后表针不指向校准线,应通过调整“校准”钮,将表针调到校准(红)线上。

3. 测量

首先将“测量与校准选择开关”打到“测量”位置,测量时用两根引线连到 L、E 接线柱上去,其中 E 为接地接线柱。G 端子接电缆内绝缘层,然后按下仪表“开关”键,表头所指的数值即为被测的电阻值(1 min 后读数)。

4. 放电

测试完毕后应进行放电处理,先将仪表“开关” 键按到“关”,再按下放电钮 2 s 放电,以免被测物带电,再将被测物与连线断开。

三、测试方法

1. 测试芯线间绝缘电阻的方法

测试接线方法如图 4-6 所示,将兆欧表的 L 接线柱接一根芯线,E 接线柱接至另一根芯线,G 保护环接地。测试时要把仪表放平,然后摇动手摇发电机,转速由慢逐渐加快,表针稳定后即可直接读出绝缘电阻值。

单位绝缘电阻数值=电缆芯线测试读数值×电缆长度　　(4-7)

2. 测试芯线对地(电缆屏蔽层)之间的绝缘电阻方法

测试接线方法如图 4-7 所示,此时应将芯线与金属屏蔽层之间保持开路,L 接线柱接至被测芯线,E 接线柱接至金属屏蔽层,G 保护环接至芯线绝缘层表面。

第三节　利用兆欧表测试电缆芯线障碍性质

一、检验芯线地气、混线障碍测试方法

1. 测试原理如图 4-10 所示。

2. 测试方法

按测试原理图连接,A 端将芯线连成良好混线和地气状态。B 端以不混线地气为原则呈

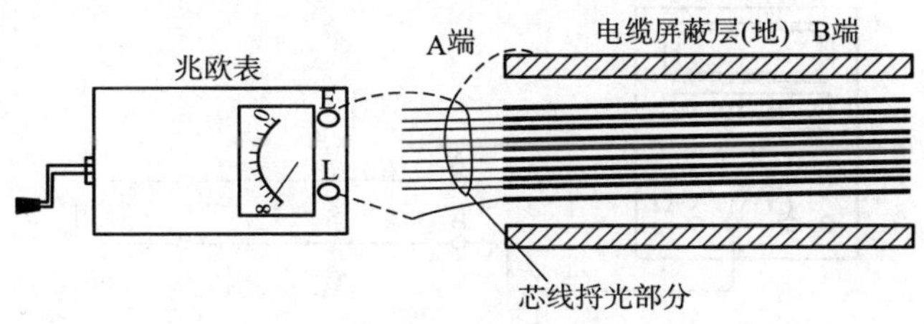

图 4-10　检验芯线地气、混线障碍测试原理图

全疏散状态。将兆欧表打开，从混线束中抽一根，测一根。表针指"0"位，则为坏线对。当全部芯线测试完后，甩掉地线校测，以证明是地气还是混线，若是混线再根据障碍线查找是自混还是他混。

二、断线测试连线方法

1. 测试原理如图 4-11 所示。

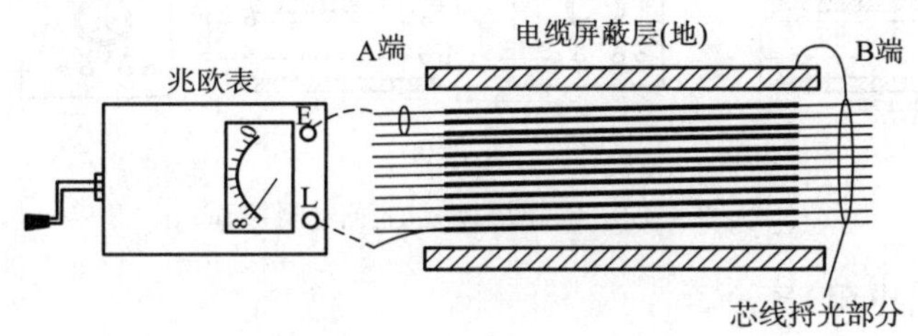

图 4-11　断线测试原理图

2. 测试步骤

按测试原理图连接，A 端以不混线地气为原则，呈全疏散状态，B 端将芯线连成良好混线和地气状态，从 A 端抽出一根，测试一根。表针指"0"，该线为好线；指"∞"，该线为断线。

第四节　利用万用表测试电缆线路

采用万用表测试电缆线路并判断线路故障早在 20 世纪 50 年代就开始应用。早期使用指针式万用表，近年来更多使用数字万用表。数字万用表一般可测量交/直流电压、电流和电阻(部分产品还具有测量电容、测试晶体管及其他功能)等。本节主要介绍利用数字万用表测试电缆线路的环阻和屏蔽层连通电阻。

一、环路电阻的测试

1. 将被测电缆芯线的始端与机房断开，在其末端将两根芯线短路，如图 4-12 所示。

2. 根据电缆程式和长度，将数字式万用表的挡位量程选择钮转向"Ω"量程范围的适当挡位。

3. 按下开关按钮，把表笔分别插入"COM"表笔插孔和"V/Ω/Hz"或"V/Ω"表笔插孔，并接至被测电缆芯线上。

4. 读取液晶显示屏的数值，如在显示屏左侧出现"1"，说明所测数值超过现有量程，量程开关应向高位拨一挡，反复调测直至出现较精确的数值。万用表的读数就是导线的环阻值。

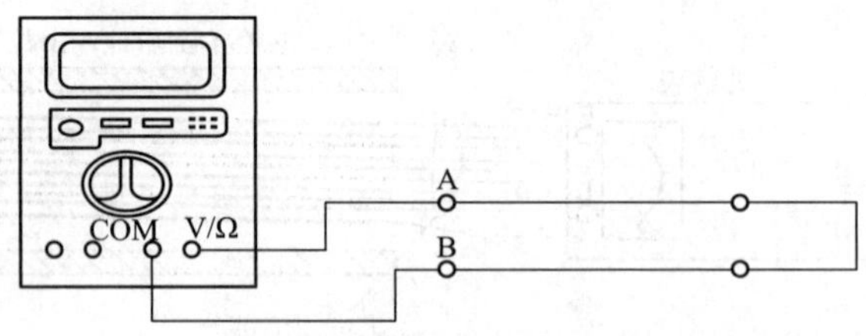

图 4-12　环路电阻的测试

如果测量当中出现负值，可能是线路上有电源存在，应及时查清情况，否则将造成误差。

二、电缆屏蔽层连通电阻测试

全塑电缆屏蔽层应进行全程连通测试，测试方法如图 4-13 所示。测试步骤如下所述。

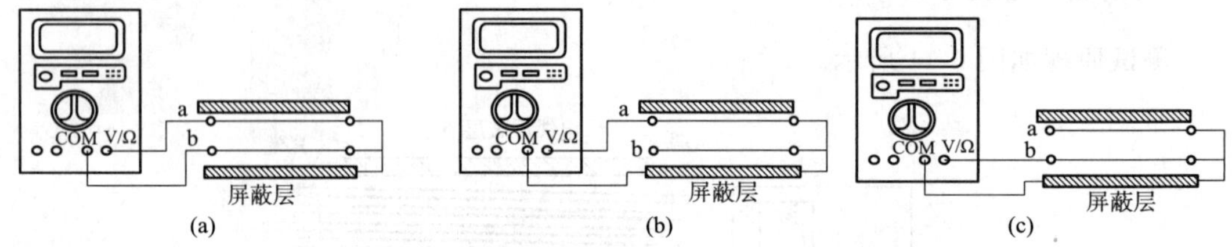

图 4-13　电缆屏蔽层连通电阻测试

1. 测试线对环路电阻(R_{ab})。
2. 测试 a 线与电缆屏蔽层的环路电阻(R_{ae})。
3. 测试 b 线与电缆屏蔽层的环路电阻(R_{be})。

用以下公式来计算出电缆每公里屏蔽层的连通电阻：

$$R_{屏}=\frac{R_{ae}+R_{be}-R_{ab}}{2L} \tag{4-8}$$

第五节　利用地阻仪测试接地电阻

一、接地电阻的额定值

1. 架空电缆吊线接地电阻、全塑电缆金属屏蔽层接地电阻见表 4-1。

表 4-1　架空电缆吊线接地电阻、全塑电缆金属屏蔽层接地电阻

土质类型	普通土	砂黏土	砂土	石质地
土壤电阻率(Ω·m)	100 以下	101～300	301～500	500 以上
接地电阻(Ω)	20	30	35	45

2. 电杆避雷线接地电阻见表 4-2。

表 4-2　电杆避雷线接地电阻

土质类型	普通土	砂黏土	砂土	石质地
土壤电阻率(Ω·m)	100 以下	101～300	301～500	500 以上
接地电阻(Ω)	80	100	150	200

3. 分线箱地线接地电阻见表 4-3。

表 4-3　分线箱地线接地电阻

土质类型		普通土	砂黏土	砂土	石质地
土壤电阻率(Ω·m)		100 以下	101～300	301～500	500 以上
分线箱接地电阻	10 对以下	30	40	50	67
	11～20 对	16	20	30	37
	21 对以上	13	17	24	30

4. 交接设备接地电阻:不大于 10 Ω。

5. 用户保安器接地电阻:不大于 50 Ω。

6. 防止电信线受高压电力线危险及干扰影响的地线,其接地电阻应按照设计要求。

二、ZC-8 型接地电阻测试仪的使用

1. 接地电阻测试仪的面板如图 4-14 所示。

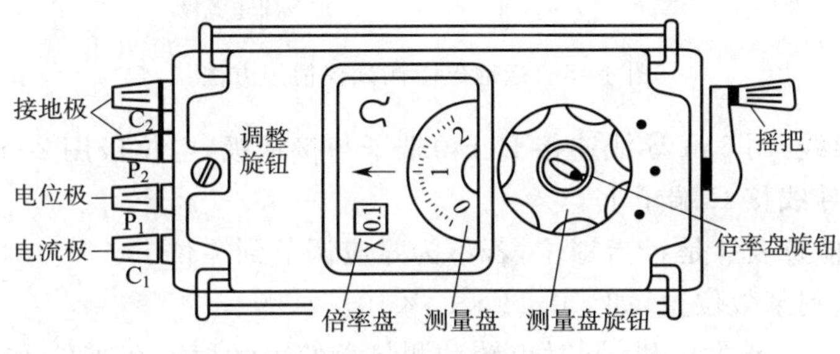

图 4-14　接地电阻测试仪的面板

2. 接地电阻测试仪按钮

(1)接线端钮:接地极(C_2、P_2)、电位极(P_1)、电流极(C_1)、用于连接相应的探测针。

(2)调整旋钮:用于检流计指针调零。

(3)倍率盘:显示测试倍率,×0.1、×1、×10。

(4)测量标度盘:测试标度所测接地电阻阻值。

(5)测量盘旋钮:用于测试中调节旋钮,使检流计指针指于中心线。

(6)倍率盘旋钮:调节测试倍率。

(7)发电机摇把:手摇发电,提供测试电源。

3. 接地电阻测试仪使用方法

(1)沿被测接地导体(棒或板)按表 4-4 内的距离,依直线方式埋设辅助探棒。辅助探棒埋设如图 4-15 所示,其中,E 表示接地极,P 表示电位极,C 表示电流极,Y 表示 P 电位极与 E 接地极距离,Z 表示 P 电位极与 C 电流极之间距离,L 表示长度。L、Y、Z 之间的关系见表 4-4。

表 4-4　接地电阻测试

接地体形状		Y(m)	Z(m)
棒与板	$L \leqslant 4$ m	≥20	≥20
	$L > 4$ m	$\geqslant 5 \times L$	≥40
沿地面成带状或网状	$L > 4$ m	$\geqslant 5 \times L$	≥40

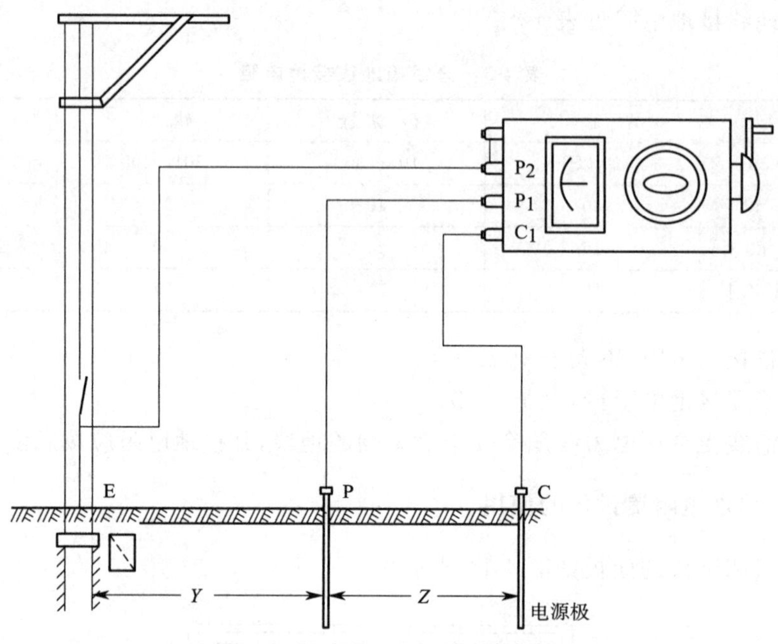

图 4-15　接地电阻测试仪使用方法

(2)连接测试导线:用 5 m 导线连接 E(P_2)端子与接地极,电位极用 20 m 导线接至 P 端子上,电流极用 40 m 导线接 C 端子上。

(3)将表放平,检查表针是否指零位,若不为零应调节到零位。

(4)调动倍率盘到某数位置,如×0.1、×1、×10。

(5)以 120 r/min 摇动发电机,同时也转动测量盘使表针稳定在零位上不动为止。此时测量盘指示的刻度读数乘以倍率读数即为被测电阻值:

$$\text{被测电阻值}=\text{测量盘指数}\times\text{倍率盘指数} \tag{4-9}$$

(6)当检流表的灵敏度过高时,可将 P(电位极)地气棒插入土壤浅一些。当检流表的灵敏度过低时,可在 P 棒和 C 棒周围浇上一点水,使土壤湿润。但应注意,绝不能浇水太多,使土壤湿度过大,这样会造成测量误差。

(7)当有雷电或被测物带电时,应严格禁止进行测量工作。

4. 接地电阻测试仪测量原理

ZC-8 型接地电阻测试仪是根据电位差计的原理设计的,现以三端钮为例予以说明。ZC-8 型接地电阻测试仪电路原理如图 4-16 所示。

图中 CT 是电流互感器,W 是量程选择开关,R_S 和 F 分别为滑线变阻器和交流发电机。当手摇发电机以 120 r/min 以上转速转动时,能产生频率为 110～115 Hz 的交流电,此时,手摇发电机输出的电流 I_1 经电流互感器 CT 的初级线圈、E 端子、接地体接地电阻、辅助接

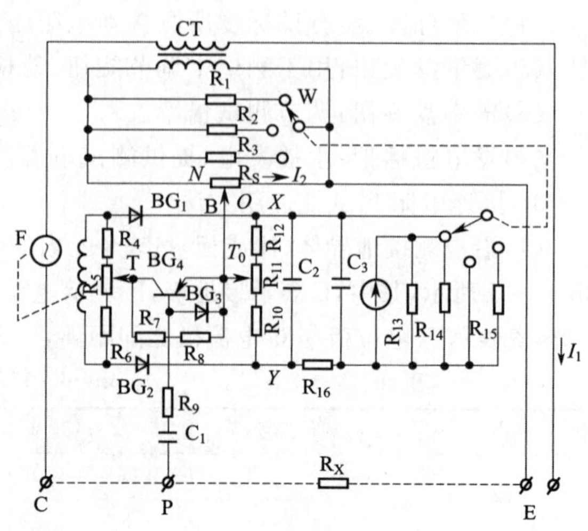

图 4-16　ZC-8 型接地电阻测试仪电路原理

地电极C端子构成闭合回路。电流互感器CT的次级线圈感应电流I_2经滑线电阻R_5构成回路。电流I_2随I_1变化而变化，当选择开关W位置确定后，二者的比值是常量。

辅助接地棒的接地电阻在发电机支路的BG_4基极支路中，因而加在相敏整流器输入端PB间的电压仅仅是接地电阻上的电压和滑线可变电阻R_5(BO段)上的电压代数和，而与R_P、R_C无关。相敏整流器只要输入信号与其所用电源同相或相位差180°，就有整流输出，供检流计使用。因流过Rs的电流I_2、流过R_x的电流I_1和相敏整流器所用电源出自同一发电机，必然满足上述相位要求，所以当检流计指示为零时，即有

$$U_{BO}=U_{PE} \tag{4-10}$$

即

$$I_1R_x=I_2R_{BO} \tag{4-11}$$

由此可得

$$R_x=R_{BO}\frac{I_2}{I_1}=\frac{1}{K_1}R_{BO} \tag{4-12}$$

式中，K_1为W位置选定的电流比值，$K_1=I_1/I_2=R_{BO}/K_1$，比值的大小取决于电阻R_1、R_2、R_3的量值。为方便读数，这里把K_1的比值选定为1、10和100，所以实际测量时只要读取R_s的刻度值除以相应的倍率就可得到接地电阻R_x的值。

相敏整流器由晶体管BG_1到BG_4、电阻R_4到R_{12}及电容器C_1等元件构成。相敏整流器的输入端为BO，取U_{BO}和U_{PE}叠加值，输出经低通滤波器加在检流计上，检流计的灵敏度随K_1的不同而随之不同，以相适应。它的工作电源由手摇发电机F供给。由于它具有以电位器R_5、R_{11}的活动触点T、T_0为分界点上下阻值对称特点，所以当BP间无信号输入时，电源正半周流过T_0点上方电阻的电流同电源负半周流过T_0点下方电阻的电流大小及变化相同，方向相反，因而相敏整流器只有正负对称的交流信号输出而无直流分量。然而当BP间有信号输入，且该信号与电源电压频率相同，相位相同或相反时，情况就大不相同，假如相敏整流器的输入信号相位与电源相位相同，那么当$U_{BO}>U_{PE}$且测量电压处正半周时，由于输入信号大于零，所以在BG4的放大作用下流过电阻R_{XT}的电流比输入信号为零时的要大，因而正半周加到检流计上的电压比输入为零时也将大；而当电源处在负半周时，输入信号量值不变，但显然将变为负信号，所以BG_4的输出电流即流过R_{YT}电流亦将变小，加到检流计的电压比输入为零时的要小，因而从整个周期来看，正半周加在检流计的电压远大于负半周时的电压，有直流电压存在，检流计将发生偏转。同理，可分析在$U_{BO}<U_{PE}$时检流计输出信号亦发生畸变，而存在直流成分输出。

若输入信号与电源间无此特定频率、相位关系，将无此效果。例如，若输入信号频率为电源电压频率的2倍或二分之一时，则前者因正负半周畸变相同，后者因畸变相反，所以均无直流分量输出。

第六节　通信电缆串音测试

一、近端串音衰减A_0的测试

1. 按串音衰减测试器测试原理图接线，如图4-17所示。测试时先选择同一四线组的两对回路，然后再选择组间的两对回路，测试的数据填写在测试报告中有关表格内。

2. 串音衰减测试器的振荡器阻抗为150 Ω，频率分别送0.25 kHz、0.3 kHz、0.4 kHz、

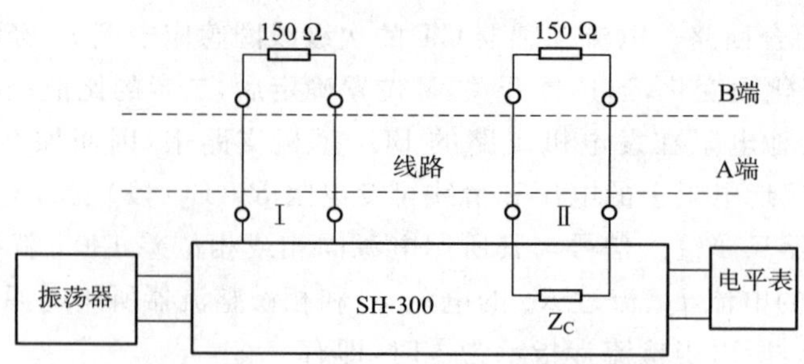

图 4-17　近端串音衰减 A_0 的测试

0.6 kHz、0.8 kHz、1.0 kHz、1.6 kHz、2.4 kHz、3.4 kHz、4.0 kHz、150 kHz、1 024 kHz，输出电平均为 $P_1=0$ dB。

3. 串音衰减测试器的电平表阻抗为 150 Ω，分别测出各频率的 P_{20}。

4. $A_0=P_1-P_{20}$。

5. 依上述测试方法，逐个频率测试。画出 A_0 与 f 变化关系曲线。

二、远端串音防卫度 A_u 的测试

1. 按图 4-18 所示接线，测试时先选择同一四线组两对回路，然后再选择组间的两对回路，测试的数据填写在测试报告中有关表格内。

2. 串音衰减测试器的振荡器阻抗为 150 Ω，频率分别送 0.25 kHz、0.3 kHz、0.4 kHz、0.6 kHz、0.8 kHz、1.0 kHz、1.6 kHz、2.4 kHz、3.4 kHz、4.0 kHz、150 kHz、1 024 kHz，输出电平均为 0 dB。

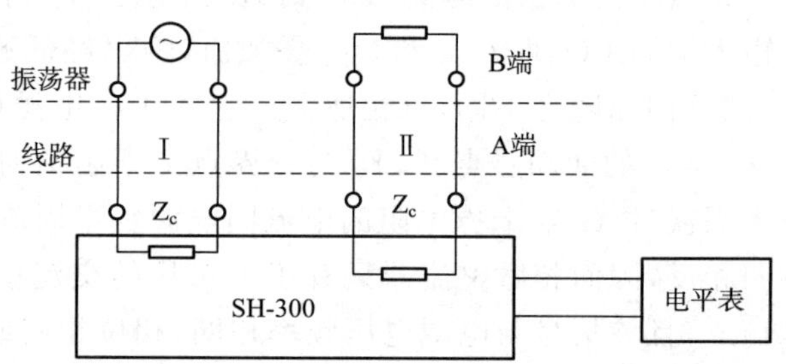

图 4-18　远端串音防卫度 A_u 的测试原理接线

3. 串音衰减测试器的电平表阻抗为 150 Ω，分别测出各频率的 $P_{信}$ 和 $P_{串}$。

4. $A_u=P_{信}-P_{串}$。

5. 依上述测试方法，逐个频率测试，即可得 A_u 与 f 特性曲线。

第五章　通信电缆芯线障碍检修

第一节　电缆线路障碍种类及维护技术要求

一、电缆线路障碍种类

通信电缆常见障碍的分类如下。

1. 混线

同一线对的芯线由于绝缘层损坏相互接触称为混线，也叫自混。相邻线对芯线间由于绝缘层损坏相碰称为他混。接头内受过强拉力或受外力碰损使芯线绝缘层受伤的部位常造成混线情况。

2. 地气

电缆芯线绝缘层损坏碰触屏蔽层称为地气，是因受外力磕、碰、砸等磨损坏缆芯护套或工作中不慎使芯线接地而形成的。

3. 断线

电缆芯线一根或数根断开称为断线，这种现象一般是由于接续或敷设时不慎使芯线断裂、受外力损伤、强电流烧断所致。

4. 绝缘不良

电缆芯线之间以塑料为绝缘层，由于绝缘物受到水和潮气的侵袭，使绝缘电阻下降，造成电流外溢的现象称为绝缘不良。它一般是由接头在封焊前驱潮处理不够或因电缆受伤浸水，或充气充入潮气等原因造成芯线绝缘长期下降所致。

5. 串、杂音

在一对芯线上，可以听到另外用户通话声音，称为串音；用受话器试听，可以听到“嗡嗡”或“咯咯”的声音，称为杂音。线路的串、杂音主要是由于电缆芯线错接，或破坏了芯线电容的平衡，线对接头松动引起电阻不平衡，外界干扰源磁场窜入等影响而造成。

实际电缆障碍可能是几种类型障碍的组合。例如：芯线接地障碍同时会造成线对自混；在电缆浸水、受潮比较严重时，所有的芯线及芯线对地之间的绝缘电阻均很低，就同时存在自混、接地和他混障碍现象。在判断障碍性质时应注意加以鉴别。

二、电缆线路维护技术要求

1. 线路设备的维护要求

(1)线路设备维护分为日常巡查、障碍查修、定期维修和障碍抢修，由线路维护中心组织区域工作站实施。

(2)维护工作必须做到以下几点：

① 严格按照上级主管部门批准的安全操作规程进行。

② 当维护工作涉及线路维护中心以外的其他部门时，应由线路维护中心与相应部门联

系，制订出维护工作方案后方可实施。

③ 维护工作中应作好原始记录，遇到重大问题应请示有关部门并及时处理。

④ 对重要用户、专线及重要通信期间要加强维护，保证通信。

2. 主要维护指标及测试要求

(1)全塑市话电缆线路的维护项目及测试周期见表 5-1。

表 5-1 维护项目及测试周期

序号	维护项目		测试周期
1	绝缘电阻	空闲主干电缆线对绝缘电阻	1 次/年，每条电缆抽测不少于 5 对
		用户线路全程绝缘电阻(包括引入线及用户终端设备)	自动:1 次/3～7 天
		用户线路绝缘电阻(不包括引入线及用户终端设备)	投入运行时测试，以后按需要进行测试
2	单根导线直流电阻、电阻不平衡、用户线路环阻		投入运行时或障碍修复后测试
3	用户线路传输衰减		投入运行时及线路传输质量劣化和障碍修复时
4	近端串音衰减，远端串音防卫度		投入运动时测度，以后按需要进行测试
5	电缆屏蔽层连通电阻		投入运行时测试，以后每年测试一次

(2)全塑电缆线路的维护指标

①全塑电缆绝缘电阻维护指标最小值见表 5-2。

表 5-2 绝缘电阻维护指标最小值

线路类型	线路情况	维护指标
用户电缆线路	主干电缆空闲线对，测试电压 250 V	50 MΩ
	用户线路(连接有 MDF 保安单元和分线设备，不含引入线)，测试电压 100 V	30 MΩ
	用户线路(包括引入线及用户终端设备)，测试电压 100 V	500 kΩ

注:投入运行维护时，各类电缆线路的绝缘电阻指的是每对导线的导体间或导体与地间的绝缘电阻。

②全塑电缆直流电阻环阻、电阻不平衡维护指标见表 5-3。

表 5-3 直流电阻环阻、电阻不平衡维护指标

类型	线路情况	维护指标
环路电阻	用户电缆线路(不含话机内阻)最大值	程控局:1 500 Ω
电阻不平衡	其他全塑电缆	平均值≤1.5%
		最大值≤5.0%

注:电阻不平衡$=(R_{max}-R_{min})/R_{min}\times 100\%$。

③全塑电缆线路传输衰减维护指标见表 5-4。

表 5-4 线路传输衰减维护

线路类型	线路情况	维护指标
用户线路	频率 800 Hz	不大于 7.0 dB

注:用户到用户交换机传输衰减不大于 1.5 dB，用户交换机至端局传输衰减不大于 4.5 dB。

④全塑市话电缆线路近端串音衰减维护指标见表 5-5。

表 5-5　近端串音衰减维护指标

线路类型	维护指标
主干电缆任何线对间(频率 800 Hz)	不小于 70 dB
同一配线点的两用户线对间(频率 800 Hz)	不小于 70 dB

注:线路长度超过 5 km 时应进行两端测试。

⑤全塑电缆屏蔽层连通电阻维护指标(20 ℃)

a. 全塑主干电缆:≤2.6 Ω/km;

b. 全塑架空配线电缆:≤5.0 Ω/km。

电缆屏蔽层连通电阻系指施工中的屏蔽层用屏蔽连接线全线连通后测试的电阻值。

3. 线路设备定期维护项目和周期(见表 5-6)

表 5-6　定期维护项目和周期

项目	维护内容	周期	备　注
架空线路	整理、更换挂钩,检修吊线	1 次/年	根据巡查情况,可随时增加次数
	清除电缆、光缆和吊线上的杂物	不定期进行	
	检修杆路、线担,擦拭隔电子	1 次/半年	根据周围环境情况可适当增减次数
管道线路	人孔检修	1 次/2 年	清除孔内杂物,抽除孔内积水
	人孔盖检查	随时进行	报告巡查情况,随时处理
	进线室检修(电缆光缆整理、编号、地面清洁、堵漏等)	1 次/半年	—
	检查局前井和地下室有无地下水和有害气体侵入	1 次/月	有地下水和有害气体侵入,应追查来源并采取必要的措施。汛期应适当增加次数
充气维护	气压测试,干燥剂检查	不定期进行	有自动测试设备每天 1 次
	自动充气设备检修	1 次/周	放水、加油、清洁、功能检查
	气闭段气闭性能检查	1 次/半月	根据巡查情况,可随时增加次数。有气压监测系统的可根据实际情况安排巡查次数
防雷	接地装置、接地电阻测试检查	1 次/年	雷雨季节前进行
	PCM 再生中继器保护地线、接地电阻测试检查	1 次/年	雷雨季节前进行
	防雷地线、屏蔽线、消弧线的接地电阻测试检查	1 次/年	雷雨季节前进行
	分线设备内保安设备的测试、检查和调整	1 次/年	雷雨季节前测试、调整,每次雷雨后检查
用户设备	投币电话、磁卡电话巡修	1 次/年	结合巡查工作进行
	IC 卡电话巡修	1 次/季	
	普通公用电话巡修	1 次/季	
	用户引入线巡修	1 次/2 年	
接分线设备	交接设备、分线设备内部清扫,门、箱盖检查,内部装置	不定期进行	结合巡查工作进行
	交接设备跳线整理、线序核对	1 次/季	
	交接设备加固、清洁、补漆	1 次/2 年	应做到安装牢固,门锁齐全,无锈蚀,箱内整洁,箱号、线序号齐全,箱体接地符合要求
	交接设备接地电阻测试	1 次/2 年	
	分线设备清扫,整理上杆皮线	1 次/2 年	应做到安装牢固、箱体完整、无严重锈蚀,盒内元件齐,无积尘,盒编号齐全、清晰
	分线设备油漆	1 次/2 年	
	分线设备接地电阻测试	20%/2 年	

4. 充气维护

(1)除填充电缆、光缆外,全部铅包电缆、非填充地下全塑电缆、光缆都必须施行充气维护。

(2)气压监测系统应 24 h 进行实时监测,有告警时应立即打印并派修。

(3)充入光/电缆中的干燥空气或氮气的露点不得高于－16 ℃,且不能含有灰尘和其他杂质。

(4)光/电缆的充气维护气压:

①充气端气压:临时充气不得超过 150 kPa,自动充气不得超过 80 kPa。

②气压平稳后,全塑电缆及光缆的气压应保持在 40～50 kPa。

③最低告警气压(气压下限的允许值,20 ℃):

a. 地下电/光缆:30 kPa;

b. 架空电/光缆:20 kPa。

(5)原则上以每条光/电缆为一个气闭段。当光/电缆较短时,可以把结构相近的几条连通构成一个气闭段。

(6)气闭段任何一端气压每 10 昼夜下降不应超过 4 kPa。超过 4 kPa 时,应列入维修计划,尽早查修。当气闭段的任何一端气压每昼夜下降达 10 kPa 时属于大漏气,必须立即查找漏气部位,直至修复。

(7)在查找和修复线路设备的漏气障碍时,应确保线路设备的安全,决不能因查漏而引起线路设备传输性能的下降甚至中断通信,严禁在全塑电缆中充入氟利昂或乙醚等有害气体。

5. 配套设备的维护和管理

(1)要每天检查气压遥测系统端机是否良好,端机有问题应先修复。

(2)自动充气设备由区域工作站派专人负责管理和维护,发现问题应及时修复。

(3)防雷、防强电装置的维护:

①地面上装设的各种防雷装置在雷雨季节到来之前,应进行检查,测试其接地电阻。不符合要求时,应及时处理、整治。每次雷雨后进行检查,发现损坏应及时修复和更换。

②地下防雷装置应根据土壤的腐蚀情况,定期开挖检查其腐蚀程度,发现不符合质量要求的应及时修复、更换。

第二节　电缆线路障碍测试

在日常维护工作中,电缆发生故障时应尽快恢复通话,必要时采取“先重点,后一般”和“抢多数,修个别”的原则,迅速排除障碍并防止扩大范围,确保电话畅通。这样就需要维护人员在排除故障时,首先应判断故障的性质,并选择仪器及时测定障碍位置,再进行修复工作。要做到测量结果准确,应做到以下 4 点:

(1)对于测量基本原理和仪表的使用方法必须掌握。

(2)对于导线的变化要有准确的记录。

(3)测量过程中,应注意温度对导线电阻的影响。

(4)测量时,操作要小心,测量要耐心,观察要细心。

一、电缆线路障碍测试的基本步骤

电缆线路障碍测试一般有障碍性质诊断、障碍测距与障碍定点三个步骤。

1. 障碍性质诊断

在线路出现障碍后，使用兆欧表、万用表、综合测试仪等确定线路障碍性质与严重程度，以便分析判断障碍的大致范围和段落，选择适当的测试方法。

2. 障碍测距

使用专用测试仪器测定电缆障碍的距离又叫粗测，即初步确定障碍的最小区间。

3. 障碍定点

根据仪器测距结果，对照图纸资料，标出障碍点的最小区间，然后携带仪器到现场进行测试，作精确障碍定位。

二、电缆线路障碍测试方法综述

1. 电桥法

电桥法是一种传统的测试方法。利用电桥原理，可以测定电缆的各种障碍点与测量端之间的距离等数据，并且可以进行电缆的电气性能测试。

电桥法的优点是原理简单，仪器制造成本低，在早期的电缆障碍测试中应用较普遍。但早期电桥测试方法操作复杂，测试时要求对方配合，测量精度受环境温度、电磁干扰等因素的影响较大。随着电子技术的进步，现已研制出基于微处理器的智能电桥仪器。智能电桥采用先进的电路设计及数据处理技术，简化了操作，有效地消除了温度、电磁干扰等影响，把电桥法测试技术提高到一个新水平。

2. 放音法

放音法用于直接探测电缆障碍的部位。其原理是在电缆的障碍线对上，输入一个功率较高的音频电流信号，产生较强的交变磁场，穿透外皮扩散到电缆的外部；根据电磁感应原理，利用带有线圈的接收器，放于电缆的上方，电缆中交变的电磁场就可以在接收器中产生感应信号。在线路障碍点上，由于芯线上的交变电流受到线路障碍的影响而突然下降，甚至消失，因而障碍点前后接收到的信号也就有明显的区别，这样就可以判定电缆的障碍点。该方法应用时易受外界环境干扰的影响，仅适用于测量电阻较小的混线障碍。

3. 查漏法

该方法通过检查充气电缆的漏气点，判断障碍点的大致范围，沿电缆逐点排除干扰，进行检测，找到障碍点。但不适用于查找直埋电缆的障碍点。

4. 脉冲反射法

脉冲反射法又叫雷达法或回波法，向电缆发送一电压脉冲，利用发送脉冲与障碍点反射脉冲的时间差与障碍点距离成正比的原理确定障碍点。

脉冲反射法最早用于长途电缆线路障碍的测试中。由于市话电缆对高频脉冲信号的衰减大等原因，在市话电缆线路障碍测试中遇到了困难。随着科学技术特别是现代微电子技术的发展，该测试方法及其仪器有了很大进步，其灵敏度也大大提高，已成功地应用到市话电缆线路障碍测试中，并在世界范围内得到推广，成为市话电缆线路障碍测试的主要手段。我国在20世纪90年代初推出市话电缆线路障碍测试仪器。

5. 综合测试仪器

脉冲反射法依赖于障碍点阻抗的明显变化，不适用于测量电阻值比较大的绝缘不良障碍，而电桥法能够测量电阻值高达数兆欧姆的障碍点。将脉冲反射法及电桥法相结合的综合测试仪器基本可以解决现场遇到的各种通信电缆障碍的测试问题。

第三节　利用 QJ45 型线路故障测试器测试电缆线路障碍

一、QJ45 型线路故障测试器基本原理

如图 5-1 所示，若电桥电路平衡，则流经电阻 R 上的电流为零。电桥平衡的条件为相邻桥臂上电阻的比值相等（或相对臂上的电阻值的乘积相等）。根据这一特点，当电桥平衡时，若桥臂上四个电阻值已知三个，可求得第四个。直流电桥就是根据电桥平衡的原理制成的。

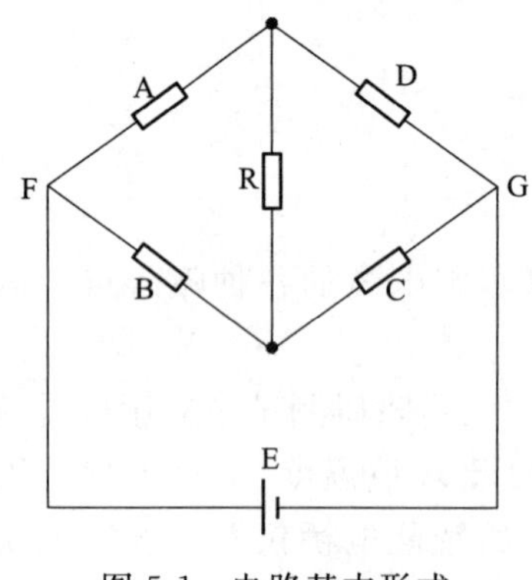

图 5-1　电路基本形式

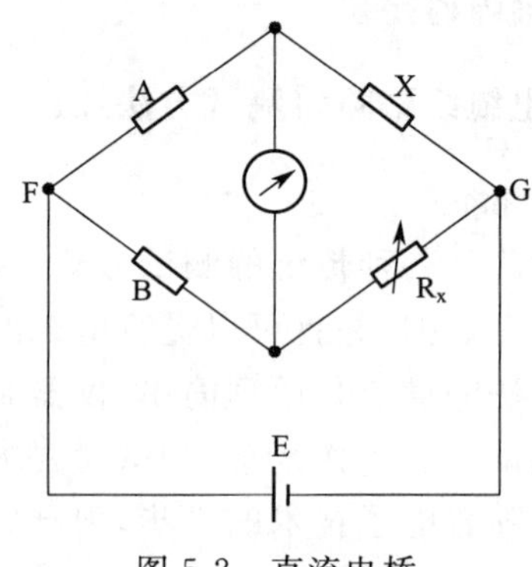

图 5-2　直流电桥

如图 5-2 所示，在直流电桥中，为了测试未知电阻，将电阻 D 换成待测电阻 X；为了调节电桥的平衡，将电阻 C 换成可调电阻 R_X；为了观测电桥是否平衡，将图 5-1 中电阻 R 换成检流计。当电桥调试平衡后，则：$X=\frac{A}{B}R_X$。

二、QJ45 型电桥

1. 面板排列如图 5-3 所示。

2. 面板按钮

（1）X_1 和 X_2 端子：连接被测电阻和导线。

（2）B± 端子：外接电源或蜂鸣器。

（3）G 端子：外接指示器或监听耳机。

（4）地端子：连接地线或电缆屏蔽层。

（5）R 端子：比较臂引出端子。

（6）断接开关："接入"和"断开"脉冲电流测量法。

（7）电键：量程变换电键。倒向 R 可测量回路电阻；倒向 M 为可变比率臂测量法；直立于 V 为固定比率臂测量法。

（8）比率臂旋钮：可使用倍率盘来变换比例值，选择是否恰当，对测量结果的准确性起决定作用。

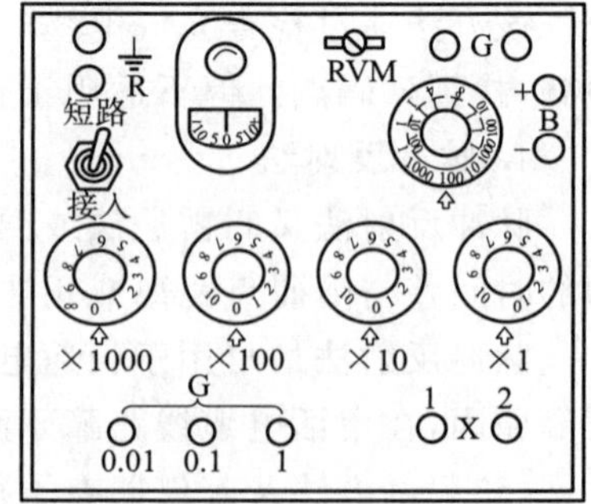

图 5-3　面板

（9）比较臂旋钮：也称为标准电阻盘，由 4 个可变电阻器组成，分为个、十、百、千。

（10）检流计：表针应正确地指在 0 位，其左右刻有分度，以表示偏差灵敏度小于 1 μA/分度。

（11）分流按钮 G：检流计分流系数按钮，为了提高测量准确度并减小电流对表的冲击，分为粗调钮（1）、中调钮（0.1）、细调钮（0.01），测量时依此顺序按调，不得任意颠倒。

三、利用 QJ45 型电桥测试电缆线路

1. 环路电阻测量法

(1)测量原理如图 5-4 所示。

$$X=\frac{A}{B}R \tag{5-1}$$

式中,A/B 为比率臂指示值;R 为比较臂指示值;X 为环路电阻的阻值。

(2)测量步骤

被测电缆芯线始端接在仪器的 X_1 和 X_2 接线端子上,末端混线。断接开关扳向“接入”,电键扳向 R,调整检流计,使指针指零。约估被测环阻值范围,按约估数调节比率臂的指示值,顺序按下 G 钮(0.01、0.1、1),再调节比较臂旋钮,使检流计指针在零线上无偏转,此时测量的结果可按上式计算。

在测量阻值大于 104 Ω 时,若发现检流计指针偏转不显著,可在仪器 G 接线端子上外接高灵敏指示仪表。此时已自动断开内接检流计线路。

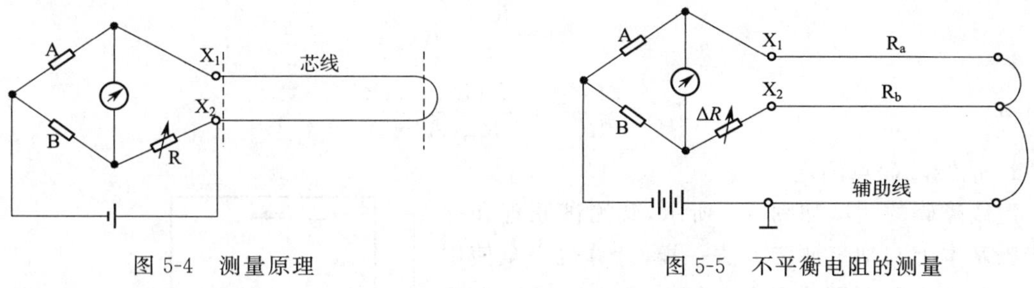

图 5-4　测量原理　　图 5-5　不平衡电阻的测量

2. 不平衡电阻的测量

如图 5-5 所示,仪器的比率臂调节在 1/1 处。电键扳向 V 的位置,电桥取得平衡时的比较臂读数,即为导线的不平衡电阻值 ΔR。

$$\Delta R=R_a-R_b \tag{5-2}$$

若被测导线的电阻值较低,其不平衡电阻值较小,有可能使仪器的比较臂读数仅一位或无法平衡,则应该采用检流计指针分度偏读法来增加比较臂可读位数。

由于电桥平衡条件时必须满足 $R_a>R_b$,所以若发现电桥不能取得平衡时,可将 X_1 和 X_2 接线端互换。采用此方法时,不适宜用大地作为辅助线,因接地时会产生极化电流和带来其他杂散电流使测量造成困难。

3. 地气障碍点测定

(1)测量原理如图 5-6 所示。

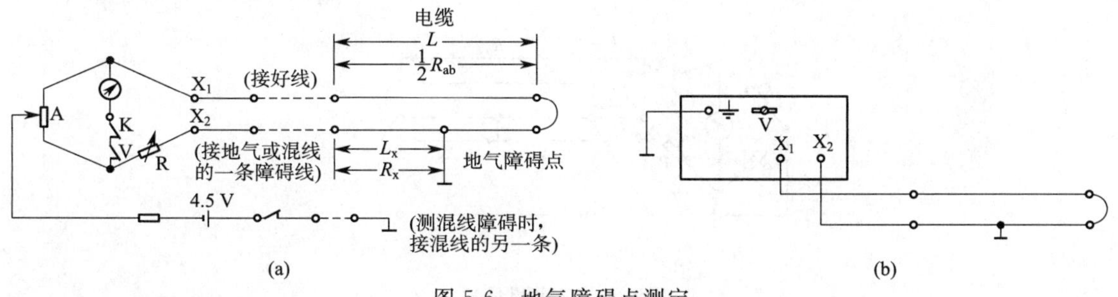

图 5-6　地气障碍点测定

(2)测量步骤

①在电缆的末端，把被测的好线与坏线各一根互相连接起来。

②测试端，将好线接在 X_1 端子上，坏线接在 X_2 端子上。

③地端子连接电缆屏蔽层。

④用测量环路电阻法，量出环路电阻值 R_{ab}。

⑤将量程变换倒向“V”。

⑥选择比率盘的比值，再调节变阻盘，使电桥平衡。

计算方法为：

$$R_X=\frac{R_{ab}-AR}{A+1} \tag{5-3}$$

式中，R_{ab} 为环路电阻；R_X 为由 X_2 端子到障碍点的电阻；A 为比率盘上的定指数；R 为变阻盘的测定数。

(3)电缆长度计算

当芯线的直径一样时，令 L 为电缆长度，为测试端到障碍点的距离，则有：

$$L:L_X=\frac{R_{ab}}{2}:R_X \tag{5-4}$$

$$L_X=\frac{2LR_X}{R_{ab}}=\frac{2L(R_{ab}-AR)}{R_{ab}(A+1)} \tag{5-5}$$

4. 混线障碍点测定

混线障碍的测试如图 5-7 所示，其测试原理和操作步骤基本上与地气测定方法一样，计算也完全使用同样的公式。所不同之处是：X_2 端子连接混线中的一条，地端子连接混线的另一条。

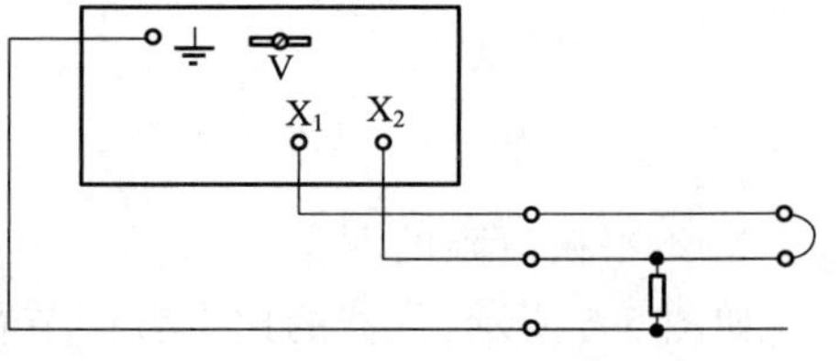

图 5-7 混线障碍点测定

5. 三次测量法

若能另外配备两条好线，可以用三次测量法，较准确地测量地气和混线故障点。

(1)测量原理如图 5-8 所示。

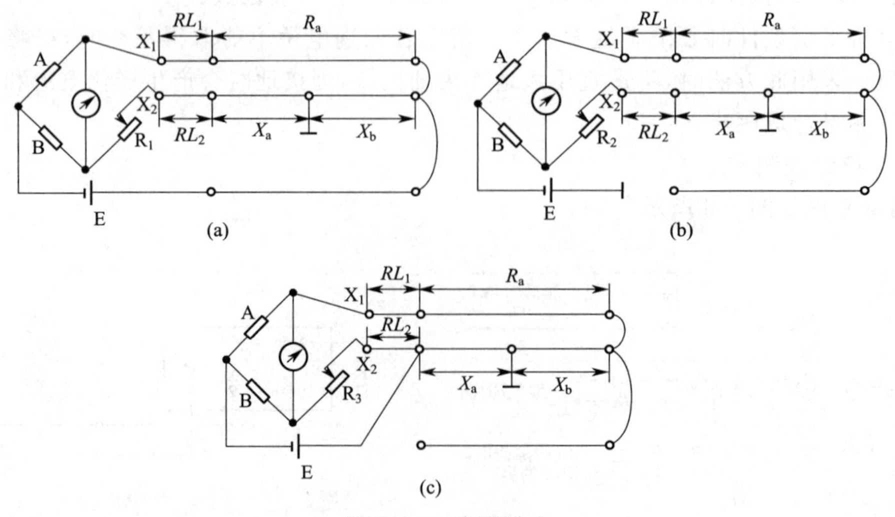

图 5-8 三次测量法

(2)测量结果计算方法为：

$$X_a=\frac{A}{A+B}(R_3-R_2) \tag{5-6}$$

$$X_b=\frac{A}{A+B}(R_2-R_1) \tag{5-7}$$

式中，X_a 为故障点至电缆起始端间的电阻值；X_b 为故障点至电缆远端间的电阻值；R_1 为图 5-8(a)中测量时的比较臂指示数；R_2 为图 5-8(b)中测量时的比较臂指示数；R_3 为图 5-8(c)中测量时的比较臂指示数。

如果比率臂的比数为 1/9 时，则：

$$X_a=\frac{1}{10}(R_3-R_2) \tag{5-8}$$

$$X_b=\frac{1}{10}(R_2-R_1) \tag{5-9}$$

如果比率臂的比数为 1/4 时，则：

$$X_a=\frac{1}{5}(R_3-R_2) \tag{5-10}$$

$$X_b=\frac{1}{5}(R_2-R_1) \tag{5-11}$$

6. 可变比率臂测定法

(1)地气障碍的测定

①将被测的好线和地气线在末端短连起来。

②在测试端，好线连接在 X_1，地气线连接在 X_2。

③先量出环路电阻 R_{ab}。

④地端子接地(铅皮或屏蔽层)如图 5-9 所示。

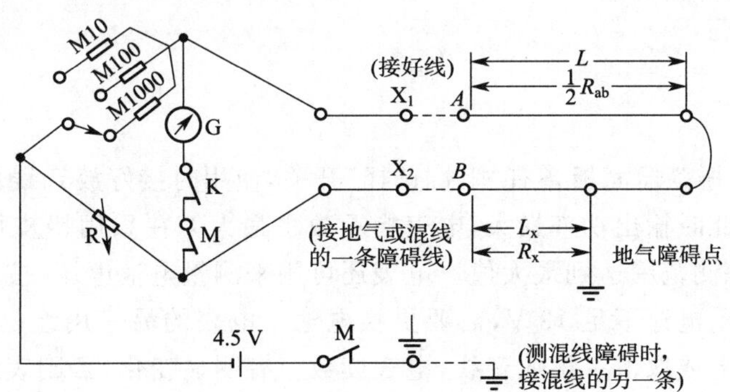

图 5-9　地气障碍的测定

⑤将量程变换电键倒向“M”。

⑥选择比率盘上的 M 值，并调整变阻盘，使电桥平衡。

⑦计算方法

设：R_{ab}＝环路电阻；R_X＝X_2 至障碍点电阻；M＝比率盘上定指数；R＝变阻盘的测定数。

由原理推导得：

$$R_X=\frac{R_{ab}R}{M+R} \tag{5-12}$$

当芯线直径一样时，令 L＝电缆长度，L_X 是到障碍点的距离，则

$$2L : L_X = R_{ab} : R_X \tag{5-13}$$

$$L_X = 2LR/(M+R) \tag{5-14}$$

(2)混线障碍点测定

混线测试原理和操作步骤基本与地气测定方法一样，计算方法完全使用一个公式，如图 5-10 所示，所区别的是：

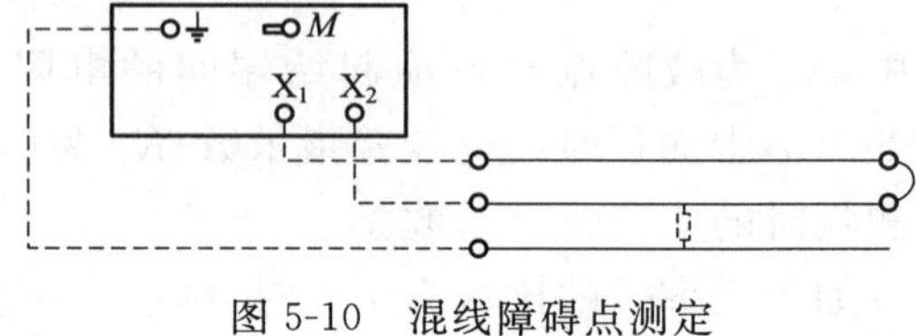

图 5-10　混线障碍点测定

①在测试端好线连接 X_1，混线中的一条连接 X_2。

②混线中的另外一条连接地端子。

第四节　QTQ02 型电缆探测器测试方法

一、电缆探测器用途及基本原理

1. 用途

(1)探测地下电缆的走向及埋深。

(2)探测地下金属管线(油管、气管、水管)的走向及埋深。

(3)探测架空电缆芯线障碍的部位。

(4)若配置一个测量探针(接地规)，便可以测量地下塑料电缆绝缘不良(地气)点的准确位置。

2. 基本原理

由振荡器产生一个音频信号电流，流经被测电缆，此电流在被测系统周围产生磁场，磁力线透过大地传到地面，在地面上用一探测线圈拾取磁场，经接收器选频放大以后用耳机加以监听，通过检验这一磁场的变化就可以判断地下金属管线的位置。利用同样原理可以在电缆护层外检验内部芯线的障碍部位。

二、电缆探测器

1. 振荡器

如图 5-11 所示，振荡器面板备有“阻抗选择”开关，使用时接好放音线后，旋转此开关至某一挡与外电路匹配，此时输出功率最大，电表指示数也最大。在采用铅皮放音时，只有在匹配情况下才能使有效探测范围达到最大值。电表还可用来测量电池电压，按下“电源测试”按钮，若表针不到红线，表示电池不足 13 V，需要更换电池。电表的另一用途是监测放音线路连接情况，从输出端子接上或取下一根放音线，电表读数应有明显变化，否则表示放音线没有接好，或接触点没有打磨干净，接触电阻太大。

2. 接收器

如图 5-12 所示，接收器备有电表，可以明显地比较信号的变化，如电表读数不明显可旋转电表控制钮加以调整，因此探测电缆障碍时，为了比较障碍点前后信号的大小，必须记住原挡位及电表读数，要比耳机监听灵敏度高。

在所有的情况下，音量控制旋钮应当开到最小，以耳机中恰好听到声音为止。这是因为探测电缆时音量过大会使哑点范围变宽，增加测量误差。在探测电缆芯线障碍时，音量过大，会使障碍点前后变化不明显。因此，牢记这一原则是很重要的。

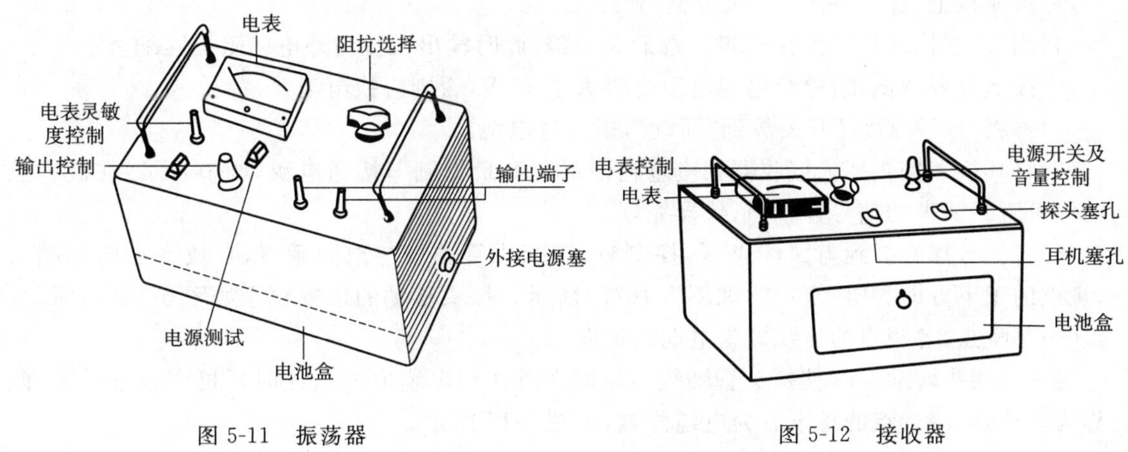

图 5-11　振荡器　　图 5-12　接收器

3. 一号探头

如图 5-13 所示，为探测地下电缆（金属管线）专用，探头部分有定位器，探头可与探杆成0°、45°、90°转动。0°作哑点法用，45°是探测埋深用，90°作蜂音法用。

4. 二号探头

如图 5-14 所示，二号探头由探头及连线组成，为探测架空电缆专用。

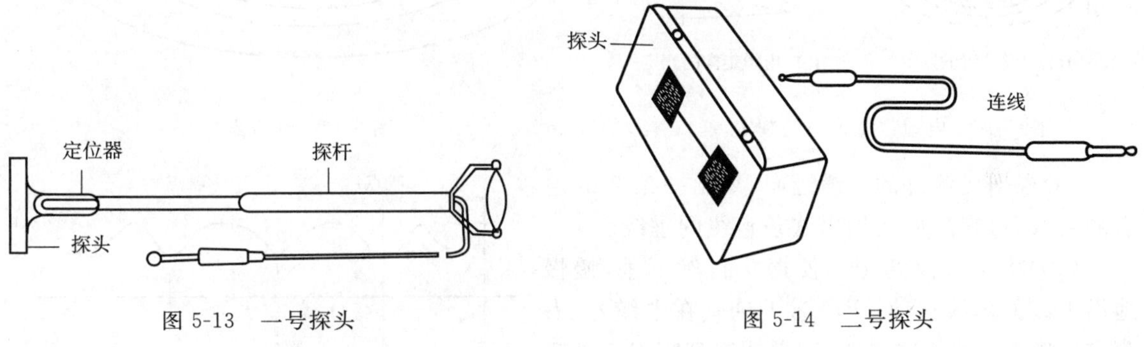

图 5-13　一号探头　　图 5-14　二号探头

三、QTQ02 型电缆探测器使用方法

1. 芯线放音法探测地下电缆的路由及埋深

(1)将振荡器放在电缆的一端，一个输出端子接到另一根地气棒上；选一根良好芯线为放音线，接到另一个输出端子上，这根放音线的远端接到一根地气棒上，使放音电流构成回路，如图 5-15 所示。

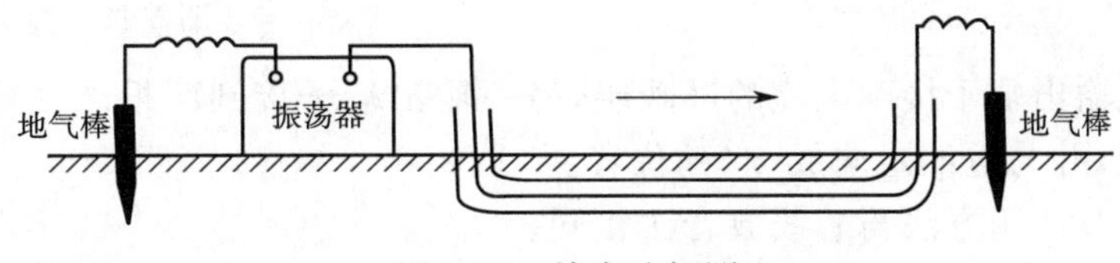

图 5-15　放音法探测

(2)顺时针旋转“输出控制”接通电源，同时调节“电表灵敏度控制”，使表针有明显数值，并防止电表撞针。

(3)将面板上“连续-断续”开关放到“连续”。

(4)调节“阻抗选择”,停在电表读数最大一挡,此时输出阻抗与外电路阻抗匹配。

(5)按下电源测试钮,检验电池电压是否大于 13 V,否则应换电池。

(6)再将“连续-断续”开关放到“断续”,以节省电池。

(7)将耳机和探头插入接收器相应塞孔,右旋“音量控制”,接通电源,调节音量,在放音点周围即可听到清晰的信号音,表示仪器完好。

(8)将一号探头扳到与探杆成 0°,探测时,使探头管轴线与地面垂直,自放音点向远端行进,哑点的正下方即为电缆位置,如图 5-16(a)所示。探头移动的位置顺序如图 5-16(b)所示,2、4、6…是哑点,各哑点的连线即为电缆的走向。

将一号探头转动 90°,使探头管轴线与地面平行而与电缆成 90°,此时耳机中音量最大,此点称为峰音点,峰音点的正下方为电缆位置,如图 5-17 所示。

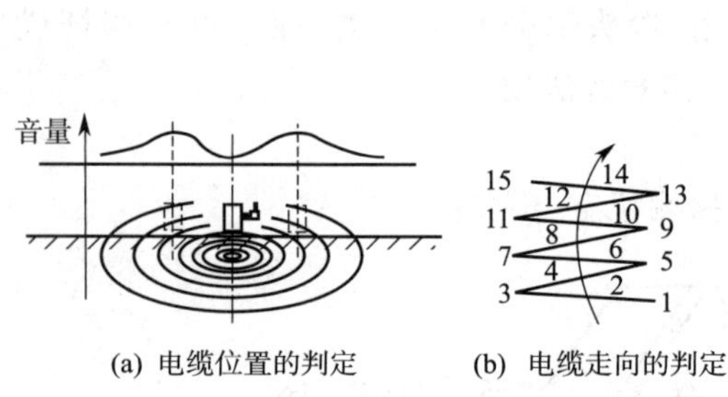

图 5-16　电缆位置走向的判定

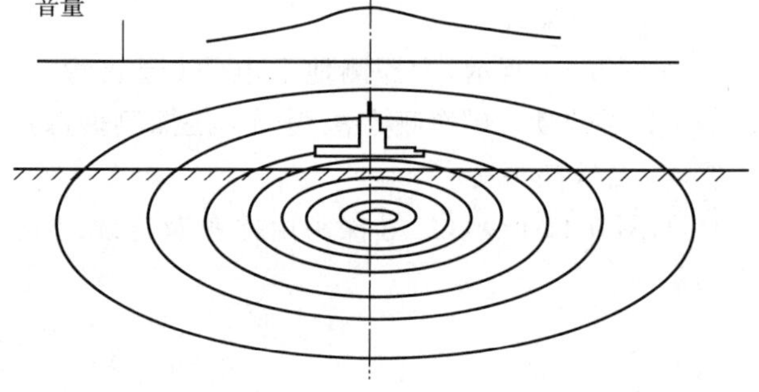

图 5-17　峰音点

(9)根据已测好的电缆走向,划出一条 2 m 左右的直线,再在地面上划出这条直线的垂线。

(10)将探头扳到 45°,使探头自然下垂,慢慢地沿电缆的垂线移动,应注意无论是在电缆左、右都应使探头轴线指向电缆,这样便得到哑点 1 及哑点 2,如图 5-18 所示。此时 D(埋深)$=L_1=L_2$。

由于电缆的分支或转弯处磁场的分布较为复杂,因此必须在电缆的直线段内测量其埋深。

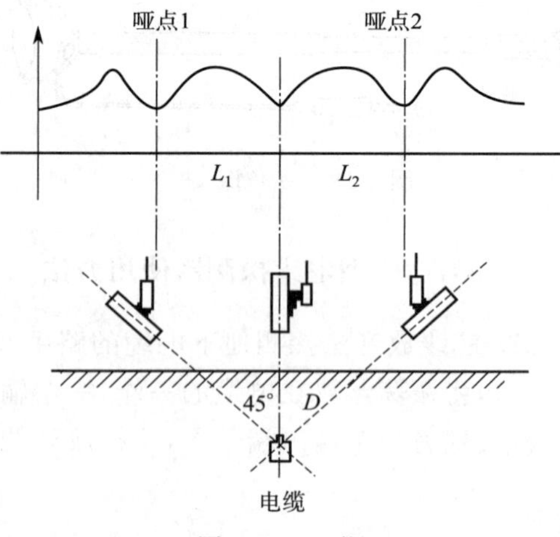

图 5-18　埋深

2. 电缆屏蔽层放音法探测地下电缆的路由及埋深

(1)选择放音点:为了扩大有效探测范围,应注意选择放音点。

(2)将振荡器输出端子接到电缆的屏蔽层,另一输出端子接到两根地气棒,地气棒安放在距电缆约 10 m 处,并与电缆走向成 45°的位置。

(3)仪器的调节使用方法与芯线放音法相同。

3. 直埋塑料电缆绝缘不良的探测

(1)另配一个探针(接地规)。

(2)将探针插头插入接收器“探头”塞孔,耳机插入耳机塞孔,右旋“音量调节”,接通电源。将探针尖插入地表(两规间距 1 m 左右),在耳机中即可听到信号音,同时在电表上指示出信号数值。

(3)探针沿电缆路由移动,一般距放音点 30 m 以内有微弱信号,超过 30 m 无障碍则无信号,只有在障碍周围 5 m 之内才有信号,越接近障碍点则信号越强。只有探针跨在障碍点上时,信号最小,因此可以准确地判断障碍位置,如图 5-19 所示。

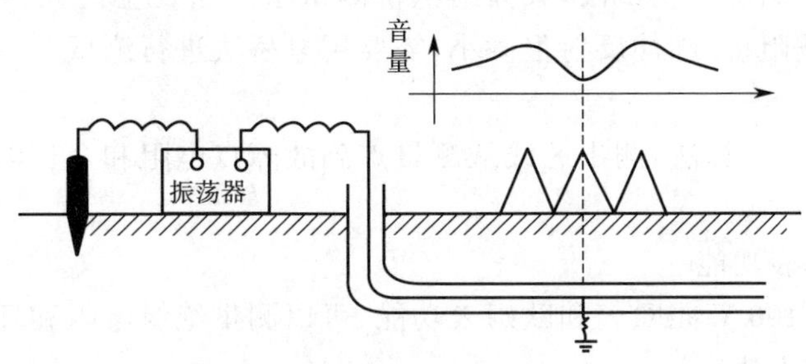

图 5-19　判断障碍位置

4. 架空电缆障碍点的探测

(1)将振荡器输出端子接到一对障碍线对,使信号电流经障碍点构成回路,如地气障碍应接到这根芯线和铅皮或塑缆屏蔽层之间。此时振荡器不要求阻抗匹配。

(2)将耳机和 2 号探头插入接收器相应塞孔,右旋“音量控制”钮,接通电源,音不必开得太大。

(3)为了迅速准确地找出障碍点,应用其他仪器(如电桥)事先测出障碍所在的大致范围。手持 2 号探头沿电缆皮推动前进,耳机中声音的明显衰落点即为障碍点。也可用电表监视,在障碍点前后,电表指针读数变化值是很大的,如图 5-20 所示。

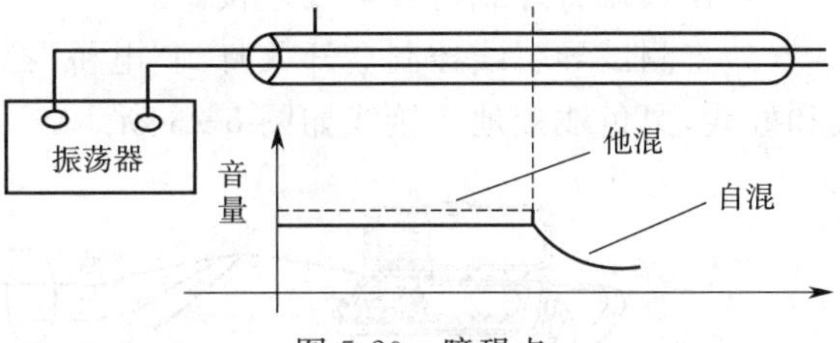

图 5-20　障碍点

(4)查找混线障碍,接触电阻大于 2 000 Ω 时,就比较困难。因为沿整个芯线,有电容存在,一部分电流经电容构成回路,使障碍点前后的声音差别不大。如图 5-21 所示,若障碍接近 B 端,$C_2 < C_1$,从 A 端放音影响就变小,经验证明对于发生在电缆终端的障碍,即使接触电阻达到数千欧姆也不难查找。

(5)查找地气障碍,若接触电阻大于 2 000 Ω 时,由于放音电流在障碍点以后还有一部分电流经铅皮或塑缆屏蔽层反向回流,经大地到电源,这种情况也会使障碍点前后声音变化减小,如图 5-22 所示。

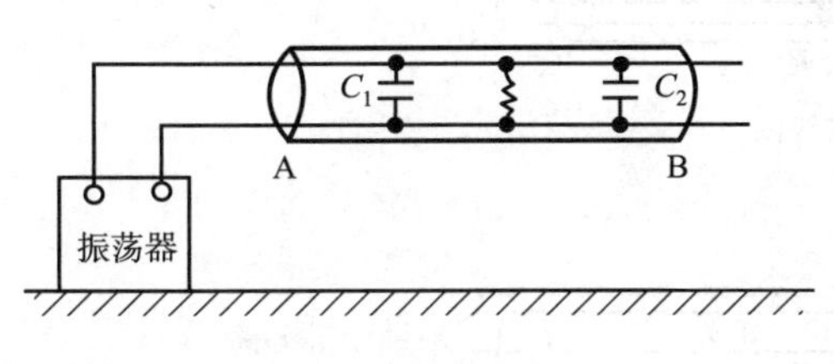

图 5-21　查找混线障碍

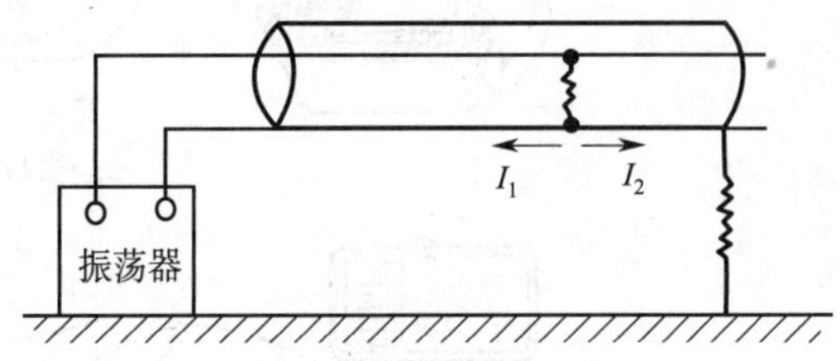

图 5-22　查找地气障碍

(6)在探测过程中,接收器音量始终保持在清晰可闻的最低限度,否则难以分辨障碍前后音量的差别,微弱的变化可以借助于电表的读数看出来。

第五节　利用 T-C300 电缆故障综合测试仪测试芯线障碍

因篇幅所限，不介绍脉冲测试法，只介绍电桥测试法。当发生绝缘不良故障时，故障电阻很大，远远大于电缆波阻抗，脉冲反射很微小，需要用电桥法进行测试。

1. 工作原理

仪表采用的是比例计算法，测出芯线从测量点到故障点电阻和全长电阻的比值，再乘以电缆全长，即得到故障距离。

2. 兆欧表和欧姆表功能

电桥测试附带有 100 V 兆欧表和欧姆表功能，可以测量绝缘电阻和环阻。

3. 电桥测距接线方法

以最常见的芯线对地绝缘不良故障(接地)为例介绍接线方法。

(1)确定电缆故障区间，在近端接仪器测试，在远端做接线配合。

(2)在所有故障线中找出一条对地绝缘电阻较小且稳定的线作为待测故障线，在线路两端将故障线与其他线路断开。

(3)再找出一条对地绝缘良好的芯线作为辅助线，在两端将与其连接的其他线路断开。好线对地电阻要高于故障线对地电阻 100～1 000 倍以上，越大越好。

(4)在远端将好线与故障线短接。

(5)将测试导引线控制盒开关打到“电桥”挡，对应的三条测试线中，红、蓝色测试线接故障线和好线，黑色线接地。接线如图 5-23 所示。

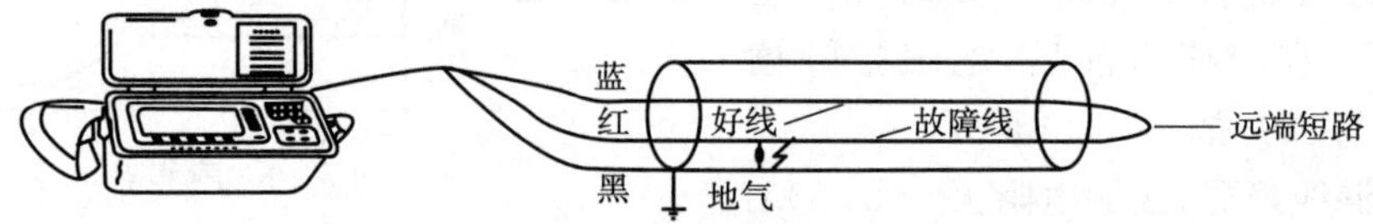

图 5-23　对地绝缘不良故障接线

(6)自混和他混故障的测试接线除了黑色夹子接线不同外，其他与接地接线一致，如图 5-24 所示。

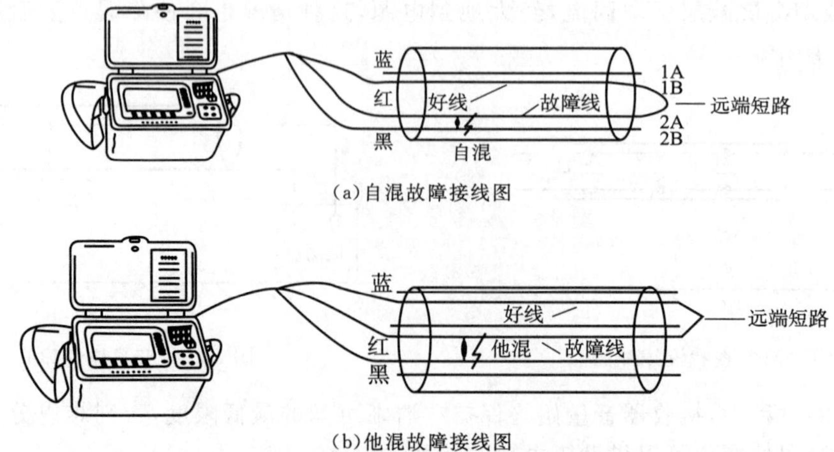

图 5-24　自混与他混的故障接线图

4. 电桥测试

在测试前，应仔细检查接线是否正确，尤其要确认对端是否已环路。按"测试"键，这时屏幕左下部显示"请稍候…"，仪器首先测量线路绝缘电阻和环路电阻，显示于屏幕最上部，如图 5-25 所示。

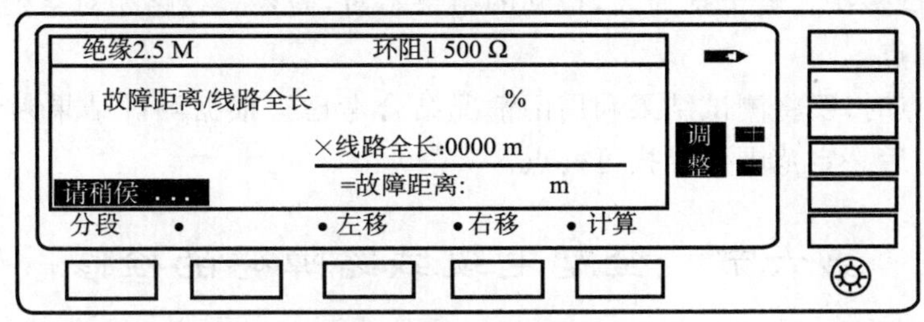

图 5-25　电桥测试

如果电缆对端没有短接，则分别显示红线对黑线的绝缘电阻、蓝线对黑线的绝缘电阻以及"未环路"字样。这时需要检查接线是否正确，然后再重新测试。

如果接线正确，则仪器会继续进行内部调整、增益调节、测量并计算，最后得到故障距离和全长的比例。例如，故障距离为 600 m，全长为 1 000 m，则得到的比值为 60%。整个测试过程大约需要 1 min。

5. 计算故障距离

(1)得到电缆全长

要得到电缆全长，有两种方法：一种是查阅图纸，将电缆各段长度相加即得到电缆全长，注意电缆在两端和接头处的盘留都要计入在内；另一种是利用仪器的脉冲测试法测量全长。

(2)电缆不分段时的输入方法

一般情况下，待测电缆的故障区间由同一线径的电缆组成，电缆不分段，这时输入线路全长即可。如线路全长为 1 580 m，在仪器上输入 1 580，输入完成，按"计算"键，将会得到故障距离，如图 5-26 所示。

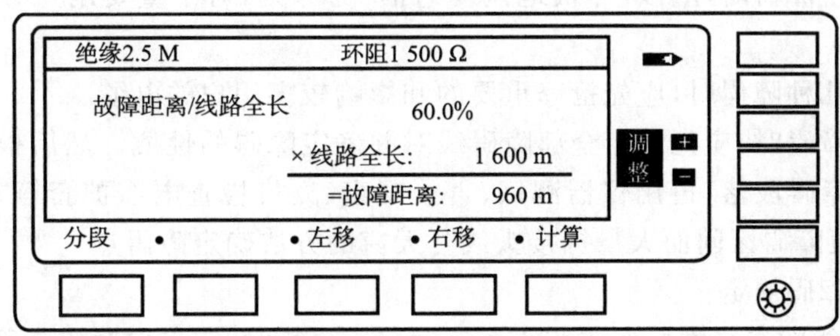

图 5-26　计算故障距离

(3)电缆分段时的输入方法

有些情况下，待测电缆故障区间由几段不同线径的电缆组成，由于不同线径的芯线有不同的单位长度电阻，如果不校准，最后得到的故障距离误差将会较大。这时需要通过按"分段"键分别输入电缆每一段的长度和线径。

6. 测试技巧与注意事项

(1)一定要重视接线

首先是选线，其次要搞清红蓝黑三线，各自接的位置。

(2)测试经过比正常测试长的时间,最后显示"测试失败",可以多次重复测试。如果连续多次显示干扰过大,可以等线路相对空闲时再进行测试。

(3)多次复测

最好重复测试多次。若干扰太大,得到的结果不对,需要等线路相对空闲时再测。

(4)寻找故障点

在寻找故障点时,要将测试结果和周围情况结合考虑。根据测试结果判断大概位置会有误差,因此要在前后一定范围内寻找可疑点。

第六节　全塑电缆线路障碍的检修

一、电缆障碍产生的原因

1. 电缆本身的障碍

电缆在生产过程中因扭距、绝缘材料结构不均匀而引起的串音、杂音。产品质量检验不严格,个别线对造成地气、断线、混线等。

2. 施工过程中造成的障碍

在施工过程中,由于电缆接头处理不当等造成的电缆芯线障碍。

3. 外界影响造成的障碍

(1)施工影响;

(2)电击和雷击;

(3)鸟啄、鼠咬、白蚁啃咬等;

(4)灾害影响;

(5)人为损伤。

二、电缆障碍修复要求

1. 当电缆发生障碍时,应以"尽快地恢复通话"为原则,对于重要用户必须采取适当的措施,先恢复通话。

2. 同时发生几种障碍时,应先抢修重要的和影响较多用户的电缆。

3. 查找电缆障碍时,应先测定全部障碍线对并确定障碍的性质。然后根据线序的分布情况及配线表分析障碍段落,再用仪器测试、直接观察、充气检查电缆护套等方法确定障碍点。一般不得使用缩短障碍区间而大量拆接头或开天窗的方法确定障碍点。

4. 修理电缆障碍规定

(1)障碍点芯线的绝缘物烧伤或芯线变色过多或过长时,应采取改接一段电缆。如果个别线对不良时,可以只改接部分芯线。

(2)电缆浸水后,在没有更好的办法之前,浸水段落应予以更换。

(3)不能因为修理障碍而产生新的反接、差接、交接、地气等障碍。同时在接续、封合以及建筑或安装上都要符合规格要求,更不得降低绝缘电阻,必须经测量室测好后才能封合。

(4)全塑电缆的护套损坏的修理可采用热缩管包封法及热缩管修补的产品进行修补。

(5)对自然恢复障碍必须彻底追查,采取各种方法修复。电缆在发生少量线对故障时,为防止扩大,应及时追查。

(6)对电击障碍,除必须修复全部芯线障碍外,对外皮漏洞应仔细检查,并全部恢复其原来保气程度。

三、电缆进潮障碍的排除

全塑电缆护套受损后(或接头套管封合不良)同样会有潮气和水分进入电缆,芯线绝缘电阻不会马上显著降低阻断通信,但经过较长时间(芯线接续接线子不完善时时间较短)也会使绝缘电阻降低,影响通信的正常进行。

修复全塑电缆芯线故障时,如仅为少数线对芯线故障,驱潮后用含硅酯的接线子重新接续;如果大部分芯线阻断,可按正常方法重新接续封合。

修复全塑电缆护套和接续套管的损坏,一般采用以下方法。

1. 对于非充气架空电缆,可用胶粘密封法,用二氯乙烯液体和过氯乙烯块状体,混合为一定浓度的混合液体进行涂抹。涂抹前先把护套或套管两侧清洁打毛,把混合液均匀涂抹在破损处两侧。一次不要涂抹太厚,否则会产生皱纹,一次不行时可涂抹二至三次,外缠塑料带保护。

2. 对聚氯乙烯护套电缆,可以使用旧电缆护套作为修补材料。用795胶或热熔胶如同修补自行车内带的方法,把塑料补皮及修补处护套清洁打毛,各涂2 mm左右胶液,视胶液性质立即或凉片刻将补皮紧贴破损处,压实固定。如果电缆内有气时,可先把电缆内气体放掉,修复后再行充气,带气修补容易粘接不牢。

3. 对于非充气全塑电缆,也可采用自粘胶带包缠法。缠自粘胶带时,应把自粘胶带拉长为原长的100%～200%,每圈相互叠包一半,缠2～3层,胶带自粘一体,然后再缠两层PVC胶带加以保护。

4. 对于破损严重的电缆护套,可在芯线障碍修复后在护套破损处做一个假接头,采用剖式套管注塑法,注塑方法同前。也可用热缩包管封合,热缩方法同前。

第六章　光纤和光缆

第一节　光纤通信系统

一、光纤通信系统的基本组成

光纤通信是利用光纤来传输携带信息的光波以达到通信的目的。要使光波成为携带信息的载体，必须在发射端对其进行调制，而在接收端把信息从光波中检测出来（解调）。依目前技术水平，大部分采用强度调制—直接检测方式（IM-DD）。光纤通信的 3 个传输窗口是：0.85 μm（短波长窗口）、1.31 μm 和 1.55 μm（长波长窗口）。数字光纤通信系统如图 6-1 所示。

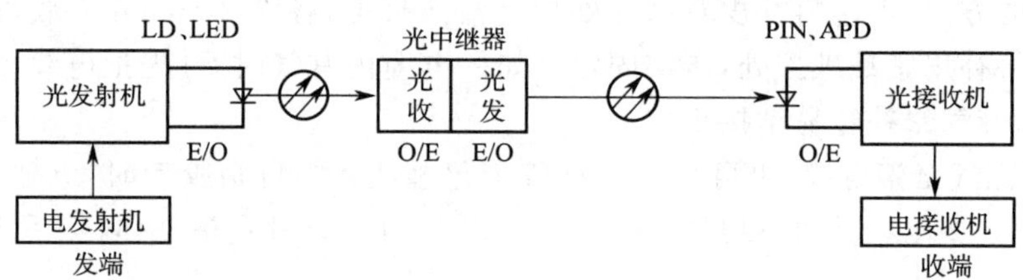

图 6-1　数字光纤通信系统方框图

从图 6-1 可以看出，数字光纤通信系统基本上由光发射机、光纤和光接收机组成。光发射机的主要作用是将电信号转换成光信号耦合进光纤。光发射机中的重要器件是能够完成电—光转换的半导体光源，目前主要采用半导体激光器（LD）或半导体发光二极管（LED）。在发射端，电端机把模拟信息（如话音）进行模/数转换，转换后的数字信号复用后再去调制发射机中的光源器件，一般是半导体激光器（LD），则光源器件就会发出携带信息的光波。如当数字信号为“1”时，光源器件发射一个“传号”光脉冲；当数字信号为“0”时，光源器件发射一个“空号”（不发光）。光发射机的作用就是进行电/光转换，把数字化的电脉冲信号码流（如 PCM 话音信号）转换成光脉冲信号码流，并输入到光纤中进行传输。

在光纤通信系统的线路上，目前主要采用由单模光纤制成的不同结构形式的光缆，由于其具有较好的传输特性，光波经光纤传输后到达接收端。

为了保证通信质量，在收发端机之间适当距离必须设有光中继器。光纤通信中光中继器的形式主要有两种，一种是光—电—光转换形式的中继器；另一种是在光信号上直接放大的光放大器。

光接收机的主要作用是将光纤送过来的光信号转换成电信号，然后经过对电信号的处理后，使其恢复为原来的脉码调制信号送入电接收机。光接收机中的重要部件是能够完成光/电转换任务的光电检测器，目前主要采用光电二极管（PIN）和雪崩光电二极管（APD）。

在接收端，光接收机把数字信号从光波中检测出来送给电端机，而电端机解复用后再进行数/模转换，恢复成原来的模拟信息。光接收机的作用就是进行光/电转换，把数字电信号（通信信息）经过放大、均衡后再生出波形整齐的电脉冲信号，这样就完成了一次通信的全过程。

二、光纤通信系统的分类

光纤通信系统可以根据系统所使用的传输信号形式、传输光的波长和光纤的类型进行不同的分类。

1. 按传输信号分类

按传输信号的不同，光纤通信系统可以分为数字光纤通信系统和模拟光纤通信系统。

(1)数字光纤通信系统

数字光纤通信系统是光纤通信的主要通信方式。数字通信的优点是抗干扰能力强，使用再生技术时噪声积累少，易于集成以减少设备的体积和功耗，转接交换方便，利于与计算机结合等。数字通信的缺点是所占的频率宽，而光纤的带宽比金属传输线要宽许多，弥补了数字通信所占频带宽的缺点。光纤通信在接收和发送时，在光电转换过程中所产生的散粒效应噪声和非线性失真较大。但若采用数字通信，中继器采用判决再生技术，噪声积累少。因此，光纤通信采用数字传输成了最有利的技术。目前在人类社会进入信息社会的时代，各国在公用通信网中的长途干线和市内局间中继线路均纷纷采用数字光纤通信系统作为主要传输方式，以便实现传输网的数字化。

(2)模拟光纤通信系统

在光纤通信系统中，输入电信号不采用脉冲编码信号的通信系统即为模拟光纤通信系统。这种系统的缺点是光电变换时噪声较大。在长距离传输时，采用中间增音站将使噪声积累，故只能应用在短距离传输线路上。在公用通信网中的用户部分，可用这种方式传输宽带视频信号。

模拟光纤通信最主要的优点是不需要数字通信系统中的模/数转换和数/模转换，故比较经济。一个电视信号若采用数字通信方式，可不用频带压缩，140 Mbit/s 的系统只能通一路电视。在目前的技术情况下，为了在用户网传送多路宽带业务(如 CATV)，采用频率调制的频分多路复用的模拟光纤通信方式。

如果只传输一个基带信号，则将此信号直接送到光发送机进行光强度调制即可，但传输距离可能只有几公里。如果希望在较长距离上传输，则要先采用脉冲频率调制(PFM)，然后再送到光发送机进行光强调制。由于采用 PFM 后，改善了传输信噪比，故中继距离可达 20 km 以上，而且可以加装中间再生中继器，其传输总长度可达 50～100 km。

2. 按波长和光纤类型分类

按波长和光纤类型分类，光纤通信系统可分为四类。

(1)短波长(0.85 μm 左右)多模光纤通信系统

该系统通信容量一般为 480 路以下(速率在 34 Mbit/s 以下)，中继段长度为 10 km 以内，发送机的光源为镓铝砷(GaAlAs)半导体激光器或发光二极管，接收机的光电探测器为硅光电二极管(Si-PIN)或硅雪崩光电二极管(Si-APD)。

(2)1.31 μm 波长多模光纤通信系统

该系统通信速率一般为 34～140 Mbit/s，中继距离为 25 km 或 20 km 以内，所用光源为铟镓砷磷(InGaAsP)半导体多纵模激光器或发光二极管，光电检测器为锗雪崩光电二极管(Ge-APD)、镓铝砷光电二极管(GaAlAs-PIN)或镓铝砷雪崩光电二极管(GaAlAs-APD)。

(3)1.31 μm 波长单模光纤通信系统

该系统通信速率一般为 140～565 Mbit/s，中继距离可达 30～50 km(140 Mbit/s)，光源为铟镓砷磷(InGaAsP)单纵模激光器，这种激光器在直流工作时为单纵模，但在高速调制时为多纵模。

(4)1.55 μm 波长单模光纤通信系统

该系统通信速率一般为 565 Mbit/s 以上，由于调制速率高会产生模分配噪声，限制了大容量长中继距离的传输，因此要采用零色散位移光纤和动态单纵模激光器。

三、光纤通信的特点

光纤通信之所以受到人们的极大重视，是因为与其他通信手段相比，具有无与伦比的优越性。

1. 传输频带极宽，通信容量很大

从理论上讲，一根仅有头发丝粗细的光纤可以同时传输 100 亿个话路。虽然目前远未达到如此高的传输容量，但用一根光纤同时传输 50 万个话路(40 Gb/s)已经取得成功，它比传统的同轴电缆、微波等要高出几千乃至几十万倍以上。一根光纤的传输容量如此巨大，而一根光缆中可以包括几十根直至上千根光纤，如果再加上波分复用技术把一根光纤当作几十根、几百根光纤使用，其通信容量之大就更加惊人。

2. 由于光纤衰减小，无中继设备，故传输距离远

由于光纤具有极低的衰减系数(目前已达 0.25 dB/km 以下)，若配以适当的光发射设备、光接收设备以及光放大器，可使其中继距离达数百公里以上甚至数千公里。这是传统的电缆、微波等根本无法与之相比拟的。

3. 光纤抗电磁干扰，保密性好

波在光纤中传输时只在其芯区进行，基本上没有光“泄漏”，因此其保密性能极好。

4. 耐化学腐蚀，适应能力强

适应能力强是指不怕外界强电磁场的干扰，耐腐蚀，可挠性强(弯曲半径大于 250 mm 时，其性能不受影响)等。

5. 光纤尺寸小，重量轻，便于传输和铺设

光缆的敷设方式方便灵活，既可以直埋、管道敷设，又可以水底或架空敷设。

6. 光纤是石英玻璃拉制成形，原材料来源丰富，并节约了大量有色金属

制造石英光纤的最基本原材料是二氧化硅，而二氧化硅在大自然界中几乎是取之不尽、用之不竭的，因此其潜在价格是十分低廉的。

7. 光纤通信的缺点

(1)光纤弯曲半径不宜过小；

(2)光纤的切断和连接操作技术复杂；

(3)分路、耦合麻烦。

光纤元件价格昂贵，且光纤质地脆，弯曲半径大，易因屈曲而损毁，机械强度低，布线时应小心，需要专门的切割及连接工具。

四、光纤通信的发展方向

对光纤通信而言，超高速度、超大容量和超长距离传输一直是人们追求的目标，而全光网络也是人们不懈追求的梦想。

1. 超大容量、超长距离传输技术

波分复用技术极大地提高光纤传输系统的传输容量，在未来跨海光传输系统中有很大的应用前景，近几年波分复用系统发展十分迅猛。目前，1.6 Tbit/s 的 WDM 系统已经大量商

用,同时,全光传输距离也在大幅度扩展。提高传输容量的另一种途径是采用光时分复用(OTDM)技术,与WDM通过增加单根光纤中传输的信道数来提高其传输容量不同,OTDM技术是通过提高单信道速率提高传输容量,其实现的单信道最高速率达640 Gbit/s。

仅靠OTDM和WDM来提高光通信系统的容量有限,可以把多个OTDM信号进行波分复用,从而大大提高传输容量。偏振复用(PDM)技术可以明显减弱相邻信道的相互作用。由于归零(RZ)编码信号在超高速通信系统中占空较小,降低了对色散管理分布的要求,且RZ编码方式对光纤的非线性和偏振模色散(PMD)的适应能力较强,因此,现在的超大容量WDM/OTDM通信系统基本上都采用RZ编码传输方式。WDM/OTDM混合传输系统需要解决的关键技术基本上都包括在OTDM和WDM通信系统的关键技术中。WDM/OTDM系统已成为未来高速、大容量光纤通信系统的一种发展趋势,两者的适当结合应该是实现Tbit/s以上传输的最佳方式。实际上,最近大多数超过3 Tbit/s的实验都采用时分复用(TDM、OTDM、ETDM)和WDM相结合的传输方式。

2. 光弧子通信

光弧子是一种特殊的ps数量级上的超短光脉冲,由于它在光纤的反常色散区,群速度色散和非线性效应相互平衡,因而经过光纤长距离传输后,波形和速度都保持不变。光弧子通信就是利用光弧子作为载体实现长距离无畸变的通信,在零误码的情况下信息传递可达万里之遥。

在光弧子通信领域内,由于其具有高容量、长距离、误码率低、抗噪声能力强等优点,光弧子通信备受国内外的关注,并大力开展研究工作。美国和日本处于世界领先水平。美国贝尔实验室已经成功实现将激光脉冲信号传输5 920 km,还利用光纤环实现5 Gbit/s、传输15 000 km的单信道弧子通信系统和10 Gbit/s、传输11 000 km的双信道波分复用孤子通信系统;日本利用普通光缆线路成功地进行了超高20 Tbit/s、远距离1 000 km的孤立波通信,日本电报电话公司推出了速率为10 Gbit/s、传输12 000 km的直通光弧子通信实验系统。在我国,光弧子通信技术的研究也有一定的成果,成功地进行OTDM光弧子通信关键技术的研究,实现了20 Gbit/s、105 km的传输。近年来,时域上的亮弧子、正色散区的暗弧子、空域上展开的三维光弧子等,由于它们完全由非线性效应决定,不需要任何静态介质波导而备受国内外研究人员重视。

光弧子技术未来的前景是:在传输速度方面采用超长距离的高速通信,时域和频域的超短脉冲控制技术以及超短脉冲的产生和应用技术使现行速率由10～20 Gbit/s提高到100 Gbit/s以上;在增大传输距离方面采用重定时、整形、再生技术和减少ASE,光学滤波使传输距离提高到100 000 km以上;在高性能EDFA方面获得低噪声高输出EDFA。当然,实际的光弧子通信仍然存在许多技术难题,但目前已取得的突破性进展,光弧子通信在超长距离、高速、大容量的全光通信中,尤其在海底光通信系统中,有着光明的发展前景。

3. 全光网络

未来的高速通信网将是全光网。全光网是光纤通信技术发展的最高阶段,也是理想阶段。传统的光网络实现了节点间的全光化,但在网络结点处仍采用电器件,限制了目前通信网干线总容量的进一步提高,因此,真正的全光网成为一个非常重要的课题。

全光网络以光节点代替电节点,节点之间也是全光化,信息始终以光的形式进行传输与交换,交换机对用户信息的处理不再按比特进行,而是根据其波长来决定路由。

全光网络具有良好的透明性、开放性、兼容性、可靠性、可扩展性,并能提供巨大的带宽、超大容量、极高的处理速度、较低的误码率,网络结构简单,组网非常灵活,可以随时增加新节点而不必安装信号的交换和处理设备。当然,全光网络的发展并不可能独立于众多通信技术中,必须要与因特网、ATM网、移动通信网等相融合。

目前全光网络的发展仍处于初期阶段,但它已显示出良好的发展前景。从发展趋势上看,形成一个真正的、以WDM技术与光交换技术为主的光网络层,建立纯粹的全光网络,消除电光瓶颈已成为未来光通信发展的必然趋势,更是未来信息网络的核心,也是通信技术发展的最高级别,更是理想级别。

第二节　光　　纤

一、光纤的结构与分类

1. 光纤结构

光纤是传光的纤维波导或光导纤维的简称。其典型结构是多层同轴圆柱体,如图6-2所示,自内向外为纤芯、包层和涂覆层。

核心部分是纤芯和包层,其中纤芯由高度透明的材料制成,是光波的主要传输通道;包层的折射率略小于纤芯,使光的传输性能相对稳定。纤芯粗细、纤芯材料和包层材料的折射率,对光纤的特性起决定性影响。涂覆层包括一次涂覆、缓冲层和二次涂覆,起保护光纤不受水汽的侵蚀和机械的擦伤,同时又增加光纤的柔韧性,起着延长光纤寿命的作用。

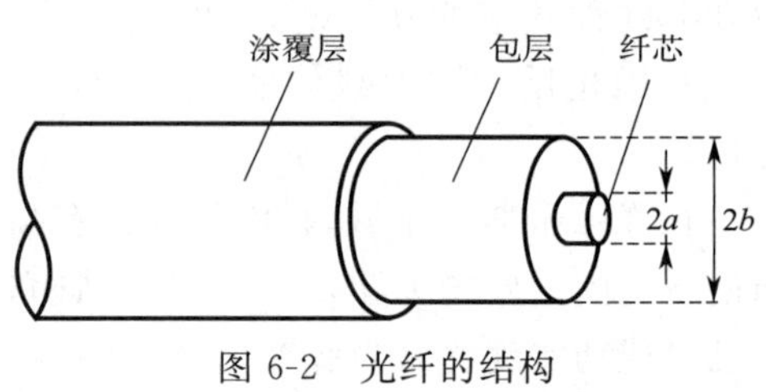

图6-2　光纤的结构

2. 光纤分类

根据折射率在横截面上的分布形状划分时,有阶跃型光纤和渐变型(梯度型)光纤两种。假设纤芯的折射率为n_1,直径为$2a$;包层的折射率为n_2,直径为$2b$。纤芯折射率n_1沿半径方向保持一定,包层折射率n_2沿半径方向也保持一定,且纤芯和包层的折射率在边界处呈阶梯形变化的光纤称为阶跃型光纤,又称为均匀光纤。纤芯折射率n_1随着半径加大而逐渐减小,而包层中折射率n_2是均匀的,这种光纤称为渐变型光纤,又称为非均匀光纤,如图6-3所示。

根据光纤中传输模式的多少,可分为单模光纤和多模光纤两类。单模光纤只传输一种模式,纤芯直径较细,通常在4～10 μm范围内,适用于大容量、长距离的光纤通信。多模光纤在一定的工作波长下,能传输多种模式的介质波导。多模光纤可以采用阶跃折射率分布,也可以采用渐变折射率分布,纤芯直径较粗,典型尺寸为50 μm左右。

按制造光纤所使用的材料分,有石英光纤、塑料包层石英光纤、多组分玻璃光纤、全塑光纤等四种。光通信中主要用石英光纤。

另外,若按工作波长来分,还可分为短波长光纤和长波长光纤。

多模光纤可以采用阶跃折射率分布,也可以采用渐变折射率分布;单模光纤多采用阶跃折射率分布。因此,石英光纤大体可以分为多模阶跃折射率光纤、多模渐变折射率光纤和单模阶跃折射率光纤等。它们的结构、尺寸、折射率分布及光传输如图6-4所示。

3. 单模光纤的分类

ITU-T建议规范了G. 652、G. 653、G. 654和G. 655四种单模光纤。

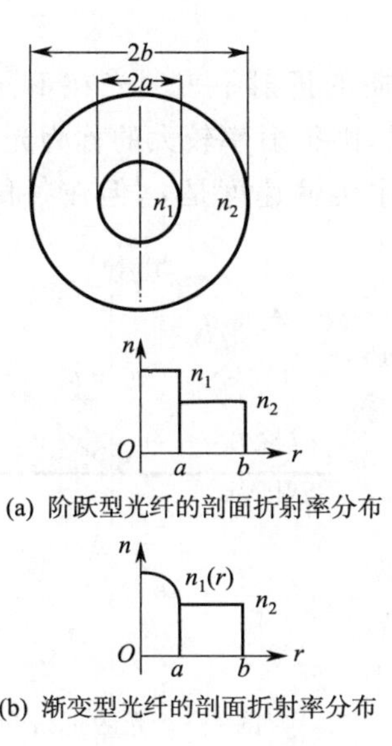

2b
2a
n_1
n_2
n
n_1
n_2
O
a
b
r
(a) 阶跃型光纤的剖面折射率分布
n
$n_1(r)$
n_2
O
a
b
r
(b) 渐变型光纤的剖面折射率分布

图 6-3 折射率分布

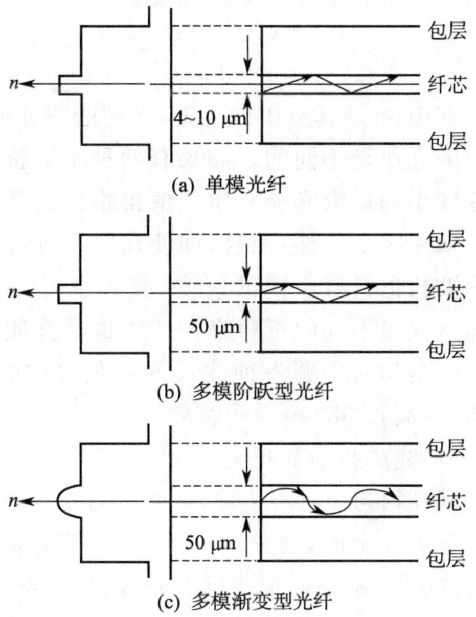

包层
n
纤芯
4~10 μm
包层
(a) 单模光纤
包层
n
纤芯
50 μm
包层
(b) 多模阶跃型光纤
包层
n
纤芯
50 μm
包层
(c) 多模渐变型光纤

图 6-4 光传输示意图

(1)G. 652 光纤

G. 652 光纤，也称为标准单模光纤(SMF)，是指色散零点(即色散为零的波长)在 1 310 nm 附近的光纤。

(2)G. 653 光纤

G. 653 光纤也称为色散位移光纤(DSF)，是指色散零点在 1 550 nm 附近的光纤，相对于 G. 652 光纤，色散零点发生了移动，所以称为色散位移光纤。

(3)G. 654 光纤

G. 654 光纤是截止波长移位的单模光纤。其设计重点是降低 1 550 nm 的衰减，其零色散点仍然在 1 310 nm 附近，因而 1 550 nm 窗口的色散较高。G. 654 光纤主要应用于海底光纤通信。

(4)G. 655 光纤

由于 G. 653 光纤的色散零点在 1 550 nm 附近，DWDM 系统在零色散波长处工作易引起四波混频效应。为了避免该效应，将色散零点的位置从 1 550 nm 附近移开一定波长数，使色散零点不在 1 550 nm 附近的 DWDM 工作波长范围内。这种光纤就是非零色散位移光纤(NDSF)。

这四种单模光纤的主要性能指标是衰减、色散、偏振模色散(PMD)和模场直径。另外，G. 653 光纤是为了优化 1 550 nm 窗口的色散性能而设计的，但它也可以用于 1 310 nm 窗口的传输。由于 G. 654 光纤和 G. 655 光纤的截止波长都大于 1 310 nm，所以 G. 654 光纤和 G. 655 光纤不能用于 1 310 nm 窗口。

二、光纤的导光原理

1. 有关光学概念

(1)折射率

光线在不同的介质中以不同的速度传播，描述介质的这一特征的参数就是折射率，或称折射指数。折射率可由下式确定：

$$n=\frac{c}{v} \tag{6-1}$$

式中，c 是真空中的光速，v 是透明介质中的光速。物质的折射率表明光在不同的透明介质中的光速是不同的。如果有两种不同折射率的介质交界，则折射率较大的称为光密介质，折射率较小的称为光疏介质。值得指出的是，虽然光在真空中传输速度是 c，但在各种透明介质中传输速度不一样，而且，即使在同一种透明介质中，各种不同的波长也具有不同的速度，或者说，同一介质对不同波长的光呈现出不同的折射率。所以说某介质具有某折射率，必须指明是相对于哪一种波长的单色光，如果不说明，就是对纳黄光（波长 589 nm）而言的。

（2）光的折射和反射

光在均匀介质中传输，又遇到另一种介质，即光线射到两种介质界面上时，会分成两部分，一部分仍在原介质中传输，但改变了传输方向，形成反射光线；另一部分进入另一介质中传输，一般也改变了传输方向，形成折射光线，如图 6-5 所示。

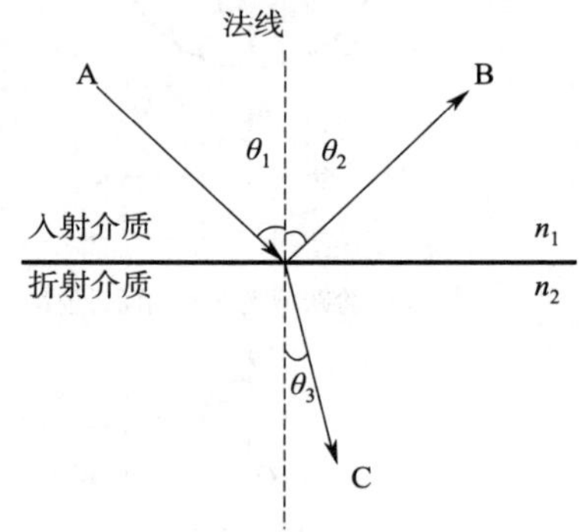

图 6-5　光的折射和反射

光的反射遵循反射定律：

①反射光线与入射光线和法线在同一平面上，反射光线和入射光线分居于法线两侧；

②反射角等于入射角：$\theta_1=\theta_2$。

光的折射遵循折射定律：

①折射光线与入射光线和法线在同一平面上，折射光线和入射光线分居于法线两侧；

②折射角与入射角的关系是：$n_1\sin\theta_1=n_2\sin\theta_2$，即：

$$\frac{n_1}{n_2}=\frac{\sin\theta_2}{\sin\theta_1} \tag{6-2}$$

当 $n_1<n_2$ 时，则 $\frac{n_1}{n_2}=\frac{\sin\theta_2}{\sin\theta_1}<1$，$\sin\theta_2<\sin\theta_1$，$\theta_2<\theta_1$，即光从光疏介质射入光密介质时，折射角小于入射角，折射光线偏向法线。

当 $n_1>n_2$ 时，则 $\frac{n_1}{n_2}=\frac{\sin\theta_2}{\sin\theta_1}>1$，$\sin\theta_2>\sin\theta_1$，$\theta_2>\theta_1$，即光从光密介质射入光疏介质时，折射角大于入射角，折射光线偏离法线。如果进一步增大入射角 θ_1，则折射角 θ_2 也总是随着增大。于是，相对于某一入射角，入射光的折射角会达到 90°，折射光将沿着界面传输，这时，若入射角 θ_1 继续增大，光就不再进入光疏介质，全部被反射回来，这种现象称为全反射。如图 6-6 所示，把折射角刚好达到 90°时的入射角称为临界角，用 θ_c 表示。此时

$$n_1\sin\theta_c=n_2\sin 90°=n_2 \tag{6-3}$$

$$\sin\theta_c=\frac{n_2}{n_1} \tag{6-4}$$

$$\theta_c=\arcsin\left(\frac{n_2}{n_1}\right) \tag{6-5}$$

显然只有 $n_2\leqslant n_1$，上式才有实数值，可知只有光线从光密介质射入光疏介质时才能发生全反射。

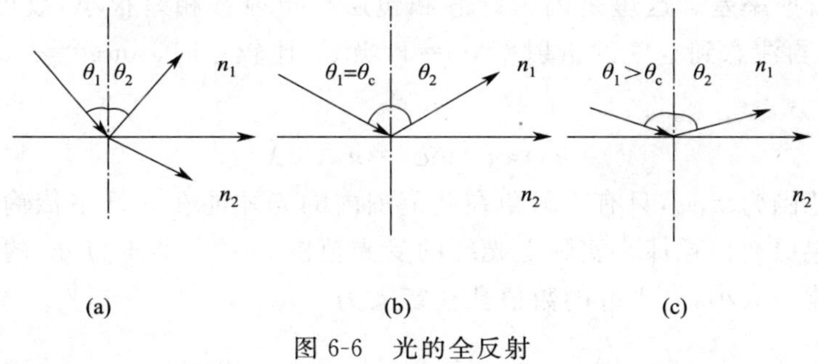

图 6-6　光的全反射

2. 光纤中光的传输

在光纤中，过光纤的轴线可以作很多平面，称为子午面。从端面进入光纤的光线分为两种情况：子午面上的光线称为子午光线；不在子午面上的光线称为斜射光线。这里仅考虑子午光线的情况。

(1) 阶跃光纤中的光传输

①传光原理

在阶跃光纤中，纤芯各处的折射率均等于 n_1，包层各处的折射率均等于 n_2，且有 $n_1>n_2$。

由于纤芯中的折射率高于包层的折射率，从光纤端面入射到纤芯中的光在纤芯与包层界面上的反射、折射都属于光从光密介质射入光疏介质的情况。在纤芯—包层界面上的某点会有不同角度的光入射，一般情况下光线在该点一部分反射一部分透射，一旦在该点的入射角大于全反射临界角，光线就不会透过界面而发生全反射现象。满足全反射条件的光线就会在光纤中连续反射向前传输，走着一条之字形的道路。从几何光学的角度看，光纤就是靠纤芯内部的全反射传输的，包层起着壁垒作用。

②光学参数

希望光纤内的光线能在界面上发生全反射，就是要求入射至界面上的角度大于全反射临界角 θ_c，而入射角为 θ_1 的光线又是从光纤端面入射的，所以界面上的入射角度满足全反射临界角 $\theta_1>\theta_c$ 的光线，在光纤端面有对应的角度范围，称为光纤的受光角 φ_0，如图 6-7 所示。

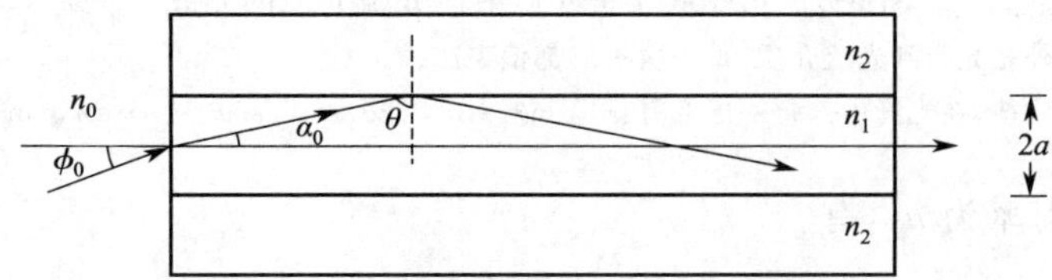

图 6-7　阶跃光纤传光原理

在光纤端面上，折射定律成为

$$n_0\sin\varphi_0=n_1\sin\alpha_0=n_1\sin(90°-\theta)=n_1\cos\theta=n_1\sqrt{1-\sin^2\theta} \tag{6-6}$$

因为
$$\sin\theta=\frac{n_2}{n_1}$$

所以
$$n_0\sin\varphi_0=n_1\sqrt{1-(\frac{n_2}{n_1})^2}=n_1\sqrt{\frac{2(n_1^2-n_2^2)}{2n_1^2}}=n_1\sqrt{2\Delta} \tag{6-7}$$

其中
$$\Delta=\frac{(n_1^2-n_2^2)}{2n_1^2}=\frac{(n_1-n_2)(n_1+n_2)}{2n_1^2}\approx\frac{n_1-n_2}{n_1} \tag{6-8}$$

Δ 称为相对折射率差。这里是因为纤芯和包层的折射率相差很小，故可以用$(n_1+n_2)/n_1\approx 2$ 近似计算。再注意到空气的折射率 $n_0=1$，当 φ_0 比较小时，$\sin\varphi_0=\varphi_0$，所以光纤的受光角为

$$\varphi_0\approx n_0\sin\varphi_0=n_1\sqrt{2\Delta} \tag{6-9}$$

光纤的受光范围为$\pm\varphi_0$，只有入射角在此范围内的光才能在光纤中传输，入射角再增加，光线将不断进入包层而损耗掉。实际上光纤的受光范围是一个半角为 φ_0 的圆锥。为了表示光纤接受光线的能力大小，将光纤的数值孔径定义为

$$NA=n_0\sin\varphi_0=1\sin\varphi_0=n_1\sqrt{2\Delta} \tag{6-10}$$

数值孔径只取决于有关折射率，与光纤的几何尺寸无关。数值孔径越大，光纤接受光线的能力就越大，此时相对折射率差 Δ 越大。因为纤芯和包层的折射率相差很小，所以通信用光纤称为“弱导光纤”。

(2) 渐变光纤中的光传输

①传光原理

在渐变光纤中，纤芯折射率是径向坐标的函数，轴心最大，沿径向逐渐变小。若以 n_1 表示轴心处的折射率，n_2 仍表示包层的折射率，那么一般的渐变光纤（W 型光纤除外）都有 $n(r)>n_2$。对于渐变光纤，可以假设纤芯由许多同轴的均匀层构成，它们从里至外每一层的折射率越来越小，如图 6-8 所示。

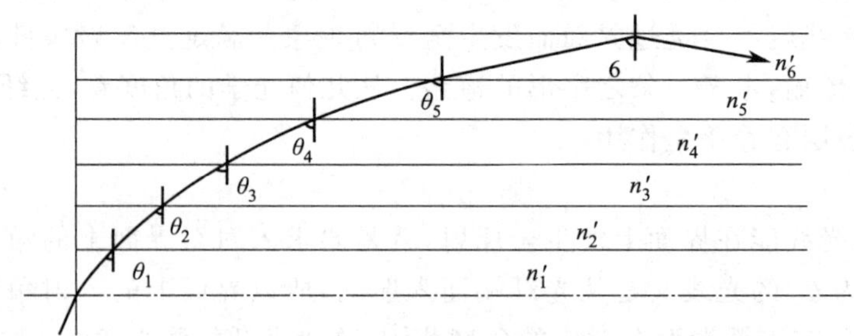

图 6-8 光线从光密介质射向光疏介质的光线

注：1. 沿径向从里向外是光密到光疏介质，每一次折射都偏离法线。

2. 根据光的折射定律，在光纤内部每一层都有：$n'_1\sin\theta_1=n'_2\sin\theta_2=n'_3\sin\theta_3=\cdots=n'_N\sin\theta_N=n_2\sin 90°=n_2$。

设中心层的折射率为 n_1，有

$$n_1=n'_1>n'_2>n'_3>n'_4>n'_5>\cdots>n_2$$

即光纤的折射率从中心起沿径向逐渐变小，直到纤芯与包层的界面，折射率与包层相同。此时，从中心射向包层的光线都属于从光密介质射向光疏介质的情况。虽然每一均匀层内的光线都是直线，但各层光线会不断偏离法线，即光线方向从中心沿径向逐渐改变，入射角越来越大，弯折越来越强烈。假设在折射率为 n'_5 的那一层，光线的入射角已经完全满足全反射条件，那么光线的方向就不再朝向包层，而是朝向轴心，这时的光线入射变成从光疏介质射向光密介质的情况，入射角越来越小，各层光线会不断偏向法线。通过轴心之后，光线又变成从光密介质射向光疏介质的情况，重复前述的折射过程。总之，沿径向从里向外是光密到光疏介质，从外向里是光疏到光密介质。在包层处不满足全反射条件的光线会透射进包层，不能在光纤中传输。如果层数变多，各层厚度变薄，甚至趋近于零，折射率按照某种规律沿径向减小，于

是纤芯中的光线路径就不再是一段段的折线，而是变成一条连续弯曲的曲线，光线路径周期性地穿过轴心，好像正弦波震荡一样，如图 6-9 所示。当光垂直于光纤端面入射到光纤的中心时，它沿折射率最高的轴心向前传输，走过的路径与轴心重合，这时“振幅”为 0，是最短的路径，以其他角度入射的光线，只要在到达芯包界面之前或之时满足全反射条件，就会形成“振幅”不同的“正弦波”路径。

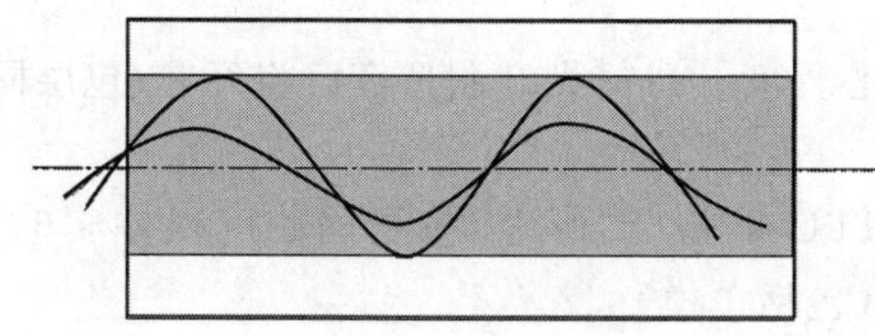

图 6-9　渐变光纤传光原理

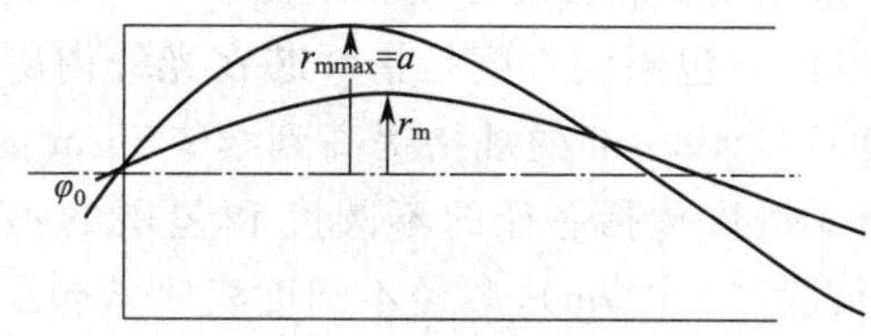

图 6-10　渐变光纤的受光角

②光学参数

渐变光纤的受光角比较复杂。因为纤芯的径向折射率是变化的，光在光线端面上不同位置入射，受光能力各不相同；其次渐变光纤是靠折射集中在光纤中的，所谓受光能力也要从折射的角度去理解。设 A 和 B 从光纤端面 P 点入射，P 点离轴心的距离为 r_0，该点的折射率是 $n(r_0)$。由于 A、B 两点入射角不同，这两条光线的路径也不同。每条光线都有一个转折点，是光线离开轴心的最远点，设它与轴心的距离为 r_m。所有可传输光线的 r_m 必定小于或等于光纤半径 a，否则将进入包层而不能在光纤中传输。因此，对于可传输光线有

$$r_m \leqslant a \text{ 或 } r_{max}=a \tag{6-11}$$

式中，r_{max} 代表 r_m 最大值，与它对应的光纤端面的入射角也最大，这个入射角就是受光角，如图 6-10 所示。

根据光的折射定律，在光纤内部有

$$n'_1\sin\theta_1=n'_2\sin\theta_2=n'_3\sin\theta_3=\cdots=n'_N\sin\theta_N=n_2\sin90°=n_2$$

可得（注意 $n'_1=n_1$）

$$\sin\theta_1=\frac{n_2}{n_1},\theta_1=\arcsin\frac{n_2}{n_1} \tag{6-12}$$

光线从光纤端面入射进光纤时满足

$$\sin\varphi=n_1\sin\alpha=n_1\sin(90°-\theta_1)=n_1\cos\theta_1=n_1\sqrt{1-\sin^2\theta_1}$$

$$\sin\varphi\leqslant\sqrt{n_1^2-n_2^2} \tag{6-13}$$

与阶跃光纤一样定义数值孔径，有

$$NA=\sin\varphi_0=\sqrt{n(0)^2-n_2^2}=n(0)\sqrt{2\Delta} \tag{6-14}$$

式中，$n(0)$ 为光纤轴心处的折射率。因为渐变光纤轴心处折射率最大，称此结果为多模渐变光纤子午光线最大理论数值孔径。由此可见，当 $n(0)$ 与 $n(a)$ 给定后，渐变光纤的受光能力比阶跃光纤要小。

在光纤接续中，了解数值孔径大小很重要。如果把数值孔径不同的光纤接在一起，接续部位光的全反射条件被破坏，一部分光折射进包层中，会造成光功率的损耗。

三、光纤的几何特性

光纤的几何特性包括芯直径、包层直径、纤芯/包层同心度、不圆度和光纤翘曲度等。

1. 芯直径

芯直径主要是对多模光纤的要求。ITU-T 规定，多模光纤的芯直径为 50 μm±3 μm。

2. 包层直径

包层直径指光纤的外径。ITU-T 规定，多模及单模光纤的包层直径均要求为 125 μm±3 μm。目前，光纤生产制造商已将光纤外径规格从 125 μm±3 μm 提高到 125 μm±1 μm。

3. 纤芯/包层同心度和不圆度

纤芯/包层同心度是指纤芯在光纤内所处的中心程度。目前光纤制造商已将纤芯/包层同心度从≤0.8 μm 的规格提高到≤0.5 μm 的规格。

不圆度包括芯径的不圆度和包层的不圆度。ITU-T 规定，纤芯/包层同心度误差≤6%（单模为<1.0 μm），芯径不圆度≤6%，包层不圆度（包括单模）<2%。

4. 光纤翘曲度

光纤翘曲度指在特定长度光纤上测量到的弯曲度，可用曲率半径来表示。翘曲度（即曲率半径）数值越大，意味着光纤越直。

其中，纤芯/包层同心度对接续损耗的影响最大，其次是翘曲度。

四、光纤的光学特性

光纤的光学特性有折射率分布、最大理论数值孔径、模场直径及截止波长等。

1. 折射率分布

光纤折射率分布，可用下式表示：

$$n_2=n_1[1-2\Delta(r/a)^d]^{1/2} \tag{6-15}$$

式中，n_1 为纤芯折射率，n_2 为包层折射率，a 为芯半径，r 为离开纤芯中心的径向距离，Δ 为相对折射率差，$\Delta=(n_1-n_2)/n_1$。多模光纤的折射率分布，决定光纤带宽和连接损耗；单模光纤的折射率分布，决定工作波长的选择。

2. 最大理论数值孔径（$NA_{\max}$）

$$NA_{\max}=(n_1^2-n_2^2)^{1/2} \tag{6-16}$$

式中，n_1 为阶跃光纤均匀纤芯的折射率（梯度光纤为纤芯中心的最大折射率），n_2 为均匀包层的折射率。

光纤的数值孔径与光源耦合效率、光纤损耗、弯曲的敏感性以及带宽有着密切的关系。数值孔径大，容易耦合，微弯敏感小，带宽较窄。

3. 模场直径和有效面积

模场直径是指描述单模光纤中光能集中程度的参量。有效面积与模场直径的物理意义相同，通过模场直径可以利用圆面积公式计算出有效面积。

模场直径越小，通过光纤横截面的能量密度就越大。当通过光纤的能量密度过大时，会引起光纤的非线性效应，造成光纤通信系统的光信噪比降低，影响系统性能。因此，对于传输光纤而言，模场直径（或有效面积）越大越好。

4. 截止波长

理论上的截止波长是单模光纤中光信号能以单模方式传播的最小波长。

截止波长条件可以保证在最短光缆长度上单模传输，并且可以抑制高次模的产生或将产生的高次模噪声功率代价减小到完全可以忽略的地步。

五、光纤的传输特性

几何特性、光学特性影响光纤的连接质量，施工对它们不产生影响；而传输特性则相反，它不影响施工，但施工对传输特性将产生直接的影响。

1. 光纤的损耗特性

光纤的损耗是光纤的主要传输特性之一。光纤单位长度上的衰减关系到光纤系统的传输距离的确定，衰减与波长的关系曲线则关系到工作波长的选择。由于光纤的带宽很宽，传输线路的成本主要由衰减控制。光纤的衰减，简单说就是光纤传输光信号时对光功率有衰减。衰减大小用衰减系数表示：

$$A = 10\lg \frac{p_{in}}{p_{out}} \tag{6-17}$$

$$\alpha = \frac{10}{L}\lg \frac{p_{in}}{p_{out}} \tag{6-18}$$

式中，A、α 为光纤的衰减和衰减系数；p_{in}、p_{out} 为光纤的输入和输出光功率；L 为光纤的长度。

光纤衰减系数是度量光能在光纤中传输损失的参数。

引起光纤的衰减主要原因有吸收、散射、辐射损耗。它们来自光纤材料本身或波导结构，其中又以吸收衰减最为重要。

(1)吸收损耗是光波通过光纤材料时引起材料组成的原子、分子振动，致使一部分能量变为热能。吸收损耗主要有三个原因：一是光纤的本征吸收，二是光纤的杂质吸收，三是光纤微观结构中的原子缺陷吸收。

①本征吸收

本征吸收是材料的固有吸收，主要是红外和紫外吸收，由于光纤材料在紫外区的电子跃迁和在近红外、红外区的晶格振动引起的吸收。

a. 紫外区的电子跃迁

光纤中传输的一部分光能量被材料中的电子吸收，使电子从低能级跃迁至高能级，这个过程中损失的光能量形成光的吸收衰减。这种吸收衰减对于波长小于 0.4 μm 的紫外光表现强烈，形成光纤的紫外吸收带。从图 6-11 中可以看出，紫外吸收延伸到光纤通信波段。

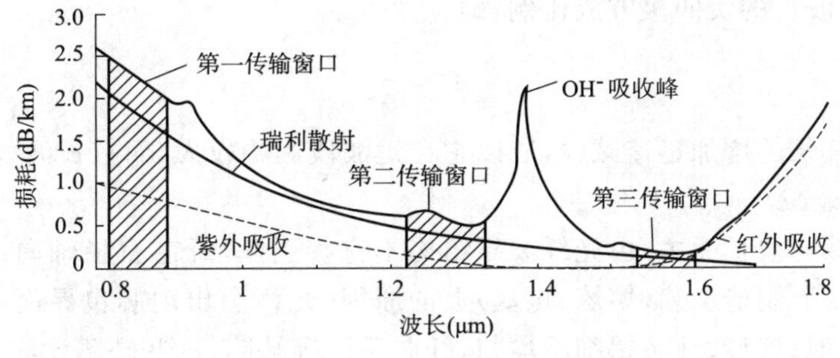

图 6-11　光纤的衰减特性

b. 红外区的晶格振动

晶格振动是 SiO_2 中的原子核带着周围电子振动。光纤中的光与晶格相互作用时，一部分能量传递给晶格，使其振动加剧。这个过程中损失的光能量也形成光的吸收衰减。振动能级的能量间隔比电子能级小，产生的吸收带在红外、近红外区，即吸收对波长 2 μm 以上的红外光表现强烈。

红外和紫外吸收构成光纤的本征吸收，是不可避免的，只有改变材料成分才能有微小的改变。正因为石英在光通信用波段的本征吸收比较小，所以纯石英是优良的光纤材料，掺杂了 GeO_2 之后可以使本征吸收进一步变小。

②杂质吸收

光纤材料中的杂质吸收主要是由于光纤中含有铁、钴、镍、铜、锰、铬、钒、铂等金属离子和氢氧根(OH^-)离子。金属离子的吸收主要是电子在没有完全填满的内亚层相应的能级间跃迁造成的。由于被吸收的光能与电子间的能级差相对应，各种离子吸收的波长及衰减大小都各不相同。杂质吸收的影响可以随杂质浓度的降低而减小。消除金属离子相对容易，消除氢氧根(OH^-)离子则较为困难，而 OH^- 的吸收影响又比较严重。从图 6-11 中可以看出，1.38 μm 处有一个吸收峰，两个长波长通信窗口 1.3 μm 和 1.55 μm 正好位于两侧。如果将 OH^- 离子浓度降低到 0.8～1.0 ppb，吸收峰可基本消失，从而得到一个很宽的低损耗窗口，便于进行波分复用。OH^- 离子吸收损耗，形成对单模光纤 1.39 损耗峰，影响为第 2、3 低损窗口，所以光纤生产过程中的最大问题就是去水。

③原子缺陷吸收

原子缺陷是由某种热激励或高能辐射而感生的。缺陷指破坏了物质正常的正负电荷平衡状态，在局部出现过剩的电子或空穴，形成局部能级，其中的电子跃迁使光纤出现额外的吸收带，峰值波长在 0.63 μm 左右。适当选择光纤材料和制造工艺，可以去除原子缺陷。

(2)散射损耗

光的散射由传输介质中含有大量的微小的不均匀的“微粒”造成的，它们把光能量向各个方向散射，从而使传输方向上的光能量减少，形成光的衰减。散射衰减分为线性和非线性两种。

①线性散射衰减

线性的散射衰减功率与传输光功率呈线性关系，散射光与入射光波长相同。

a. 瑞利散射

瑞利散射是由于材料的不均匀使光散射而引起的损耗。材料成分中原子密度和分子浓度的热涨落，在光纤冷凝过程中形成了密度不均匀和浓度不均匀。“不均匀”的尺度可与波长相比拟，造成折射率分布不均匀。它们形成无数个微小的散射点，把光能量散射出光纤，称为瑞利散射，也称本征散射，是光纤衰减的下限。它造成的衰减光谱较宽，散射光也几乎是全方向的，引起的衰减与波长的负四次方成比例，即：

$$I \propto \frac{1}{\lambda^4} \tag{6-19}$$

瑞利散射随波长的增加迅速减少，所以它在短波段影响较大，而在长波段影响较小。

b. 波导散射衰减

波导散射衰减与波长无关，由光纤波导结构不完善引起，纤芯直径轴向不均匀，使部分导模变成辐射模。由于制造工艺(熔炼、拉丝)上的原因，光纤会出现芯包界面不平整、沉积层不规则、纤芯内有气泡、气痕、纤芯粗细不均匀、纤芯椭圆等缺陷，这些缺陷比波长大得多，会使光纤中产生模变换，如传输模转换成辐射模，使光纤衰减增加，影响光纤的色散特性。这种散射会使整个光纤衰减曲线上移。

②非线性散射衰减

当入射光功率较强时，光纤会出现非线性的散射。非线性的散射衰减功率与传输光功率成非线性关系，而且，在非线性散射光谱中，除了与入射光波长相同的谱线，还出现了新的谱线分布在原谱线的两侧。非线性散射有布里渊散射和拉曼散射。一般在多模光纤中,光能密度比较小,非线性散射损失可以忽略,但在单模光纤中,尤其是波分复用系统和使用掺铒光纤放大器的系统中,一定要考虑这两种散射衰减的影响。

(3)辐射损耗(弯曲损耗)

光纤实际使用时不可避免地会出现弯曲,此时弯曲的曲率半径比光纤的直径大得多;当光纤受到侧压力或套塑光纤遇到温度变化以及工艺不完善,会出现"微弯"。从几何光学的角度看,就是由于弯曲,光线不再满足全反射条件而折射出光纤;从波动理论的角度看,光纤弯曲会造成模式转换,如从低阶模转换成高阶模、从传输模转换成辐射模等。

2. 光纤的色散特性

光脉冲中的不同频率或模式在光纤中的群速度不同,这些频率成分和模式到达光纤终端有先有后,使得光脉冲发生展宽,这就是光纤的色散,如图 6-12 所示。色散一般用时延差来表示,所谓时延差,是指不同频率的信号成分传输同样的距离所需要的时间之差。色散系数就是单位波长间隔内光波长信号通过单位长度光纤所产生的时延差,用 D 表示,单位为 ps/(nm · km)。

图 6-12　色散

光纤的色散可分为模式色散、色度色散、偏振模色散。模式色散主要存在于多模光纤。单模光纤无模式色散,只有材料色散和波导色散。当波长在 1.31 μm 附近,色散接近于零。

(1)模式色散

多模光纤中不同模式的光束有不同的群速度,在传输过程中,不同模式光束的时间延迟不同而产生的色散,称模式色散。

(2)色度色散

由于光源的不同频率(或波长)成分具有不同的群速度,在传输过程中,不同频率的光束的时间延迟不同而产生色散称为色度色散。色度色散包括材料色散和波导色散。

①材料色散

由于材料折射率随光信号频率的变化而不同,光信号不同频率成分所对应的群速度不同,由此引起的色散称为材料色散。

②波导色散

由于光纤波导结构引起的色散称为波导色散。其大小可以与材料色散相比拟,普通单模光纤在 1.31 μm 处这两个值基本相互抵消。

(3)偏振模色散(PMD)

由于光信号的两个正交偏振态在光纤中有不同的传播速度而引起的色散称偏振模色散,如图 6-13 所示。

(4)码间干扰(ISI)

色散将导致码间干扰。由于各波长成分到达的时间先后不一致,因而使得光脉冲加长了 $(T+\Delta T)$,称为脉冲展宽,如图 6-14 所示。脉冲展宽将使前后光脉冲发生重叠,形成码间干扰。码间干扰将引起误码,因而限制了传输的码速率和传输距离。

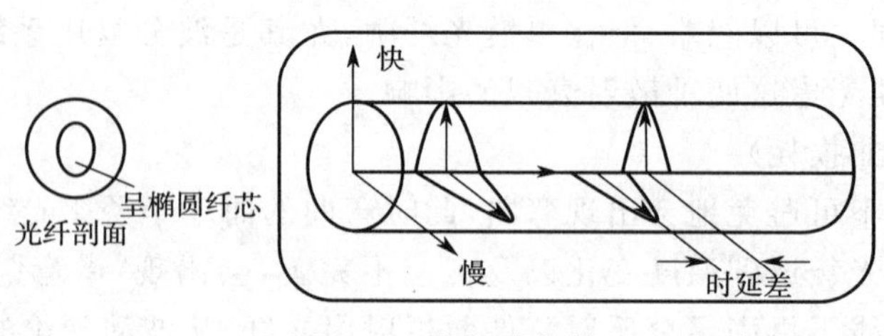

图 6-13　偏振模色散

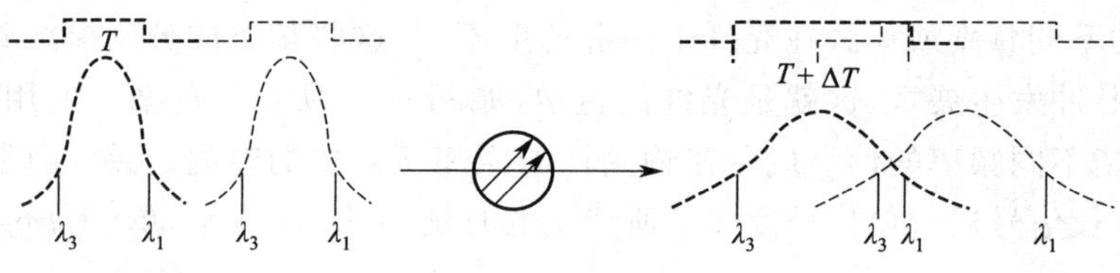

图 6-14　码间干扰

六、光纤的机械特性

光纤的机械特性主要包括耐侧压力、抗拉强度、弯曲以及扭绞性能等，使用者最关心的是抗拉强度。

1. 光纤的抗拉强度

光纤的抗拉强度很大程度上反映了光纤的制造水平。影响光纤抗拉强度的主要因素是光纤制造材料和制造工艺。其他影响因素如下：

①预制棒的质量。

②拉丝炉的加温质量和环境污染。

③涂覆技术对质量的影响。

④机械损伤。

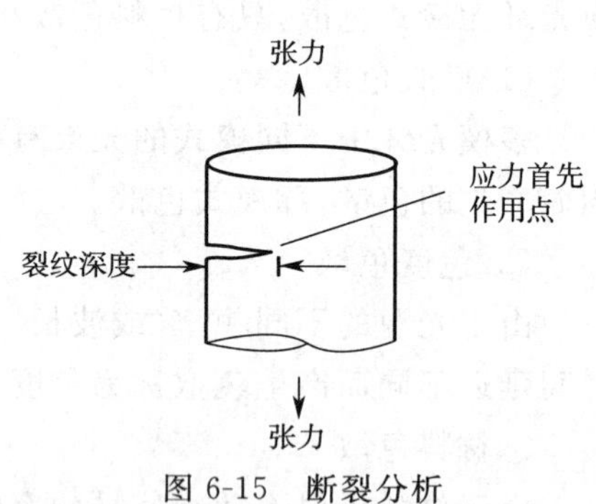

图 6-15　断裂分析

2. 光纤断裂分析

存在气泡、杂物的光纤，会在一定张力下断裂，如图 6-15 所示。

3. 光纤的寿命

光纤的寿命，习惯称使用寿命。当光纤损耗加大以致系统开通困难时，称其已达到了使用寿命。从机械性能讲，寿命指断裂寿命。

4. 光纤的机械可靠性

一般来说，二氧化硅包层光纤的机械可靠性已经得到广泛的认可。为了提高光纤的机械可靠性，在光纤的外包层中掺入二氧化钛。

七、光纤的温度特性

光纤的温度特性，是指在高、低温条件下对光纤损耗的影响，一般是损耗增大，如图 6-16 所示。

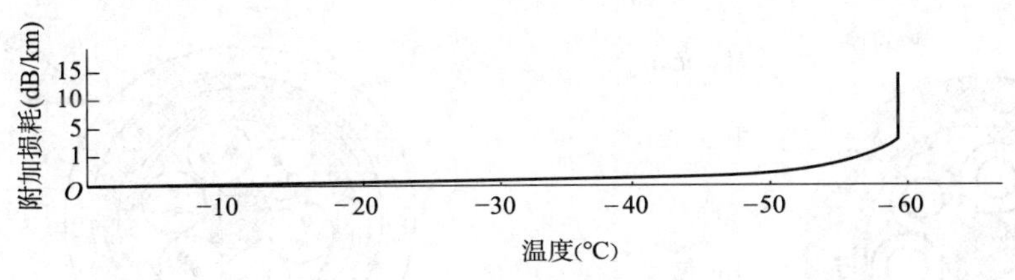

图 6-16　光纤的温度特性

第三节　光　　缆

一、光缆的结构

目前,光纤通信用的光纤都经过了一次涂覆和二次涂覆的处理。经过涂覆后的光纤虽然已具有一定的抗张强度,但还是经不起施工中的弯折、扭曲和侧压等外力作用。为了使光纤能在各种环境中使用,必须把光纤与其他元件组合起来构成光缆,使其具有良好的传输性能以及抗拉、抗冲击、抗弯、抗扭曲等机械性能。

1. 光缆的结构

目前光纤通信中使用这各种不同类型的光缆,其结构形式多种多样,但无论何种结构形式的光缆,基本上都由缆芯、加强元件和护层三部分组成。

(1)缆芯

缆芯是由单根或多根光纤芯线组成,其作用是传输光波。

(2)护层

护层主要是对已成缆的光纤芯线起保护作用,避免受外界机械力和环境的损坏。护层可分为内护层(多用聚乙烯或聚氯乙烯等)和外护层(多用铝带和聚乙烯组成的 LAP 外护套加钢丝铠装等)。

(3)加强芯

加强芯主要承受敷设安装时所加的外力。加强元件一般有金属丝和非金属纤维,其作用是增强光缆敷设时可承受的拉伸负荷。

2. 各种典型结构的光缆

(1)层绞式结构光缆

把经过套塑的光纤绕在加强芯周围绞合而构成。层绞式结构光缆类似传统的电缆结构,故又称之为古典光缆。

图 6-17～图 6-21 所示是目前在市话中继和长途线路上采用的层绞式结构光缆。

(2)骨架式结构光缆

骨架式结构光缆是把紧套光纤或一次涂覆光纤放入加强芯周围的螺旋形塑料骨架凹槽内而构成。

骨架结构有中心增加螺旋形、正反螺旋形、分散增强基本单元形,图 6-22(b)为螺旋形结构,图 6-23 为基本单元结构。目前,我国采用的骨架式结构光缆,都是采用如图 6-22 所示的结构。图 6-24 所示是采用骨架式结构的自承式架空光缆。

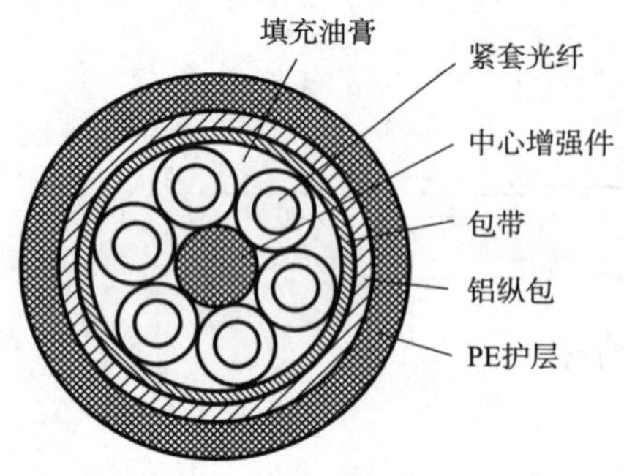

图 6-17　6 芯紧套层绞式光缆

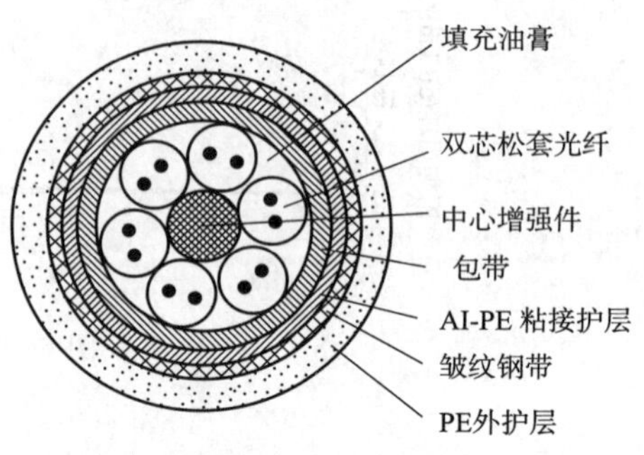

图 6-18　12 芯松套层绞式直埋光缆

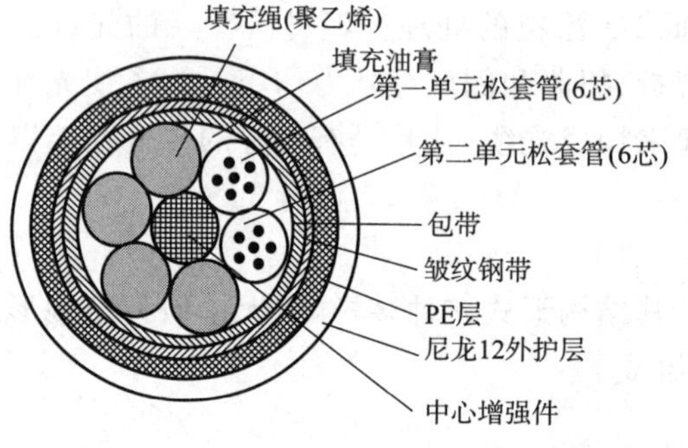

图 6-19　12 芯松套层绞式直埋防蚁光缆

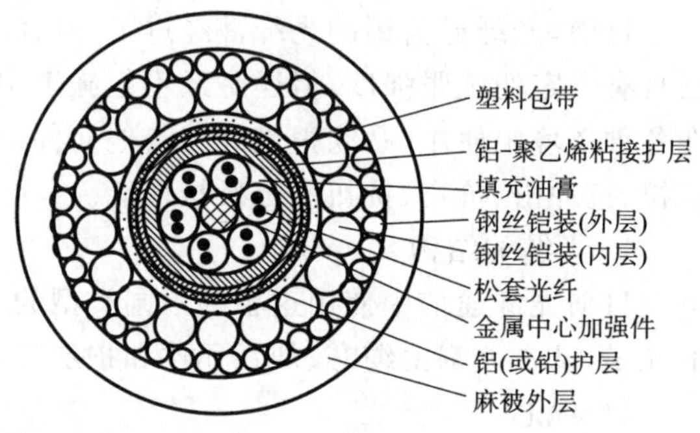

图 6-20　6～48 芯松套层绞式水底光缆

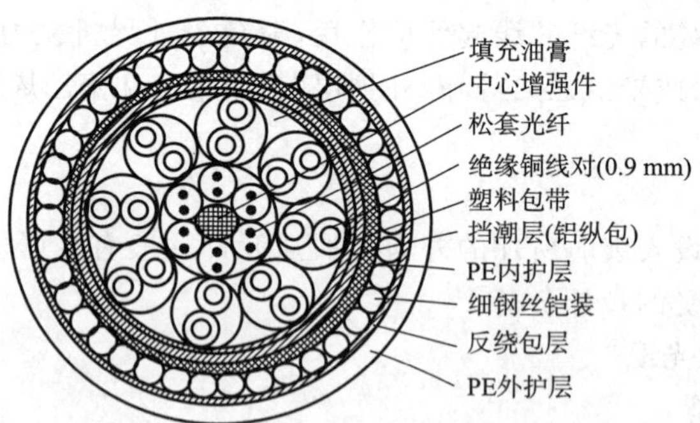

图 6-21　12 芯松套＋8 芯×2 线对层绞式直埋光缆

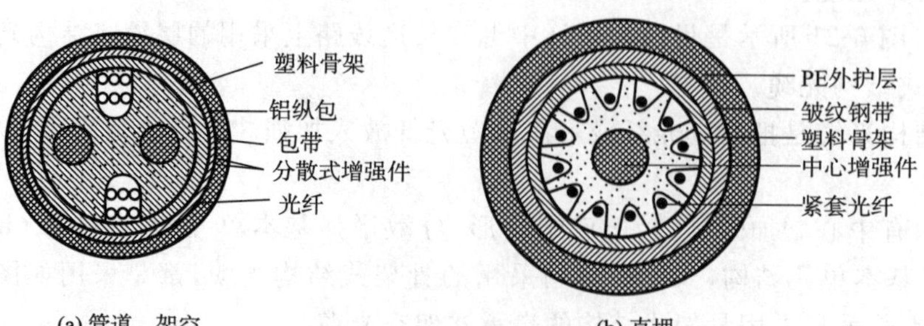

图 6-22　12 芯骨架式光缆

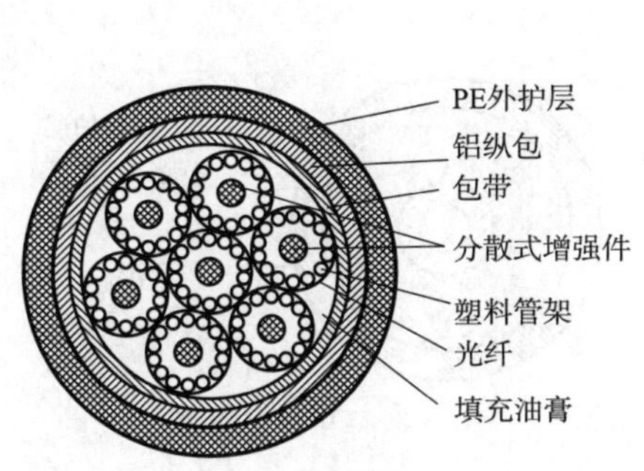

图 6-23　70 芯骨架式光缆

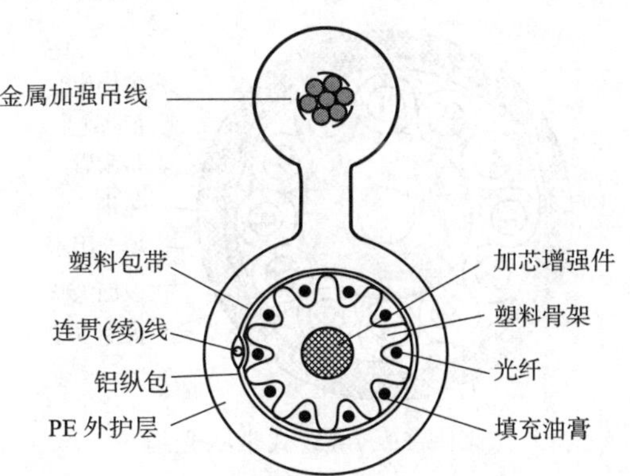

图 6-24　骨架式自承式架空光缆

(3)束管式结构光缆

把一次涂覆光纤或光纤束放入大套管中,加强芯配置在套管周围而构成。

图 6-25 所示的光缆结构即为属护层增强构件配制方式。图 6-26、图 6-27 所示是属于分散加强构件配置方式的束管式结构光缆。浅海光缆实际上就是双层加铠装束管式光缆。

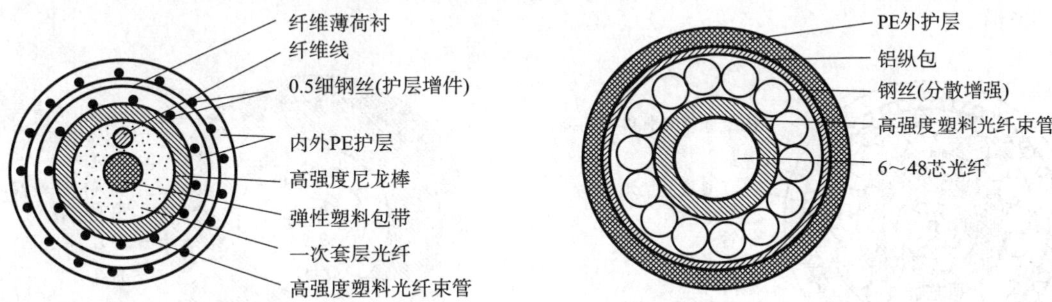

图 6-25　12 芯束管式光缆

图 6-26　6～48 芯束管式光缆

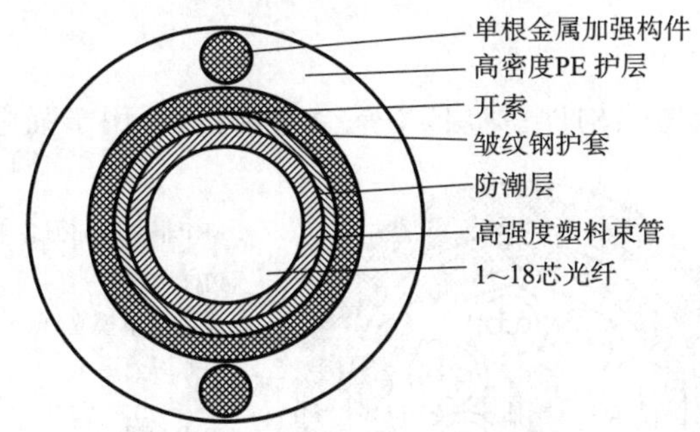

图 6-27　LEX 束管式光缆

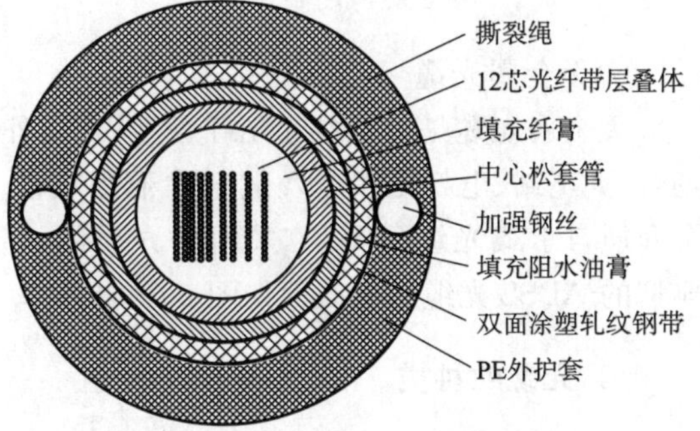

图 6-28　中心束管式带状光缆

(4)带状结构光缆

把带状光纤单元放入大套管中,形成中心束管式结构,也可把带状光纤单元放入凹槽内或松套管内,形成骨架式或层绞式结构,如图 6-28、图 6-29 所示。

(5)单芯结构光缆

单芯结构光缆简称单芯软光缆,如图 6-30 所示。

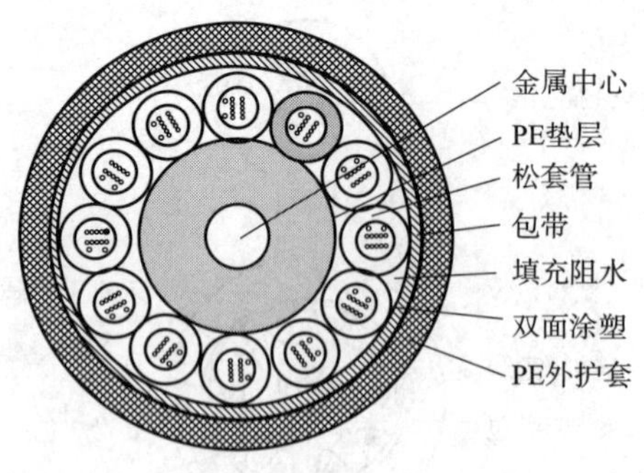

图 6-29　层绞式带状光缆

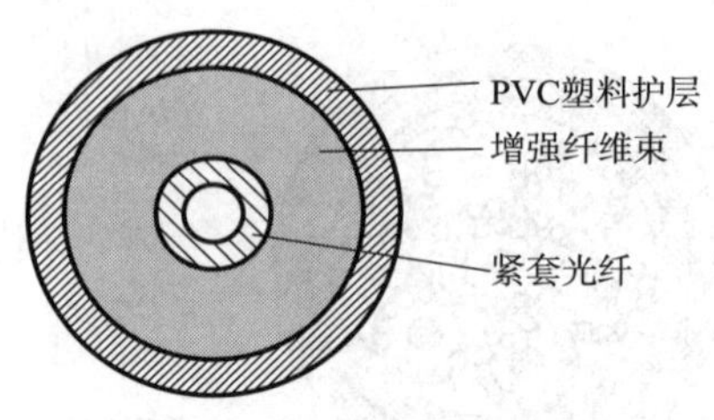

图 6-30　单芯软光缆

单芯结构光缆主要用于局内(或站内),或用来制作仪表测试软线和特殊通信场所用特种光缆,以及制作单芯软光缆的光纤。

(6)特殊结构光缆

主要有光/电力组合缆、光/架空地线组合缆、海底光缆和无金属光缆。这里只介绍后两种。

①海底光缆

有浅海光缆和深海光缆两种,图 6-31 所示为典型的浅海光缆,图 6-32 所示是较为典型的深海光缆。

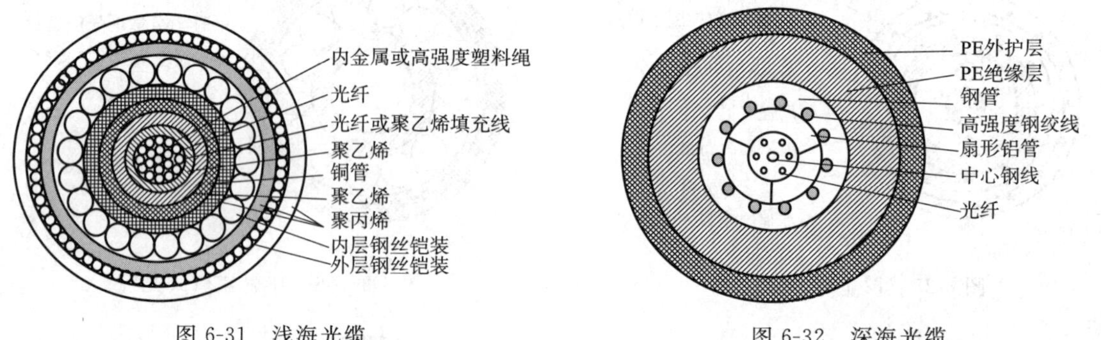

图 6-31　浅海光缆　　图 6-32　深海光缆

②无金属光缆

无金属光缆是指光缆除光纤、绝缘介质外(包括增强构件、护层)均是全塑结构,适用于强电场合,如电站、电气化铁道及强电磁干扰地带。全介质自承式光缆(ADSS)采用全介质结构。典型的 ADSS 光缆的横截面如图 6-33 所示。

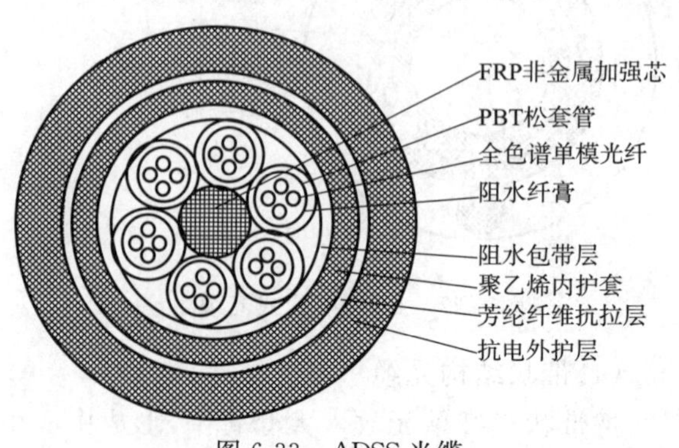

图 6-33　ADSS 光缆

二、光缆的种类

1. 按传输性能、距离和用途

光缆可分为市话光缆、长途光缆、海底光缆和用户光缆。

2. 按光纤的种类

光缆可分为多模光缆、单模光缆。

3. 按光纤套塑方法

光缆可分为紧套光缆、松套光缆、束管式光缆和带状多芯单元光缆。

4. 按光纤芯数多少

光缆可分为单芯光缆、双芯光缆、4 芯光缆、6 芯光缆、8 芯光缆、12 芯光缆和 24 芯光缆等。

5. 按加强件配置方法

光缆可分为中心加强构件光缆(如层绞式光缆、骨架式光缆等)、分散加强构件光缆(如束管两侧加强光缆和扁平光缆)、护层加强构件光缆(如束管钢丝铠装光缆)和 PE 外护层加一定数量的细钢丝的 PE 细钢丝综合外护层光缆。

6. 按敷设方式

光缆可分为管道光缆、直埋光缆、架空光缆和水底光缆。

7. 按护层材料性质

光缆可分为聚乙烯护层普通光缆、聚氯乙烯护层阻燃光缆和尼龙防蚁防鼠光缆。

8. 按传输导体、介质状况

光缆可分为无金属光缆、普通光缆和综合光缆。

9. 按结构方式

光缆可分为扁平结构光缆、层绞式结构光缆、骨架式结构光缆、铠装结构光缆(包括单、双层铠装)和高密度用户光缆等。

10. 通信用光缆可分为:

(1)室(野)外光缆,用于室外直埋、管道、槽道、隧道、架空及水下敷设的光缆。

(2)软光缆,具有优良的曲挠性能的可移动光缆。

(3)室(局)内光缆,适用于室内布放的光缆。

(4)设备内光缆,用于设备内布放的光缆。

(5)海底光缆,用于跨海洋敷设的光缆。

(6)特种光缆,除上述几类之外,作特殊用途的光缆。

三、光缆的型号

光缆型号由型式代号和规格代号构成。

1. 光缆的型式

光缆型式由五个部分组成,如图 6-34 所示。

下面对各个部分进行说明。

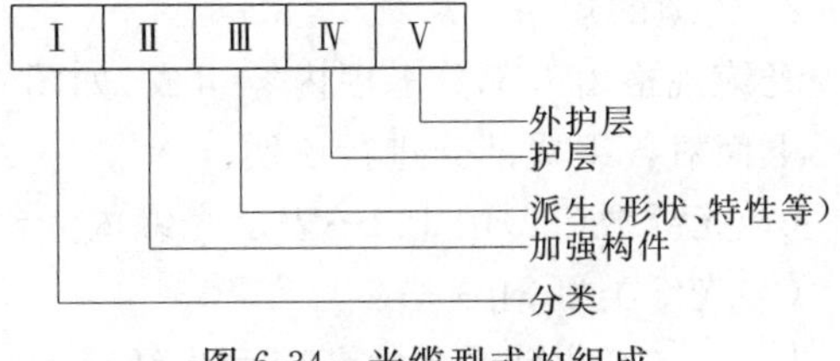

图 6-34　光缆型式的组成

(1)分类(Ⅰ)

GY——通信用室(野)外光缆;

GR——通信用软光缆;

GJ——通信用室(局)内光缆;

GS——通信用设备内光缆;

GH——通信用海底光缆;

GT——通信用特殊光缆。

(2)加强构件(Ⅱ)

无符号——金属加强构件;

F——非金属加强构件;

G——金属重型加强构件;

H——非金属重型加强构件。

(3)派生特征(Ⅲ)

D——光纤带状结构;

G——骨架槽结构;

B——扁平式结构;

Z——自承式结构;

T——填充式结构。

(4)护层(Ⅳ)

Y——聚乙烯护层;

V——聚氯乙烯护层;

U——聚氨酯护层;

A——铝-聚乙烯黏结护层;

L——铝护套;

G——钢护套;

Q——铅护套;

S——钢-铝-聚乙烯综合护套。

(5)外护层(Ⅴ)

外护层是指铠装层及其铠装外边的外护层,外护层的代号及其意义见表 6-1。

表 6-1 外护层代号及其意义

代　号	铠装层(方式)	代　号	外护层(材料)
0	无	0	无
1	—	1	纤维层
2	双钢带	2	聚氯乙烯套
3	细圆钢丝	3	聚乙烯套
4	粗圆钢丝	—	—
5	单钢带皱纹纵包	—	—

2. 光缆的规格

光缆规格由五部分七项内容组成,如图 6-35 所示。

下面对各组成部分进行说明。

(1)光纤数(Ⅰ)用 1、2…表示光缆内光纤的实际数目。

(2)光纤类别(Ⅱ)

J——二氧化硅系多模渐变型光纤;

T——二氧化硅系多模突变型光纤;

Z——二氧化硅系多模准突变型光纤;

D——二氧化硅系单模光纤;

X——二氧化硅纤芯塑料包层光纤;

S——塑料光纤。

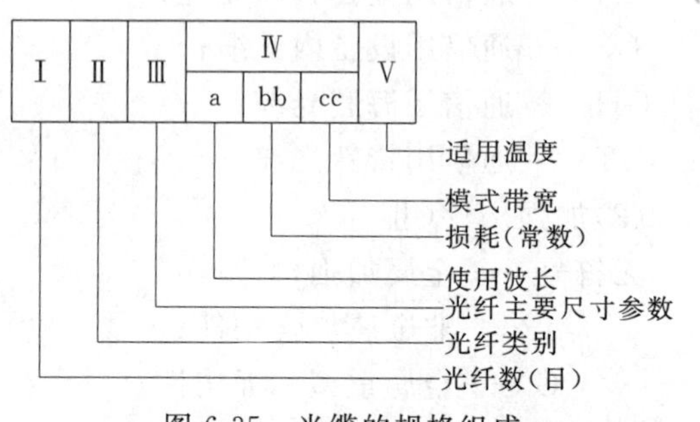

图 6-35 光缆的规格组成

(3)光纤主要尺寸参数(Ⅲ)

用阿拉伯数字(含小数点数)及以 μm 为单位表示多模光纤的芯径及包层直径,单模光纤的模场直径及包层直径。

(4)带宽、损耗、波长(Ⅳ)

表示光纤传输特性的代号由 a、bb 及 cc 三组数字代号构成。

a 表示使用波长的代号，其数字代号规定如下：

1——波长在 0.85 μm 区域；

2——波长在 1.31 μm 区域；

3——波长在 1.55 μm 区域。

同一光缆适用于两种及以上波长，并具有不同传输特性时，应同时列出各波长上的规格代号，并用"/"划开。

bb 表示损耗常数的代号。两位数字依次为光缆中光纤损耗常数值(dB/km)的个位和十位数字。

cc 表示模式带宽的代号。两位数字依次为光缆中光纤模式带宽分类数值(MHz · km)的千位和百位数字。单模光纤无此项。

(5)适用温度(Ⅴ)

A——适用于－40 ℃～＋40 ℃；

B——适用于－30 ℃～＋50 ℃；

C——适用于－20 ℃～＋60 ℃；

D——适用于－5 ℃～＋60 ℃。

光缆中还附加金属导线(对、组)编号，如图 6-36 所示。这符合有关电缆标准中导电线芯规格构成的规定。

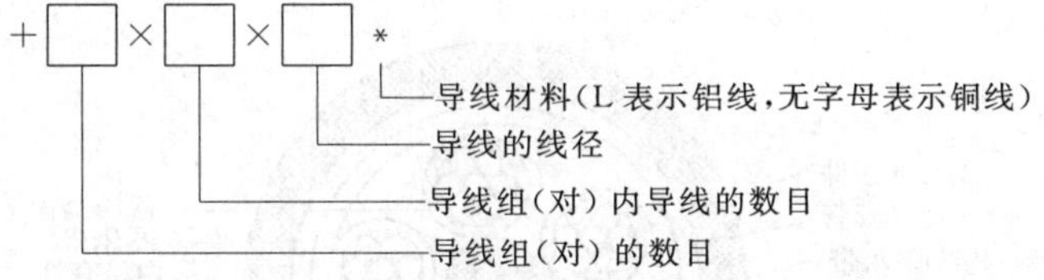

图 6-36 光缆中附加金属导线编号示意图

例如，两个线径为 0.5 mm 的铜导线单线可写成 2×1×0.5；4 个线径为 0.9 mm 的铝导线四线组可写成 4×4×0.9L；4 个内导体直径为 2.6 mm，外径为 9.5 mm 的同轴对，可写成 4×2.6/9.5。

3. 光缆型号例题

设有金属重型加强构件、自承式、铝护套和聚乙烯护层的通信用室外光缆，包括 12 根芯径/包层直径为 50/125 μm 的二氧化硅系列多模突变型光纤和 5 根用于远供及监测的铜线径为 0.9 mm 的四线组，且在 1.31 μm 波长上，光纤的损耗常数不大于 1 dB/km，模式带宽不小于 800 MHz · km，光缆的适用温度范围为－20 ℃～＋60 ℃。

该光缆的型号应表示为：GYGZL03-12T50/125(21008)C＋5×4×0.9。

四、光缆端别与纤序的识别

光缆的端别由于其缆芯结构不同，各厂生产的产品不完全一致。一般来说，面对光缆截面，由领示光纤以红—绿顺时针为 A 端，逆时针为 B 端。按光缆外护套上标明光缆长度的数码来区分，如规定小数字为 A 端，大数字为 B 端。

光纤纤序排列主要有下列方式(以 A 端截面为例)：

(1)以红、绿领示电导线或填充线中间的光纤为 1 号纤，顺时针数为 2 号，3 号……

(2)以红、绿领示色紧套、松套(单芯)、骨架(单芯)，其红色为 1 号纤，绿色为 2 号纤，顺时针数为 3 号，4 号……

(3)以红、绿(或蓝、黄)领示色松套(双芯)，红(或蓝)为 1 管，绿(或黄)为 6 管，红(或蓝)绿(或黄)顺时针计数，纤序见表 6-2。

表 6-2　纤　　序(一)

管序	1		2		3		4		5		6	
管色	红(或蓝)		白(本色)		白		白		白		绿(或黄)	
纤序	1	2	3	4	5	6	7	8	9	10	11	12
纤色	红(黑)	白	红(黑)	白	红(黑)	白	红(黑)	白	红(黑)	白	红(黑)	白

(4)以蓝、黄领示单元松套(6 芯)，蓝色为一单元(组)，黄色为二单元(组)，单元管内 6 芯光纤全色谱，纤序见表 6-3。

表 6-3　纤　　序(二)

单元	一(蓝)						二(黄)					
纤序	1	2	3	4	5	6	7	8	9	10	11	12
颜色	蓝	黄	绿	棕	灰	白	蓝	黄	绿	棕	灰	白

端别纤序示例如图 6-37 所示。

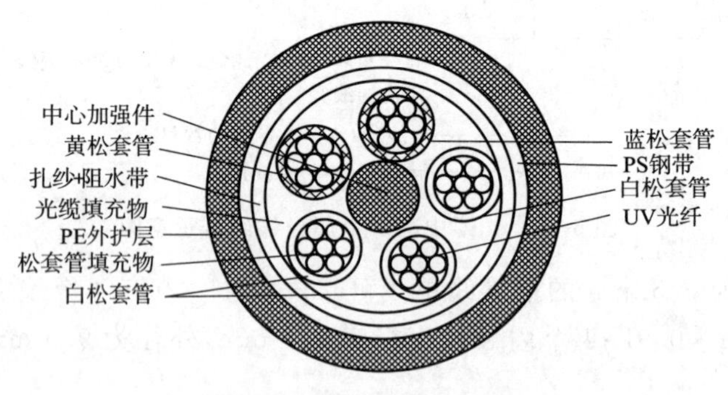

图 6-37　端别纤序示例图

第七章　光纤的连接和测量技术

第一节　光纤连接器

光纤连接器是可以装拆的，常用于机线连接（机线连接是指光端机与光纤线路之间或光测量仪器与光纤之间的连接）或线线连接的一类器件，有时也称为活动光纤连接器，俗称“活接头”。虽然它的光学原理十分简单（将两根需要连接的光纤端面抛光、对准、贴紧就实现光纤的连接），却是光纤通信系统不可缺少的重要器件。

一、光纤连接器的结构与种类

1. 光纤连接器的结构

（1）套管结构

目前用于机线连接最流行的 FC 型和 PC 型连接器是一种套管型结构，如图 7-1 所示。把光纤用胶固定在玻璃毛细管的轴心上，再把光纤端面和毛细管端面一起磨平抛光，并保持端面与毛细管轴线严格垂直。处理后的毛细管插入插针套管加上螺帽等固定件就成了光纤插头（通常一个光纤插头连着光端机或光测量仪器内部的有源光器件，另一个连着光纤线路）。两个光纤插头配上一个连接插座，光纤插头各自插入连接插座的套筒后分别用螺帽旋紧，就完成光纤的活动连接。对套管型连接器来说，要想两根光纤精确对准，并保证良好的互换性和使用寿命，要求光纤插头中的光纤位于插针套管的圆心，插针套管的外径与插座套筒的内径配合达到很高的精度，同时它们还要有一定的硬度才行。使用时，光纤插头的端面和连接插座的套筒内要保持清洁，插头插入套筒时插头上的定位销要对准套筒上的定位缺口。

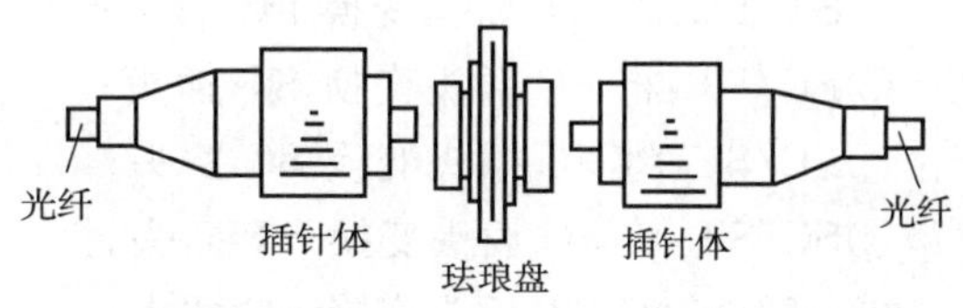

图 7-1　套管型光纤连接器的结构

（2）V 形槽结构

线线连接是指光纤之间的连接。这里不是指用熔接机熔接的固定接头（俗称“死接头”），而是常见于光纤线路紧急抢修或实验室中的临时连接器件。

V 形槽类连接器，其核心是一块硅片，上面用光刻工艺刻出一道与光纤外径相适应的 V 形槽，光纤放入槽中端面对正后，从上面按压光纤使轴心对准，再设法固定住即可。若是用可拆卸的夹具固定，就是活动或半固定的连接；若是再加黏结剂固定，就是固定连接。对正技术的要点，一是光纤外径精密度要一致，二是将光纤压在槽中的压力要均匀。

另外，还有一种套管类连接器。用玻璃或塑料制成内径与光纤外径精密适配的套管，从套管两端插入光纤，端面贴近后在套管中部的小孔填充黏结剂即成。如果充填的是折射率匹配液，可以减少连接损耗。

这两类连接器均比熔接机连接光纤方便，比 FC 型连接器便宜。

2. 光纤连接器的种类

(1)FC 系列连接器

FC 型连接器全称 FC/FC 型光纤连接器,分子 FC 表示插针套管(白铜或陶瓷制成)外部的加强件采用的是金属套,固定方式为丝扣式,插针套管端面是平面。在这种连接器中,两根光纤对接后光通过端面间的空气隙时会产生菲涅尔反射,会增加连接损耗。PC 型连接器是 FC/PC 型的简称,与 FC 型的区别仅在于插针套管(不锈钢制成)端面是球面,它可使被连接的两根光纤端面直接接触,从而减少了菲涅尔反射造成的损耗。

FC 系列连接器是干线光纤系统中的主要型号。

(2)SC 系列连接器

SC 系列连接器的插针、套管与 FC 型完全一样,外壳为工程塑料,矩形结构,便于密集安装,可以直接插拔,操作方便。还可以作为多芯连接器,但使用时要用工具插拔。

SC 系列连接器是光纤局域网、CATV、用户网系统的主要型号。

(3)ST 系列连接器

ST 系列连接器采用带键的卡口式锁紧机构,确保连接时准确对准。

(4)插头转换器

不同型号的插头连接时要用插头转换器。插头转换器的分类如下:

①ST/FC:将 ST 插头变换 FC 插头;

②FC/ST:将 FC 插头变换 ST 插头;

③FC/SC:将 FC 插头变换 SC 插头;

④SC/ST:将 SC 插头变换 ST 插头;

⑤ST/SC:将 ST 插头变换 SC 插头。

选用活动连接器时,要考虑插头型号(两端相同/不同)、光纤型号、插头数、插针材料、端面形状、套筒材料等因素。

(5)MT 型连接器

用于带状多芯光缆的连接。

二、光纤连接器的特性

1. 插入损耗

插入损耗定义为连接器的输出光功率 P_o 与输入光功率 P_i 之比的分贝值。

$$A_c = -10\lg(P_o/P_i) \tag{7-1}$$

2. 回波损耗

回波损耗又称后向反射损耗,指光纤连接处,后向反射光功率 P_r 与输入光功率 P_i 之比的分贝值。

$$A_r = -10\lg(P_r/P_i) \tag{7-2}$$

回波损耗越大越好,以减少反射光对光源和系统的影响。

3. 重复性与互换性

重复性是指重复使用时由于磨损引起的插入损耗变化量;互换性是指同类的光纤连接器互换后插入损耗的变化量。

4. 寿命

寿命指保证一定指标条件下的插拔次数。

第二节　光纤熔接

光纤熔接是光纤连接中使用最广泛的方法，采用电弧焊接法，即利用电弧放电产生高温，使连接的光纤熔化焊接成一体，而且连接损耗很小。因此，熔接法是真正实现光纤连接的唯一有效的方法。

目前，工程中多采用高精度自动熔接机，光纤端面切割好后，光纤间的对准、调整、熔接及损耗测量等步骤都在微处理机的控制下自动完成，熔接质量好，接头附加损耗可控制在0.1 dB以下。

1. 熔接工艺流程（以AV6491A型光纤熔接机为例）

熔接机在安装调整完毕后，即可进行光纤接续。有三种操作方式供选择，在光纤工程施工时，用全自动操作方式。只有在特种光纤接续或现场不能自动操作时选用其他方式。

(1)手动熔接方式

①小心打开防尘罩，把处理好的裸光纤（切段长为15～17 mm）装入两根待接光纤，使光纤在显示屏上可见但不重叠，然后轻轻放下防尘罩。

②判断端面是否可用。若端面有毛刺、太脏或端面角太大则不能接续，需重新制备端面。若光纤图像模糊或明显偏离显示屏中心位置，则重装光纤并清洁裸光纤和V形槽。

③使用“L＜＝＞R”、“◀”和“▶”三个键，将左右光纤调到屏幕中心，并预留1～2 mm间隙。特殊情况下，该间隙大小可以改变。间隙的大小应与所选的电流大小、时间长短和推进量相匹配，这在实际操作时根据光纤类型和环境需要来调整。

④使用“L＜＝＞R”、“▲”和“▼”三个键完成手动对芯。

⑤使用“熔接”键，熔接机将完成光纤的接续，并估计接续损耗。

(2)半自动熔接方式

①操作同手动方式中①、②。

②按“间隙”键，熔接机自动完成光纤的清洁及间隙调整。

③按“对芯”键，熔接机自动完成两光纤对芯。

④按“熔接”键，熔接机完成熔接，并估计接续损耗。

(3)全自动熔接方式

①操作同手动方式中①、②。

②按“自动”键，熔接机自动完成光纤清洁、间隙调整、对芯、熔接、估计损耗等操作。

半自动熔接方式是光纤接续过程的分解；全自动熔接方式是最常用的操作方式，方便快捷；自动和半自动熔接方式具有端面检测功能，端面角过大会严重影响接续损耗，端面角门限有四挡可选。手动熔接方式多在光纤熔接过程和特殊光纤熔接时使用。

(4)注意事项

①装光纤时要小心，裸光纤端部不要擦、触任何物体。

②光纤被覆层的端部应压夹持台座边沿。

③应确保被覆光纤压板压紧被覆光纤。关闭防尘罩时，注意防尘罩不要压住光纤。

2. 熔接设备及仪器

熔接设备及仪器包括涂覆层剥线钳、光纤切割刀、光纤熔接机、热缩套管、两段光纤、酒精、脱脂棉。

3. 熔接步骤

(1)准备

准备熔接所需设备及仪器,摆放整齐。打开光纤熔接机电源,选择熔接机的熔接模式:SM 用于熔接单模光纤,MM 用于熔接多模光纤,DS 用于熔接色散位移光纤。设置预熔时间、预熔电流、熔接时间、熔接电流、重叠量、端面角、间隙等熔接参数。

(2)制作光纤端面

①清洁光纤涂覆层

用蘸有酒精的脱脂棉擦洗光纤的涂覆层约 100 mm,以去除光纤覆层上的灰尘或其他杂质,避免灰尘或杂质进入光纤热缩管,造成光纤的断裂。

②套光纤热缩管

将其中一段光纤轻轻地穿过热缩管,如图 7-2 所示。

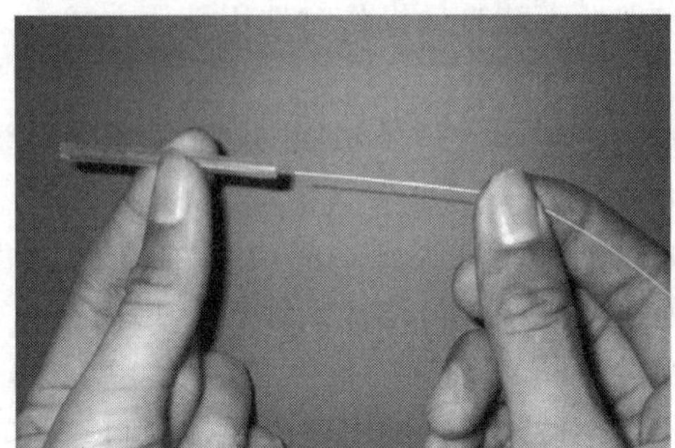
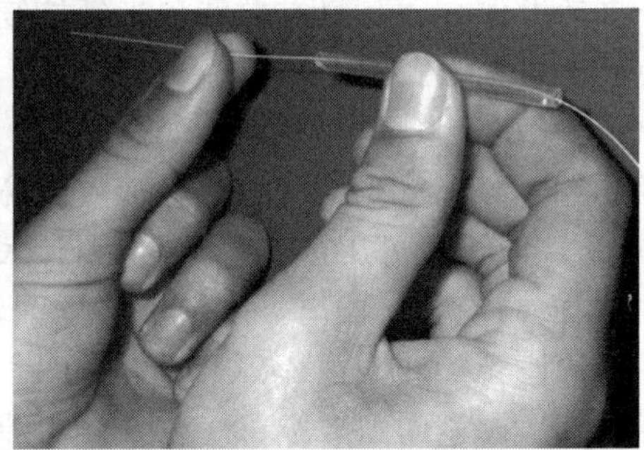

图 7-2 穿过热缩管

③去除涂覆层

剥涂覆层时,左手持纤,使之水平,注意不要将光纤在手指上打环,右手握住剥线钳,用钳口卡住光纤约 35 mm 处,使剥线钳与光纤轴线之间的夹角约 45°,如图 7-3 所示。右手均匀用力顺光纤轴向平行推出,整个过程要自然流畅,一气呵成。

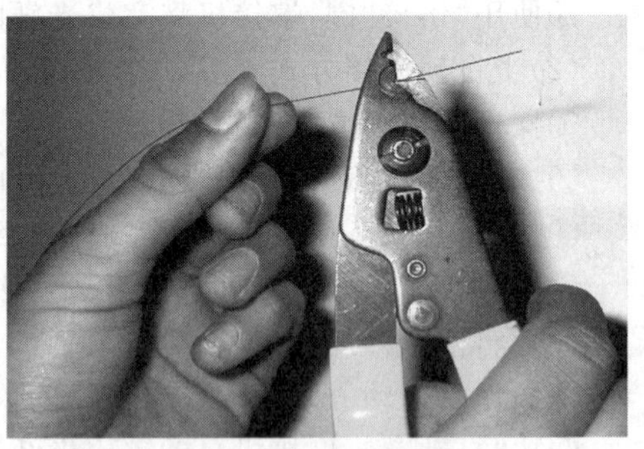

图 7-3 剥除涂覆层

④清洁裸纤

将脱脂棉撕成层面平整的扇形小块,蘸上适量酒精,折成 V 形,夹住已剥除涂覆层的光纤,顺光纤轴向擦拭。一块棉花使用 2～3 次后要及时更换,防止对裸纤造成污染。

⑤切割光纤端面

这一步骤是利用光纤的脆性来切割断面,先用金刚刀在光纤表面上,沿垂直于光纤轴线的方向划一道划痕,再施加拉伸应力,光纤在划痕位置上自然断裂,以获得平整的端面。其原理如图 7-4 所示。具体步骤如下。

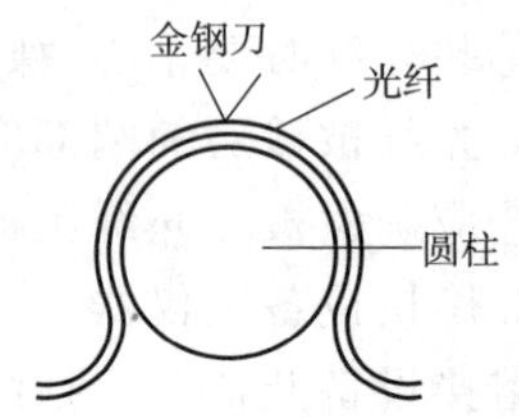

图 7-4 光纤切割方法示意图

a. 掀开光纤切割刀的夹具,提起砧座,沿箭头所指相反方向滑动刀座。

b. 将清洁过的光纤放入 V 形槽中,单模光纤切割长度约 17 mm。

c. 轻轻地关闭夹具直到听到咔嗒声;沿箭头方向轻轻地

推动刀座，用手指按下砧座。按下砧座时不要用力太大，防止砧板压断有划痕的光纤。

d. 提起砧座，去除光纤切割碎片，打开夹具，从 V 形槽中取出光纤。

e. 将切割好的光纤放入熔接机光纤夹板的 V 形槽中，并观察端面的平整情况。若平整度较差，重新制作光纤端面。

(3)光纤熔接

①打开光纤熔接机防风罩。

②打开左、右光纤压板。

③将光纤垂直平放于 V 形槽中，使光纤端面放置在 V 形槽前端和电极中心线之间，在显示屏上观察到两个端面，如图 7-5 所示。放置光纤时，应避免光纤端面接触任何物体，以免损伤端面。

图 7-5　熔接机中放置光纤

④轻轻关闭光纤压板以压住光纤。

⑤关闭防风罩。

⑥进行熔接：

a. 清洁光纤端面。

b. 进行间隙调整。在这一过程中，光纤熔接机将测量每根光纤的切割角度，并在 X 场、Y 场对准光纤。当光纤状态有误或切割角度超出切割角度容限时，会发出警告，并显示错误信息，此时需重新制备端面。

c. 对芯。

d. 熔接。熔接机自动对准两侧光纤后，产生一个高压放电电弧，使两端的光纤熔接在一起。

若采用“自动”方式，光纤熔接机自动完成 a～d 步骤。

⑦熔接检查及损耗估算。观察接头处是否出现太粗、太细情况，有无气泡。读取屏幕上显示的熔接损耗估算值，并记录。

⑧打开防风罩，打开左、右光纤夹具，取出熔接好的光纤。

(4)接头保护

①打开光纤加热器防风罩和左、右光纤压板。

②将热缩套管滑至光纤熔接处的中心，使得热缩套管盖住两端光纤涂覆层不小于 10 mm。

③拉紧光纤，放入加热槽的中心位置，按下左右压板，固定光纤。放置热缩套管时确保加固金属体朝下。

④调整加热时间，按“加热”键，对光纤接头进行加热。热缩套管加热后收缩，使得光纤不可在套管内移动，达到保护接头的目的，如图 7-6 所示。加热完毕后，光纤熔接机发出声音告警，且加热灯熄灭。

⑤打开左右加热器夹具，拉紧光纤，轻轻取出加固后的熔接点，检查热加固质量，以裸纤平直、接头处热缩套管无泡为佳。

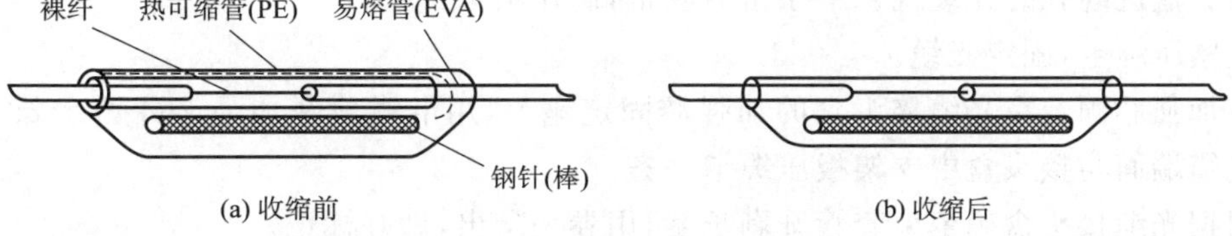

图 7-6　光纤接头热可缩补强保护法

第三节　光缆接续

1. 接续程序如图 7-7 所示。

2. 接续设备及仪器

包括光缆外护套开剥刀、套束管剥除钳、扳手、螺丝刀、卷尺、涂覆层剥线钳、光纤切割刀、光纤熔接机、热缩套管、两段光缆、光缆接头盒、酒精、脱脂棉。

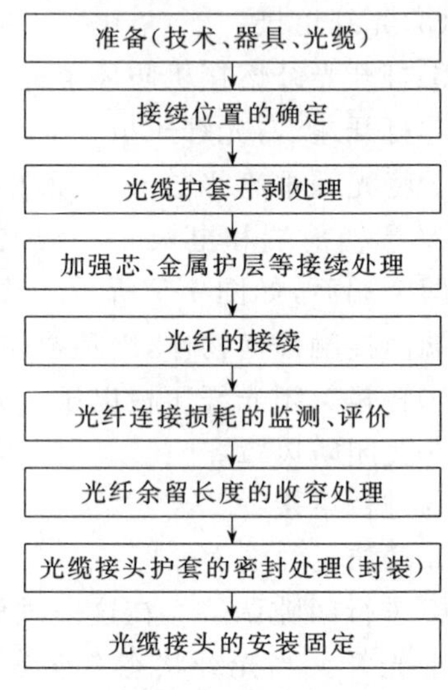

图 7-7　接续程序

3. 接续步骤

(1)接续准备

准备接续所需设备及仪器,摆放整齐。工作环境保持清洁。

(2)开拨外护套

①根据接头盒确定开剥光缆的长度,一般光缆每端的开剥长度为 1.5 m 左右,用卷尺量取后做标记。

②将外护套开剥刀放入光缆开剥位置,调整好光缆护套开剥刀的刀片进深,沿光缆横向绕动护套开剥刀,将光缆护套割伤后取出外护套开剥刀,轻折光缆,使护套完全断裂,然后拉出光缆护套。开剥光缆时最好逐段剥除。

③松开尼龙扎带和阻水带,沿开缆处剪齐。

④去除光缆填充油膏。

⑤分开缆芯和加强芯。

⑥用卡钳剪断加强芯,并留余长 15 cm。

⑦沿开缆处剪去填充管。开拨外护套如图 7-8 所示。

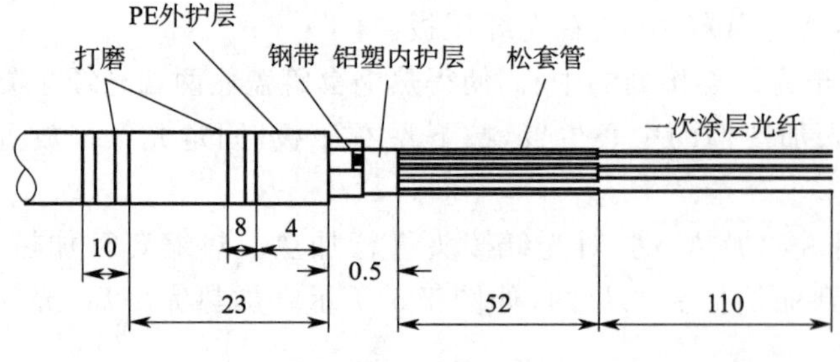

图 7-8　开拨外护套(单位:cm)

(3)加强芯接续

①接头盒进缆孔处光缆绕包一层密封胶带,制作堵头。

②旋紧压缆卡,固定光缆。

③将加强芯固定在光缆接头盒的加强芯固定座上,用卡钳剪断加强芯并留余长 2 cm,注意保持光缆端面与接头盒中支架板压缆卡平齐。

④根据光缆接头盒确定束套管开剥长度,用卷尺量出,做好标记。

⑤选用套束管剥除钳适合的刀口,将束套管放入该刀口,夹紧,用手指将套束管剥除钳绕

束套管轴向转动一圈，轻折束套管，使套管断裂，拉出剪断的束套管。

⑥去除光纤油膏。

⑦在光纤一端套上热缩套管。

⑧预盘光纤。

(4)光纤熔接

①制作端面。

②光纤熔接。

③熔接检查，并估算接头损耗。

④光纤接头保护。

(5)光纤接头损耗测试

使用OTDR测试光纤接头的损耗值和衰减系数。对于单模光纤，要求光纤接头损耗小于0.04 dB，在1 310 nm处衰减系数小于0.4 dB/km，在1 550 nm处衰减系数小于0.3 dB/km；对于多模光纤，要求接头损耗小于0.02 dB，在850 nm处衰减系数小于3.4 dB/km，在1 310 nm处衰减系数小于1.0 dB/km；零色散位移光纤要求接头损耗小于0.06 dB。

(6)盘纤

光缆接头须有一定长度的光纤，供以后维护使用。一般光缆接头盒内的光纤余留长度为60～100 cm。

①固定热缩套管

光纤熔接后，经检测接续损耗达到要求，并完成接头保护后，分别将热缩管固定在集纤盘同侧热缩管固定槽中，要求整齐，且每个热缩管中的加强芯均朝上，如图7-9所示。

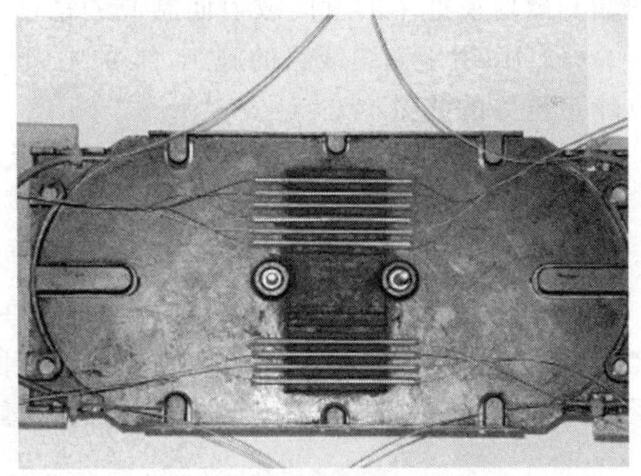

图7-9 固定热缩管

然后按光缆接头盒结构所规定的方式进行光纤余长的盘绕处理。光纤在盘绕过程中，应使光纤曲率半径尽可能大，并放置整齐。

②盘留收容余纤

将余纤绕成圈后用胶带固定在集纤盘中，然后依次将其余几处的余纤固定在集纤盘中，如图7-10所示。

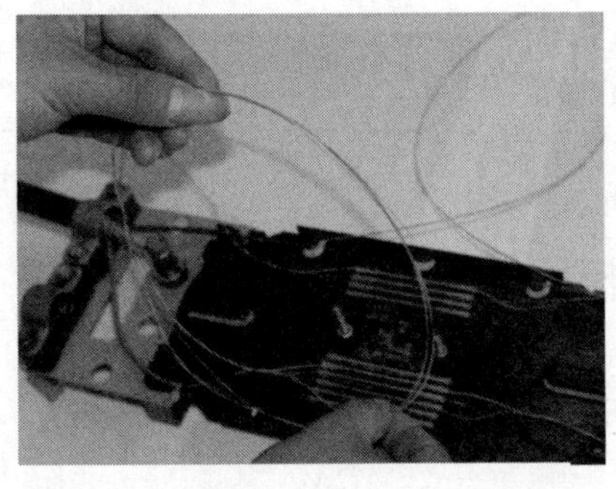

(a)

(b)

图7-10 盘留收容余纤

(7)固定接头盒

①密封接头盒

不同结构的光缆接头盒的密封方式不同，具体操作应按接头盒封装标准中规定的方法严格执行。如果光缆接头盒本身不带有密封圈，则在合上光缆接头盒前，应在接头盒接合处垫上密封胶带。对于光缆密封部分应做清洁和打磨处理，以提高光缆与防水密封材料间密封性能的可靠性。

②固定接头盒

将光缆接头盒两端光缆每端余留 6～10 m，将余留光缆盘绕整齐，然后按要求将光缆接头盒及余留光缆固定在光缆支架上，保持光缆接头盒两端引出的光缆平直，并做出光缆接头标记。

第四节　光纤测量

光时域反射仪 OTDR(Optical Time Domain Reflectometer)，是利用光线在光纤中传输时的瑞利散射所产生的背向散射而制成的精密的光电一体化仪表。

OTDR 用于光缆线路的施工、维护中，可以进行光纤长度、光纤的传输衰减、接头衰减和故障定位等的测量。

一、OTDR 的工作原理

1. 瑞利散射

当光线在光纤中传播时，由于光纤中存在着分子级大小的结构上的不均匀，光线的一部分能量会改变其原有传播方向向四周散射，这种现象称为瑞利散射。其强度与波长的 4 次方成反比，其中又有一部分散射光线和原来的传播方向相反，称为背向散射，如图 7-11 所示。

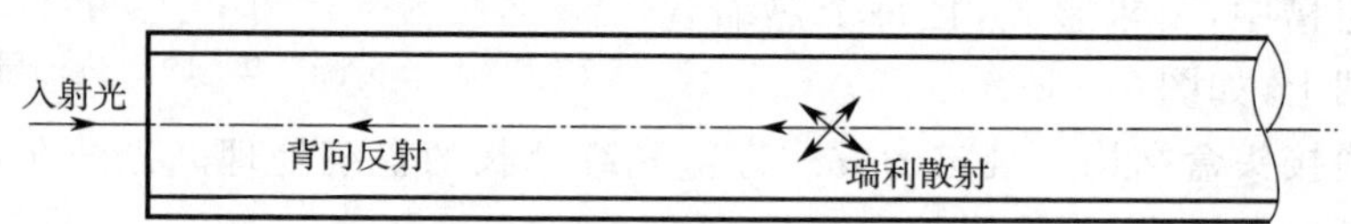

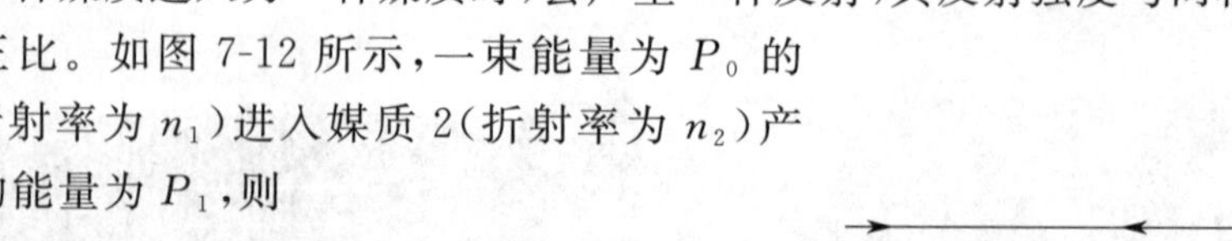

图 7-11　瑞利散射和背向散射

2. 菲涅尔反射

当光线由一种媒质进入另一种媒质时，会产生一种反射，其反射强度与两种媒质的相对折射率的平方成正比。如图 7-12 所示，一束能量为 P_0 的光，由媒质 1(折射率为 n_1)进入媒质 2(折射率为 n_2)产生的反射信号的能量为 P_1，则

$$P_1 \propto [(n_1-n_2)/(n_1+n_2)]^2 \tag{7-3}$$

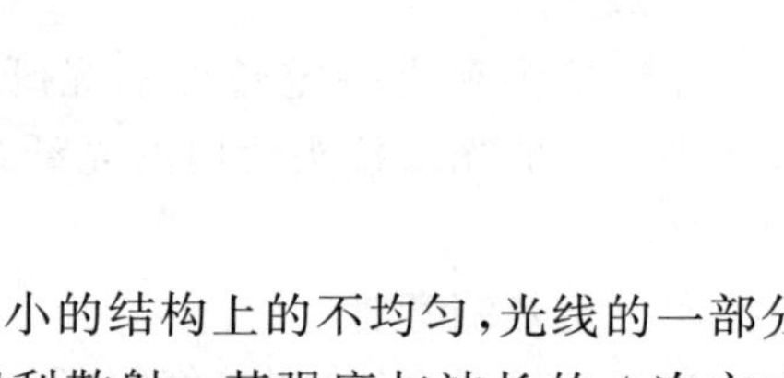

图 7-12　反射信号

3. OTDR 的工作原理

OTDR 利用光纤的上述特性进行工作，原理框图如图 7-13 所示。

当光纤的一端注入一个功率为 P_0 的窄脉冲在光纤中传输时，距输入端距离为 L 的 A 点经背向散射回到输入端的光功率为

$$P_L = SP_0 \mathrm{e}^{-2\alpha L} \tag{7-4}$$

式中，S 为光纤背向散射系数；α 为光纤传输衰减常数。

如图 7-13 所示，光信号由注入端进入光纤到达 A 点，经背向散射回到注入端的时间 t 和 L 之间的关系为

$$L=\frac{1}{2}vt=\frac{ct}{2n_1} \tag{7-5}$$

式中，c 为光在真空中的传播速度；n_1 为光纤纤芯折射率；t 为一束光由注入端起到回到该点的时间。

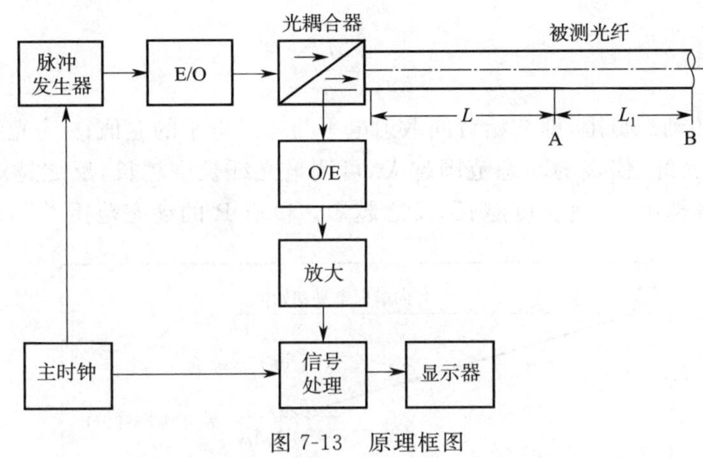

图 7-13　原理框图

可见，只要测出光信号返回时间及其对应的光功率就可算出光纤的长度，并可由公式进行光纤衰减计算。在图 7-13 中，光纤中 B 点经散射返回到始端的光功率为

$$P_{\mathrm{B}}=SP_0\mathrm{e}^{-2\alpha(L+L_1)} \tag{7-6}$$

则 A—B 间光纤的衰减为

$$\begin{aligned}\alpha_{L_1}&=\frac{1}{2}\lg\frac{P_L}{P_{\mathrm{B}}}=\frac{1}{2}\lg\frac{SP_0\mathrm{e}^{-2\alpha L}}{SP_0\mathrm{e}^{-2\alpha(L+L_1)}}\\&=\frac{1}{2}\lg SP_0\mathrm{e}^{-2\alpha L}-\frac{1}{2}\lg SP_0\mathrm{e}^{-2\alpha(L+L_1)}\end{aligned} \tag{7-7}$$

根据上述原理，由光纤一端注入一个很窄的光脉冲，以在该端接收背向散射信号，并对数处理后，所得结果作为纵坐标，以信号回到该点的时间先后为横坐标（实际仪表显示采取长度 $L=ct/2n$），显示该光纤的背向散射曲线，如图 7-14 所示。

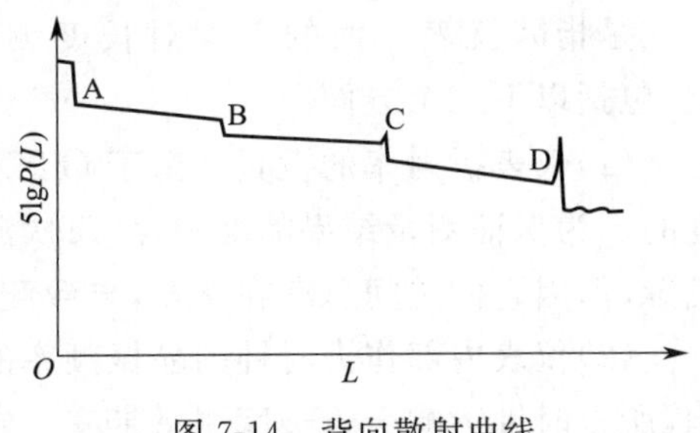

图 7-14　背向散射曲线

OA 段：为盲区，其长度和注入光脉冲宽度成正比。

A—B、B—C、C—D 段：均匀光纤。

B 点：光纤的熔接接头产生的下降台阶。

C 点：光纤的活动连接器接头产生的菲涅尔反射的下降台阶或由光纤裂缝产生的局部菲涅尔反射。

D 点：光纤末端由于光纤与空气之间的折射率差而产生的菲涅尔反射。

在曲线中只要读出两点的电平差就是两点间的光纤衰减；水平两点间的差即为两点间的距离；下降台阶的高度即表征了光纤的接头衰减。

上述结果均可从仪表中直接读出，并可得到光纤的衰减常数 α。根据光在光纤中传输的速度与时间的关系，可测出光纤长度。

二、OTDR 的主要参数

1. 动态范围

当被测光纤过长时，测试曲线就会出现如图 7-15 所示的情况。仪表实际可以测量的光纤最大长度为

$$L_{\max}=\frac{D}{\alpha} \tag{7-8}$$

式中，D 为 OTDR 的动态范围，即初始背向散射电平与噪声电平的差值；α 为光纤的衰减常数。

对衰减一定的光纤，仪表的动态范围越大，可测量光纤长度越长，反之越短；对同一动态范围的仪表，光纤衰减越小，可测长度越长，反之越短。OTDR 的动态范围并不是越大越好。

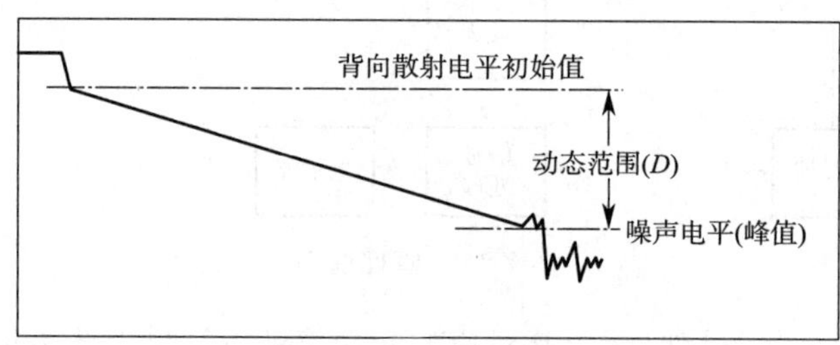

图 7-15　动态范围

2. 盲区

由于光纤和仪表耦合时存在空隙，由此产生的菲涅尔反射远大于背向散射，致使放大器饱和，而掩盖了背向散射信号，致使仪表无法测量那段光纤长度，即为盲区，如图 7-16 所示。实际工程测量时，常加入一段“过渡光纤”来减小盲区对测量结果的影响。

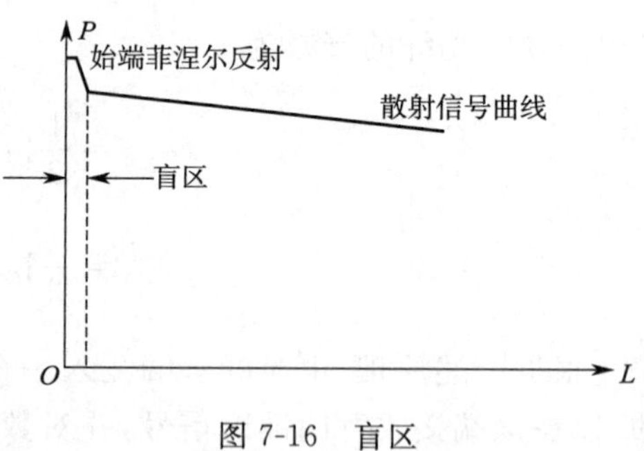

图 7-16　盲区

3. 测量精度

是指因仪表方面的因素对长度测量结果的影响，包括以下三个方面。

(1)仪表折射率的设置。由于 OTDR 是依据测量时间，利用公式 $L=ct/2n$ 来计算光纤长度的。为保证测量结果的准确性，每次测量之前必须根据光纤实际折射率值对仪表参数进行设置，但因它们之间总存在误差，导致测量结果产生误差。

(2)仪表内部作为时钟的晶振频率的准确性和稳定度。因所测得时间的准确度受时钟影响，所以时钟影响会给长度测量带来一定的误差。

(3)仪表在进行数据处理时采样的间隔。取样点越多，取样间隔越小，实际曲线和显示曲线就越接近，误差就越小。

三、OTDR 的使用方法(以 AV6411A 为例)

OTDR 的面板如图 7-17 所示。首先要熟悉 OTDR 仪表面板上的各种按键、菜单说明及基本操作。主菜单包括条件、测量、文件、显示及系统五个部分。

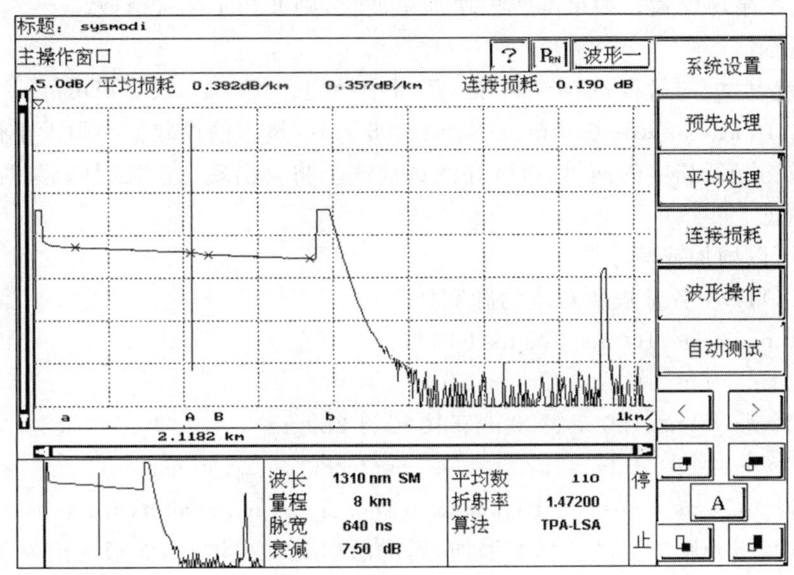

图 7-17　仪表面板

1. 设定测试条件

在测试轨迹之前，必须先设定测试条件，如测试波长、量程、脉宽等参数。

点击测试条件显示区域内的任意一点，则屏幕上将显示出测试条件的修改界面，如图 7-18 所示。

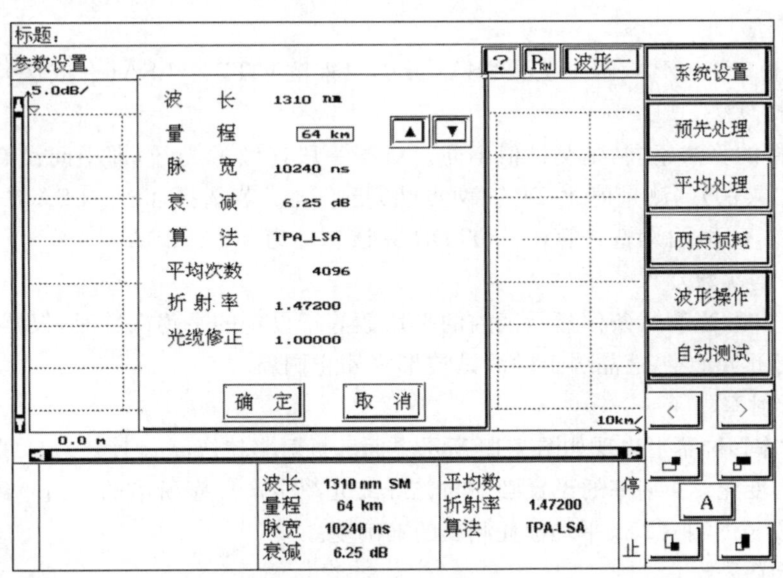

图 7-18　设定测试条件

点击不同的条件项，如“波长”、“量程”、“算法”、“平均次数”等任意一项，则在相应位置出现三角形按键，通过点击这两个键，可修改设置的值。当条件设定好后，点击“确定”键设置；若点击“取消”键则忽略修改，测试条件的设定保持不变。

(1)修改波长

如果本机模块为双波长，则点击按键将把波长设为 1 550 nm，再点击按键则将把波长设为

1 310 nm,如此可循环设置。如果本机模块为单波长,则波长不能被修改。

(2)修改量程

点击"▲"键,可增加量程;点击"▼"键,可减小量程。AV6411A OTDR 的量程分为以下 7 挡:4 km、8 km、16 km、32 km、64 km、128 km、256 km。量程的设定值必须大于被测光纤的长度,最好大于被测光纤长度的两倍,否则在测试曲线上将会出现二次反射峰(又称鬼影)。

(3)修改脉宽

点击按键可以增加或减小脉宽。

AV6411A OTDR 各量程所对应的脉宽如下:

①4 km:10 ns、80 ns、160 ns、320 ns、640 ns。

②8 km:10 ns、80 ns、160 ns、320 ns、640 ns。

③16 km:10 ns、80 ns、160 ns、320 ns、640 ns、1 280 ns。

④32 km:10 ns、80 ns、160 ns、320 ns、640 ns、1 280 ns、2 560 ns。

⑤64～256 km:10 ns、80 ns、160 ns、320 ns、640 ns、1 280 ns、2 560 ns、5 120 ns、10 240 ns。

其中,脉宽是指光脉冲宽度。脉宽增加,后向散射光功率增加,波形的信噪比(S/N)得到改善,而且在相同条件下测试的距离较远,但测距空间分辨率下降。脉宽变窄,信噪比变差,在相同条件下测试的距离较短,但可提高测距空间分辨率。

(4)修改衰减

衰减分以下 5 挡:0 dB、5 dB、10 dB、15 dB、20 dB。

衰减过小,会使仪器的放大器饱和,引起非线性限幅(波形平顶);衰减过大,会使液晶屏上波形过低,信噪比 S/N 变差,影响测试数据,这些情况应当避免。

(5)修改算法

算法分以下 3 种:TPA(两点法)、LSA(最小二乘法)、TPA_LSA(合成法)。应根据不同光纤段合理选择算法。

测量时选择的算法不同,则测试值不同。对于一段连续的光纤,即中间没有任何事件点,则 LSA(最小二乘法)的测量值比 TPA(两点法)更准确。若选择 TPA_LSA 法,则 OTDR 将根据测试项目的不同,自动选择算法。OTDR 默认算法为 TPA_LSA。

(6)修改平均次数

在平均处理时,当测试条件显示区内的平均数等于设定的平均次数时,仪器将自动停止平均处理,同时关闭激光器,液晶屏上的测试波形将停止刷新。

(7)修改折射率

点击"折射率",屏幕上出现如图 7-19 所示界面。折射率默认值为 1.460 00,可在 1.000 00～1.999 99 范围内变化。折射率的设置必须与光纤或光缆生产厂家所给的数值一致,否则将直接影响光纤或光缆长度测试以及平均损耗测试的准确度。

(8)修改光缆系数

点击"光缆修正",屏幕上出现类似如图 7-19 所示的界面。只是小方块将出现在表示光缆系数的数值上。光缆系数的默认值为 1.000 0,可在 0.800 0～1.000 0 范围内变化。

由于光纤在成缆时存在弯曲扭绕等现象,其实测长度比在光缆中对应位置要长些,为了光缆的故障点精确定位,应根据光缆厂家给定的成缆系数以及铺设光缆的实际情况进行适当的修正。否则将直接影响光纤或光缆长度测试、平均损耗测试的准确度。

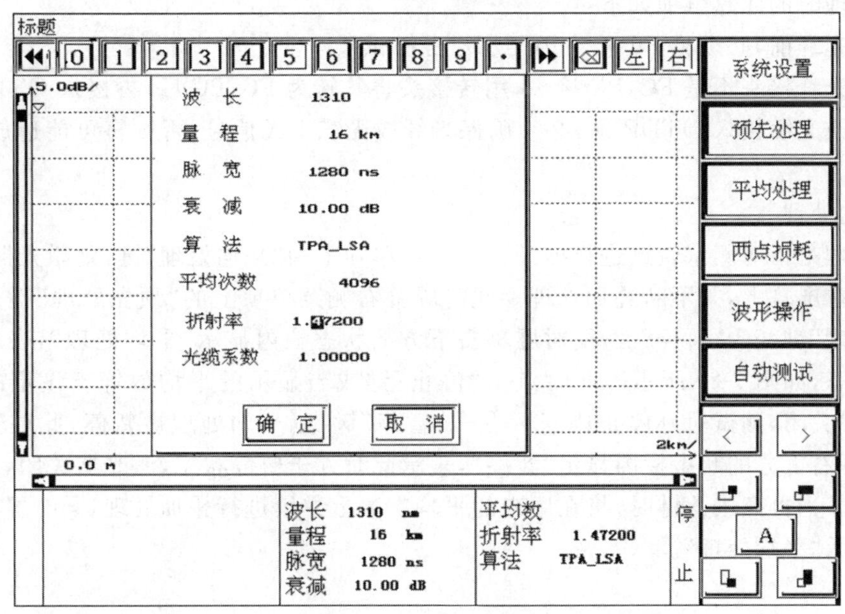

图 7-19　修改折射率

2. 测试光纤

(1)预先处理

预先处理是指实时刷新测试轨迹。点击屏幕右侧主菜单项上的“预先处理”键，则激光器工作，测试的光纤轨迹将显示在屏幕上，并实时刷新。此时屏幕右侧菜单项上的“预先处理”键变为“停止”键，同时屏幕右下方的状态栏内显示“预先处理”，表示此时处于预先处理状态，如图 7-20 所示。点击“停止”键将关闭激光器，停止刷新测试轨迹，同时屏幕右侧菜单项上的“停止”键又变为“预先处理”键，而屏幕右下方的状态栏内则显示“停止”，表示此时处于停止状态。

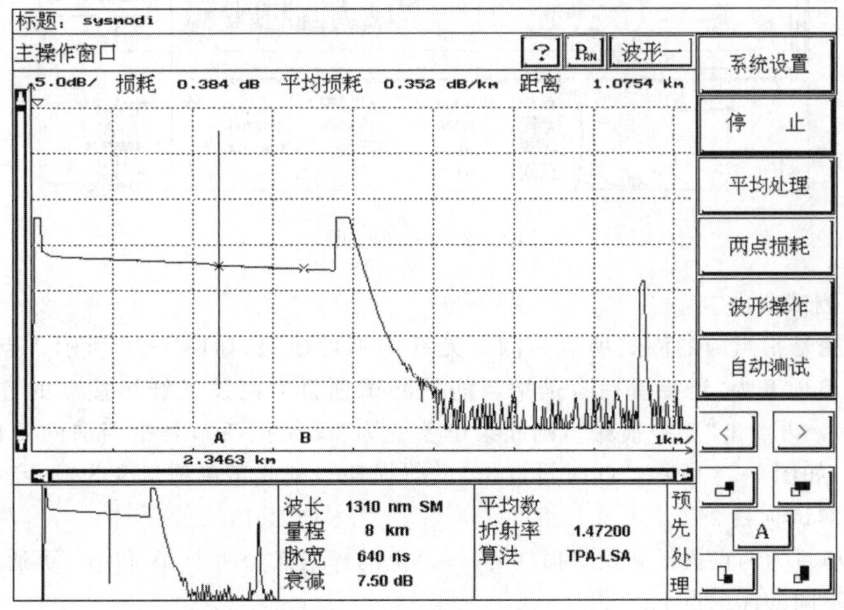

图 7-20　预先处理

预先处理时的注意事项如下：

①接入光纤前，必须将 FC 接头用无水乙醇擦拭干净。

②如果光纤接头不是 FC/PC 接头，用转接头将其转为 FC/PC 后，再接入 OTDR。

③光纤或光缆接入 OTDR 前，必须确保光纤或光缆中无信号，否则将可能造成 OTDR 永久性的损坏。

(2)平均处理

平均处理是指对测试轨迹进行处理。点击菜单项上的“平均处理”键，则激光器工作，测试轨迹将显示在屏幕上，并不断叠加处理。此时屏幕右侧菜单项上的“预先处理”键变为“停止”键，“平均处理”键变为“暂停”键，同时屏幕右下方的状态栏内显示“平均处理”，表示此时处于平均处理状态，如图 7-21 所示。此时点击“停止”键或当显示的平均数等于设定的平均次数时，激光器被关闭，测试轨迹停止刷新。点击“暂停”键，则平均处理被暂停，此键转为“继续”键，同时屏幕右下方的状态栏内显示“暂停”，表示此时处于暂停状态，激光器关闭，测试轨迹暂时停止刷新。当再点击此键时，将在原来的平均次数上继续进行叠加处理，同时屏幕右下方的状态栏内显示“平均处理”。

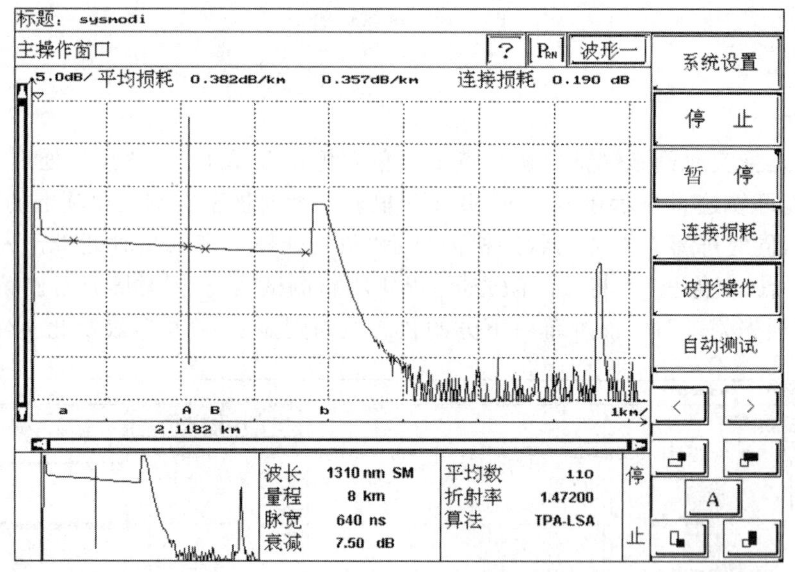

图 7-21　平均处理

3. 设定测试项目

两点损耗是指当前的测试项目为测试光纤的平均损耗，如图 7-22 所示。点击“两点损耗”，则此菜单项变为“连接损耗”，是指当前的测试项目为测试光纤熔接点的连接损耗，如图 7-23 所示。再点击“连接损耗”，则此菜单项变为“反射损耗”，是指当前的测试项目为测试反射损耗，如图 7-24 所示。此时再点击“反射损耗”，则此菜单项又变为“两点损耗”，如此可循环设置测试项目。

当测试项目为两点损耗和反射损耗时，屏幕上的标记点为两个：A 和 B。可通过点击键将光标切换到不同的标记点上。

当测试项目为连接损耗时，屏幕上的标记点为四个：A、a、B 和 b。

(1)测量光纤的平均损耗

当屏幕右下方键上显示为“A”时,表示此时光标所在的标记点为“A”,移动光标可将标记点“A”设置在任意位置;点击键,则此键上的显示变为“B”,同时光标切换到标记点“B”上,移动光标可将标记点“B”设置在任意位置。适当调整两个标记点的位置,并保证两标记点间没有任何事件点,且标记点均在测试轨迹较平坦的曲线上,则在屏幕上将显示出这两个标记点所在光纤段的平均损耗值,如图 7-22 所示。

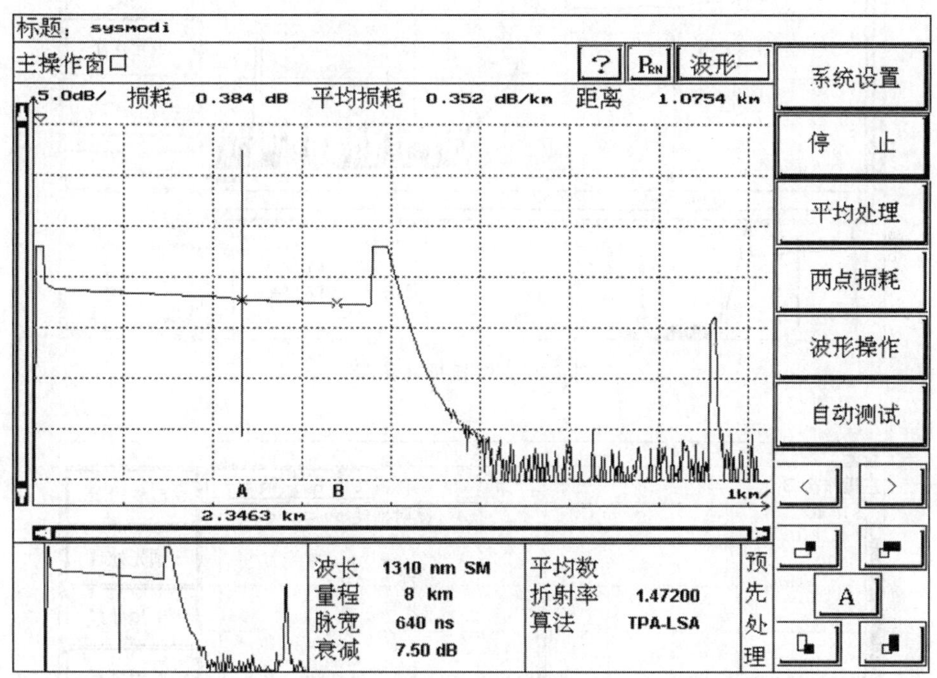

图 7-22　测量平均损耗

当测试项目为两点损耗和反射损耗时,屏幕上的两个标记点的顺序为 A、B。

当 A 点距离超过 B 点或 B 点距离小于 A 点时,两个标记点均会重合。

(2)测量光纤的熔接损耗

测量光纤的熔接损耗时,屏幕上将出现四个标记点,将标记“a”和“A”移动到熔接点之前的测试轨迹上。适当调整两个标记点的位置,使得“A”位于熔接点附近。将标记“B”和“b”移动到熔接点之后的测试轨迹上,并保证以上两对标记点间没有任何事件点,并均位于光纤曲线的平坦部位,则在屏幕上将显示出熔接损耗的测量值,如图 7-23 所示。此时屏幕上的四个标记点的顺序为:a、A、B、b。

当前一个标记点的位置超过后一个标记点的位置或后一个标记点的位置小于前一个标记点的位置时,这两个标记点将重合。

(3)测量光纤的反射损耗

此时屏幕上将出现两个标记点 A、B,且 A、B 是联动的,移动 A 点时,B 点也随之移动。将标记“A”移动到测试轨迹上菲涅尔反射峰之前的一点上,再将标记“B”移动到菲涅尔反射峰(未饱和的)峰顶,则在屏幕上将显示出反射损耗的测量值,如图 7-24 所示。

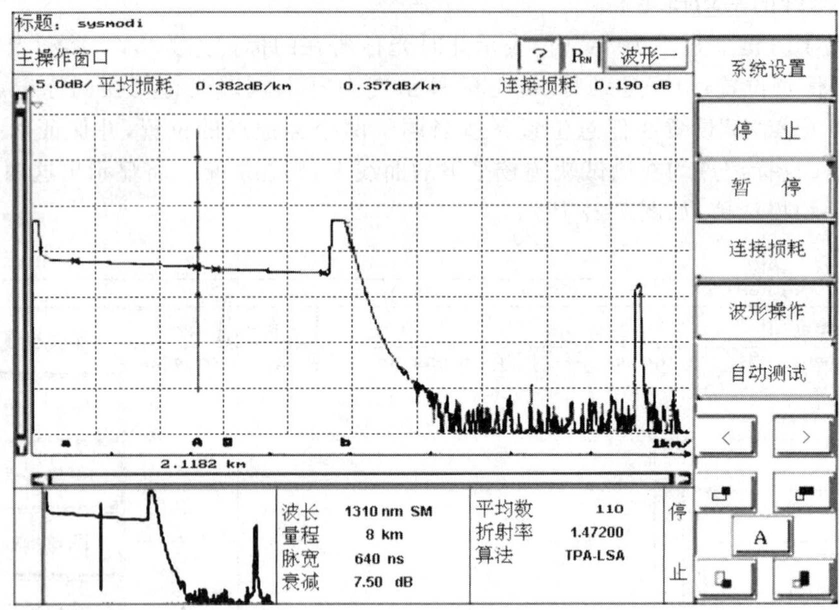

图 7-23 熔接损耗测量

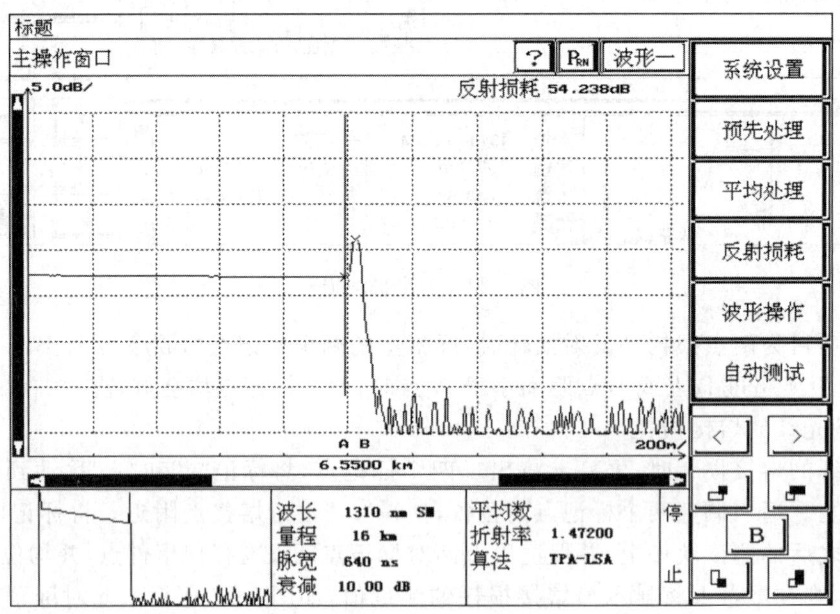

图 7-24 反射损耗测量

4. 自动测试

点击主菜单“自动测试”键，则进入自动测试子菜单。自动测试的菜单项如图 7-25 所示。

(1)波形分析

点击“波形分析”键，则仪器将对测试轨迹进行自动分析。分析完毕后，在屏幕上显示出找到的事件点，如图 7-26 所示。同时可点击“事件表”键进入事件列表查看事件点。

在进行波形分析前，“事件表”键显示为灰色，表示此时不响应此键。当波形分析完毕，并已找到事件点后，“事件表”键显示为黑色，此时点击此键将进入事件列表。

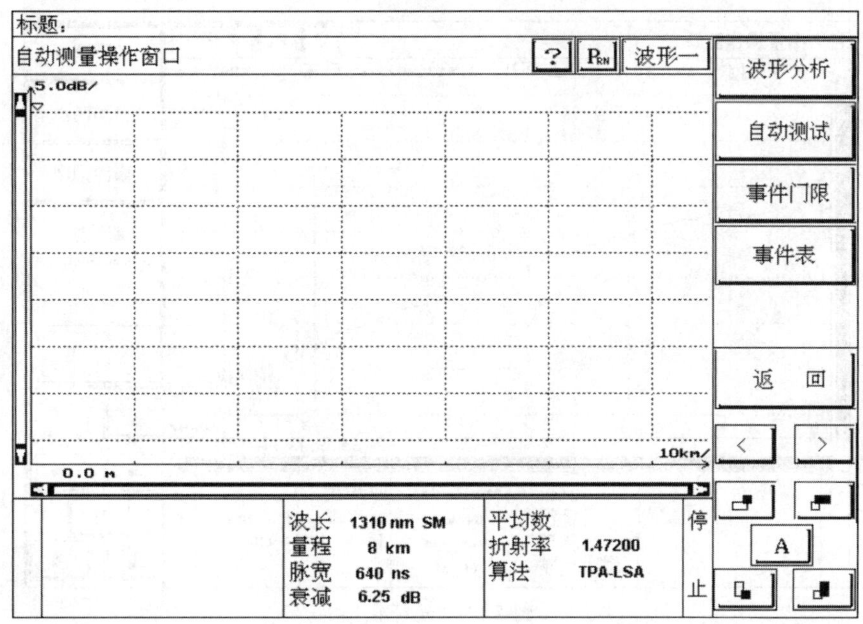

图 7-25 自动测试

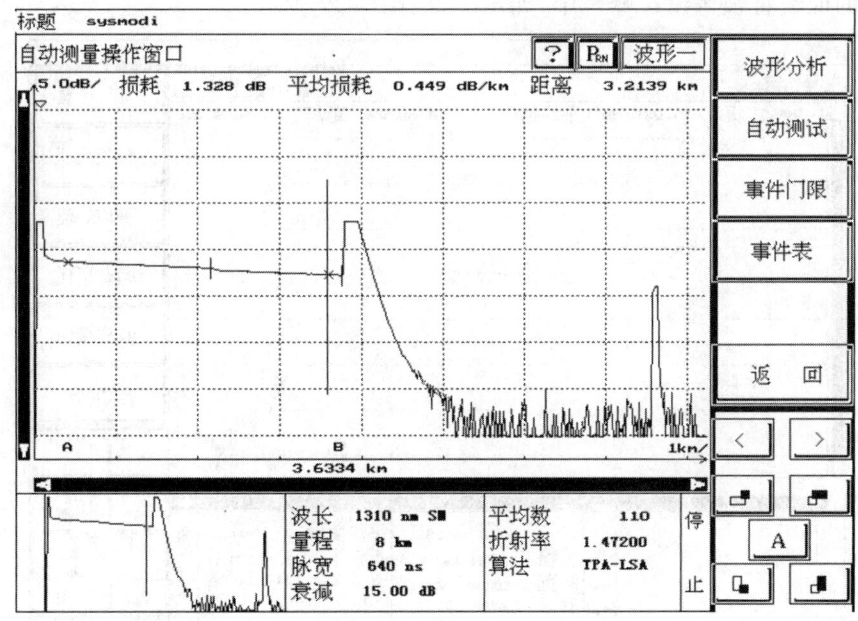

图 7-26 波形分析

(2)自动测试

点击“自动测试”键,仪器将自动设置测试条件,测试出光纤轨迹,如图 7-27 所示。

当用自动测试功能测试长光纤时,测试结果是全量程曲线,即从光纤近端到远端的全部曲线,但平均处理的次数较小(考虑到测试时间的问题,所以自动测试的平均次数设置得较小),远端的曲线噪声较大。当用于预先处理或平均处理(即手动测试)测试长距离曲线时,将脉宽设置为最大值,衰减设置为最小值,则此时测试的光纤距离最长,但光纤前段将出现平顶。如

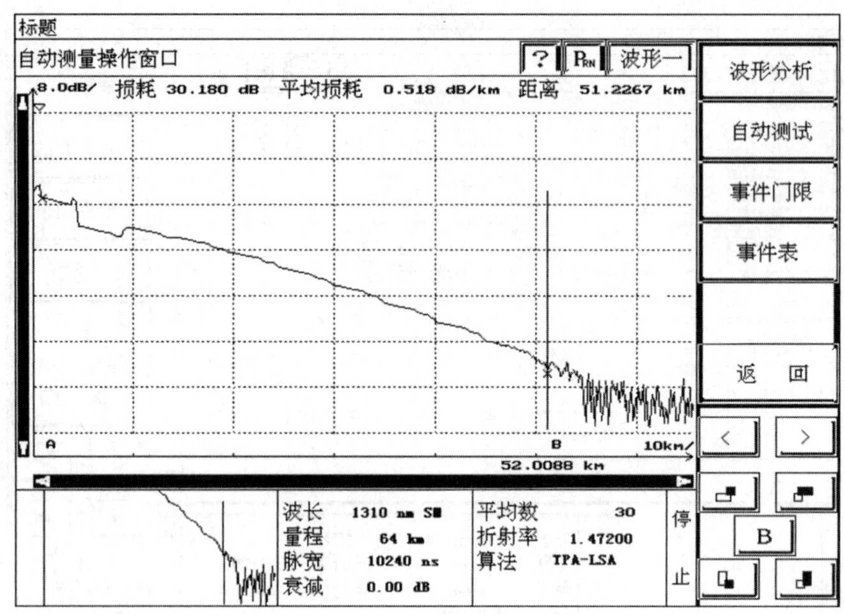

图 7-27 光纤轨迹

果需要观察近端的光纤曲线，将脉宽值减小，衰减值增大，则光纤近端的曲线将被测试出来，此时光纤远端的曲线将被淹没在噪声中，如图 7-28、图 7-29 所示。

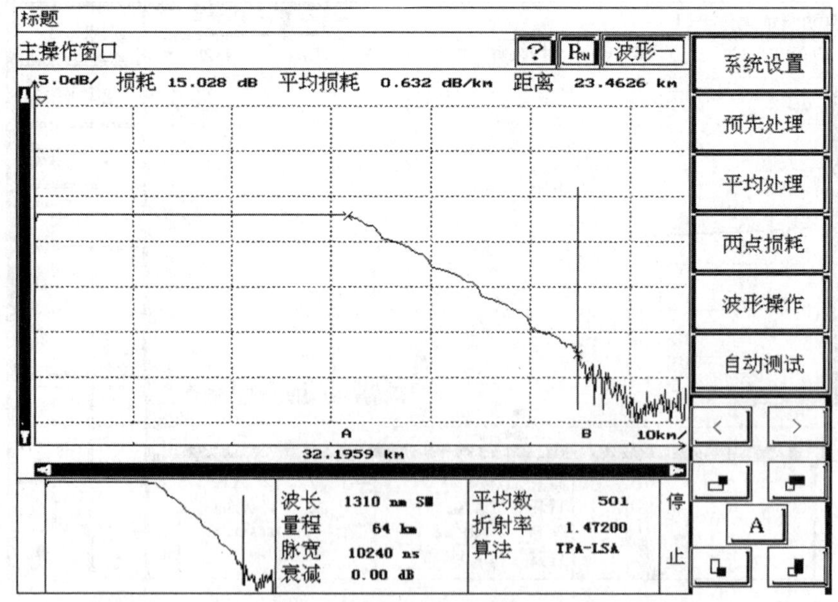

图 7-28 光纤前段出现平顶

(3)设定事件分析阈值

点击自动测试子菜单上“事件门限”键，则屏幕上出现如图 7-30 所示界面。

点击 0～9 的任意一个键，可将小方块所在的数字更改为所点击的数字。当门限值修改好后，点击“确定”键则退出事件门限的修改界面，同时将修改后的值保存。

当进行轨迹分析时，大于事件门限的事件点将被显示出来，而小于事件门限的事件点将被忽略。

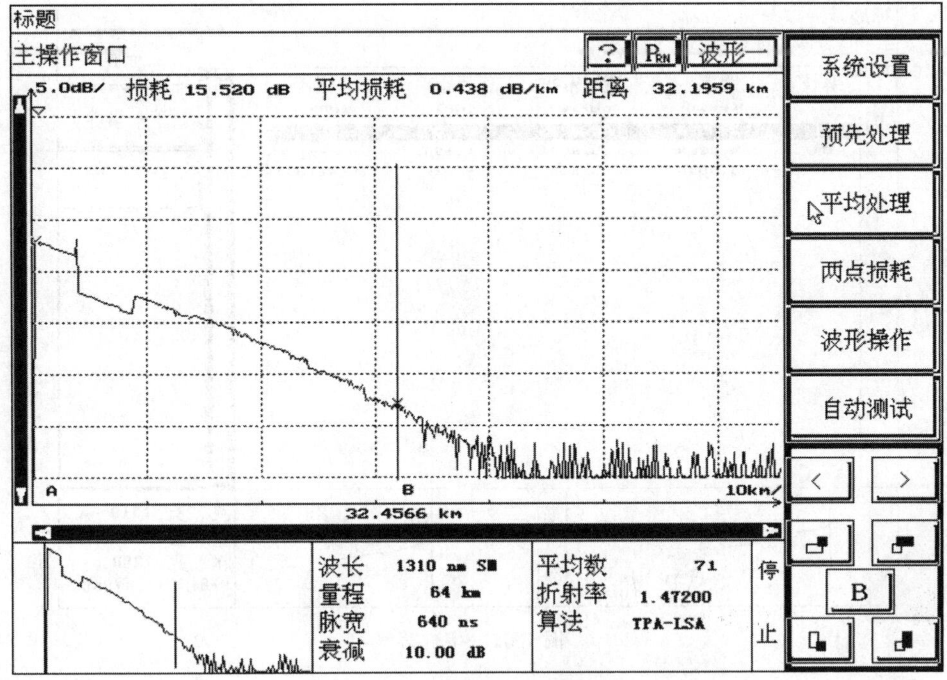

图 7-29　远端曲线被淹没

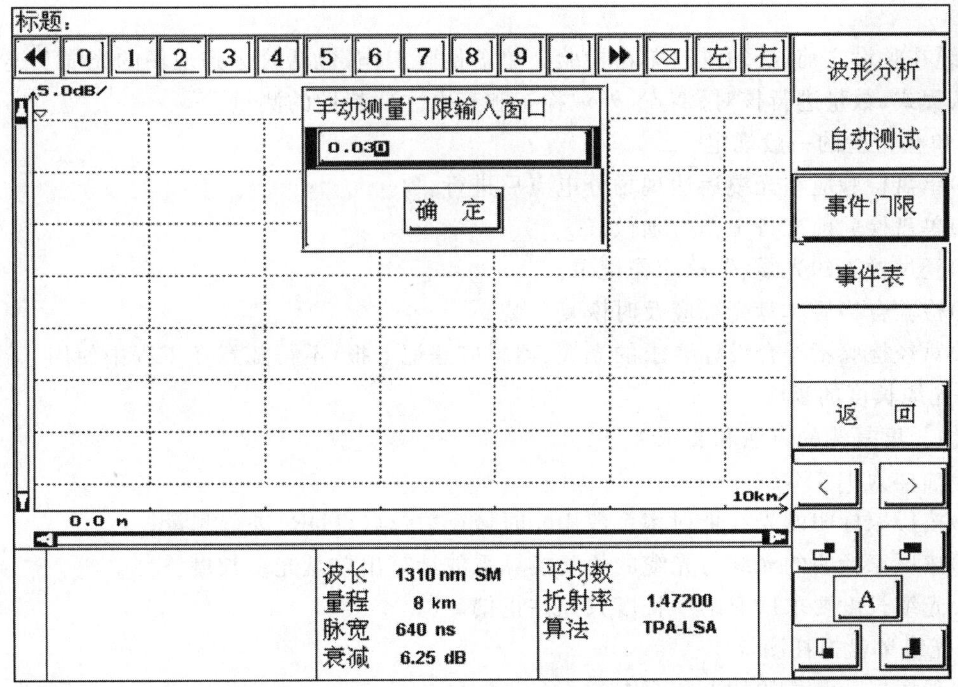

图 7-30　设定事件分析阈值

(4)事件表

当波形分析完毕且找到事件点后,"事件表"键有效,此时点击此键可观察到事件列表,如图 7-31 所示。点击"上一事件"和"下一事件"可以观察事件点在光纤轨迹上的位置。

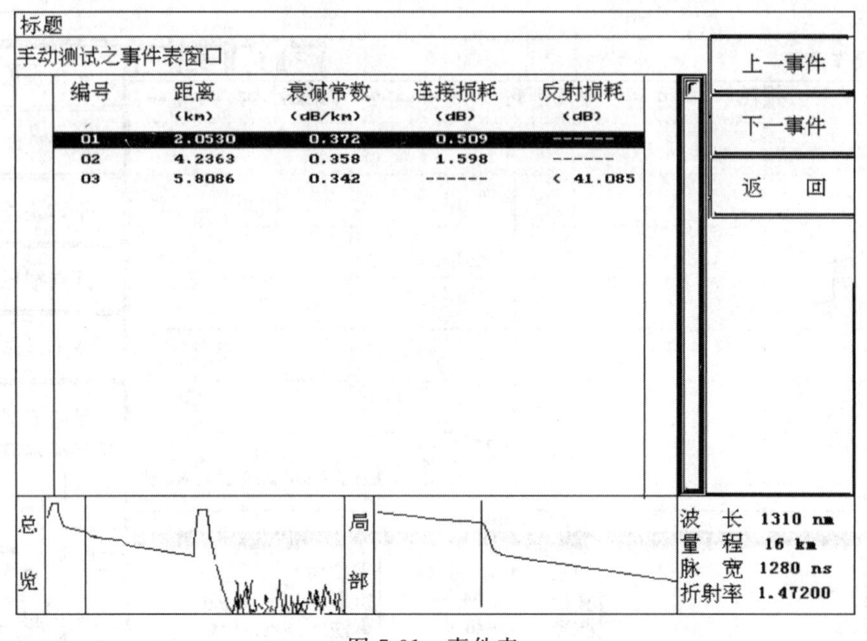

图 7-31　事件表

第五节　光缆的单盘测试

光缆在敷设之前，必须进行单盘检验。单盘检验工作，包括对运到现场的光缆及连接器材的规格、程式、数量进行核对、清点、外观检查和光电主要特性的测量。

1. 单盘检验的一般规定

(1)单盘检验应在光缆运达现场分屯点后进行。

(2)单盘检验前准备工作必须做好。

(3)经过检验的光缆、器材应作记录。

(4)检验合格后单盘光缆应及时恢复包装。

(5)对经检验不符合设计要求的光缆、器材应登记上报，不得随意在工程中使用。

2. 光缆长度的复测

光缆长度复测的方法和要求如下：

(1)抽样为 100%。

(2)按厂家标明的光纤折射率系数用光时域反射仪(OTDR)进行测量。

(3)按厂家标明的光纤与光缆的长度换算系数计算出单盘光缆长度。

(4)光缆长度要求厂家出厂长度只允许正偏。

3. 光缆单盘损耗测量

(1)现场损耗测量的特点和要求

①测量设备要求仪表化。

②光源应是单一波长性质的，应选择满足 0.85 μm、1.31 μm 或 1.55 μm 不同波长要求的光源。

③测量仪表应经过校准，当几部仪表同时测量时应注意统调。

④测量方法可选用 ITU-T 建议的替代法——后向法(OTDR 法)或插入法。

⑤测量精度偏差要求不超过规定。

⑥测试人员应经过训练,并有较高的素质。

(2)损耗的现场测量方法及选择

光纤的光损耗是指光信号沿光纤波导传输过程中光功率的衰减。

单位长度上的损耗量称损耗常数,单位为 dB/km。

①切断测量法

切断测量法是以 N 次测量为基础的带破坏性的方法,如图 7-32 所示。

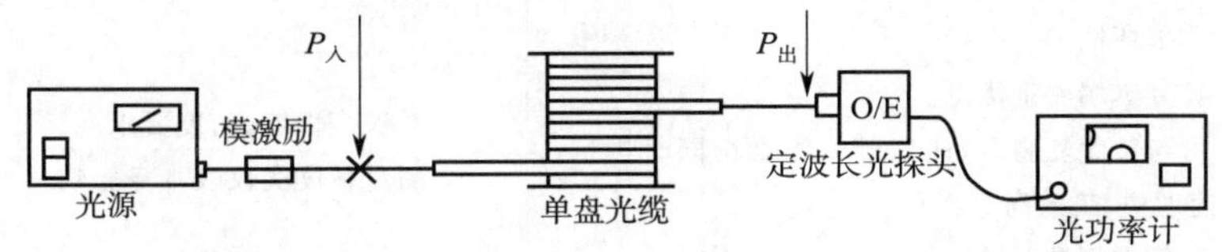

图 7-32　切断测量法

②后向测量法(又称为 OTDR 法)

后向测量法是一种非破坏性且具有单端(单方向)测量特点的方法,如图 7-33 所示。

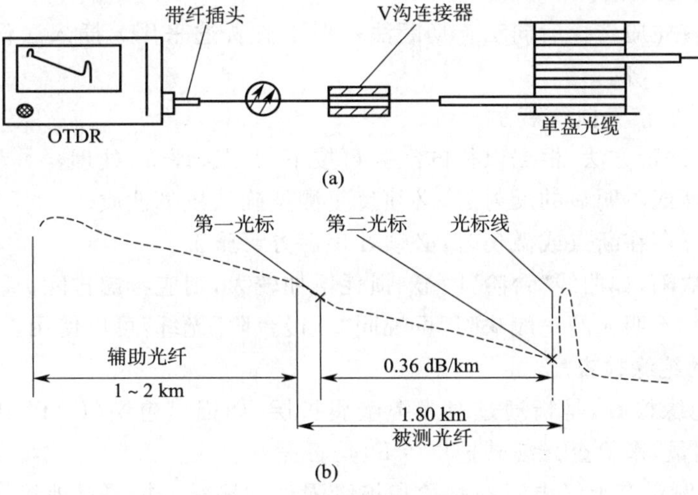

图 7-33　后向测量法

③插入测量法

插入测量法又称介入损耗法,也是一种非破坏性的测量方法。对于单盘光缆损耗的测量,采用图 7-34 所示的方法,可以得到偏差小于 0.1 dB 的测量效果。

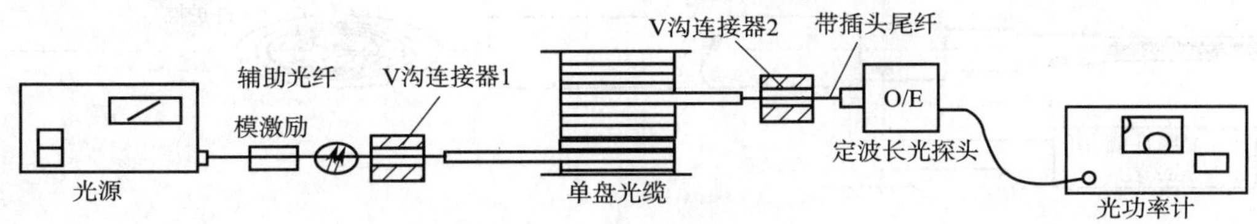

图 7-34　插入测量法

④现场测量方法的比较和选择

a. 三种测量方法的比较见表 7-1。

表 7-1　三种现场测量方法比较表

方　法	优　　点	缺　　点
切断法	1. ITU-T 推荐为基准测量法，测量原理符合损耗定义，测量精度高。 2. 对仪表本身要求不苛刻，测量精度受仪表影响较小	1. 破坏性，切断光缆。 2. 对光注入条件、环境以及测量人员操作技能要求较高。 3. 测试较复杂，费时、工效低
后向法	1. 非破坏性。 2. 具有单端测量优点。 3. 可与长度复测、后向信号曲线观察同时进行，具有速度快、工效高等特点。 4. 测量方便易于操作	1. 对仪表性能、精度要求高。 2. 测量精度受仪表本身影响较大
插入法	1. 非破坏性。 2. 对仪表本身要求不苛刻	1. 对 V 沟连接器要求较高。 2. 用于单盘测量还不成熟，限于一般性测量

b. 现场测量方法的选择

只要有条件，首先应选择后向法。切断法一般不宜普遍采用。插入法作为光缆敷设后的安全检查极为方便、经济。

4. 光纤后向散射信号曲线观察

对信号曲线的评价方法，根据以往的经验可按下列方法评价、处理。

(1)发现反射峰或不明显的反射点，必须反复测量确认故障性质。

(2)当确认光纤存在断点或微伤时，必须处理后方可施工。

(3)对于严重缺陷，如曲线“台阶”明显、损耗增加较大，则应考虑排除。

(4)对于“台阶”不明显的一般缺陷，可视同“缓慢台阶”光纤，可以使用。

5. 光缆护层的绝缘检查

光缆护层的绝缘检查，是指通过对光缆金属护层，如铝纵包层(LAP)和钢带或钢丝铠装层的对地绝缘的测量，来检查光缆外护层(PE)是否完好。

护层对地绝缘测量有绝缘电阻的测量和绝缘强度的测量。护层对地绝缘的测量如图 7-35 所示。

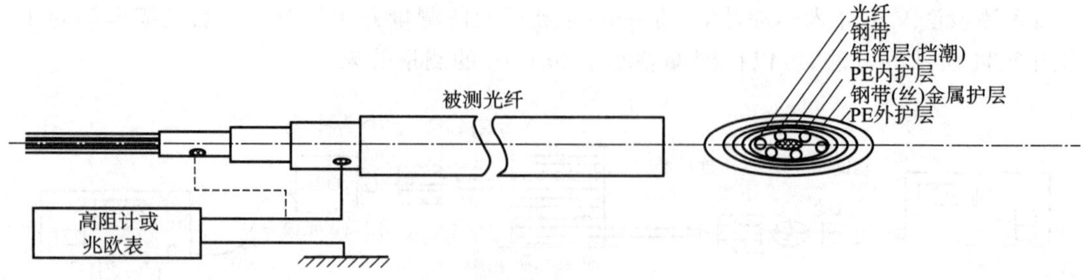

图 7-35　护层对地绝缘测量

第八章　通信线路的防护与安全作业

第一节　通信线路的防护

一、外界对全塑电缆和含有金属光缆线路的影响

外界的电磁环境，有的是由各种自然现象形成的，也有的是人为因素。雷电是自然界的重要电磁影响来源。通信线路遭受直击雷时，可能出现严重的干扰，降低信号传输质量，严重时也可以引起通信阻断或通信设备的损坏。化学和电化学作用对地下光电缆的金属护套的腐蚀，也是外界自然环境对通信线路的重要危害之一。在人为因素中，最为重要的是各种各样的强电线路对通信线路的影响。另外，通信线路还可能遭受到生物及微生物的侵蚀。

二、全塑电缆雷击和强电的防护

1. 雷击和电击对电缆(含有金属光缆)的危害

雷击或电击后，电缆(含有金属光缆)线路往往会遭到损坏，严重时，光电缆被烧断。当光电缆遭受雷击或电击时，通常电流会沿芯线一直流到测量室，如果流入电缆的电流过大，不仅芯线会被烧断而产生断线障碍(这种断线很多发生在接头处，因接头处接续电阻较大，电流流过时产生高温或火花把芯线烧断)，而且可能把总配线架的直列烧坏。当雷击电缆时，闪电温度极高，往往烧坏外护套(有时护套虽未受到损坏，但电缆芯线却发生了故障)。如果用户引下线遭到雷击，雷电电流沿引下线经分线设备而进入电缆，使芯线间或芯线与屏蔽层间的绝缘损坏而产生混线、接地障碍。

2. 全塑电缆(含有金属光缆)防强电、防雷电的规定

(1)全塑电缆(含有金属光缆)防高压电的要求

①要尽量远离高压输电线、电气化铁路或高压变电站。

②如果路由难以避开上述装置时，应根据实际情况进行计算和采取相应的防护措施。

③全塑电缆对高电压的防护规定

a. 电力线发生故障时，全塑电缆和含有金属光缆的感应电动势允许值为 300 V。若超过允许值时，应通过技术经济比较，选用相应的防护措施。

b. 常用的防护措施有以下 5 种，可根据情况选用一种或几种联合措施防护，使它不超过允许值，以保证通信安全。

(a)改变光电缆线路的路由。

(b)选用塑料护套外加双层钢带皱纹纵包铠装聚乙烯护层的电缆，提高电磁屏蔽性能。

(c)加装气体放电管。

(d)严重危险影响地区应在同一路由上敷设一条屏蔽线。

(e)必要时要求电力部门采取屏蔽或有关防护措施。

(2)全塑电缆和含有金属光缆防雷的要求

①全塑电缆和含有金属光缆敷设在市内建筑物稠密、地下金属管线多的地区,一般可不考虑防雷措施。在郊区或空旷地区敷设的全塑电缆,应根据电缆敷设地段的年平均雷暴日数、土壤电阻率、地理环境、历年落雷资料等,采取必要的防雷措施。

②在雷暴日数大于20的地方敷设全塑电缆应避开以下地区:

a. 曾经落雷特别是重复雷击过的地方。

b. 雷击多的山区。

c. 地形地貌及地质呈现"边界"和突变现象的地区。

d. 临江侧的山坡和向阳坡。

e. 全塑电缆和含有金属光缆应避开孤立大树或电杆拉线以及其他接地体;若电缆路由必须从它们附近通过,则电缆与孤立大树或其他接地体根部的净距应满足表8-1中的规定。

表8-1 净距规定

土壤电阻率(Ω·m)	电缆与孤立大树间防雷净距(m)	电缆与接地体根部间的防雷净距(m)
<100	15	10
101~500	20	15
>500	25	20

③全塑电缆和含有金属光缆在以下地区应根据具体情况采取相应的防雷措施:

a. 在雷暴日数大于20的空旷地区或郊区,全塑电缆应做系统防雷接地装置,达到防护的目的。

b. 在雷击区的直埋全塑电缆,应在其上方30 cm处平行敷设一条排流线。

c. 在雷击区中的架空全塑电缆,其分线设备及用户话机均应有保安器装置;全塑电缆的屏蔽层和电缆吊线均应设置接地装置。

d. 全塑电缆和含有金属光缆路由附近如有孤立大树、电杆或高塔等引雷物时,应采用加装消弧线或避雷针等措施。

3. 线路接地装置

(1)线路接地装置的种类

①按接地装置的作用或用途分为:

a. 工作接地;

b. 保护接地。

②按接地装置的安装地点分为:

a. 用户线路设备的接地装置;

b. 架空电缆的接地装置;

c. 架空杆路的接地装置;

d. 地下电缆的接地装置;

e. 局内线路的接地装置。

(2)各种接地装置的接地电阻要求

由于接地装置的安装位置和作用有所不同,接地体埋设在不同土壤中的土壤性质不同,因而对接地电阻的要求也不一样。接地电阻的额定值要求参见有关标准。

三、光电缆的防蚀工作

1. 光电缆金属护层腐蚀的种类

(1)化学腐蚀:这种腐蚀是使电缆的金属元素变成化合物的过程。

(2)电化学腐蚀:这种腐蚀是在电缆金属外皮损坏的同时存在有电流。

(3)晶间腐蚀:电缆的金属护层沿结晶边缘裂开,在这些裂缝处,由于与空气接触而产生氧化物,促使裂痕增大,再加上土壤的电化学作用,使电缆的金属护层腐蚀剧烈发展,严重时可使金属皮裂成碎块,称为晶间腐蚀。

(4)微生物腐蚀:微生物的新陈代谢活动直接或间接地破坏电缆金属外皮,称为微生物腐蚀。

2. 光电缆金属护层的防蚀措施

(1)化学腐蚀:主要使金属护套不与腐蚀介质直接接触,使用绝缘防护层。

(2)电化学腐蚀及漏泄电流腐蚀:现在应用最广泛的方法是使用绝缘防护层。

(3)晶间腐蚀和微生物腐蚀:对电缆的腐蚀最终靠化学和电化学腐蚀来完成。因此,采用塑料护套能够减弱这两种腐蚀。

综上所述,塑料电缆的防腐性能较好,但如果塑料护套损坏,则电缆的金属护层将会出现腐蚀问题。因此,保护好塑料电缆的塑料护套成了塑料电缆防蚀的关键。

3. 白蚁、鼠类的危害与防护

白蚁蛀咬电缆外皮,老鼠能咬坏电缆的外皮材料,因此都能对地下电缆造成极大的危害。

(1)白蚁防护方法

①采用药物型防蚁电缆。

②采用机械保护型防蚁电缆。

③路由选择时,应避开白蚁滋生地。

④改地下电缆为架空电缆。

⑤采用深埋或填砂的方法。

⑥采用水泥砂浆封包,但这种措施成本高,且维修困难。

⑦在电缆周围土壤中,渗入一定量的防蚁剂。

⑧消灭白蚁。

(2)鼠类防护方法

①采用硬护套防鼠塑料电缆。

②采用机械保护型防蚁电缆。

③路由选择时,应避开鼠类滋生地。

第二节　通信线路工程安全作业

为了贯彻安全生产方针,提高劳动生产率和工作效率,保证安全生产,防止通信线路工作人员在生产过程中发生伤亡事故,以免给国家和个人造成不必要的损失。为此凡从事通信线路施工、维护和器材储运等的工作人员和有关领导干部及管理人员,均必须充分熟悉和掌握通信线路安全技术操作规程及相关的安全作业知识。

一、一般安全须知

1. 工作场地

(1)在下列地点工作时，必须设立信号标志。白天用红旗，晚上用红灯，以便引起行人和各种车辆的注意。必要时应设围栏，并请交通民警协助，以保证安全。施工现场安全标志如图 8-1 所示。

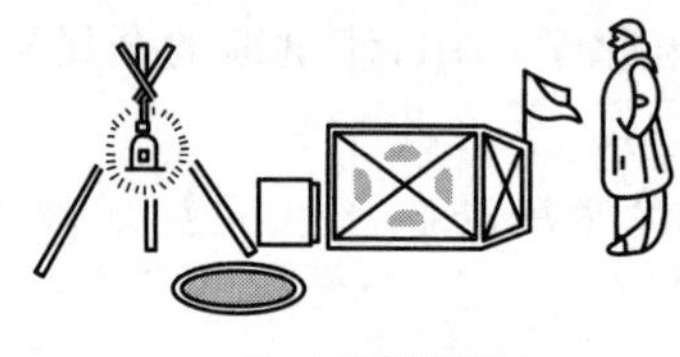

(a) 人孔周围标志

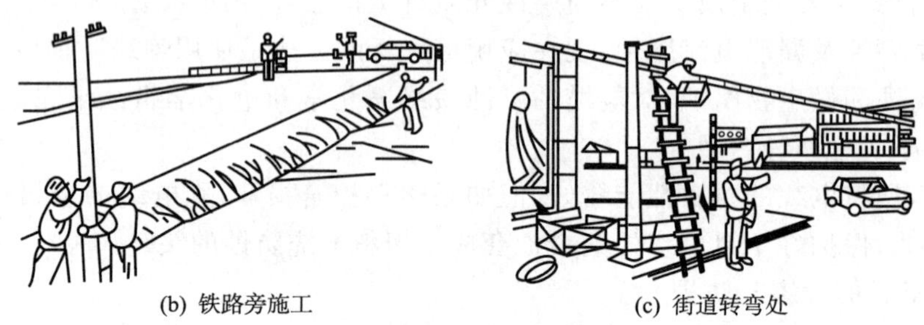

(b) 铁路旁施工　　(c) 街道转弯处

图 8-1　施工现场安全标志

①街道拐角处或公路转弯处。

②在街道上有碍行人或车辆处。

③在跨越马路架线需要车辆暂时停止时。

④行人车辆有陷入地沟、杆坑或拉线洞的处所。

⑤架空电缆接头处。

⑥已经揭开盖的人孔。

(2)信号标志设备应随工作地点变动而转移，工作完毕应立即撤除。

(3)凡需要阻断公路或街道通行时，应事先取得当地有关单位的批准。

(4)在铁路、桥梁及有船只航行的河道附近，不得使用红旗或红灯，以免引起误会，造成事故，应使用市政有关规定的标志。

(5)在工作进行时，应制止一切非工作人员走近工作地区，尤其是儿童。禁止接近和触碰下列事物：

①揭盖人(手)孔或立杆吊架以及悬挂物。

②接续电缆的用品，如加热的焊锡、白蜡、沥青以及带有毒性的填充剂和点燃的喷灯、照明灯等。

③正在使用着的绳索、滑车、紧线钳以及其他料具。

④使用着的各种机械设备，如发电机车、充气机、射钉枪、起重吊车、凿孔机、抽水机、人工和机动绞盘等。

⑤正在放设的线条、电缆和杆根部的一切临时设施等。

(6)凡在通行的公路、街道上挖沟、坑、洞，除须设立标志外，必要时应用盖板盖好或搭临时便桥，以保证交通安全。

2. 车辆行驶

(1)驾驶机动车和非机动车，都要严格遵守交通规则。

(2)施工和维护线务员所用的自行车，应装保险叉子，并经常检查叉子及刹车的牢固情况。禁止在有危险的地方冒险骑车。

(3)骑自行车时，不得将笨重料具放车把上，必须放在车后铁架上，并捆绑妥当；不得肩抗物件或携带竹梯或较长的杆棍等物。若需在自行车上携带 3 m 以内的器材，如帮桩等，只能顺着车身捆绑在车上。

(4)汽车接送工人，不得过于拥挤；无高槽帮和横拉杆时，乘车人员不得站立，禁止坐在车头和槽帮上；车辆行驶时，切勿伸头露臂于车厢之外。要注意沿途的电线、树枝及其他障碍物，防止碰伤。禁止在车内吸烟和打闹。汽车停稳后，方可上下车。

3. 砍伐树木

(1)在砍伐树木之前(当树枝已危及电线畅通的特殊情况)，应与有关主管部门或树主取得联系，取得同意后方可进行。

(2)整树的砍伐，原则上应由主管部门解决，如需由线务人员砍伐时，应注意以下各点：

①工作人员应注意站立位置或工作梯的放置方法，防止树枝落下时，被打伤压倒或因工作梯滑动摔跤。

②砍伐较大树木时，应先砍伐树枝、支干，再砍伐主干。

③为了防止被砍伐的树木或其他支干倒折在线路或其他建筑物上，应用绳索绑在树头上，在将要锯断树木时，要有足够的人力拽，使树木倒向线路或建筑物的反侧，以保障设备安全。

④沿街道伐时，必须在树木两侧加设标志，并设专人指挥行人和车辆通行，以免发生危险。

⑤在攀登树木时，必须了解树木的脆韧性质，充分估计站立的树枝能否承担身体的重量。

⑥遇树枝上有蜂窝和毒蛇等有害人体的动物，伐树前，应采取有效措施，如天亮前烧窝或打药等。

(3)风力在 5 级以上时，不许进行砍伐树木工作。

4. 消防设备

(1)电缆地下室、水线房、无(有)人站以及木工场地和施工工地、材料库等处，应设置适当的消防设备，如各种型号的灭火器、消防水龙及用具等。

(2)消防器材应设置于明显的地方，并应注意使分布位置合理，便于取用。

(3)对各种消防器材、设备，应定期检查，确保有效。

(4)所有工作人员对各种消防设备的性能均须深入了解，并应熟知其使用方法。

5. 野外工作

(1)遇有地势高低不平的地方，切勿贸然下跳，以防跌撞扎伤。地面被积雪覆盖时，应用棍棒试探前进。

(2)在农田中工作，注意保护农作物。

(3)进入山区和草原工作时，应注意下列事项：

①攀登山岭，不要站在活动的石块或裂缝松动的土方边缘上。

②在一般山区要注意防火，不得点燃荒山野草。工作时，禁止吸烟；休息时吸烟，要将烟头

和火柴余火熄灭。烤火、热饭前应铲除周围一切枯草。肩挑火炉时，应将火炉放在前面，并注意勿使炭火落下，以免发生火灾。在护林防火区内，应遵守当地政府规定，严禁烟火。

③必须熟悉工作地区的环境，向当地群众了解哪些地方生长有毒植物或毒蛇，以便引起注意。必要时，应戴防护手套、眼镜，并绑扎裹腿，以防止各种动植物的伤害。

④注意猎人设置的捕兽陷阱或器具，不要触碰或玩弄。勿食不知名的果实或野菜，并不得喝生水，防止受伤和中毒。

⑤在已知野兽经常出没的地方行走和住宿时，特别注意防止野兽的侵害。夜晚查修线路障碍时，至少要有两人并携带防护用具或请当地民兵协助。

(4)在水田、泥沼中工作及过一般河流小溪时，注意下列要求：

①在水田和泥沼地带长时间工作时，须穿长筒胶靴以防吸血动物，如蚂蟥咬伤。

②在未弄清河水的深浅时，不得涉水过河。因工作需要涉渡河流小溪时，应以竹竿探测前进。不得任意下河洗澡、游泳。

③洪水暴发时，禁止游泳过河。在冰的承载力不够或融冰季节，禁止从冰上通过。

④在船只和木排上工作时，要有熟悉水性的工作人员负责安全工作，并备有救生用具。遇到有风浪惊险或在急流、旋涡的水道上航行时，应听从管船人员的指挥。

(5)在铁路沿线工作时，注意下列要求：

①不许在铁轨、桥梁上休息、睡觉或吃饭。

②路基边有人行道时，不要在铁轨中行走。在双轨的路基上，应在面向火车前进方向的一侧行走，绝对不准在双轨中间行走。火车走近时，应停止前进，并注意防止被列车及其所载运的货物挂伤或被火车掉下的东西砸伤。等火车过去后再继续前进。

③携带较长的工具时，工具一定要与路轨平行。

(6)野外工作应根据不同地区，携带防毒及解毒药品，以备应急使用。

(7)架设帐篷时，应选择安全、合适的位置，注意山洪和泥石流的危害。

6. 其他注意事项

(1)工作现场，首先应详细观察了解周围环境设备情况，对可能发生的灾害，采取有效防护措施。

(2)所有工作设施必须安全牢固，不可随意使用不合标准的材料、临时性质的材料。虽以经济为原则，但仍要求达到安全需要之坚固程度。

(3)在离开工作地点时，应清除工地、杆下、沟坑内等地方的破碎割刺器材，并检点应用工具，防止遗失。

(4)工作前和工作中禁止饮酒，如有特殊情况，必须经批准。

(5)使用有毒物品时，应佩戴口罩、风镜及胶皮手套，必要时还需佩戴防毒面具，以防中毒。饭前一定要洗手消毒。携带有毒物品、易燃易爆物品，根据不同情况至少两人一同工作或携带，并做好隔热、防火、防爆或防寒措施。

(6)在气候特别寒冷和特大风雪天，外出修线、施工时，应备有足够的防寒用品。

(7)大冰凌时应注意安全，防止被落下的冰凌或折断的工具打伤，并注意脚下，以防滑倒跌伤。

二、工具和仪表的使用与检查

1. 一般安全规定

(1)工作时必须选择合适的工具，正确使用，不得任意代替。各种工具应定期检查。

(2)不准使用无柄、坏(裂)柄或装柄不牢的锉刀、手锯、起子、锤子。

(3)有锋刃的各种工具(如刨、钻、凿、斧及各种刀类等),不准插入腰带上或放置在衣服口袋内。

(4)锋刃工具,要经常进行检查,存放运输要平放,锋刃不可朝上向外,在工具袋内应向下,以免伤人。

(5)使用手锤、榔头应注意:

①不允许戴手套操作。

②锤平时,握平锤和大锤的人不可面对面站立,应斜对面站立。

(6)台虎钳要装在牢靠的工作台上,用台虎钳夹工作时要夹牢,防止工件脱落伤人。

(7)不可用锉刀、扳手、剪子、钳子敲击或撬工件。

(8)使用钢锯应注意:

①锯条要装牢固,松紧适中。

②使用时用力要均匀,不要左右摆动,以免刚锯条折断伤人。

③锯长物件时,要用支架或由人扶持,以免物体摆动。

(9)使用砂轮应注意:

①操作者不要站在砂轮的正前方,应站在侧面,以防砂轮破裂伤人。操作人员应戴防护眼镜。

②搁工件的架子离砂轮不得大于 3 mm,并须安置牢固。

③工件对砂轮的压力不可过大,以免砂轮破裂。

④不可在薄的砂轮侧面磨工件,否则砂轮有破裂的危险。

⑤不准在砂轮上磨铅、铜等软金属,不准戴手套操作。

(10)各种扳手应合理使用,符合规定尺寸,口牙及活动部件完整,钳口夹紧,不要用力过猛,或加长扳手的把柄。

(11)皮卷尺里面有金属丝,使用时避免触碰电力线,以免发生触电事故。

(12)工具上下传递,不可从杆上、楼上、梯上或台架上掷下或上抛。铁锨、铁镐、撬棍等沉重工具或材料,必须平放,不得倚立墙边、汽车旁或杆下。工具、材料不可混放。避免损坏和伤人。

(13)各工种使用的防护用品,应当参照有关部门的规定,合理使用,并注意妥善保存,防止油污、受潮、受热等变质现象。

2. 梯、高凳

(1)使用梯子时,必须注意下列事项:

①经常检查梯子是否完好,凡是已经折断、松弛、破裂、腐朽的梯子,都不得使用。

②上下梯子不能携带笨重的工具和材料。

③梯子上不得有二人同时工作。

④梯子不用时应随时放倒或妥善保存,避免日晒或雨淋,以防损坏。

⑤使用竹梯应用铁线进行绑扎。

(2)梯子靠在墙壁、吊线上使用时,梯子上端的接触点与下端支持点间水平距离,应等于接触点和支持点距离的 1/4～1/3。当梯子靠在吊线时,梯子上端至少应高出吊线 30 mm,不能大于梯子的 1/3。靠在电杆上的梯子上端应绑扎一半圆形铁链环,或用绳将梯子上端挂在电杆上,以防止梯子滑动、摔倒。

(3)上下较高及树立地点容易滑动和有被碰撞可能的梯子,必须要专人扶梯。

(4)在有架空电线和其他障碍物的地方,不要举梯移动。

(5)在梯子上操作时,不得用力过猛,以防发生危险。

(6)梯子所靠着的支持物必须要坚固,并能承受梯上最大的负荷。

(7)在梯子上工作,不能一脚踩在梯上,另一脚放在其他物上面,或用脚移动梯子。

(8)折叠梯、伸缩梯只适用于上下人孔或沿墙使用。在使用前必须逐个检查节扣,确认牢固,方可攀登。

(9)使用高凳、人字梯注意事项如下:

①凡工作点超过工作人员的水平视线时,均应使用木高凳。

②使用前应检查高凳、人字梯是否牢固和平稳。

③两人不可在同一高凳上工作。

④使用人字梯一定把螺丝拧紧或把搭扣扣牢。无此设备时,须用坚韧可靠的绳子在中间缚住,站在上面打洞或焊接电缆时,下面应有人扶住。

3. 保安带(绳)及上杆工具

(1)使用保安带(绳)必须注意下列事项:

①使用前必须经过严格检查,确保坚固可靠,才能使用。如出现有折痕、弹簧扣不灵活、或不能扣牢、皮带眼孔有裂缝的、保安带(绳)上绳索磨损和断头超过 1/10 及有腐坏的,均禁止使用。

②应与酸性物、锋刃工具等分开堆放和保管,也不得放在火炉、暖气片和其他过热过湿之处,以免损坏。

③使用时,切勿使皮带扭绞,皮带上各扣套要全数扣妥,皮带头子穿过皮带小圈。保安带的绳索和保安绳乱扣节,也不可吊装物件,以免损坏绳索。

(2)切勿使用一般绳索或各种绝缘皮代替保安带。

(3)使用脚扣注意事项:

①经常检查是否完好,勿使过于滑钝和锋利,脚扣带必须坚韧耐用;脚扣登板与钩处必须铆固。

②脚扣的大小要适合电杆的粗细,切勿因不适合而把脚扣扩大或缩小,以防折断。

③水泥杆脚扣上的胶管和胶垫根,应保持完整,破裂露出胶里线时应予更换。其他同一般脚扣要求。

(4)搭脚板的勾绳、板,必须确保完好,方可使用。

(5)保安带(绳)每使用或存放一段时间应进行可靠性试验。试验的方法是,可将 200 kg 重物穿过保安带(绳)皮带中(绳套中),无裂缝和折断,才能使用。脚扣试验的方法是:

①把脚扣卡在离地面 30 mm 左右的电杆上,一脚悬起,一脚用最大力量猛踩。

②在脚板中心采用悬空用物 200 kg 办法,若无任何受损变形迹象,方能实用。

4. 滑车及绳索

(1)各种滑车应经常检查注油,保持良好,如有损坏迹象或缺少零件,不应使用。

(2)使用滑车拉起或放下任何重物时,切勿骤然动作。

(3)各种吊拉绳索和钢丝绳,使用前必须检查。如有磨损、断股、腐蚀、霉烂或烧伤的现象,不可使用。

(4)受冻、潮湿的绳索不可在电力线附近工作。

5. 喷灯

(1)不得使用漏油、漏气的喷灯;加油不可太满,气压不可太高。不得将喷灯放在火炉上加热,以免发生危险。

(2)不准在任何易燃物附近点燃和修理喷灯。在高处中使用喷灯时,必须用绳子吊上或吊下。

(3)燃着的喷灯不准倒放。

(4)点燃着的喷灯不许加油,在加油时必须将火焰熄灭,稍冷之后,再加油。

(5)使用喷灯,一定要用规定的油类,不得随意代用,避免发生危险。

(6)不准用喷灯烧水、烧饭。

(7)喷灯用完之后,及时放气,并开关一次油门,避免喷灯堵塞。

6. 电气用具和焊接用具

(1)使用电气用具前,必须检查有无短路、绝缘不良、导线外露、插头和插座破裂松动、零件螺丝松脱等不正常现象。发现不妥之处,应立即停止使用。

(2)各种电器用具和电源相接之处,应设置开关或插销,不得随意插挂。

(3)各种电器用具,如电烙铁、电扇、电炉等使用时,须有良好接地装置。否则不可使用。

(4)电器用具的电线,必须放置妥当,特别是室外使用时,防止绊住行人和被车辆压坏。

(5)人孔内应用工作手灯照明,电压不超过 36 V,在潮湿的沟、坑用的工作手灯电压不超过 12 V。汽车电瓶做电源时,应放在人孔或沟坑以外。

(6)使用电烙铁应注意:

①不准放在地面和木板上,应放在搁架上;在机架上工作时,电烙铁要挂在人不易碰着的地方,并防止烧坏布线、电源线或其他设备。

②在带电设备上使用电烙铁时,烙铁不应接地。

③电烙铁上的余锡不得乱甩。

④禁止用电烙铁烘易燃物品,未冷却的烙铁不可放入工具箱。

(7)使用移动式的发电设备和配电设备及电动设备,应指定熟练电工进行操作。检修时必须停止使用,切断电源。

(8)固定式的电动设备,如电刨、电锯、车床等电动机具,必须由专业工作人员进行操作,非专业人员禁止使用。一切机械和重要附件,应定期检查,电动机或突出外面的齿轮、转轴、皮带轮等,应加保护外罩。

(9)各电气机具的使用,必须严格按安全操作规程执行。

(10)电气焊接工作的注意事项

①一般安全规定

a. 电、气焊工作人员,必须经过专业培训和考核。

b. 禁止在转动、带电的设备上和有压力、密闭的容器上进行焊接。禁止在盛过油料或易燃易爆物没有消除干净的容器上焊接和切割。禁止在存有易燃易爆物的房间内进行焊接、切割。焊接工地与油库、化工库等易燃物的距离不得小于 10 m。

c. 电、气焊工作人员必须穿戴好防护工具。禁止用普通色玻璃代替保护面罩。

②电焊

a. 使用焊机前,应先检查机件各部分是否正常完整。确认无异常情况后,才能合闸使用。

b. 电焊机调头,更换零件,均应断开电源。

c. 清除焊渣时，应带防护眼镜。

d. 不可注视电弧的强光，若眼发痛，应立即就医。

③气焊

a. 使用氧气瓶应注意：氧气遇油类便急剧燃烧，会引起爆炸，因此，氧气经过的焊枪嘴、瓶嘴等绝对不可有油污；扳氧气瓶气嘴的扳手应是专用的，并率先清除油脂；检查氧气瓶有无漏气，应用浓肥皂水，不可用火柴；冬天如阀门冻结，应用热水适当加热，不可用火烧烘；氧气瓶的气压表必须指示正常，否则严禁使用。

b. 使用乙炔气瓶应注意：火不可近；检查有无漏气；与氧气瓶应保持距离。

7. 射钉枪

(1)操作前必须对枪作全面检查。必须由经过培训，熟悉各部件性能、作用、结构特点及维护使用方法的人员使用，其他人员均不得擅自动用。

(2)射钉枪及其附件弹筒、火药、射钉必须分开，由专人负责保管。使用人员严格按领取料单数量准确发放，并收回剩余和用完的全部弹筒，发放和回收必须核对吻合。

(3)注意事项

①必须了解被射物体的厚度、质量、墙内暗管和墙后面安装的设备，是否符合射针要求，如白灰土缝墙、空心砖墙、泡沫砖墙不能射打。墙上抹面灰刮掉见到砖后，符合要求才能射击。

②必须查看沿射击方向情况，防止射钉射穿后发生对其他设备及人身的安全事故。在2.5 m高度以下射击时，射击物体的背后严禁有人。

③弹药一经装入弹仓，射手不得离开射击地点，同时枪不离手，更不得随意转动枪口，严禁对着人开玩笑，防止走火发生意外事故，并尽量缩短射击时间。

④射手在操作时，要佩戴防护镜、手套和耳塞，周围严禁有闲人，以防发生意外。

⑤发射时枪管与护罩必须紧紧贴在被射击平面上。严禁在凹凸不平的物体上发射。当第一枪未射入或未射牢固，严禁在原位上补射第二枪，以防射钉穿出发生事故。在任何情况下都不准卸下防护罩射击。

⑥由于发射时稍有震动，操作者必须站立或坐在稳固的地方发射，在高处作业时必须拴有保安带。

⑦当发现有"臭弹"或击发不灵现象时，应将枪身掀开，把子弹取出，查找出原因再使用。

(4)射入点距离建筑物边缘不要过近(不小于10 cm)，以防墙构件裂碎伤人。

(5)往金属板上射钉时，金属板不得小于10 mm，材质必须是G3以下的，射钉直径不得大于10 mm。

8. 机械施工用具

(1)各种机械施工设备及重要附件，应有定期检查和维护保养制度，经常保持机械设备完好状态，严禁非专业操作人员动用各种机械。

(2)各种挖掘机

①挖沟、坑、洞前，应了解地下各种设施，土质情况；松软土质地区，应保持安全距离，防止机械落入沟、洞、坑内造成事故。

②挖掘中应观察四周的电力线、电杆及各种建筑物，以防工作中碰伤人员和碰坏建筑物。

③挖掘中如果发现地下管线或建筑物，应立即停止工作，采用人工挖掘，以免发生人身与设备事故。

④严禁利用挖掘机转运器材。

(3)各种翻斗车

①运送砂浆和混凝土时，机车靠沟边的轮子应视其土质保持一定距离，一般距沟、坑、洞不应小于 1.2 m；停车卸物时，必须踩住刹车，并顶眼木(眼木在机车上配备)。

②司机摘勾翻斗时，要精神集中，不得离开驾驶室。

(4)推土机

①推土机在推土前必须了解地下设施情况，防止推坏设备或伤人。

②工作中应设有专人指挥，特别在倒车时应了解后面的人员和地面上的障碍物。

③用推土机回埋土方时，不能把挖出的大堆硬土、石块、构件碎块以及冻土块推入沟内，以防砸坏通信管道和其他地下建筑物。

(5)各种吊车(起重机)

①起吊前必须检查各支点、吊点、三脚架底角连固点是否平稳、牢固、可靠。吊车停放位置要适当，土质松软地区应采取措施，防止下沉和倾斜。

②所吊器材重量，不许超过设备标定负荷。自制的机具使用前，应进行技术鉴定，确定其负荷能力。

③吊装器材时，严禁有人在吊臂下停留或行走。如要改变器材搁置方向，必须待器材拉近地面和车厢时，再行用人慢慢转动。

④严禁利用吊车拖拉物件或车辆，或直接吊起被泥土埋设重量大小不明的物价，如吊装不明重量物件时，应试吊可靠后再起吊。

⑤吊装有锐利、棱角、易滑物件时，必须加上保护绳索，一次吊装多件时应妥善处理后再行吊装。吊装物件应找好重心，垂直起吊，不许斜吊。

⑥严禁乘坐吊装物品之上，用人体找平衡。吊装物品挂起其他物件时，应停车落下取下挂物，防止意外事故发生。

⑦吊装物件时，应有专人指挥，明确信号，精神集中，密切配合。

⑧管道工程、吊装大型管块和铺管时，沟上沟下工作人员必须精神集中，注意吊车动向，随时离开起重臂下，吊装机具禁止急剧起降。

⑨在架空电力线附近进行起重工作时，起重机具和被吊物件与电力线最小距离应满足表 8-2 的规定。

表 8-2 起重机具和被吊物件与电力线最小距离

电 压	1 kV 以下	6～10 kV	35～110 kV	220 kV 以上
距离(m)	1.5	2	4	6

(6)顶管机

①顶管机卡头应用吊车装卸，放入坑内要平稳，并设有一定数量的撑木，以防顶管时受力的土方变形伤人。

②顶管机卡口规格应符合所顶管的直径，不可乱用，坑上下工作人员，服从统一指挥，坑下管卡口的人员为总指挥。坑上应设专人维持交通，防止行人和车辆进入工作圈内发生意外事故。

(7)汽车绞盘

①汽车停放位置，必须使司机能看到被牵引的重物和指挥信号，并在前后车轮用木枕制动，检查通盘与传动轴的销子是否插好。

②开动通盘前，应清除工作范围内的障碍物，转动中禁止用手扶走动钢丝绳和校正通盘滚筒上的钢丝绳。

③改变通盘转动方向，只许在滚筒完全停止后进行。

④钢丝绳在通盘滚筒上排列要整齐，工作时不能放尽，至少要留 5～6 圈。

(8)各种机械施工用具共同遵守以下 4 条：

①司机人员应遵守有关部门的交通规则。

②行车时不可乘坐非机上人员，劝阻不听时，司机有权停车。

③施工机械的制动设备要灵敏有效，夜间行车要有照明设备。

④检修与清洁注油时，要停车。

9. 仪表

(1)使用仪表的人员必须熟悉仪表的正确使用方法，并按规定进行操作。

(2)仪表使用前，必须弄清楚需要的工作电源的电压，并按要求接引电源。

(3)使用直流电源的仪表要特别注意接入电源的“＋”“－”极性，不得接反。电源电压要符合仪表要求。

(4)使用交流电源的仪表，在市电波动较大时(≥10％)，要经过稳压器后再供给仪表要求。

(5)交直流电源两用的仪表，在插入电源塞绳和接引电源时，要严防交直流电源接错，烧坏仪表。

(6)干电池的仪表使用完毕应随时关闭电源，仪表暂时不用时，要把干电池取出单独保存，以防日久电池蚀烂，使仪表受损。

(7)禁止用仪表的低(小)量程去测量高(大)信号值，被测量值的大小未知或无法估计时，应先把仪表量移放在最高挡位测试，然后逐步降低量程到仪表得到明显的读数。

(8)不许用振荡器、电平表在有电源或高压的线路上(如带有远供电源的电缆载波线路上)进行测试。做过耐压测试的线对必须立即放电，在经过放电后，再做其他测试。

(9)使用耐压测试器时，由于电压较高，操作者应穿胶底鞋或采取其他安全措施(如脚垫绝缘等)，并不得碰触经耐压测试而未曾放电的部件或端子。

(10)使用仪表的现场必须保持清洁干燥，防止日晒雨淋、火烤等，使用中要注意轻拿轻放，防止敲击和碰撞。

(11)仪表转移或运输时，备件要齐全，包装要牢固，要有三防标志，严禁与工具、铁件混装。

10. 氮、氢、氧气瓶

(1)不得使用与气罐丝扣不合适的调压阀门，开高压阀门时，操作人员必须站在气回的后方，充入电缆的氮气气压不得高于 1.5 kg/cm^2。

(2)不得使用高压阀门漏气的气罐，操作人员不得自行检查气罐。

(3)不得把气罐放在烈日下和火炉旁，以免发生危险。气罐不得倒置使用，防止罐内余水进入电缆内。

(4)各种气罐内的气体不能全部用尽，应留有剩余压力。

三、器材储运

1. 一般安全规定

(1)搬运器材时，必须检查担、扛、绳、链、撬棍、滚筒、滑车、抬钩、绞车、跳板等能否承担足够的负荷。

(2)人工挑、扛、抬工作应注意以下事项：

①每人负载一般不超过 50 kg,体弱者、女工和 18 岁以下的男工须酌情减少。

②捆绑要牢靠(越拉越紧),解结简便,着力点应放物体允许处,受剪切力的位置应加保护。

③抬杠电杆或笨重物体时,应佩戴垫肩,抬杆时要顺肩抬,脚步一致,同时换肩,过坎、越沟、遇泥泞时,前者要打招呼,稳步慢行。抬起和放下时互相照应。

④笨重设备和料具多人抬运,必须事前研究搬运方法,统一指挥。人员多少、高矮、所放肩位都应视具体情况恰当安排,稳步前进,必要时应有备用人员替换。

(3)短距由采用滚筒等撬运、拉运笨重器材时,应注意以下事项：

①物体下所垫滚筒(滚杠),须保持两根以上。如遇软土,滚筒下应垫木板或铁板,以免下陷。

②撬拉点应放在物体允许承力位置,滚移时要保持左右平衡,上下应注意用三角木等随时支垫或用绳徐徐拉住物体。

③应注意滚筒和物体移动方向,听从统一指挥,脚不可站在滚筒运行的一侧,以免不慎压伤。

(4)铲车进行短距离运输时,器材要叉牢并离地不宜过高,以方便行驶为度。

(5)用跳板或坡度坑进行装卸时应注意以下事项：

①坡度坑的坡度最好小于 30°,坑位应选择坚实上质处。若土质不太坚实,应在上下车位置设护土板挡拦,以免塌方伤人。

②普通跳板应选用大于 6 cm 厚、没有死节的坚实木材,放置坡度不大于 1∶3(高∶低)。跳板上端最好用钩、绳固定。若遇雨、冰或地滑时,除清出泥冰外,地上应垫草包、粗砂防滑。若装卸较重(如电缆等)物体时,其跳板厚度应大于 15 cm,并在中间位置加垫支撑木凳。跳板使用前必须仔细检查有无破、裂、损、腐现象。

(6)汽车载运行驶,必须严格遵照行车规则。随车押运人员除注意器材在运行中的变化(如器材移动、跳动、下滑、滚摇等),还应协助司机眺望前进方向和上空可能触及的障碍物(如树枝、电线、桥、隧道等),以提醒司机停车或慢行。

(7)器材传递不得使用抛递法。堆放器材应不妨碍交通,五金器材更要随时放好。必要时设标志或专人看管,以免碰伤行人。

(8)搬运脆弱物品,要轻拿轻放,不可与金属材料或其他笨重物体放在一起。

2. 杆材

(1)汽车装运杆材时,杆材平放在车厢内的一般根向前,稍向后;装运较长电杆时,车上应装有支架,尽量使杆料重心落在车厢中部。用两只捆杆器将前后车架一齐拴住(如无捆杆器,则用绳捆绑撬紧,勿使活动)。严禁杠杆超出车厢两侧,以免行车时发生剐碰事故。

(2)用板车装杆,应先垫好支架,随时调整板车前后重量的平衡,逐杆架起,用绳捆绑撬紧;卸车时用木枕或石块塞住车轮前后,并稳住牲畜。

(3)凡用车驾运杆,无论汽车还是板车,杆上不能坐人。

(4)装卸杆料时,应检查杆料有无伤痕,如有折断现象,应予剔除。

(5)卸车送捆时,应逐一进行,不可全部解开,以防电杆从车厢两边滚下,发生危险。

(6)卸车时,不可将杆直接由车上向地面抛掷,以免摔伤杆材。

(7)沿铁路抬运杆料,严禁放在轨道上或路基边道的里侧。停留休息时,要选择安全的地方。抬运杆料器材需通过铁路桥梁时,须事先取得铁路桥驻守人员的同意。

(8)堆放电杆应使梢、根各在一头,排列整齐平顺。杆堆两侧应用短木或石块塞住,以免滚塌。电杆排列时,木杆最高不得超过六层,水泥杆不超过两层并且垫木要平放,堆完后用铁线捆牢,以免杆堆受震塌散,伤人损材。

3. 电缆

(1)电缆盘用汽车或电缆拖车载运为原则,不宜在地上作长距离滚动。如需在地上做短距离滚动时,应按电缆绕在盘上的逆转方向进行;电缆盘若在软土上滚动,地上应垫木板或铁板。

(2)装卸电缆时,必须有专人指挥,全体人员应行动一致。

(3)电缆盘不可放在斜坡上;安放电缆盘时,必须在盘两面垫木枕,以免滚动。

(4)电缆盘不可平放,不能长期屯放在潮湿的地方,以免木盘腐烂。若盘已坏朽,应即更换好盘。倒盘时,各盘均应安置在稳固的千斤顶上。

(5)电缆如需放在路旁过夜,必须将电缆盘上的护板完全钉好,以免遭受损失。必要时,可派专人值守。

(6)人工转动电缆盘时,撬棍(铁或木质)应坚实有楞,长度适宜,上端顶冲点要对着电缆盘的坚固位置(如钉头、铁盘的角钢或槽钢梁)。如遇软土,顶杠下面应垫木板。动作时要统一口令行动。

(7)装运电缆前,必须检查电缆有无破损。若发现破损,不可运出,应立即通知相关人员修复。

(8)电缆装车后,应用绳索将缆盘绑固在车身铁架上,若车上无电缆盘座架时,必须垫木枕。车行驶中,工作人员不得坐立在缆盘的前后方以及上面。押运者还应随时检查木枕和盘的移动情况,如发现问题,停车加固处理。

(9)电缆装卸车,一般用吊车。如用人工装卸时,不可将缆盘直接从车上推下,应用粗细合适的绳索绕在盘上或中心孔的铁轴上,使其慢慢从跳板上滚下。工作人员应远离跳板两侧,在1 m内不准有人行动。装卸时非工作人员不可在附近停留。

(10)装卸电缆如使用电缆拖车,根据不同对象,用三角木枕恰当制动车轮。行车前应捆绑牢固,防止缆盘受震跳出槽外。

(11)用两轮电缆拖车装卸电缆时,无论用绞盘或人拉控制,都需要用绳着力拉住拖车拉端,慢慢拉下或撬下,不可猛然撬上或落下。装卸时,不得有人站在拖车下面和后面,以免伤人和摔坏电缆。用四轮电缆拖车装运时,两侧的起重绞盘提拉速度应一致,保持缆盘平稳上升落入槽内。

(12)使用电缆拖车运输电缆,除按规定设标志外,必须比一般汽车行驶速度低,并要特别注意来往车辆和行人。

(13)电缆盘不可骤然坠下,以免盘缘损坏或陷入地下压伤电缆。

4. 化学品和危险品

(1)搬运酸类危险物品和化学品,事前必须检查所用工具是否可靠,工作人员应佩戴防护用品,以免中毒。

(2)爆炸物品的运输,必须按指定的路线和时间通过,不准在桥梁、隧道和人多的地方停留。

(3)搬运爆炸物品时,炸药、雷管、导火线、电池等成分应分装分运。避免暴晒。禁止带此类危险品乘坐火车、汽车。

(4)搬运易燃、易爆物品时,禁止吸烟。此类物品储存时也应分开屯放,专人专账严格保管。严禁放在宿舍、办公室内。存放严禁靠近高温和火源地区。

(5)搬运化学品时,要注意防震(多数为瓶装),物体不可倒置,如有泄漏在外的烈性化学药品,不可用手接触;拿取时应使用专用工具;工作后必须用肥皂洗手或消毒,才能饮食。

(6)危险品、易燃品(如汽油、防腐油、环氧树脂调和物、塑料稠粘物等),必须要用封闭式箱、桶、瓶装置,并盖紧盖严,以免泄漏,使人中毒。

(7)搬运水泥时,必须戴口罩、手套,有风时应戴防护眼镜。

(8)装运高压储气瓶(如氧、氢、氮等)时,必须以软物垫好并用绳捆牢,以免运行中产生碰撞,造成瓶子损坏或爆炸。

四、架空线路

1. 勘测

(1)勘察时,应对拟定的通信线路所经过的沿线环境进行详细的调查,如有毒植物、毒蛇、血吸虫、猛兽和狩猎器具、陷阱等,应告知测量和施工人员,采取预防措施。

(2)凡遇到河流、深沟、陡坎等,要小心通过,不能盲目泅渡和贸然跳跃。

(3)传递标杆,禁止抛掷,并不得耍弄标杆,以免伤人。

(4)移动大标旗或指挥旗时,遇有火车行驶,必须将旗放倒或收起,以免引起火车驾驶人的误会。

(5)冬季在雪地测量,应戴有色防护镜,以免雪光刺伤眼睛。

2. 打洞

(1)在市区打洞时,应先了解打洞地区是否有煤气管、自来水管或电力电缆等地下设备。如有上述地下设备,应在挖到 40 cm 深后改用铁铲往下掘,切勿使用钢钎或铁镐硬凿。

(2)靠近墙根打洞时,应注意是否会使墙壁倒塌,如有此危险,应采取安全加固措施,如图 8-2(a)所示。

(3)在土质松软或流沙地区,打长方形或 H 杆洞有坍塌危险时,洞深在 1 m 以上时,必须加护土板支撑,如图 8-2(b)所示。

(a) 近墙打洞时　(b) 支撑护土板

图 8-2 护土板支撑

(4)打石洞需用火药爆破者,必须要有爆破经验的人员执行任务。对执行爆破任务的人员应进行安全教育。在市区或居民区及行人车辆繁忙地带,绝不能使用爆破方法。

(5)打炮眼时,掌大锤的人,一定要站在扶钢杆的人的左侧或右侧,严禁对面操作。

(6)土石方爆破注意事项

①打眼、装药、放炮要有严密的组织和严格的安全检查制度。

②装药严禁使用铁器,装置带有雷管的药包要轻塞,不准重击,不准边打眼边装药。

③放炮前要明确规定警戒时间、范围和信号，人员全部避入安全地带，方准起爆。

④用电雷管起爆，应设专用线路，起爆装置要由接线人员负责管理；用火雷管起爆，要使用燃烧速度相同的导火线。

⑤遇有瞎炮，严禁掏挖或在原炮眼内重装炸药爆破，应指派熟悉爆破人员专门处理。未处理完，其他人员不准进入险区。

⑥大、中型爆破，事先应编制方案，报经上级批准。

(7)在建筑物、电力线、通信线及其他设施附近，一般不得使用爆破法。如必须采用爆破手段时，只能放小炮(炮眼一次深度小于 50 cm)，而且炮眼上方应盖以荆笆或树枝等(点炮前必须通知屋内和附近人员离开危险区)，防止石块飞起伤人损物。

3. 立杆、拆杆、换杆

(1)立杆必须由有经验的人员负责组织，明确分工。立杆前检查立杆工具是否齐全牢固，参加立杆人员听从统一指挥，各负其责。

(2)立杆时，非工作人员一律不得进入工作现场。在房屋附近立杆时，不要碰触屋檐，以免砖、瓦、石块落下伤人。在铁路、公路、厂矿附近及人烟稠密的地区，要有专人维持现场，确保安全。

(3)立起的电杆未回土夯实前，不准上杆工作。

(4)上杆解线和拆担前，应首先检查电杆根部是否牢固。如发现危险电杆，必须用临时拉线或杆叉支稳妥后，才可上杆工作。

(5)拆除电杆，必须首先拆移杆上线条，再拆除拉线，最后才能拆除电杆。

(6)不在原洞更换电杆时，必须把新杆立好后，自新杆攀登，并把新、旧杆捆扎在一起，然后才能在旧杆上进行拆除移线和附属设备工作。

(7)更换电杆时，如利用旧杆挂设滑车，以吊立新杆，应先检查旧杆腐朽情况；必要时，应设置临时拉线或支持物。放倒粗大旧杆时，应在新杆上挂设滑车。如旧杆细小，亦可用绳索以一端系牢旧杆，另一端环绕新杆一整圈后，用手徐徐放送，杆下禁止站人，以免发生危险。

(8)使用吊车立、撤杆时，钢丝套应拴放在电杆的适当位置上，以防“打前沉”。吊车位置应适当，发现下沉或倾斜应采取措施。用吊车拔杆，应先试拔，如有问题，应挖开检查有无横木或卡盘等障碍。

4. 登高

(1)从事高处作业人员必须定期进行身体检查，患有心脏病、贫血、高血压、癫痫病以及其他不适于高处作业的人，不得从事高处作业。

(2)上杆前必须认真检查杆根有无折断危险，如发现以折断腐烂者或不牢固的电杆，在未加固前，切勿攀登。还应观察周围附近地区有无电力线或其他障碍物等情况。

(3)上杆前仔细检查脚扣和保安带各个部位有无伤痕，如发现问题不可使用。

(4)到达杆顶后，保安带放置位置应在距杆梢 50 cm 的下面。

(5)利用上杆钉上杆时，必须检查上杆钉是否牢固。

(6)利用上杆钉、脚扣上杆时，不准二人同时上下。

(7)利用上杆钉或脚扣在杆上工作时，必须使用保安带，并扣好保安带环，方可开始工作。

(8)杆上有人工作时，杆下一定范围内不许有人；在市区内，必要时用绳索拦护。

(9)高处作业所用材料应放置稳妥，所用工具应随手装入工具袋内，防止坠落伤人。

(10)上杆时除个人配备工具外，不准携带任何笨重的材料工具。站在杆上，建筑物上与地面上人员之间不得扔抛工具和材料。

(11)杆路上有一部分电杆朽烂者,凡须进行工作之电杆,及可能用邻杆工作而张力不平衡的电杆,都应在加做临时拉线或临时支撑装置后,才能攀登。

(12)在紧拉线时,杆上不准有人,待拉紧后再上杆工作。

(13)使用吊板时,应注意以下几点:

①吊板上的挂钩已磨损掉 1/4 时就不得使用,吊板交连绳捆扎应牢固。

②坐吊板时,必须扎好保安带,并将保安带拢在吊线上。

③不许有两人同时在一档内坐吊板工作。

④在 7/2.0 以下的吊线上不准使用吊板(不包括 7/2.0)。

⑤坐吊板过吊线接头时,必须使用梯子,经过电杆时必须使用脚扣或梯子,严禁爬抱而过,造成意外人身事故。

(14)在楼房上装机引线时,如窗外无走廊晒台,勿立或蹲在窗台上工作。如必须站在窗台上工作时,须扎绑保安带。

(15)遇有恶劣气候(如风力在六级以上)影响施工安全时,应停止高处、起重和打桩作业。

(16)遇雷雨天气,禁止上杆工作,不得在杆下站立。雨后上杆须小心,以防滑下。

(17)上建筑物工作时,必须检查建筑物是否牢固,不牢固不许登上。

(18)在房上工作时必须注意安全。在屋顶上走时,瓦房走尖、平房走边、石棉瓦走钉、机制水泥瓦走脊、楼顶内走棱。要避免踏坏屋瓦。

(19)在屋顶内天花板上工作时,必须用行灯,并注意天花板是否牢固可靠。

(20)升高或降低吊线时,必须使用紧线器,不许肩扛摊拉,小对数电缆可以用梯子支撑,并注意周围有无电力线。

(21)接续架空电缆进行浇蜡封焊或进行焊接线条时,应在接头下悬挂一适当的盛器,以盛接煮热的白蜡余锡,并劝阻行人不要在下面行走,以防烫伤或灼伤。

(22)凡沿电缆吊线工作时,不论是用滑行车或竹梯,必须先检查吊线(用绳索跨挂于吊线上,以一人的重量加于绳上,先做实验),确知吊线在工作时不致中断,同时两端电杆不致倾斜倒拆,吊线卡担不致松脱时,方可进行工作。

(23)使用平台接续架空电缆时,必须仔细检查平台是否扎扣妥当,安全可靠。

5. 一般架设及拆除

(1)在杆上紧线前,应检查导线有无被树枝卡住、泥土埋住、河水冻住等现象,避免收紧线条时甭断伤人。

(2)在跨越列车往返频繁的铁路上放设或拆除电缆、裸线时,可参用环系渡线法,并应设专人观察指挥。当列车驶近时,应停止架线工作。

(3)当架线中遇火车到来时,必须迅速将线条收紧,不得使机车或列车挂着线条。

(4)向宅内架设引入线时,必须装妥引入支架后方可架设,并须用力收紧,避免线条下垂妨碍交通。如跨过低压电力线之上,须另有一人用绝缘体棒托住引入线,切勿搁在电力线上拖拉。

(5)在拆除线路的工作地方,禁止非工作人员接近。

(6)拆除终端杆线条时,须先由最下层两边逐条向中间松脱(应用绳索系牢慢慢放下),不得一次将一边全部剪断。

(7)对中间杆的线条,应将全部扎线拆开,拆至最后几条时,必须注意电杆本身有无变化;

如发现电杆有折断的可能，应立即下杆，采取措施后再行工作。

(8)在剪断线条时，应先与有关杆上人员联系，提醒有关人员注意。

(9)切勿将任何线条扣于身上，以免被线条拖跌。

(10)在收紧线时，扳动紧线器以二人为限，工作时必须在紧线器后边的左右侧。

(11)跨越供电线路、公路、街道、河流、铁路等的线条，应将其跨越部分拆除。

(12)铜线上有铜绿，在工作时，切勿直接用手擦拭眼睛。

6. 过河飞线

(1)架设过河飞线，最好在汛前水浅时施工。如在汛期内施工，须注意水位涨落和水流速度，避免发生危险。

(2)各种工具在使用前，须详细检查与配置，注意吕宋绳、滑车、绞车等粗细、大小、拉力、载重等是否安全。

(3)在水面较宽的河流上架设飞线，如条件许可，应雇用轮船或汽艇施工；如无轮船和汽艇，为了不使线条沉到河底，应雇用适当数量的木船。在水流急的河流架设飞线时，须备适当的救生设备。

(4)船上工作人员站的位置，应在线条张力的反侧，以免线条收紧时被兜入水中。

(5)线条架在木担或弯脚后，慢慢紧起，各船上工作人员，应按预定的信号，行动一致。同时要注意线条腾起时摆动情况，勿使触及人身。

(6)在通航河流上架设飞线时，应在架设飞线之前，与航务管理机关及有关部门进行联系，在施工地段内所有水上交通应暂时停止，必要时登报公告，并请水上公安机关派专人至上下游，以红旗通知来往船只。

(7)遇有船只冲下，无法阻挡，会钩住线条时，在这种紧急情况下，必须将线条两端剪断，以防发生翻船的危险；同时，两岸杆上的工作人员，应迅速下到地面，以免电杆被线条拉动，发生危险。

(8)在河边沙滩及沿沼泽地带工作，应注意有无陷泥沙的危险，如感觉有越陷越深的现象，不可用力挣扎，必要时卧倒或往回滚返。救护人员应在泥沙上面铺好木板前往营救，或用绳索的一端掷给待救人，用力拉救。

(9)剪断铜线时，应将线头徐徐松放，以免突然卷缩弹伤人员。

(10)在改筑过河飞线时，应用大绳从线担上绕过拴住紧线器尾巴，钳口夹住线条，杆下拉紧大绳，使茶托松劲后，再剪断导线，徐徐松绳使线条落地。撤线必须先撤木担两侧的第一、四线对，再撤二、三线对。

7. 在供电线及高压输电线附近工作

(1)工作人员应熟悉各种供电线的设备，在电力线下或附近紧线时，必须严防与电力线接触。在高压线附近进行架线及做拉线等工作时，离开高压线最小空距如图 8-3 所示。

图 8-3　离开高压线最小空距

关于空距的规定如下：

①35 kV 以下线路为 2.5 m。

②35 kV 以上线路为 4 m。

(2)在通信线路附近有其他线条时，没有辨明清楚该线使用性质时，一律按电力线处理。

(3)在通过供电线工作时，不得将供电线擅自剪断，须事先通知电力部门派人到现场停止送电，并经检查确属停电后，才能开始工作。但仍须带胶皮手套，穿着橡胶套鞋及使用胶把钳子。

(4)开始上杆前，应沿电杆检查架空线条、电缆及其吊线，确知其不与供电线接触，方可上杆。上杆后，先用试电笔检查该电杆上附挂的线条、电缆、吊线，确知没有电后再进行工作。如发现有电，应立即下杆，并沿线检查与供电线接触之处，妥善处理。

(5)在三电(电灯、电车、电话)合用的水泥杆上工作时，必须注意电力线、电灯、接户线、电车馈电线、变压器及刀闸等电力设备，并不得接触。

(6)如需在供电线(220 V、380 V)上方架线时，切不可用石头或工具等系于线的一端经供电线上面抛过，必须用下列的方法牵引线条：在跨越两杆各装滑车一个，以干燥绳索作成环形(绳索距电力线至少 2 m)，再将应挂线条，缚于绳上，牵动绳环。将线条徐徐通过。在牵动线条时，勿使过松，免得下垂触及电力线。也可在跨越电力线处做安全保护架子，将电力线罩住，施工完毕后再拆除。尽管如此，放线车和导线均应很好接地，以防万一。

(7)如应挂线条之杆档过大时，除将应挂线条缚于绳环外，并在引渡时每隔相当距离用细绳在绳环上系一小绳圈，套入线条，以免线条下垂，触碰供电线。

(8)遇有电力线在电信线杆顶上交越的特殊情况时，工作人员的头部不得超过杆顶，所用的工具与材料不得接触电力线及其附属设备。

(9)当电话线与电力线接触或电力线落在地上时，除指定专人采取措施排除事故外，其他人员，必须立即停止一切有关工作，保护现场，禁止行人走入危险地带，不可用工具触动线条或电力线，并立即报告施工负责人设法解决。事故未排除前，不得恢复工作。

(10)在吊线周围 70 cm 以内有电力线或电灯线时，不得使用吊板。

(11)在地下电缆与电力电缆交叉平行埋设的地区进行施工时，要特别注意，必须反复核对位置，确认无误方可进行工作。

(12)在带有金属顶棚的建筑物上工作前，应带上胶皮手套，用地线试验或用试电笔检查是否有电，并接好地线。拆除地线时，必须先将全身离开地线，再戴上胶皮手套将地线拆下。

(13)现场需用临时电灯时，应指派专人装设(要得到供电公司同意)，其他人不得担任此项工作。所用的电工工具必须绝缘良好，所用的导线要仔细检查，发现漏电时应报告班长，及时修理或更换。

(14)跨越高压电力线装拆话线，必须事先联系，等停电以后再进行工作，必要时设专人看闸。工作者必须使用绝缘胶鞋、胶手套、胶把钳子。

(15)在高压线下穿线条时，应将施工放的线条用绳索控制在线担上(不捆死)，特别是在通信线吊档放线或紧线时，更要采取可靠措施，防止线条跳起，碰到高压线发生触电事故。

五、电缆管道设备

1. 立杆塔

(1)立杆前由工地负责人讲解施工方法和注意事项，分工应明确，各自坚守工作岗位。

(2)立杆前应做好各方面准备工作，由工地负责人进行全面检查，确认安全后方可进行。

(3)埋设地锚要由专人负责检查，发现问题应及时处理。

(4)立 30 m 以上的杆塔最好用活撑杆(又称活扒杆)，超过 40 m 的必须用活撑杆。

(5)立杆塔时临时拉线用钢丝绳，在高度不超过 23 m 时可用优质麻绳代替。

(6)用手推木绞车(磨盘)时，拉钢丝绳的人要离开绞车至少 3 m。松动绞车时转速不得过快。用手推绞车必须指定专人负责，且在绞动时要严肃认真，不得嬉笑逗闹。

(7)用电动卷扬机或拖拉机立杆塔时，操作绞车人员必须熟悉机械性能和使用方法。开车时必须放在低速挡。严禁对机械绞车使用不熟练的人操作。

(8)固定式撑杆(死扒杆)的长度应大于立杆全长的 1/3，活撑杆长度应大于立杆全长的 1/4。

(9)整体立杆(塔)必须固定好杆塔底座的钢丝绳，以防杆塔底座移动和倾斜。

(10)以杆塔基点为圆心，以杆高为半径的圆周范围内作为施工区，非工作人员严禁入内，绞车应安装在安全地方。

(11)当杆塔吊离地面时，要进行一次全面受力检查(特别是地锚和杆塔本身)和设备安全检查，确认全部正常后方可进行竖立。当杆塔立至 70°～80°时暂停，将各方拉线用紧线器固定好，再徐徐升起，待立至 85°时，应停止，调整拉线将杆塔初步校直，打好保险后(即把拉线固定好)方可上杆工作。

(12)杆上有人工作时，不得调动拉线。

(13)上层拉线和单层拉线时用两只紧线器，以防万一脱扣。

(14)杆上接杆时，杆上作业必须指定专人负责，地面指挥人员和杆上作业人员要密切配合。撑杆应用红线标好重心位置，绑扎撑杆时，红线不得超过支持木杆顶部；在升撑杆和木杆时，杆顶控制人员不得用手直接控制，必须用绳索控制。

(15)架设馈线杆(尤其是水泥杆或重木杆)一般用三脚架，特殊情况可用枷杠或其他方法。使用三脚架时，三脚架垂直高度必须大于被立杆高度的 1/2。立或放倒水泥杆时，严防撞击和抛掷。

2. 拆杆塔

(1)拆杆塔前，必须对杆身、拉线、地锚等主要部位作全面检查，如有腐朽者，应加帮杆或加临时拉线和地锚等措施，确认正常后，方可拆除。

(2)拆除旧杆塔时，撑杆后方拉线，一般应设临时地锚，如用原杆地锚时，禁止使用铁线或钢线绞合的地锚套；如为圆钢地锚拉杆时，应检查其锈蚀情况后，再确定能否使用。

(3)被拆杆塔倒至与地面成 80°左右时，应对各受力点和杆身变形情况进行全面检查，确认正常后方可继续拆杆。拆杆塔时绞车转速不得过快。

(4)当被拆杆塔接近地面时应垫上横木，人在杆身两侧工作，严禁在杆塔下方工作或穿行。

(5)拆馈线杆时，上杆前先检查杆腐朽情况，严重者要采取加固措施方可上杆。杆上线条拆除时要用紧线器松开，用绳系到地面。严禁用钳子剪断，以免线条卷缩伤人并防止突然受力发生倒杆事故。

3. 天线幕及馈线

(1)预制天线幕前应熟悉图纸，注意尺寸及所用材料。下料时要与图纸核对，同时要经常检查材料质量，符合要求方可进行。

(2)拉直线条时，紧线器不得固定在担负业务的馈线杆上。

(3)两人放线或小料时要互相呼应，单方不得随意放手。

(4)挂天线时听从统一指挥，未经指挥人员允许，天线幕下面不得有人工作或停留。

(5)用火炉化锡及使用喷灯时，要注意防火；进行焊接时，应使面部离开被焊接端 50 cm 左右。此外，眼睛水平应高于焊接点；严禁赤手触摸刚焊接的接头。在焊接时，禁止有人在焊接线下面停留。

六、地下及水底电缆

1. 地下室内工作

(1)进入地下电缆室或无人站工作时，须先进行通风，防止有害气体中毒。

(2)站(室)内如有漏堵、漏水的管孔，应予补堵。

(3)下无人站工作时，至少有二人在场，以免发生意外。

(4)站内有积水时，应及时抽干，去潮烘烧；如用木炭烘烧，站内不得留人，烘烧完毕经通风后，方可进入。

(5)地下室、人孔、无人站、水线房内，不得熬制绝缘混合物。严禁将易燃物品，如汽油等物带入站内，以防火灾。

(6)在进行无人站设备安装时，由于喷灯烘烧，站内温度很高，特别是夏天，必须用电扇通风，以防中暑。

(7)安装无人站设备时，必须站上站下同时有人，并应交替工作，上下照应；工具器材等不得放在井口边缘，以防坠落伤人。

(8)无人增音等设备下站时，必须用绳索缓慢吊下，站下人员必须离开井口，待下放到一定高度时，方可二人接抬，然后放在机台上。

2. 起闭人孔盖

(1)开闭人孔盖应用钥匙，以免伤手。如不易离开，应以一木块垫在铁盖边缘上，再用铁锤等敲打垫木震松，不可用锤直击铁盖，以免孔盖破裂。

(2)人孔周围如有冰雪，揭盖前必须先铲除，必要时，人孔周围可垫砂灰或草包防滑。

(3)人孔揭盖进行工作时，应设置市政规定的标志，必要时派人值守。工作完毕后，待盖好孔盖，方可撤除栅栏和标志。

3. 人孔内工作

(1)打开人孔后必须立即通风。下人孔时必须使用小梯。不得踩蹬电缆或电缆托板。下人孔前必须确知人孔内无有害气体。人孔通风采用排风布或排风扇，排风布在井口上下各不小于 1 m，并将布面设在迎风方面，如图 8-4 所示。

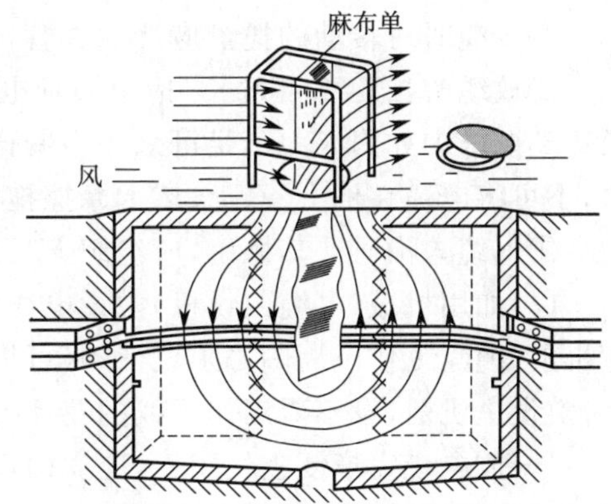

图 8-4　人孔通风采用排风布

(2)在人孔工作时，如感觉头晕呼吸困难，必须离开人孔，采取通风措施。

(3)在人孔内抽水时，抽水机的排气管，不得靠近人孔口，应放在人孔的下风方向。

(4)在人(手)孔内工作时，必须事先在井口处设置井围、红旗，夜间设红灯，上面设专人看守。

(5)在人(手)孔内工作时，不准在人孔内点燃喷灯。点燃的喷灯不准对着电缆和井壁放置。在焊电缆时，谨防烧坏其他电缆。

(6)用炭火盘在人孔内烘烤电缆接头时，必须先在人孔外放烟，炭盘放入人孔时，必须通风，并预先清除井内工具和材料及其他杂物。

(7)凿掏人孔壁、石块硬地及水泥地时，必须带护目眼镜。

(8)在人孔内不许吸烟。

(9)在风暴或下雨时工作,应在人孔上设置帐篷。若雨季须在低洼地区人孔内工作,应先将人孔四周用干土筑以足够高厚的防水圈子或用预制的铁井口罩,以防暴雨时水流入人孔内。

4. 地下电缆

(1)放设电缆,千斤顶须放置平稳,千斤顶的活动丝杆顶心露出部分,不可超出全丝杆的3/5。若千斤顶不够高,可垫以专用木块或木板。有坡度的地方,千斤顶底座下铲平垫稳。若电缆捆在汽车上施放,千斤顶必须打拉线,使其稳固。

(2)放电缆前,盘上拆下的护板,钉子必须砸平收放妥当。盘两侧内外壁上的钩钉应拔除,以免刺伤人和缆皮。

(3)管道内牵引线和钢丝绳以及敷设电缆时,应戴手套。

(4)放电缆时,缆盘应保持水平,离地面不可过高,一般只要电缆盘能自由旋动为宜。

(5)放电缆时,须检查人孔内的滑车、钩链是否坚固,防止断脱发生危险。人孔内抹油人员,不得靠近管口,以免挤伤手部。

(6)无论使用人工或汽车、机具牵引管道电缆时,速度应均匀,不宜过快,以免进口伤缆。

5. 埋式电缆

(1)放、拆埋式电缆所需一般掘土及回土工作的安全注意事项参照“地下管道”部分的相关规定;石方爆破作业安全注意事项,参照“架空线路”部分的有关规定执行。

(2)电缆路由如需通过铁路、公路、河堤,采用顶管法预穿钢管时,顶管前必须将顶管区域内的其他地下设备(如通信电缆、电力电缆、上水管、下水道、煤气管等)的具体埋设位置调查清楚,以免发生人身和其他事故。

(3)敷设电缆前,必须先调查沿途地势(如沟、坎、塘、屋等),而后确定人员、运行线路和保护措施。

(4)放缆时,必须做到:

①统一指挥,步调一致,按规定的旗语和哨令放缆。

②放缆时对转动的揽盘应严加看管,电缆应由盘的上方牵出,牵行速度不得过快。

③放缆时抬距不可过长,抬中间轴电缆,前后两人间距不得超过 3 m,以保证电缆曲率半径达到要求。如因人力不足可采用中间向两头敷设,或倒“8”字、大“S”弯等接力推移敷设方法,不可将电缆在地上、石上、树上摩擦拖拉,以免损害电缆。

④电缆入沟时严禁抛甩,应组织人员逐段下放;穿过障碍物或电缆悬空者,不得强行踩落。

(5)如用机械(电缆敷设机)敷设电缆,必须首先铲除电缆路由上有碍机械工作的障碍物,主机上、缆盘工作区周围必须设活动(可拆卸)式安全保护架,防止人员摔下伤亡。并在牵引机后,敷设主机前,设不碍工作视线的花孔挡板,以防牵引钢丝绳断脱伤人。

(6)放电缆完毕复查气闭后,应立即填入 20 cm 细土,不使电缆暴露在外,交通路口将沟填平,恢复交通,否则应设临时便桥。

6. 水底电缆

(1)在通航河流施放水底电缆之前,应与航务管理部门洽商施放时间、封航或部分封航办法,并取得水上公安机关的协助。视河道运输繁忙情况,在施放地的上下游派船警戒;其指挥信号,应用高音喇叭和水上交通规定的旗语。

(2)水线敷设,根据不同的施工方法和电缆的粗细、重量选用吨位、面积合适、船体牢固的船只。

(3)扎绑船只,所用绳索和木杆(钢管)应符合最大受力要求,扎绑支垫要牢固可靠,工作面铺板应平坦，并无钉露出，施放工作区域不得有冰、油、白蜡或其他杂物，船缘要设安全保护围栏。

(4)散盘工作地点，应选择平慢坡、便于停船的非港口繁忙区。

(5)水线敷设前，工作船上应按水上航行规定设立各种标志；船上工作人员应选择适宜水上操作的同志，每个人员都要穿救生衣；正式敷设前必须恰当组织人员，研究好施放方案。装设指挥联系用的扩大器，并用旗语统一指挥，先进行试放，使船员和工作人员都心中有数。快速放缆时，船速要均匀，并且有一定数量的备用人员，以便应急替换；掌握刹车人员，应随时控制电缆下水速度。

(6)敷设水线前，必须对所有水上用具、绳索、绞车、吊架、倒链、滑车、水龙带和所有机械设备进行严格的检查，确保安全可靠。

(7)内河五级以上大风及大雨或起雾时，不可施放水底电缆。

(8)所有绞车或卷扬机都应可靠地固定在船上，工作地域的钢丝绳，应干净利落地摆放好，防止绞入船桨船舵，或缠人伤身。

(9)敷设水线人员应戴手套，一般每人负载不超过 50 kg；如遇电缆接头须两人抬送，采用快放法时，船上盘缆位置离龙门架不得小于 1.5 m；"∞"字圈排列平顺，中间交叉点应分散，避免堆积过高，人不可进"∞"字圈内操作。

(10)水底电缆施放后，两岸应按规定立即设置标志牌和标志灯。

(11)潜水冲槽应注意以下安全事项：

①潜水员下水前，必须仔细检查潜水衣和附属设备是否齐全、完好；潜水衣导气管是否有破、漏现象，头盔垫是否严密，否则不能下水。

②潜水员的联络电话应保证可靠，以防万一，潜水员必须系安全绳。

③打气设备必须保持良好，潜水员下水、打气必须有备用人员更换。潜水员穿好潜水衣必须试试通话联络和打气情况，方可顺梯下水。

④水流速大于 1.2 m/s，水深超出 8 m(暂定)时，潜水员不宜下水冲槽。

⑤潜水冲槽，船上要设专人指挥，并经常与水下人员保持联系，以免发生意外事故。

(12)使用冲放器埋设水底电缆时，应注意下列安全事项：

①选择能安全控制船体张力的锚。各钢丝绳要有足够的安全系数，有毛刺或锈蚀的钢丝绳不能使用。

②工作船各锚绳要时时控制船体，不可压挤冲放器。

③工作前，必须检查冲放器进出水孔道是否有堵塞，电缆入水滑槽是否疏通，各连接头是否密闭牢固。

④水泵、油机等要专人操作，压力要在安全负荷以内，调压不可过猛。动力机械附近不能堆放杂物。

⑤在靠近海边的河道内工作时，要调查了解潮水涨落的规律和时间，以免涨、退潮时，发生水倒流，防控不及，造成事故。

七、地下管道

1. 共同遵守的项目

(1)上下沟时必须使用梯子，不得攀登沟内外设备。

(2)工具和材料不得随意堆放在沟边或挖出的土坡上，以免落入地沟伤害人体。

(3)在工地堆放器材,应选择不妨碍交通、行人少、平整地面堆放,不宜堆积过高,必要时采取适当措施,以保安全。

(4)在工地现场用车辆搬运器材时,必须指定专人负责安全,在公路上行车必须遵守交通规则。

(5)在地沟中工作,应随时注意护土板的横撑是否稳固,起立或抬头时应注意护土板撑木,以免碰伤头背。

(6)在未得班长同意前,不得随便更动、拆除撑板和撑木。

(7)在沟深 1 m 以上的沟坑内工作时,必须头戴安全帽,以保安全。

2. 测量

(1)测量仪器的放设地点,以不妨碍交通为原则。支撑三脚架时,应拧紧螺丝,以免仪器突然倒下摔损。

(2)在十字路口和公路上测量时,应注意行人和各种车辆,必要时应与交通警联系,取得协助。测量动作应迅速,根据现场实际情况,可分二、三次丈量。皮尺、钢卷尺横过公路或路口丈量时,注意切勿被车辆滚压。

(3)进行测量时,仪器由使用人员负责保护,如使用人员因故需要离开仪器时,应指定专人看守。测量仪器与工具不用时,应放置在安全的地方,以防仪器被损坏。

(4)沿管线所打水平桩或中心桩,不得高出路面 1 cm。

(5)挖土前,测量人员应熟悉掌握图纸上、地上、地下障碍物的情况,将障碍物的具体位置与土方挖掘的负责人和挖掘机司机讲清楚,施工中紧密配合,以免损坏地上、地下设备和发生人身安全事故。

3. 土方

(1)施工前,按照正式批准的设计位置,与有关部门办好挖掘手续,并与有关的居委会、工厂、学校、机关进行联系,做好施工安全宣传工作,劝告居民教育小孩不要在沟边或沟内玩耍。

(2)在开始挖土时,须在两端放设标志(如红旗或红灯、绳索等),以免发生危险。

(3)人工挖沟时,相邻的工人须要有 2 m 距离。

(4)流沙、疏松土坡在沟深超过 1 m 时,均装置护土板。一般结实土壤,其侧壁与沟底面所成夹角小于 115°时,须装置护土板。挖沟与装置护土板须视具体情况配合进行,工作人员不得相距太近,以免发生意外。

(5)如果挖交叉地沟或者挖填平的老沟,而填土未沉落坚实者,在两沟互相穿通之处,必须支撑得特别牢固。

(6)挖沟时如发现在挖沟地区有坑道枯井,应立即停止进行,并报告上级处理。

(7)在斜坡地区内挖沟时,须防止由于有松散的石块、悬垂的土层及其他可能坍塌的物体滚下,而发生危险。

(8)挖沟时,对地下各种障碍物,如电力线、上水、下水、煤气、热力、防空洞以及非邮电部门的通信电缆等,应做如下处理,确保人身和设备的安全:

①在施工图纸上标有位置高程的地下设施,当挖到接近其 30 cm 时,应采用铁锹轻挖。机械化挖沟时,遇到这种情况,应停止机械作业,采用人工挖掘。

②没有标记明确位置高程的,但已知有地下建筑物时,应事先指定有经验的工人进行深挖。

③在挖沟时突然发现地下建筑物,如古坟和不能识别的物品,应立即报告上级处理,不得将其损害,严禁随意敲击或玩弄。

④挖出底下任何管线时，应于沟上横架足以负重的原木或工字钢和适当的木板包托，用棕绳或铁线吊起以防沉落。

⑤如遇有污水、雨水管道有漏水，应予封堵，难以一时修复的应以木板油毡作临时过渡流水槽，引至沟外下水道去。在工作中臭味太大时应戴口罩。

⑥如遇有上水管漏水，煤气热力管道漏气，特别是有毒的、易燃的气体管道出现障碍，及时请求有关单位配合修复。

⑦如遇有电力电缆、通信电缆出现意外故障，也应请求有关单位配合修复。

⑧在以上各种管线障碍未修复前，工地负责人应指派专人维持现场停止工作，防止意外中毒、触电等事故发生。待修复后，吊装牢固，方可复工。并加标记，防止其他人员乱动。

(9)由地沟内抛出土石于沟外时，应注意以下事项，以防伤人伤物：

①使土石不致回落于有人的沟内。

②不应堆积过高，并须有适当的坡度。

③及时运清行人要道及妨碍交通之处的土石。

④注意周围情况，不得乱扔工具、石子、土块。

⑤从沟中或土坑向上掀土，应注意沟、坑上边是否有人；沟深在 1.5 m 以上者，须有专人在上面清土。清除之土，应堆在距离沟、坑沿 60 cm 之外。

⑥所挖出的土与石块，不得堆在沟边的消火栓井、邮政信筒、上下水道井、雨水口及各种井盖上面。

⑦挖掘土方石块，应该从上而下施工，禁止采用挖空底脚的方法；在雨季施工时，应该做好排水措施。

⑧当靠近建筑物旁挖土方时，应该视挖掘深度，做好必要的安全措施。如采取支撑办法无法解决时，应拆除容易倒塌的房屋墙壁等。

(10)挖沟后，须视需要，在里弄口、机关、市民等门口及时搭临时木桥或钢板桥，维持交通。所搭各种临时便桥，必须事前检查，不得有断裂移动情况，并充分估计不会有压断可能。支搭以后，每日应由专人检查，并应符合下列要求：

①人行便桥的木板厚度不得小于 3 cm，板宽不得小于 60 cm。

②通行人力小车的便桥板厚不得小于 5 cm，板宽不得小于 150 cm。

③通行机动车的便桥板厚不得小于 10 cm，或采用钢板，一般应在板下加设横挡，必要时用铁钩或铁线连牢。

④搭各种便桥和木板间隔不得大于 1 cm，两端均应延长 50 cm 以上，如沟壁土质松软，应视具体需要加长木板，并贴在地面上。

⑤繁华地区，便桥左右加设挡板和明显标志。

(11)挖隧洞时的注意事项

①根据地区不同，当前均采用大口径水泥管，然后在大管内铺设电信管道办法。

②一般通过高级路面和穿越各种建筑物下铺设电信管道时，使用挖隧道办法铺设电信管道。

③挖隧道时，应随时注意上顶与两侧土质有无变化情况，如发现有松裂现象，全体人员应退出洞外，并向上级报告，待支好护土板与撑架后，再进行工作。工作人员不得将工具碰撞撑架及护土板。

④遇天气炎热时，挖洞人员应轮流在洞内洞外工作，班组长应注意掌握。

⑤挖隧道时应有足够的照明设备和通风设备，须用低压电源高质量胶皮电缆的工作手灯和排风设备。

⑥在挖隧道快贯通时，须通知对方挖洞人员留意，以防碰伤对方人员。

⑦隧道内应保持通风，注意对有毒气体的检查，遇有可疑现象，应立即停止工作，并报告上级处理。

(12)每天早起开工前或雨后复工时，必须检查地洞顶壁和地沟帮是否有裂缝，撑木是否有变动，如有必要，应先加固，才能下去工作。

(13)雨后洞内沟内泥泞不堪，应先将烂泥挖出。发现土质有裂缝坠下之势，应立即用工具将松土打下或加撑。

(14)严禁工作人员在沟坑内或隧道中休息或玩耍，以免发生危险。

(15)在旧有人孔处改建与增添新人孔或新管道时，严禁将人孔中的电缆损坏。必要时，应加横杆悬吊保护。

(16)回土的一般要求

①回土打夯时，注意平稳，用力均匀。电动打夯机，要用橡皮绝缘线，夯机不得碰伤电源线。使用内燃打夯机时，要防止喷出的气体及废油伤人。

②对原有的地下建筑物，回土时不得将其损坏。

③在土洞内回土，应逐步地拆去护土板和撑架，并逐步垂直地一层层夯实，不能夯实的地方用砖填实，不得一次将所有的护土板或撑木架拆去。

4. 木工

(1)木材与横板安装和拆除时应堆放整齐，不要妨碍交通。

(2)木工工地附近，应提高警惕，严禁烟火，并经常检查防火设备。

(3)每日将木工场地的碎木、刨花、锯末清扫干净。

(4)木料如有断裂、死节或不合安全者，不得使用。

(5)在向下方传递模型时，要注意下面的人的安全，不能随意抛掷。

(6)支撑护土板及撑木和模板，必须装钉牢固平正。不得有钉子尖和铁丝突出，以防伤人。

(7)拆卸各种模板、横梁、撑木和碎板，应随拆随收，并放在沟边上。带钉子尖的要朝地下放或将钉子起去，不得散置沟旁或沟内，以免钉子和碎木尖伤脚。

(8)拆除护土板必须小心谨慎，并视下列具体情况，逐渐依次进行：

①如有塌方危险，应于回土时，先回一部分土，夯实后再拆，必要时装好新木撑与垫板，再由下而上的拆除原来的木撑与护土板，逐渐回土，直至不会发生事故为止，再将木撑及护土板全部拆除。

②在流沙或潮湿地区，护土板可能陷入泥土内，拆除比较困难，为了确保人身安全，个别地方的木板，可以不予拆除，任其留在填土内，但必须事先报经队长批准。

③拆除或移装护土板支撑木工作，须由熟悉操作方法的木工担任。

④沿着建筑物地基挖掘地沟时，如果地基的底部高于沟底，回土时护土板应不拆除，留存于土中，以免影响建筑物。

5. 钢筋

(1)钢筋、材具及成品，要堆放整齐。屯放工地现场时，考虑不妨碍交通和施工方便。

(2)在截钢筋、冷拉或锤拗钢筋时，掌钳人必须与掌锤人站成斜角，掌锤人一定要听从掌钳人的指挥，应禁止非工作人员靠近，以免伤人。

(3)弯钢筋时，须将搬子的口啃牢钢筋，以免脱掉伤人。

(4)钢筋去锈工作，须佩戴口罩和防护眼镜。

(5)编排钢筋时，应相互注意，以免工具及钢筋伤人。绑扎钢筋应牢固，并将扎好之铁丝的尖端捺下，以免扎人。

6. 混凝土

(1)筛砂石及搅拌混凝土人员应戴口罩，在沟内捣实，拍浆人员，须穿胶鞋。

(2)灰盘放于人孔旁或沟边，注意平稳。放置时，沟内工作人员必须避开。

(3)递灰时，须将桶平稳下送。接灰人必须双手承接，递者听从接者指挥。

(4)向沟内吊放混凝土构件时，应先检查构件是否有裂缝，以免崩裂伤人。吊放时，应将构件系牢，慢慢放下。机吊时更应轻吊轻放。

(5)搅拌机上料时，每次重量不得超过本机规定的负荷。

(6)搅拌机应安放平稳，勿使有较大震动，并须严格按照操作规程使用和维护。

7. 铺管和砌砖体

(1)管块、砖石等料堆放工地应平整，注意避免妨碍交通。

(2)管块不得放在土质松软的沟边，并不得斜放、立放或重叠于沟边。

(3)由沟上递管下沟时，一般用直径为 2 cm 以上的坚实绳索，其绳索两端每隔 40 cm 打一个结，以免从递管人手中滑脱。应待沟内人员接妥后，再松绳索。必要时，可搭木板站人，但板厚不得小于 4 cm。移动木板时，注意勿使石土等物带入沟内，打伤沟内工作人员。

(4)铺管工作中，递管人员应劝阻行人观看，铺管与抹缝时应戴手套。

(5)铺设大型管块时，沟上沟下工作人员和吊车司机必须听从指挥，统一行动。

(6)铺设大型管块工作前，班长或安全员应对吊装大管的全部使用工具进行全面检查，如有不牢或损坏者，必须修好后方可使用。

(7)人孔口圈至少 4 人抬运，需有人指挥，以免力量不均衡，摔倒伤人。

(8)砌好人孔口圈后，必须盖好内盖，施工现场没有标志时，大盖也应盖好，以防发生交通事故。

(9)方型人孔盖，起和盖时要把边口摆好，以免落入人孔内，损坏设备。

(10)在完全回土的人孔工作时，人孔周围应设围栏和红旗，并应有专人看守，防止人孔上面行人车辆落入，发生事故。

第九章　通信线路的维护

第一节　光缆线路的维护

一、光缆测试

在光缆的施工维护中，主要测试光纤的长度、衰减、平均衰减、障碍点的位置、衰减分布曲线。

(一)光纤衰减的测试

光缆衰减测试的方法主要有剪断法、插入法和背向散射法。

1. 剪断法

(1)剪断法测试原理

在不改变输出光源的条件下，分别测出通过光纤两个点的光功率 P_1 和 P_2，再按定义计算出光纤的衰减系数 α。剪断法测试原理如图 9-1 所示。

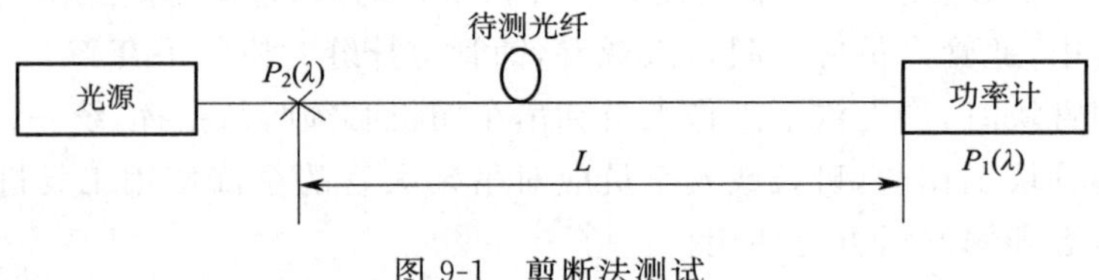

图 9-1　剪断法测试

(2)剪断法的测试步骤

①先测出被测光纤的输出光功率 $P_1(\lambda)$。

②保持光源输出不变，在距光源 2～3 m 处截断光纤，测出注入光功率 $P_2(\lambda)$。

③若光功率计的指示值单位为 dB，则该段的光纤衰减为 P_1-P_2；若光功率计的指示位单位为 mW，则该段的光纤衰减为 $10\lg(P_1/P_2)$。

剪断法虽然测试准确，但由于它的破坏性，在工程中很少用。

2. 插入法

(1)插入法测试原理

插入法测量原理类似于剪断法，只不过插入损耗法用带活接头的连接软线代替短光纤进行参考测量，计算在预先相互连接的注入系统和接收系统之间因插入被测光纤引起的功率损耗。插入法测试原理如图 9-2 所示。

(2)插入法测试步骤

①先用尾纤测出光源的输出光功率 P_1。

②将光源放在待测光中继段的一端，将光功率计放在光中继段的另一端，分别连在光纤配线架上，测出中继段的输出光功率 P_2。

③若光功率计的指示值为单位 dB，则该段的光纤衰减为 P_1-P_2；若光功率计的指示值为 mW，则该段的光纤衰减为 $10\lg(P_1/P_2)$。

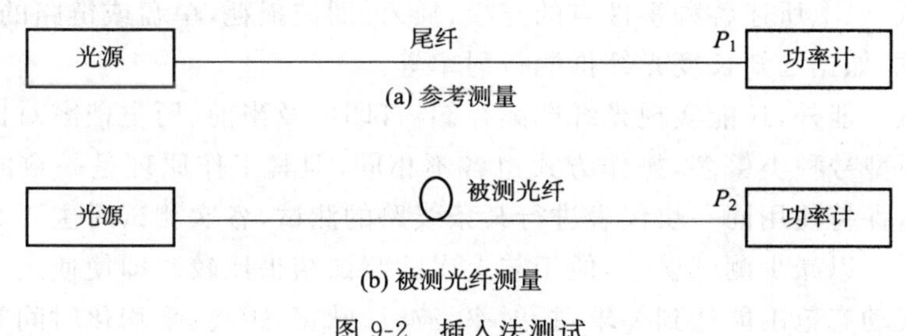

图 9-2　插入法测试

剪断法和插入法测试时所用的仪表是光源、光功率计，材料主要有尾纤、脱脂棉、酒精等。插入法主要用在光中继段的进验收测试，测试点在光纤配线架上。在测试过程中，一定要注意连接器的清洁和连接牢靠，这样才能准确测出光纤的衰减。

3. 后向散射法

（1）后向散射法的测试原理

后向散射法测量光纤衰减的原理与雷达探测目标的原理相似。测试时在被测光纤的输入端输入一个光脉冲，光脉冲在光纤中传输时，由于光纤内部的不均匀性将产生瑞利散射（当遇到光纤的扭折及断点将产生更强烈的反射，称为菲涅尔反射）。这种散射光有部分将沿光纤返回输入端，不断向输入端传输的散射光称为背向散射光。从物理概念来看，这种后向散射光就将光纤上各点的“信息”送回输入端。靠近输入端的光波传输衰减少，散射回来的信号就强，离输入端远的地方光波传输衰减大，散射回来的信号就弱。人们就用这种带有光纤各点信息的背向散射光对光纤的衰减等项目进行测量。后向散射法所用的装置就是光时域反射仪，简称 OTDR。

（2）后向散射法的测试方法

后向散射法可应用在光缆的单盘测试、光缆接续、光缆竣工验收及光缆维护中，测试时 OTDR 通过尾纤与被测光纤连在一起，向被测光纤送入光信号，通过分析 OTDR 上的反射图形，就可测出光纤的长度、衰减等，其基本测试方法如图 9-3 所示。

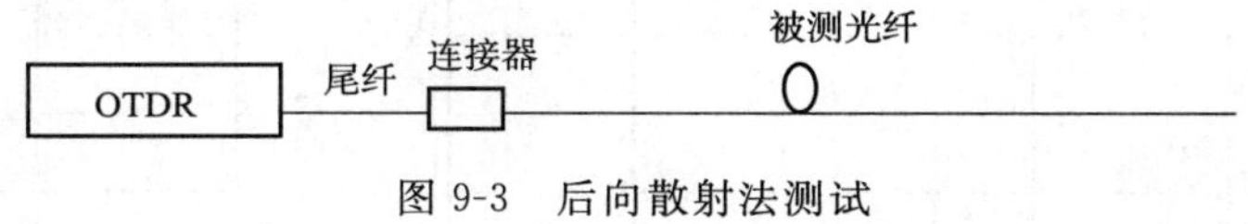

图 9-3　后向散射法测试

（二）光缆长度测试

测量光缆的长度一般采用 OTDR 通过反射脉冲时延法测得，其原理是将光脉冲注入长度为 L、平均折射率为 n 的光纤，光脉冲必将在光纤末端产生反射并原路返回注入端，此时光脉冲传输时延 Δt 的计算公式为：$\Delta t=2L/(c/n)$。式中，c 为真空中的光速，$2L$ 表示光脉冲传输距离为 2 倍光纤长度。由以上公式可见，如果折射率 n 设置不正确，所测出的距离也将会出现偏差。

（三）OTDR 法测试光缆性能

OTDR 是光缆工程施工和光缆线路维护工作中最重要的测试仪器，能实现如下多种测试功能：

（1）长度测试：如单盘测试长度、光纤链路长度。

（2）定位测试：如光纤链路中的熔接点、活动连接点、光纤裂变点、断点等的位置。

(3)损耗测试:以上所述各种事件点的连接、插入、回波损耗,单盘或链路的损耗和衰减。

(4)特殊测试:如据已知长度光纤推测折射率等。

(5)除了测试功能外,还能实现光纤档案存储、打印以及当前、历史档案对比等功能。

目前 OTDR 型号种类繁多,操作方式也各不相同,但其工作原理是一致的。在光缆线路的测试中,应尽量保持使用同一块仪表进行某条线路的测试,各次测试时主要参数值的设置也应保持一致,这样可以减少测试误差,便于与上次的测试结果比较。即使使用不同型号的仪表进行测试,只要其动态范围能达到要求,折射率、波长、脉宽、距离、平均化时间等参数的设置亦与上一次的相同,这样测试数据一般不会有大的差别。

1. OTDR 工作原理

OTDR 用到的光学理论主要有瑞利散射和菲涅尔反射,能够产生后向瑞利散射的点遍布整段光纤,是一个连续的区域,而菲涅尔反射是离散的反射,是光在传输过程中经过折射率不同的介质所产生的,由光纤中的个别点产生,如光纤连接器(玻璃与空气的间隙)、阻断光纤的平滑截面、光纤的终点等。

OTDR 类似一个光雷达,先对光纤发出一个测试激光脉冲,然后观察从光纤上各点返回(包括瑞利散射和菲涅尔反射)激光的功率大小情况,这个过程不断重复地进行,然后将这些结果根据需要进行平均,并以轨迹图的形式显示出来,这个轨迹图就描述了整段光纤的情况。

2. OTDR 测试方法

OTDR 测试时通过尾纤、连接器将 OTDR 与被测光纤连接在一起,如图 9-4 所示,测试步骤及 OTDR 参数设置详见 OTDR 使用方法,本节不再详细描述。

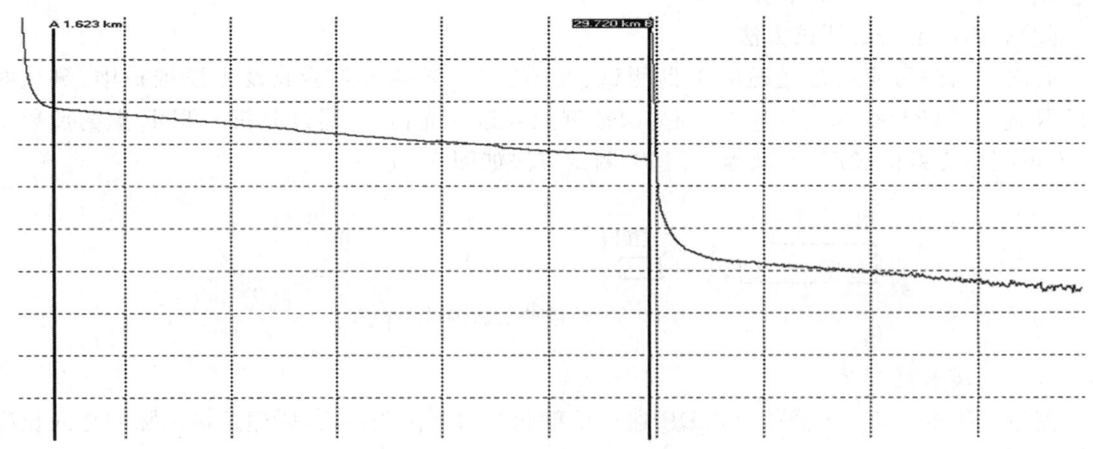

图 9-4　正常曲线

3. OTDR 曲线分析

(1)正常曲线分析

如图 9-5 所示,判断曲线是否正常的方法如下:

①曲线主体斜率基本一致,且斜率较小,说明线路衰减常数较小,衰减的不均匀性较好。

②无明显“台阶”,说明线路接头质量较好,一般指标要求:接头损耗(双向平均值)≤0.08 dB/个。

③尾部反射峰较高,说明远端成端质量较好。

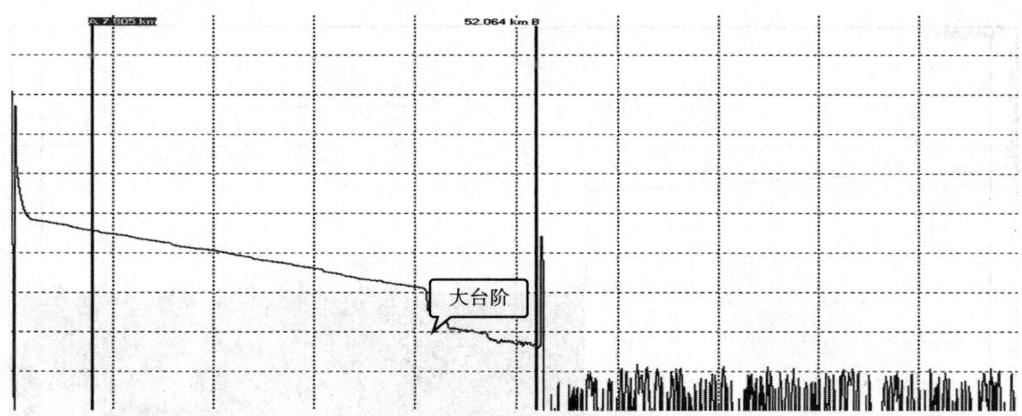

图 9-5　曲线有大台阶

(2)异常曲线分析

①曲线有大台阶

图中有明显“台阶”,若此处是接头处,则说明此接头接续不合格或者该根光纤在收容盘中弯曲半径太小或受到挤压;若此处不是接头处,则说明此处光缆受到挤压或打急弯。

②曲线有段斜率较大

如图 9-6 所示,此段曲线斜率明显较大,说明此段光纤质量不好,衰耗较大。

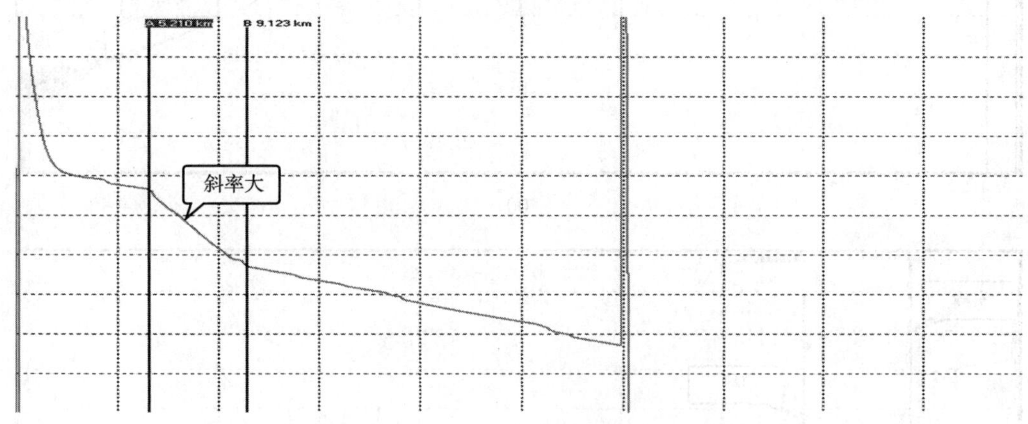

图 9-6　曲线有段斜率较大

③曲线远端没有反射峰

如图 9-7 所示,此段曲线尾部没有反射峰,说明此段光纤远端成端质量不好或者远端光纤在此处折断。

④幻峰(鬼影)的识别与处理

幻峰(鬼影)的识别:曲线上鬼影处未引起明显损耗,如图 9-8(a)所示;沿曲线鬼影与始端的距离是强反射事件与始端距离的倍数,成对称状,如图 9-8(b)所示。

消除幻峰(鬼影):选择短脉冲宽度、在强反射前端(如 OTDR 输出端)中增加衰减。若引起鬼影的事件位于光纤终结,可“打小弯”以衰减反射回始端的光。

⑤正增益现象处理

在 OTDR 曲线上可能会产生正增益现象,如图 9-9 所示。正增益是由于在熔接点之后的

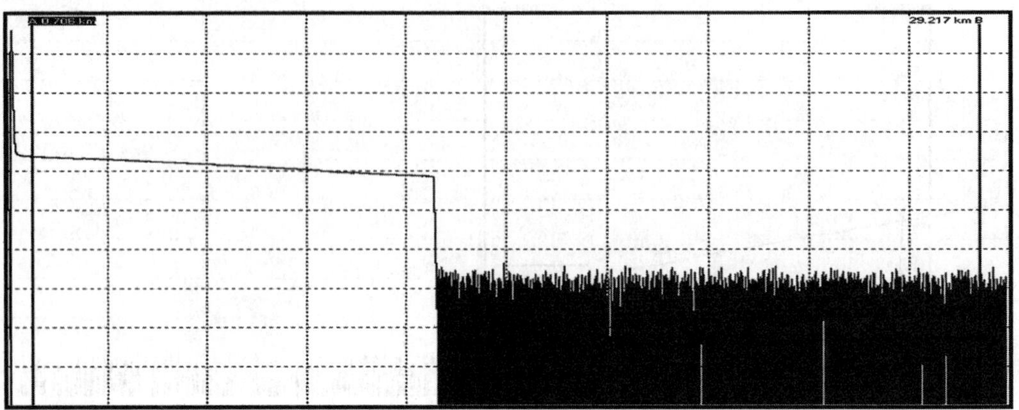

图 9-7　曲线远端没有反射峰

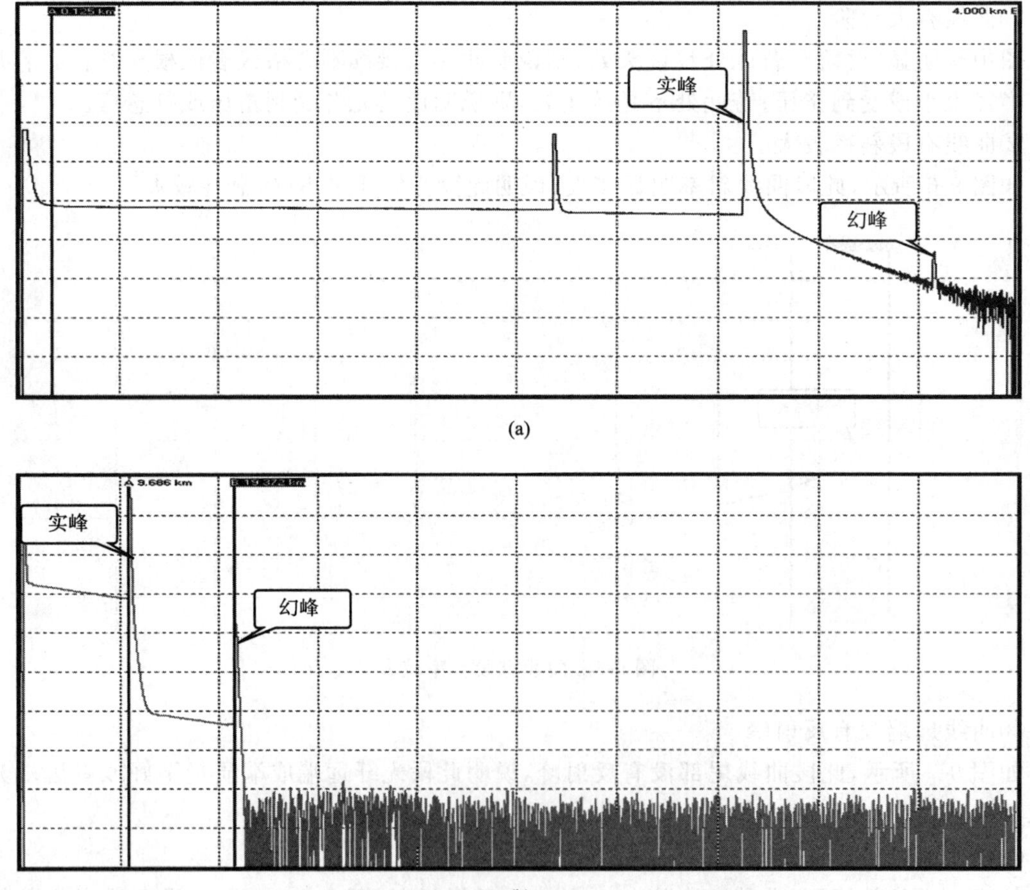

(a)

(b)

图 9-8　幻峰

光纤比熔接点之前的光纤产生更多的后向散光而形成的。事实上，光纤在这一熔接点上是熔接损耗的。常出现在不同模场直径或不同后向散射系数的光纤的熔接过程中，因此，需要在两个方向测量，并对结果取平均作为该熔接损耗。

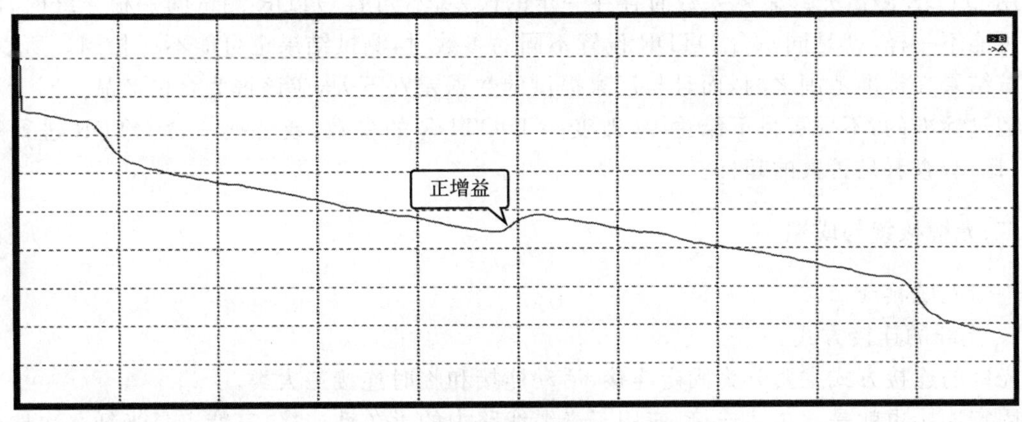

图 9-9　正增益

(四)光缆单盘测试

1. 光缆长度测试

测试时将尾纤与辅助光纤熔按在一起,做成测试用光纤,辅助光纤的长度大于 1 km。将尾纤连接在 OTDR 上,辅助光纤的另一端通过 V 形槽与被测光纤连接一起。辅助光纤、被测光纤在连接前要用光纤切割刀制做好端面,连接时应注意在 V 形槽中添加匹配液,来提高耦合效率。光缆单盘测试如图 9-10 所示。

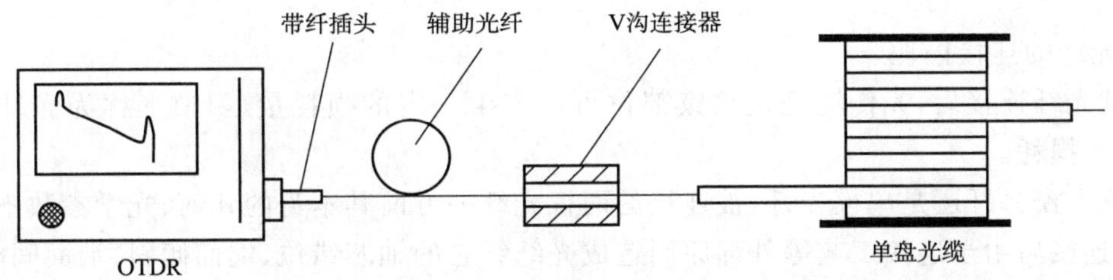

图 9-10　光缆单盘测试示意图

在测量前要对 OTDR 进行设置,设置的主要参数有量程、脉宽、折射率、光缆修正系数等。只有对 OTDR 进行合理的设置,才能准确地测试光纤。具体设置方法参考 OTDR 使用方法。

当测试图形显示后,辅助光纤和被测光缆之间会形成一个菲涅尔反射峰,被测光缆的终端也有一个菲涅尔反射峰,OTDR 一般会出现两个测试标记点 A 和 B,将 A 点设置在辅助光纤和被测光缆形成的反射峰的起点处,将 B 点设置在被测光缆在终端形成的反射峰起点处,在 OTDR 屏幕显示的 A 与 B 之间的距离即为被测光缆的长度。在定位标记点时,可利用 OTDR 的扩展功能,反复操作使标记点置于合适的位置。

2. 光纤衰减常数的测试

衰减是光信号沿光纤传输过程中光功率的减小值,不同波长光信号的衰减值也是不同的。

测试时可根据工程设计需要,选择 1 310 nm 或 1 550 nm 波长的光信号进行测试。单位长度上的衰减量称为衰减常数。单盘测试主要是测量其衰减常数。

光纤衰减常数测量时,应将第一标记点 A 设在辅助光纤和被测光缆形成的反射峰后面的平滑处,将第二标记点 B 设在光缆末端反射峰起点前面,同样要注意利用 OTDR 的扩展功能,反复操作使标记点置于平滑位置,此时 OTDR 屏幕上面能显示出 A 与 B 之间的衰减常数。

用 OTDR 测试光纤衰减系数时存在一定的误差，不同的 OTDR 测试同一根光纤时，测试结果可能不一样，就是同一台 OTDR 设置不同的参数时，测试结果也可能不尽相同。所以，只要测试结果在标准范围之内，而且与厂家提供的数据差别不大，应该视为合格产品。对于测试结果超过标准的，不要盲目下结论，应改变一下 OTDR 的参数，或者换一台 OTDR 进行反复测试、比较，查看是否真的超标。

二、光缆接续与成端

(一)光缆接续

1. 光纤的连接方式

光纤的连接方式主要分为固定连接、活动连接和临时连接三大类。

固定连接也就是永久性连接，应用于光缆线路中的永久性连接，其特点是光纤一次性连接完成后不能拆卸，这种连接习惯上称为光纤接续，采用的方法以熔接法为主，有时也采用机械连接法进行连接。

活动连接是指仪表、光纤、设备之间的可拆卸连接，目前大多用机械式的光纤连接器实现。

临时连接用于测量尾纤与被测光纤之间的耦合与连接，采用 V 形槽对准、弹性毛细管连接，临时性地将光路连通。

光纤熔接是光纤连接中使用最广泛的方法。常见的为电弧熔接法，即利用电弧放电产生高温，使被连接的光纤熔化而熔接成为一体。本节围绕光纤的固定连接即熔接法介绍光缆的接续。

2. 光纤的连接损耗

接续光纤连接后，光传输经过接续部位可以产生一定的损耗量，习惯上称为光纤连接损耗，即接头损耗。

不论多模光纤还是单模光纤，被连接的两根光纤一方面其本身的几何、光学参数不完全相同，而且连接后由于连接工艺等外部原因造成光纤纤芯的轴芯错位、端面倾斜、端面间间隔、端面不清洁等因素都可能会导致接头损耗的产生。由于在实际中光纤存在不同程度的失配，工艺条件和操作技能难以达到使光纤无偏差的对准，因此不可避免的存在光纤连接损耗。

产生光纤接续损耗的原因有：

(1)模场直径不匹配引起的损耗

单模光纤参数影响接续损耗的有模场直径、包层直径、同心度误差、模场不圆度、包层不圆度以及相对折射率等，其中模场直径不一致影响较大。

(2)光纤折射率分布不同引起的损耗。

(3)纤芯与包层存在偏心引起的损耗

当纤芯与包层有偏心时，虽然纤芯对准达到最佳耦合状态，但在熔接时，由于表面张力的作用，使光纤包层表面趋向一致，致使光纤芯子错位，解决的方法是，在光纤芯子对准时，使其有一定错位(手动接续)，在熔接时，由于表面张力的作用，恰好将预留的错位校正，使光纤纤芯对准。

(4)光纤纤芯不圆引起的损耗

由于光纤纤芯不圆，在接续时就不能完全重合，这样就必然增加了接续损耗。

(5)不同光纤的连接引起的损耗

这里所说的不同光纤，主要指的是制作误差、参数不同，如不同厂家的光纤等。它们之间接续时，会因为光纤参数不同而产生接续损耗。例如，单模光纤在芯径不同和相对折射率差不同时,它们接续就要产生接续损耗。

(6)光纤的轴心错位引起的损耗

光纤的轴心错位原因很多,如纤芯根本未对准或由于表面张力作用结果引起轴心错位等,都会造成接续损耗。

(7)光纤端面倾斜引起的损耗

相同的光纤接续时,除光纤轴心错位以外,应考虑光纤端面倾斜角度的影响。经验证明,各种不同的切割刀,接续出来的损耗不同,采用较精良的切割刀做出的端面,接续损耗小。

(8)光纤熔接变形引起的损耗

光纤熔接时会使光纤产生变形,由此引起的接续损耗。光纤的熔接变形与熔接条件关系很大,这些条件有:放电能量和推进量、推进速度对接续损耗的影响。

(9)光纤的端面污染

从光纤切割到熔接之前,可能弄脏光纤端面,其原因可归结为:空气中有灰尘、端面碰到其他物质、刀片不清洁、光纤涂覆层未除净等。

光纤端面不清洁的影响主要有:端面的污染物在熔接时,受热气化,使接头中产生气泡,导致接头损耗增加;在熔接时端面污物未燃烧,被夹在熔接的接头中,造成光线传输时光散射。如果光纤中的灰尘颗粒挡住传输光纤的4%,将增加0.17 dB的损耗。为此,要求涂覆层去除干净,可以用高纯度酒精棉球擦或用超声波清洗液清洗。对切割刀、V形槽都应当擦、洗清洁。空气也应当保持清洁。

(10)端面制备的其他原因引起损耗

切割光纤时,端面出现毛刺、缺陷、不平整、刀痕过深、刀痕处有放射性裂纹等,熔接纤芯发生畸变,对光纤损耗有影响。光纤接头损耗与端面制备质量关系很大,因此,要求端面制备质量达到标准后才能接续。

3. 光缆接续的一般要求

(1)光缆接续前应核对光缆的程式、端别,并确保无误。光缆应保持良好的状态,光纤传输特性良好,护套对地绝缘良好。

(2)接头盒的束管及光纤的序号应做永久性标记。当两个方向的光缆从接头盒的同一侧进入时,光缆的端别要做出标记。

(3)光缆的接续应符合施工规范和接头盒安装工艺的要求。

(4)光缆接续时应做好防尘、防风、防雨等安全保障措施,当环境温度过低时应考虑保温措施。

(5)接头盒两端的光缆余留应结合敷设方式而定,接头盒内光纤的余留应不少于60 cm。

(6)单个光缆接头盒应一次性完成。

(7)光纤接头的接续损耗应达到指标要求。

4. 光缆接头盒的性能要求

光缆接头盒必须具有保护光缆接头部分的光纤和接头免受震动、张力、压力、弯曲等机械外力影响,防止潮湿气体、有害气体的影响。由于光缆线路敷设后,光缆接头是线路的薄弱环节,日常维护工作中迁改、割接、故障抢修均需动及,因此光缆接头盒要具备以下性能:

(1)适应性。根据直埋、架空、管道、水线光缆的自然环境和敷设条件的差异,光缆接头盒应满足各种程式光缆在各种敷设条件下的不同要求。

(2)气闭与防水性能。为防止接头盒进水对光纤寿命的影响和北方冬季接头盒结冰造成光纤中断，一般要求接头盒要能保持 20 年的密封性能。

(3)机械性能。光缆接头盒必须具备一定的机械强度，保证光纤接头在一定的外力作用下不受影响。

(4)耐腐蚀、耐老化。目前光缆接头盒的盒体采用塑料，外部紧固件采用不锈钢制品，以保证接头盒的使用寿命。

(5)可操作性。接头盒作为工程、维护中经常进行操作的设备，其操作性应满足以下要求：

①操作简便。接头盒材料尽量简化，容易拆装。

②统一性。接头盒材料、工具要尽可能的标准化，便于维护工作的实施。

③可拆卸性。接头盒的拆卸要容易，材料应能重复利用，尽可能减少拆卸工具。

④重量轻。接头盒要尽量轻便，以减少劳动强度。

除此之外，光缆接头盒还应满足以下要求：光缆接头盒必须是经过质量部门鉴定的产品；光缆接头盒的规格程式及性能符合设计要求；接头盒内的各种附属构件必须完备，光纤热可缩管应有一定数量的备用品；接头盒加强件、金属护套的连接以及监测线的绝缘应符合规定。

5. 常用光缆接头盒

光缆接头盒的型号和种类较多，但构造原理基本相同，其结构分为保护罩、固定组件、接头盒密封组件以及余纤收容盘。

(1)接头盒外罩(保护罩)

它是光缆接头盒的保护部分，起着保护接头盒“内脏”的作用，其材质一般为高强度工程塑料，具有抗冲击、耐张力、耐压力、耐腐蚀、抗老化等特点。

(2)固定组件

固定组件分为光缆外护套固定、加强芯固定和接头盒固定部分。光缆外护套固定和加强芯固定部分的主要作用是固定待接光缆。接头盒固定部分(直埋光缆接头盒不需要这一部分)的作用主要是固定光缆接头盒。

(3)密封组件

接头盒密封主要有橡胶垫(条、圈)密封、密封胶密封、热缩管密封等形式，目的是防止水、潮气、有害气体等进入接头盒内部。

(4)余纤收容盘

余纤收容盘又称容纤盘、光纤接续盘，作用是收容余纤并固定光纤接头，是整个接头盒的核心。

(二)光纤熔接机的操作与使用

光纤熔接机是完成光纤固定连接的专用工具，是依靠放出电弧将两头光纤熔化，同时运用准直原理平缓推进，以实现光纤模场的耦合。

光纤熔接机有多种类型：

(1)按照一次熔接的光纤数量分类，光纤熔接机可以分为单芯熔接机和多芯熔接机。单芯熔接机一次熔接完成一根光纤的连接。多芯熔接是将一根带状光缆的光纤端面全部处理后，一次熔接完成多根光纤的连接。

(2)按光纤类别分类，光纤熔接机可以分为单模熔接机、多模熔接机和单模/多模熔接机。多模熔接机是靠放置光纤的整体成型固定槽实现光纤包层的对准。单模光纤要放在 V 形槽中，利用马达驱动 V 形槽实现光纤的纤芯对准。

(3)按操作方式的不同，光纤熔接机可分为人工(或半自动)熔接机和全自动熔接机。

(4)根据接续过程中监控方式不同,光纤熔接机可分为远端监控方式(RIDS,属第一代)熔接机、本地监控方式(LIDS,属第二代)熔接机和纤芯直视方式(PAS,属第三代)熔接机。

下面主要介绍 FSM-60S 单芯光纤熔接机。

1. 各部件名称及功能

FSM-60S 单芯光纤熔接机是应用 PAS 原理为熔接多种类型光纤而设计的,主要优点包括外形小巧、重量轻、操作简单、熔接速度快、熔接损耗小等。FSM-60S 单芯光纤熔接机侧视如图 9-11 所示。

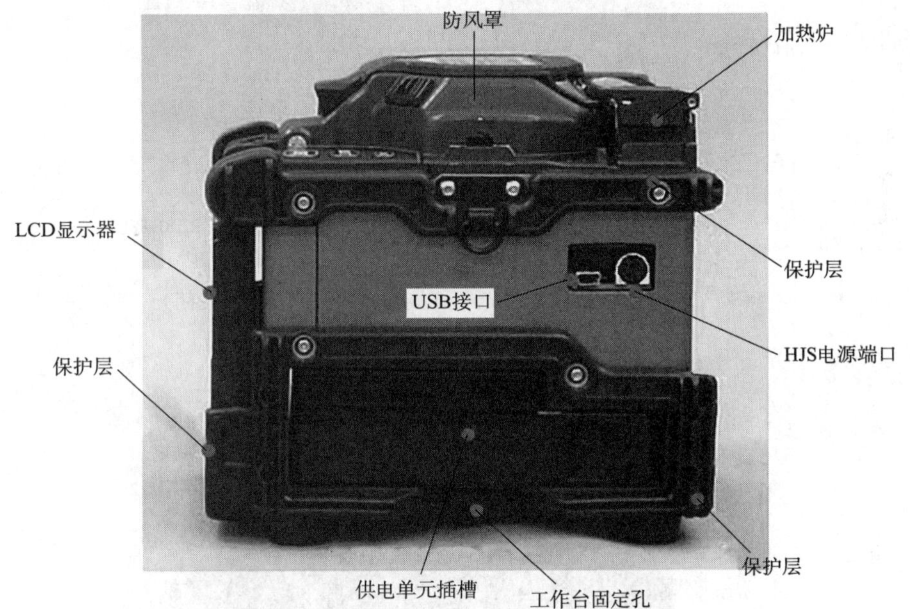

图 9-11　FSM-60S 单芯光纤熔接机侧视图

FSM-60S 单芯光纤熔接机俯视(防风罩打开)如图 9-12 所示。

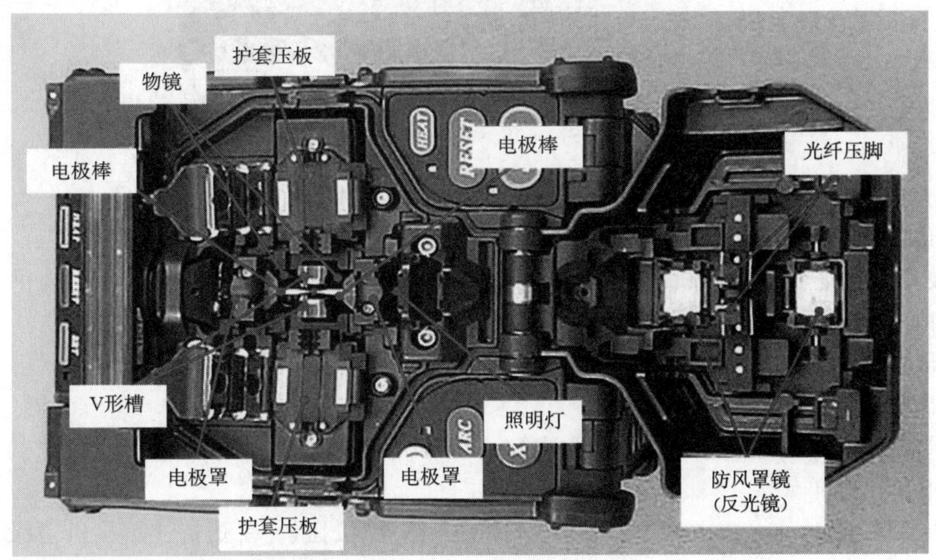

图 9-12　FSM-60S 单芯光纤熔接机俯视图(防风罩打开)

FSM-60S 单芯光纤熔接机俯视(防风罩关闭)如图 9-13 所示。

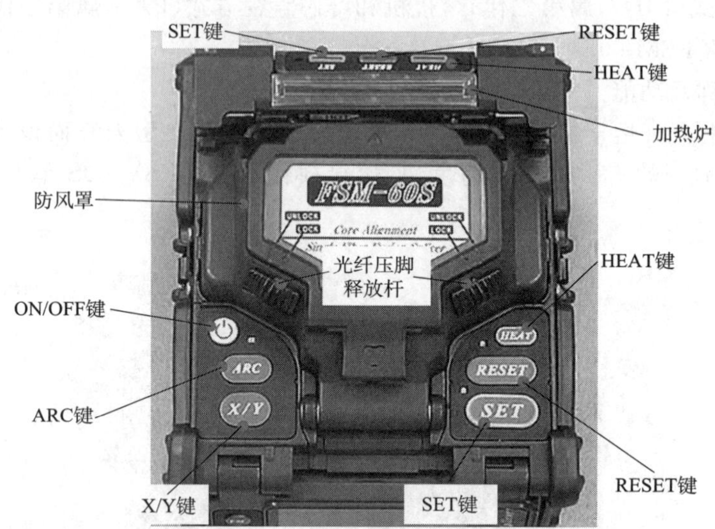

图 9-13　FSM-60S 单芯光纤熔接机俯视图(防风罩关闭)

FSM-60S 单芯光纤熔接机前视如图 9-14 所示。

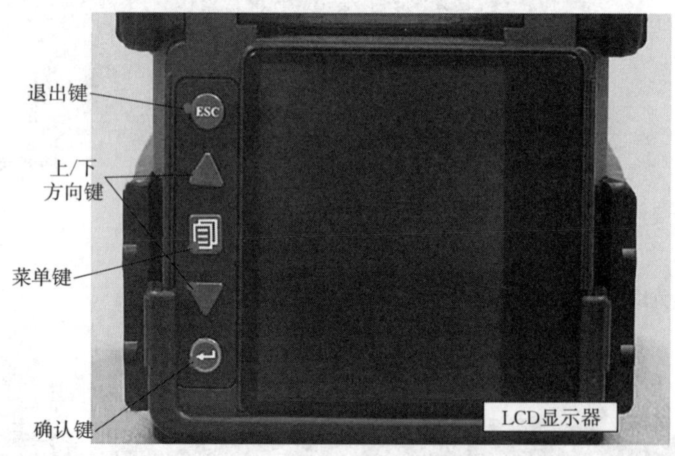

图 9-14　FSM-60S 单芯光纤熔接机前视图

2. 基本操作

(1)电源连接

当使用外接电源(交流或直流)供电时,使用交流适配器(ADC-13);当使用电池供电时,使用可拆卸电池(BTR-08)。位于熔接机下部的供电单元插槽可以容纳两种供电方式。

①插入或取出供电单元

a. 插入供电单元

将供电单元插入到供电单元插槽内直到它正确到位,如图 9-15 所示。

b. 取出供电单元

在取出供电单元前,先关闭熔接机,然后按住“释放”按钮,一手扶持住熔接机边缘,一手从另一边取出供电单元,如图 9-16 所示。

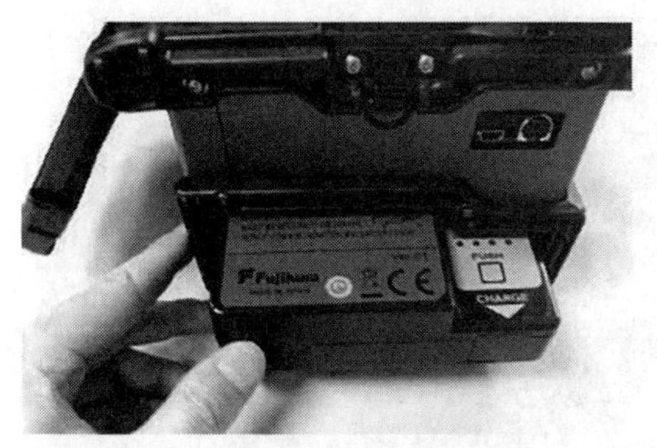

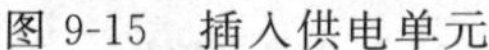
图 9-15 插入供电单元

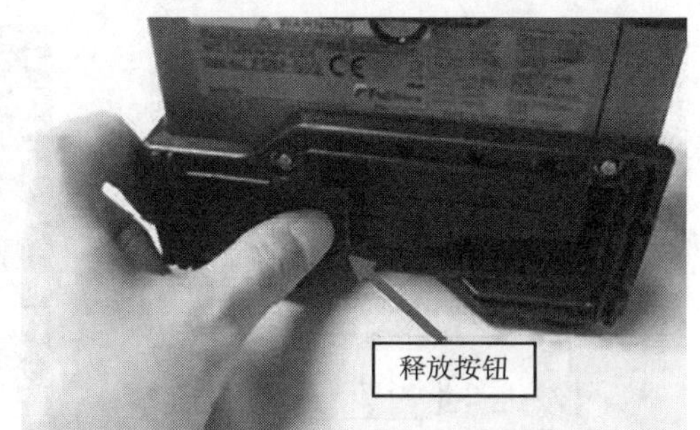

图 9-16 取出供电单元

②交流适配器操作

将附带的交流电源线插入交流适配器侧面的 AC 插口内，如图 9-17 所示，若此时提供的交流电压合适时，交流适配器上的电源指示灯将会亮起(绿色)。

若电压过高，适配器可能会被损坏。交流发电机常常会产生不正常的输出高电压或不规则的频率。发电机输出的不正常的高压和频率可能会导致冒烟、电击和设备损坏，甚至会造成火灾、人身伤害或死亡。在连接交流电源线之前，要先用万用表测量发电机的输出电压值。若经常使用发电机，需确保发电机的定期检查与维护。连接交流电源如图 9-18 所示。

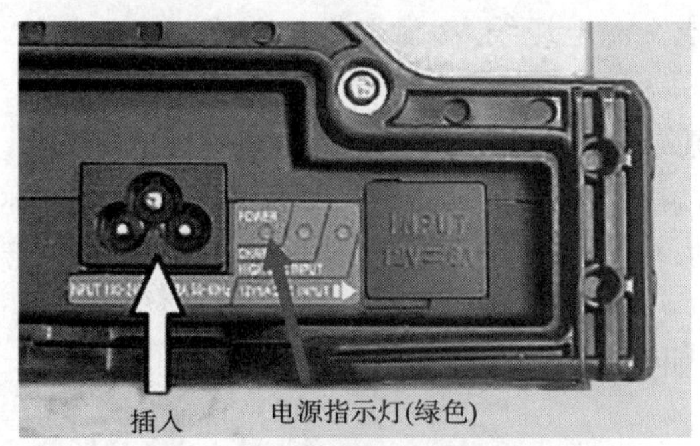

图 9-17 交流适配器侧面

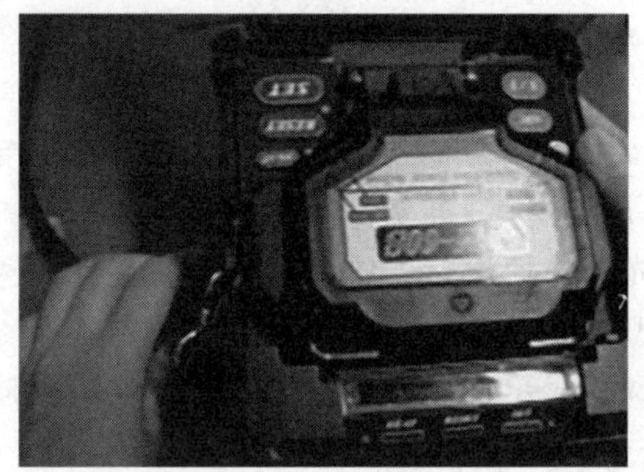

图 9-18 连接交流电源

③外部直流电源操作

打开交流适配器侧面的直流输入口挡板，如图 9-19 所示。请不要提供 DC16V 或更高的电压，否则交流适配器可能会被损坏。

将直流电源线(DCC-12 或 DCC-13)插入交流适配器侧面的 DC 插口内，若此时提供的直流电压合适时，交流适配器上的电源指示灯将会亮起(绿色)。

如果提供电压超过 16 V 或极性(正极/负极)错误，交流适配器内的保护电路会关闭直流输出且直流告警灯[HIGH～INPUT]亮起(红色)，如图 9-20 所示。

④电池操作

在操作熔接机前，检查并确认电池剩余电量为 20％以上，否则电池将不能支持熔接与加热操作。

a. 如何检查电池剩余电量

如果电池已插入熔接机，先打开熔接机电源，供电模式“电池”会被自动识别且电池剩余电量将在“待机”画面上显示。

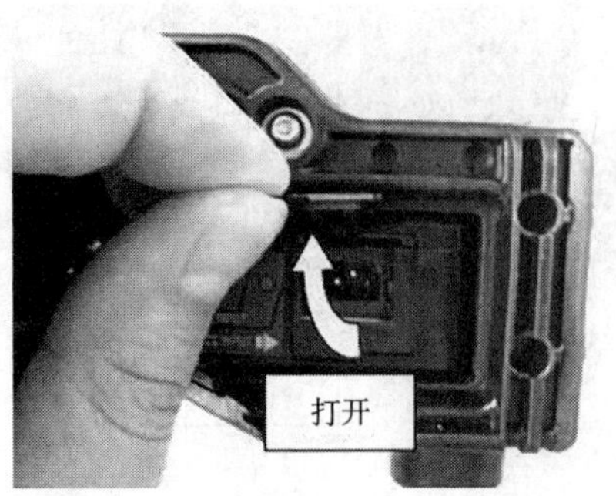

图 9-19　适配器侧面的直流输入口

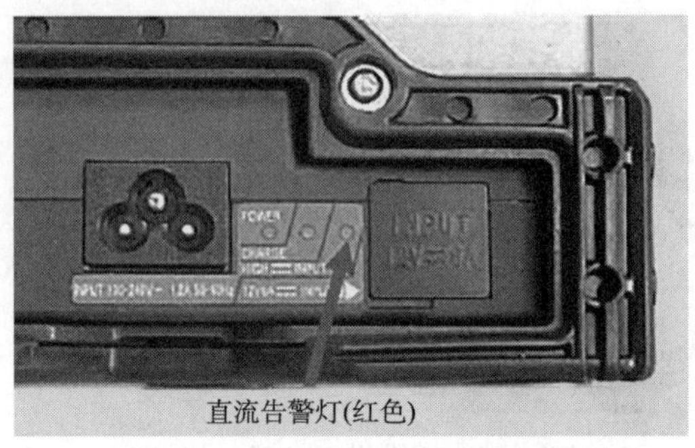

图 9-20　直流告警灯

如果电池没有插入熔接机，可以按一下电池上的电量检查按钮，此时电池剩余电量将会以LED指示灯显示。

当在开启熔接机后，如果电池电量不足而不能继续操作时，熔接机会在显示屏上显示告警信息，此时应执行维护菜单里的“电池放电”。放电完毕后，对电池重新充电。

b. 如何为电池充电

打开电池上的充电口挡板，把充电线(DCC-14)的一头插入到交流适配器(ADC-13)的充电口和电池(BTR-08)侧面的充电接线端中，此时充电指示灯点亮(橙色)，充电开始。整个充电过程大约需要5 h，充电完毕后先取下直流或交流电源线，然后取下充电线。

(2)开机

按下操作面板上“⏻ ON/OFF”按键，电源绿色指示灯亮，熔接机将进行复位自检。自检完毕，屏幕显示“准备”，待机画面显示。其中，熔接模式“SM FAST”表示熔接程序用于标准的单模光纤快速熔接。加热模式“60 mm”表示加热程序用于加热标准60 mm热缩管。若为其他类型的光纤，应选择对应的熔接模式。

调制显示器角度，以便画面更观察清晰，如图9-21所示。

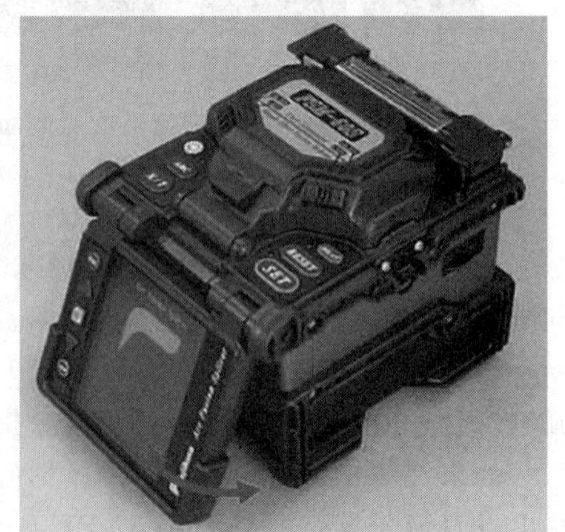

图 9-21　调制显示器角度

(3)清洁光纤

用蘸有酒精的纱布或足够软的纸巾清洁从尾部算起大约100 mm左右的光纤，如果光纤涂覆层表面的灰尘微粒进入热缩套管内部，将会引起光纤的断裂或者损耗增大。

(4)套光纤热缩套管

给光纤套上热缩套管，如图9-22所示。

(5)开剥与清洁光纤

松套光纤在剥除松套管后，一般有两种不同材料的结构涂层，多数为紫外光固化环氧层涂，另一种为硅树脂涂层。它们去除的方法相同，都是采用涂层剥离钳去除。用这种专用剥离钳去除，方便迅速，如图9-23所示。

用剥纤钳剥除光纤涂覆层，长度为30～40 mm，并用蘸有酒精的纱布或足够软的纸巾把裸光纤擦干净，用干净的棉布擦一次(使用浓度大于99%的纯酒精)，如图9-24所示。

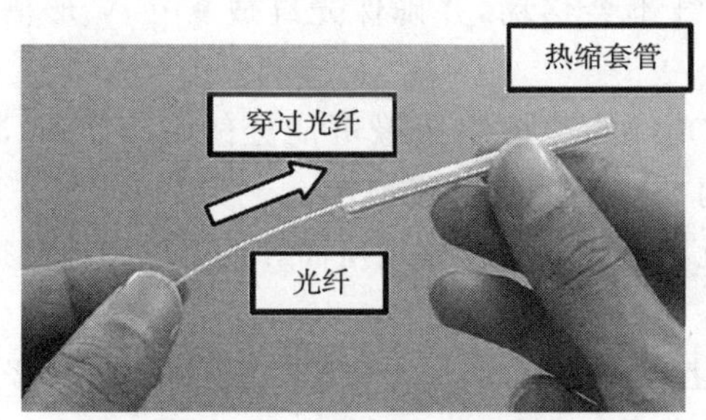

图 9-22　套光纤热缩套管

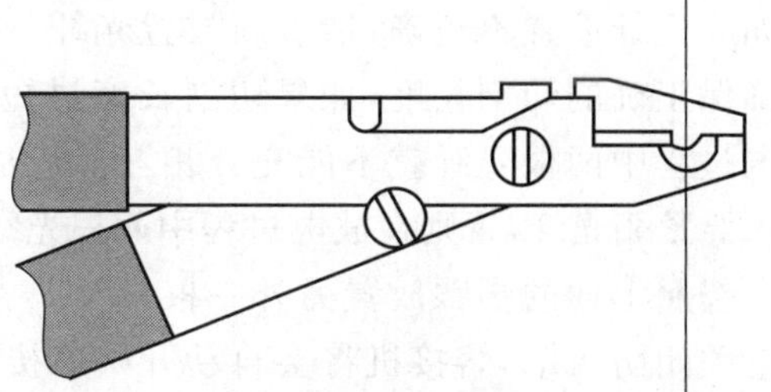
图 9-23　用涂层剥离钳去除光纤涂覆层

(6)切割光纤(做端面)

①轻轻压住切割刀压臂,并滑开锁扣来使切割刀解锁。

②推进切割刀下部的滑块直至它锁定。

③把已剥好的光纤放到切割刀上,切割长度如图 9-25 所示。

④压下压臂。

⑤慢慢松开压臂,弹簧的弹力会使压臂回到初始位置。

⑥当压臂抬起时,光纤碎屑收集器会转动并自动把光纤碎屑卷入残渣收集容器内。

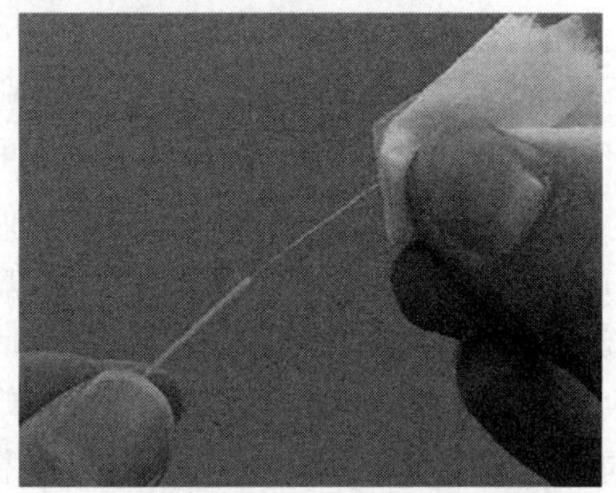
图 9-24　清洁裸光纤

制备好的端面应垂直于光纤轴、端面平整无损伤、边缘整齐、无缺损、无毛刺。

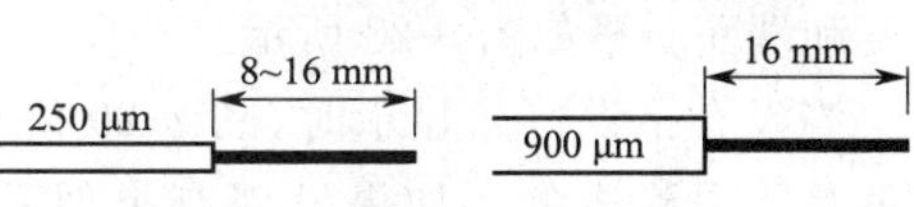

图 9-25　光纤切割长度

注意:不要把手指放在滑块区域附近以避免可能的人身伤害;如在压下压臂的中途松开压臂可能会造成较差的切割质量;应经常清除残渣收集器内的光纤碎屑;如果使用的是 CT-30A 切割刀,可以根据所需的切割长度来调准光纤外层末端的位置。

(7)放置光纤

①打开防风罩,将左右两边的光纤压板打开,如图 9-26 所示。

②把准备好的光纤放置在 V 形槽内,并使光纤末端处于 V 形槽边缘和电极尖端之间,如图 9-27 所示。

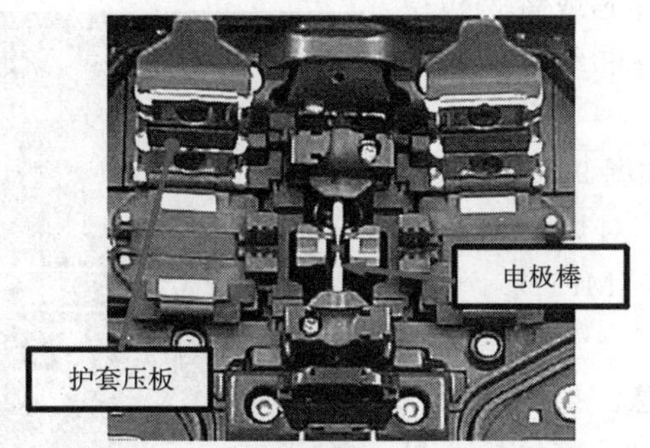

图 9-26　打开防风罩和护套压板

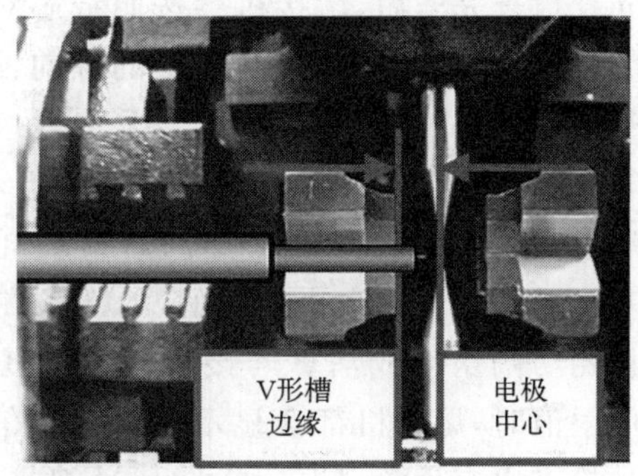

图 9-27　光纤放置在 V 形槽内

如果光纤由于记忆效应而发生弯曲,放置光纤时应使弯曲部分向上。小心不要让制备好的光纤撞击到任何地方以保证光纤端面的质量。

③用手指捏住光纤，然后合上压板以保证光纤不会移动，并确保光纤放置在 V 形槽的底部。如果光纤放置不正确，请重新放置光纤。

确保正确的切割长度，如果切割长度过短则光纤的涂覆层边缘可能会碰到 V 形槽，这样在放电过程中两根光纤就不能充分相互靠近从而导致不良的熔接损耗。

不要紧绷光纤，否则在放电过程中两根光纤就不能充分相互靠近从而导致不良的熔接损耗。

④按照上面的步骤放置另外一根光纤。

⑤关闭防风罩，熔接机将会自动开始熔接或者按操作面板上的"SET"键，执行熔接操作。

如需要取消"自动开始"功能，可以关闭"熔接菜单"里的"自动开始"。

(8)熔接操作

为了确保良好的熔接，FSM-60S 安装了一个图像处理系统来观察光纤。然而在某些情况下，图像处理系统可能并没有检测到某个熔接错误。所以，要取得良好的熔接结果也需要通过显示器来对光纤进行视觉检查，下面描述了标准的熔接步骤。

①光纤被放入熔接机后将做相向的运动，在清洁放电之后，光纤的运动会停止在一个特定的位置，然后熔接机将检查光纤的切割角度和端面质量。如果测量出来的切割角度大于设定的门限值或者检查出光纤端面有毛刺，则蜂鸣器响同时显示器会显示一个错误信息来警告操作者（按"SET"键可忽略切割角度的错误信息而进入下一个步骤）。检查切割角度和端面质量如图 9-28 所示。

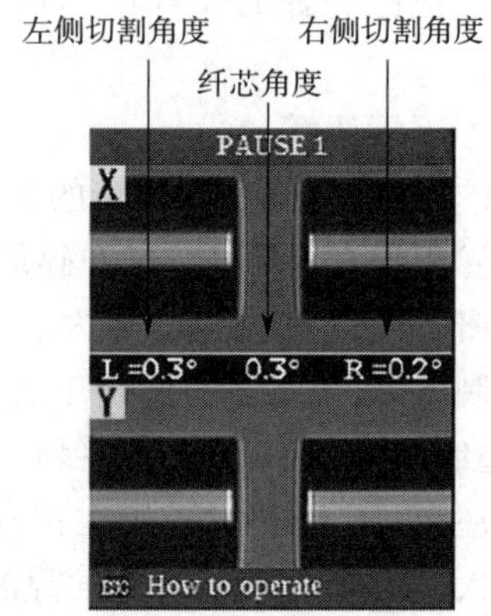

图 9-28　检查切割角度和端面质量

当没有错误信息显示时，图 9-29 陈列出的光纤端面状况就是需要检查的。如果发现有类似的，应将光纤从熔接机上取下并重新制备。光纤的这些可见表面缺陷可能会导致一次失败的熔接。

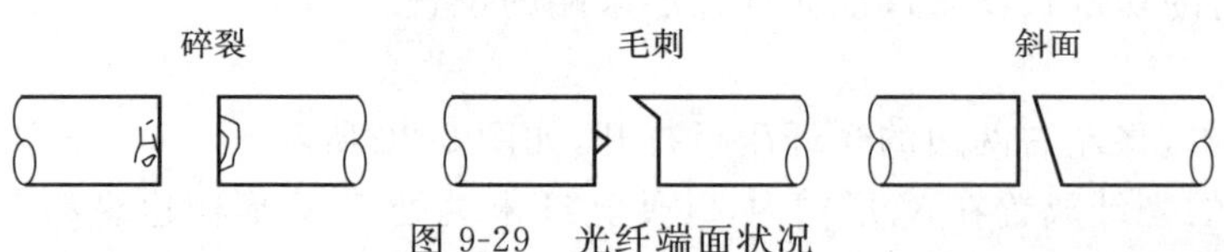

图 9-29　光纤端面状况

②光纤检查完毕后，熔接机会按照纤芯对纤芯或者是包层对包层的方式来进行对准，同时包层的轴向偏移和纤芯的轴向偏移会被显示出来。

③光纤对准完成之后执行放电，熔接光纤，如图 9-30 所示。

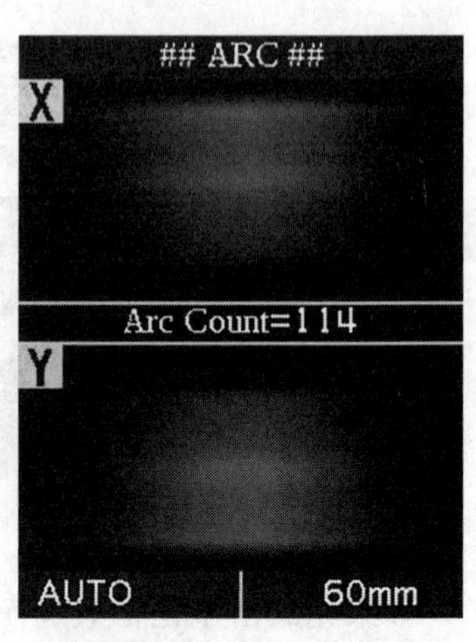

图 9-30　熔接机放电

④熔接完成之后将显示估算的熔接损耗。对熔接损耗的计算是基于一些空间参数来进行的，如模场直径(MFD)。

当检测切割角度或估算熔接损耗中的任何一个值超过它的设定门限值时，熔接机都会显示一个错误信息。如果熔接后的光纤被检查出有反常情况，如过粗、过细或气泡，熔接机会显示一个错误信息。

当没有错误信息显示，但是通过显示器观察发现熔接效果很差时，正常的推断损耗值合格范围为：SM≤0.03 dB，MM≤

0.02 dB。若熔接估算损耗偏大，必须重新切割光纤线，再次熔接，直至合格为止。

在一些情况下，追加放电可以改善熔接损耗。按“ARC”键进行追加放电，此时熔接损耗会被重新估算，同时重新对光纤进行检查。然而在一些情况下，追加放电反而会增大熔接损耗，此时可把追加放电设置为“不可用”，或者限制追加放电的次数。

(9)取出光纤

①打开加热炉的盖子。

②按“SET”键或打开防风罩，熔接机将自动对光纤熔接点进行拉力测试，如图 9-31 所示，大小为 1.96 N，检查结束后屏幕显示“准备”，此时可以打开光纤压板，取出光纤。

③左手在防风罩的边缘持左侧光纤，并打开左侧压板或夹具盖板，如图 9-32 所示。

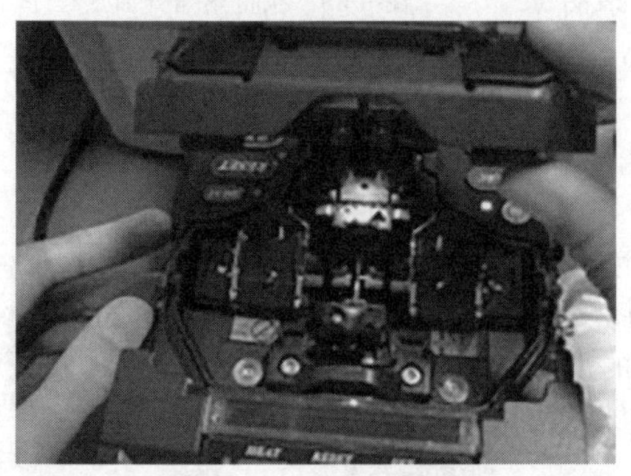

图 9-31　进行拉力测试

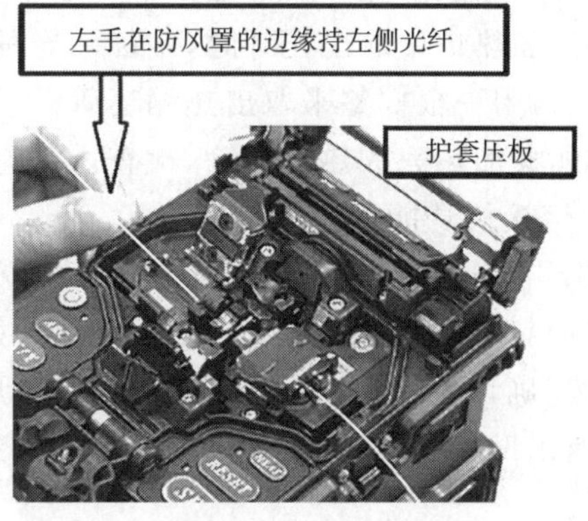

图 9-32　取出光纤

④打开右侧压板或夹具盖板。

⑤右手持右侧光纤，把接好的光纤从熔接机上取下。

(10)加热

①把带有热缩套管的光纤移动到加热炉中，同时热缩套管应放置于加热炉中央，如图 9-33 所示。

②慢慢地向右滑动光纤直到左手抵达加热炉的边缘，熔接点处于热缩套管的中间位置，放入时轻轻地拉直光纤，热缩套管中的加强芯被放置在下方，光纤无扭曲，如图 9-34 所示。加热炉盖会自动关闭，一旦加热炉盖关闭则加热将自动开始。

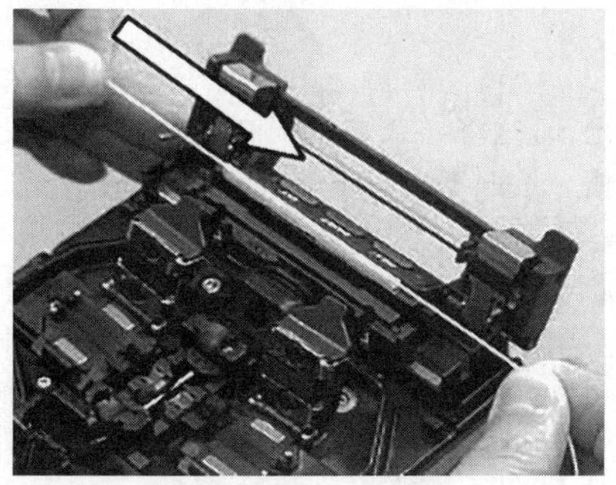

图 9-33　移动光纤

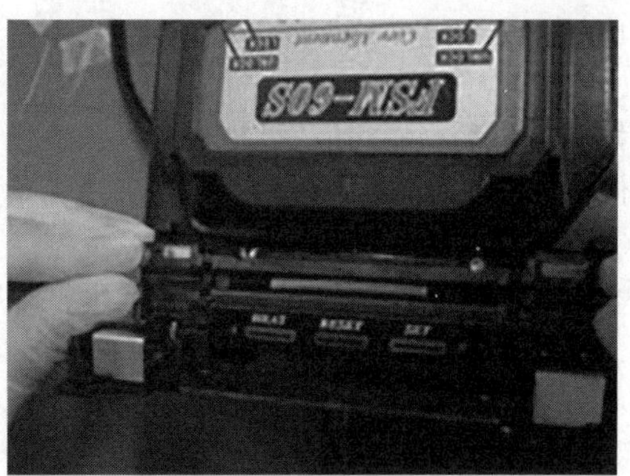

图 9-34　放置热缩管在加热炉中

如要取消“自动开始”功能,关闭“加热菜单”中的“自动开始”。当“自动开始”被取消时,按“HEAT”键可以手动开始加热。

③面板上“HEAT”键加热指示灯点亮且显示屏上显示加热标识,熔接机将执行热缩管加热程序,如图 9-35 所示。如果加热过程中按“HEAT”键,加热指示灯开始闪烁;如果再按“HEAT”键,加热进程将停止。加热完毕后,蜂鸣器响,并且加热指示灯(橙色)熄灭。

图 9-35　执行热缩管加热程序

④打开加热炉盖并取出已由热缩套管保护的光纤。当从加热炉中取出光纤时,施加一定的拉力。热缩套管可能会粘在加热炉的底板上,在这种情况下,用一根棉签来取出热缩套管。

⑤观察加热完的热缩套管,检查内部有无气泡和脏物/灰尘。

3. 熔接机功能设置

按下屏幕边缘的“MENU”菜单键,进入主菜单,移动方向键选择“熔接模式菜单”选项,如图 9-36 所示,按“确认键”进入菜单子项,选择对应的熔接程序,退出时,可重复按“ESC”退出键退到显示待机屏幕。

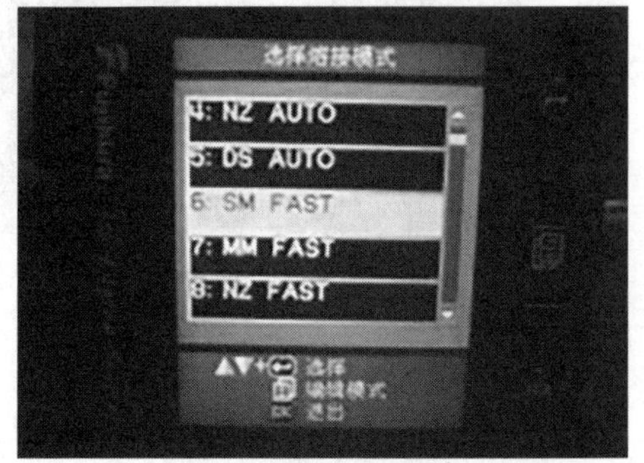

图 9-36　选择熔接模式

只有当熔接标准单模光纤(ITU-T G. 652)时,才推荐使用“SM AUTO”模式。当熔接不同类型的光纤时,推荐使用“AUTO”模式,但是熔接速度较慢。“SM FAST”模式的熔接速度较快,但是需要做定期的放电校正。

对于特定光纤组合的最佳熔接条件设定需要包含的熔接参数有控制放电和加热的参数、估算熔接损耗的参数、控制光纤对准和熔接步骤的参数、发生错误时的阈值。换句话说,合适的熔接参数取决于光纤的组合,且不同光纤组合其熔接参数都各不相同。

针对目前主要的光纤组合,其最佳熔接参数都已经内置入熔接机,这些参数被存储在数据库中并可被复制到用户可编程序中。当熔接特殊的光纤组合时,熔接参数也可以被编辑。

4. 熔接机的检修与保养

(1)清洁 V 形槽

如果 V 形槽中有污染物,就不能正确地压住光纤,这将导致熔接损耗偏大。所以在平时的工作中,应该经常检查 V 形槽和定期清洁 V 形槽。按照下面的步骤来清洁 V 形槽:

①打开防风罩。

②用一根蘸有酒精的细棉签清洁 V 形槽的底部,并用干棉签擦去多余的残留在 V 形槽内的酒精。小心不要碰到电极棒尖端;清洁 V 形槽时不要用力过度,以免损伤 V 形槽壁,如图 9-37 所示。

③如果用蘸有酒精的细棉签不能清除掉 V 形槽内的污染物,此时可用一根切好的光纤的尾部把污染物剔除出 V 形槽,然后重复步骤②,如图 9-38 所示。

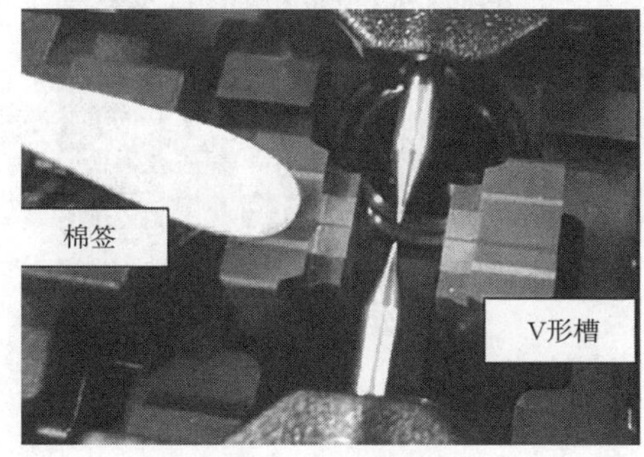

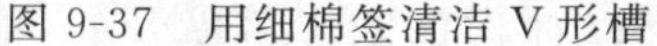

图 9-37　用细棉签清洁 V 形槽

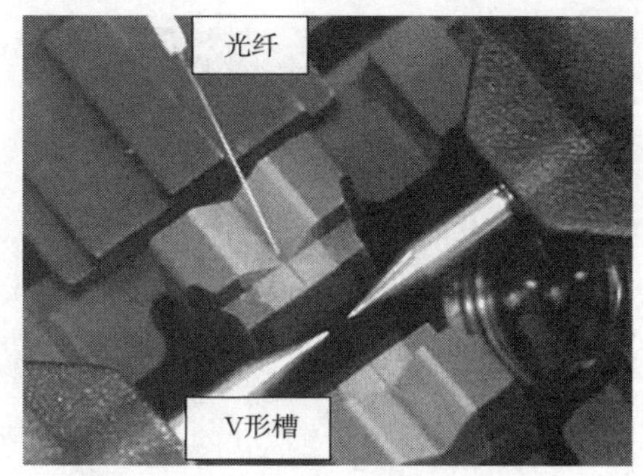

图 9-38　用光纤的尾部剔除污染物

(2)清洁光纤压脚

如果光纤压脚上有灰尘,那么就不能正确地压住光纤,这将导致较差的熔接损耗。

在日常工作中,应该经常检查和定期清洁光纤压脚。按照下面的步骤清洁光纤压脚:

①打开防风罩。

②用一根蘸有酒精的细棉签清洁光纤压脚的表面,并用干的棉签把压脚擦干,如图 9-39 所示。

(3)清洁防风罩镜

如果防风罩镜变脏,光纤纤芯的位置会因光通透明度的削弱而不准确,这势必会造成较高的熔接损耗。按照下面的步骤清洁防风罩镜:

①用一根蘸有酒精的细棉签清洁防风罩镜的表面,如图 9-40 所示,并用干棉签将残留在防风罩镜上的酒精擦除。

②干净的镜片应该看起来没有条纹和污迹。

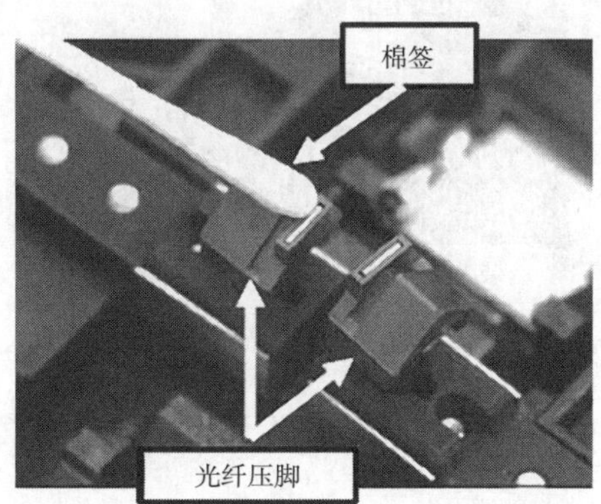

图 9-39　清洁光纤压脚

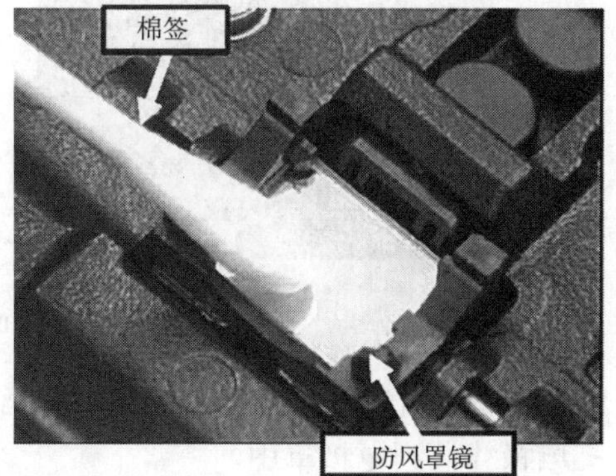

图 9-40　清洁防风罩镜

(4)清洁光纤切割刀

如果切割刀的刀片或者橡胶压垫变脏,则切割质量就会变差,将导致切割后的光纤表面和尾部端面有灰尘,从而导致较大的熔接损耗。用蘸有酒精的细棉签清洁刀片和橡胶压垫,如图 9-41 所示。

(5)更换电极

建议在熔接机放电 2 500 次后及时更换电极。而当放电次数达到 3 500 次时,打开熔接机

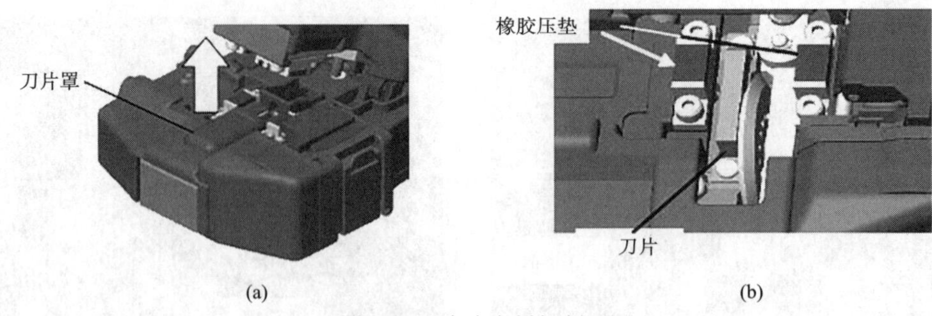

图 9-41　清洁光纤切割刀

电源后显示屏上立即会显示需要更换电极的信息，如继续使用而不去更换它们，那么很可能会导致非常大的熔接损耗并大大降低熔接点强度。在一些高强度负荷工作情况下，经常清洁电极棒也是很有效的延长电极使用寿命的方法。

电极更换步骤：

①执行“维护菜单 1”里的“更换电极”。

②屏幕上会显示需要关闭电源的提示信息，按住“Enter”键直到 LED 灯由绿色变为红色。

③拆下旧电极棒。

如图 9-42 所示，拆卸和更换电极棒的步骤为：

a. 松开电极罩上的十字固定螺丝。

b. 将电极棒从电极罩中取出(电极棒被固定在电极罩内)。

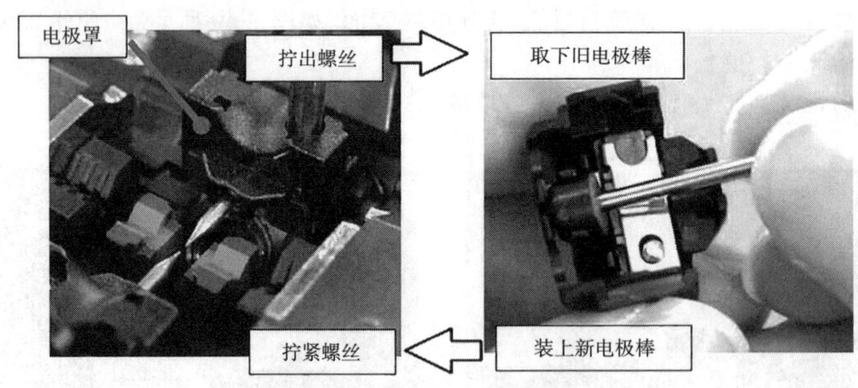

图 9-42　拆卸和更换电极棒

④用蘸有酒精的纱布或足够软的纸巾清洁新电极棒并装到熔接机上。

a. 把电极棒装到电极罩中。

b. 把电极罩正确地安装到熔接机上，并拧紧固定螺丝。

⑤打开电源，将制备好的光纤放入熔接机内并按“Enter”键，当执行完放电校正后，熔接机随即将重复放电 45 次以稳定电极性能。

⑥完成重复放电后，熔接机会再次执行放电校正，操作者应重复放电校正直到出现“试验结束”信息时为止。

(6)自我诊断测试

FSM-60S 带有一个诊断测试功能，使操作者只需要运行一个简单的步骤就可以评价出决定熔接机性能的主要易变因素。可在遇到熔接机操作故障时执行此功能。

操作步骤：

①在“维护菜单 2”中选择“自我诊断测试”并执行，熔接机将做如下检查：

a. 检查 LED。测试并调整 LED 照明灯的亮度。

b. 检查马达。检查马达限位传感器。

c. 检查灰尘。检查光通道中是否有灰尘或脏物并判断是否影响到对光纤的观测。如果有污染物存在，该功能可以指示出其所在位置。

d. 检查马达驱动量。自动校准 6 个马达的转速。

e. 放电校正，自动校正放电强度因素和光纤熔接位置。

f. 检查 I/O 端口。检查内部电路的输入和输出端口是否正常工作。

g. 检查存储。检查内部电路的存储情况。

开始测试前，应先将熔接机内的光纤拿走。当第三项（灰尘检查）完成后，将制备好的光纤放入熔接机并按“Enter”键。

②完成所有的检查和调整后，将显示一个结果列表。

如果灰尘检查的结果不理想，请清洁物镜镜头。如果仍未通过灰尘检查，说明可能有污染物进入到光通道中，请与代理商联系。

灰尘检查和马达驱动量检查作为两个独立的命令存在于“维护菜单 2”中，可以单独执行。

(7)灰尘检查

熔接机通过成像来观测光纤，摄像机、物镜和防风罩镜上的灰尘或脏物会影响光纤的正常观察并可能造成不良的熔接。该功能可以检查光通道中是否存在污染物，并判断是否会影响到熔接质量。

操作步骤如下：

①选择“维护菜单 2”中的“灰尘检查”。

②如果熔接机内有光纤，应把它们拿走并再次按“Enter”键，熔接机开始灰尘检查。

③屏幕中间显示“正在检查”信息，检查完毕后，可能会造成问题的污染物位置将通过闪烁显示出来。如果检测出灰尘，清洁防风罩镜和物镜并再次做灰尘检查。

④结束灰尘检查

如果在已经清洁或更换防风罩镜后，并且也已清洁完物镜后灰尘依旧存在，请与代理商联系。

(8)放电校正

大气环境（如温度、湿度、气压）总是在不断变化，这使得放电的温度也在不断变化。FSM-60S 内部配有温度和气压传感器，能够把外界环境的参数反馈给控制系统来调整放电强度维持在一个平稳的状态。但是，由于电极的磨损和光纤碎屑粘接而造成的放电强度的变化就无法自动修正，而且放电中心位置有时会向左或向右移动。在这种情况下，光纤熔接位置会相对于放电中心偏移，此时需要执行一次放电校正来解决这些问题。

放电校正仅在“AUTO”模式下才会自动执行，所以在这种模式下不必再特意去做放电校正。

执行“放电校正”会改变放电强度的参数值，这个数值在所有的熔接程序中都要用到，但不能改变当前熔接模式下的放电强度数值。

操作步骤如下：

①在“维护菜单 2”中选择“放电校正”，打开放电校正的画面。

②制备光纤并放入熔接机。使用标准 SM、DS 或 MM 光纤做放电校正。必须保证光纤的

清洁,如果光纤表面有灰尘,则会影响到校正结果。

③按“Enter”键后熔接机会执行以下步骤:

a. 计算放电中心,在推进光纤之前先进行放电来检测放电中心并调整光纤端面间隔位置。

b. 清洁放电,左右两根光纤同时推进,熔接机进行清洁放电。

c. 端面间隔设置,左右两根光纤再向前推进至端面间隔位置处停止。

d. 放电,熔接机在两根光纤不互相接触的情况下放电,光纤端面由于放电产生的热量而熔化并缩短导致间隔变大。

e. 测量结果,熔接机放电后,通过图像处理系统来测量两根光纤的熔化缩短量。

(9)马达校正

马达在出厂前都已经过校准,然而这些设定可能会由于多种因素而变化。这项功能可以自动校正 6 个马达的转速。

操作步骤如下:

①选择“维护菜单 2”中的“马达校正”。

②制备光纤并放入熔接机,按“Enter”键。

③所有马达的转速将会自动校准,完成后会回到“维护菜单 2”。在光纤熔接后出现“过粗”或“过细”错误,或者当光纤对准和聚焦太慢时可执行此项功能。

(10)CT-30 刀片更换方法

①拆下刀片盖、垃圾盒或边座,如图 9-43 所示。刀片基座推至底,拆下挡板。

②如图 9-44 所示,用内六角螺丝刀松开刀片固定螺丝,为了在拧松刀片固定螺丝(M3×4)的过程中避免螺丝的顶部碰到座边,逆时针转松两圈即可。(刀片固定螺丝不要拧得太松,否则螺丝很容易碰到座边。)

③拧松刀片基座上面的螺丝(M2)如图 9-45 所示,在把刀片基座往里推进的同时,提起刀片夹具。

图 9-43 拆下刀片盖

图 9-44 拧松刀片固定螺丝

图 9-45 拧松刀片基座上面的螺丝

④如图 9-46 所示,在把刀片基座往里推进的同时,提起刀片夹具。

⑤拆下旧刀片,换上新刀片。把有刻度“1”的面放在刀片基座的最上方。

⑥用螺丝刀轻轻地放下滑钩,刀片基座往前滑动。拧紧刀片基座上方螺丝。

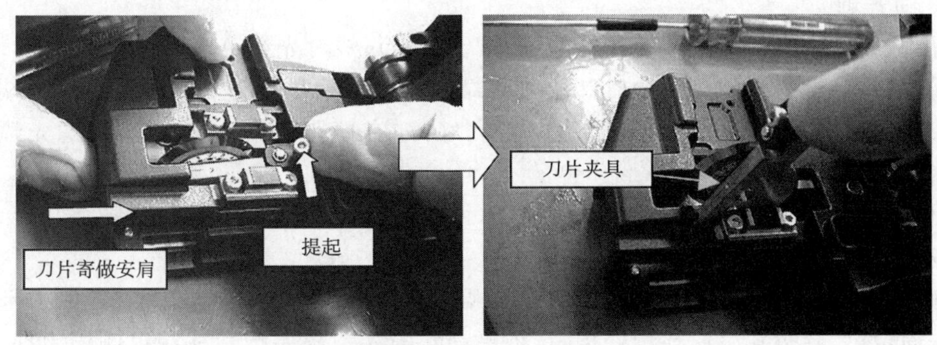

图 9-46　推进刀片基座

⑦反复拨动刀片基座，拧紧刀片固定螺丝。

⑧装上挡板、垃圾盒或者侧面罩。

(三)光缆接续的方法和步骤

虽然目前光缆接头盒和光缆的程式比较多，不同接头盒所需的连接材料、工具及接续的方法和步骤是不完全相同的，但其主要的程序以及操作的基本要求是一致的。光缆接续施工程序如图 9-47 所示。

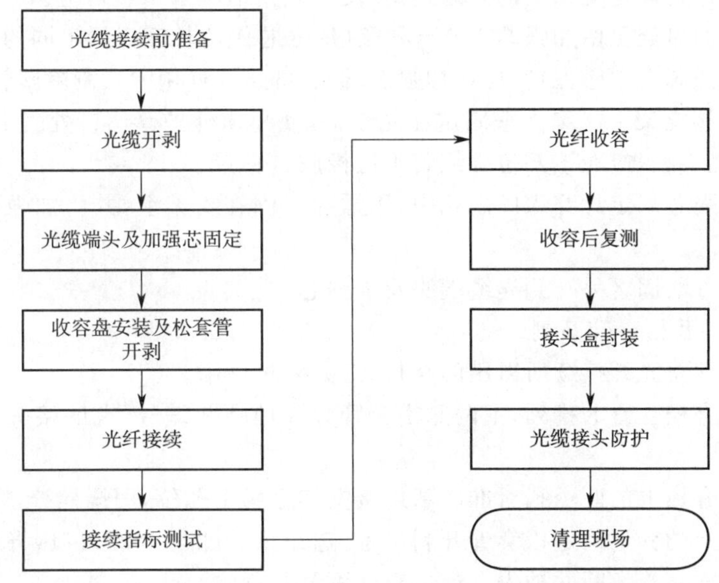

图 9-47　光缆接续施工程序

1. 光缆接续前准备

(1)在光缆接续工作开始前，必须熟悉所使用的接头盒的性能、操作方法和质量要点，尤其是以前从未使用过的接头盒，一定要仔细研究其使用方法。

(2)接头用器材(接头盒)、工具仪表(熔接机、OTDR、开剥光缆工具、封装接头盒工具等)、车辆准备和防护器具(遮阳伞、帐篷、夜间照明灯具等)的准备。

(3)待接光缆在接续前的测试(包括光、电气特性测试)完好，接续前待接光缆出现的问题应及时处理。

(4)平整接头场地，放置好工作台及需用工具、材料(工具、材料应擦拭干净)。

2. 光缆开剥

(1)用棉纱擦去光缆外护套上的污物(距端头 2 m),核对光缆 A/B 端(判断 A/B 端时,面向光缆端面,松套管色谱顺序按顺时针从红到绿或从蓝到橙排列为 A 端,反之为 B 端),并在光缆端头各锯去 100 mm(检查端头部位是否完好,如有损坏现象应切除)。考虑光缆接续后余留是否充足。

(2)根据光缆外径选择合适孔径的密封圈(两片)套入光缆上待用,同时扎上扎带,防止密封圈大范围滑动。

(3)距光缆端头 1 300 mm(光缆开剥长度根据不同的接头盒确定)处用专用割刀环切光缆外护层一周,然后轻折几次使环切处折断,将要剥除的光缆外层护套往端口侧用力抽去,裸露内护套层(可分几次分段去除外护套)。

(4)距外护套切口 15 mm 处用专用割刀将内护套环切一圈,轻轻将内护套折断抽出(如护套过紧,一次不易抽出,可分 2～3 段处理)。

(5)从光缆缆芯端头松解包层至护套切口处,并用刀片将包层割除,裸露松套管以及加强芯等。

(6)依次用棉纱和酒精棉将松套管及加强芯上油膏擦净,并剪去填充物等。

(7)同样的方法开剥另一侧光缆。

3. 光缆端头及加强芯固定

(1)调整好工作台固定支架上的光缆距离,使两侧光缆基本平直对应。

(2)距外护套切口处保留加强芯 100 mm 长(加强芯保留长度根据不同的接头盒确定),其余部分剪去,如加强芯有塑管保护,应在加强芯端头 35 mm 处用刀片割除塑管露出加强芯。

(3)将光缆连接支架上光缆夹箍固定在光缆上,使光缆外护套切口处露出夹箍 5 mm。如缆身小于夹箍内孔直径,应在该部位缠绕若干层橡胶自粘带。

(4)将光缆加强芯固定片穿入固定孔中,用螺栓紧固在支架上,并将加强芯端头做打弯处理,剪去多余加强芯。

(5)用相同的方法固定另一侧光缆端头及加强芯。

4. 收容盘安装及松套管开剥

(1)用酒精棉纱将光纤接续所需用的材料、工具擦净待用。

(2)按顺序检查松套管的排列,把两侧松套管分开理顺并编号(有的接头盒要求松套管在盒内进行盘留)。

(3)将光纤收容板上的两个孔对准底部连接支架上两个孔位,用螺栓拧紧。

(4)按收容盘上的标记确定松套管开剥位置,选用束管钳适合的刀口,将松套管放入该刀口,夹紧束管钳将松套管切断并抽去,露出光纤(可分段割除)。

(5)用酒精棉擦净光纤上油膏,再把松套管放置在收容板的引入槽内(松套管口不超过引入槽口为宜),并用尼龙扎带将光纤松套管绑扎在槽孔上,不宜太紧,应稍能移位松动。

(6)为了接续后盘留余纤方便,可将去除松套管个光纤在收容盘内进行预盘留,然后剪去多余的光纤。

5. 光纤接续

(1)将光纤熔接机及接续专用工具擦洗干净,材料放置在操作台上,并把各部位电源线按规定连接好。

(2)先进行第一芯光纤的接续,用脱脂棉和无水乙醇擦净两端光纤,一端套上光纤保护管,检查保护管内有无灰尘及杂物等。

(3)用光纤开剥钳剥净一端光纤端头 30～40 mm 的涂覆层,剥除涂覆层时,要掌握平、稳、快三字剥纤法。“平”,即手持纤要平放。左手拇指和食指捏紧光纤,使之成水平状,所露长度为 50 mm 左右,余纤在无名指、小拇指之间自然弯曲,以增加力度’防止打滑;“稳”即手握剥离钳要握得稳;“快”即剥纤要快,剥纤钳应与光纤垂直,上方略向内倾斜一定角度,然后用钳口轻轻卡住光纤,随之用力,顺光纤轴向平推出去,整个过程要自然流畅,一气呵成。

观察光纤剥除部分的涂覆层是否全部剥除,若有残留,应重新剥除。如有极少量形不易剥除的涂覆层,可用棉球蘸适量酒精,一边浸渍,一边逐步擦除。

(4)将棉花撕成层面平整的方形小块,沾少许酒精(以两手指相捏,无酒精溢出为宜),折成 V 形,夹住已剥离涂覆层的光纤,顺光纤轴向擦拭 3～4 次,直到发出“吱吱”声为止。一块棉花擦 2～3 根光纤后要及时更换,每次要使用棉花的不同部位和层面,提高利用率。

(5)将擦净的裸露部分光纤,放入光纤切割刀内,在距涂覆层 16 mm 处按光纤切割刀的操作方法切断光纤(做端面)。保持光纤切割端面的清洁和无缺损是非常重要的,应立即将光纤放入熔接机,避免光纤端面与任何物体接触。

(6)打开熔接机的防尘盖和光纤压板将切好的光纤端而迅速放进熔接机内,光纤端头距放电电极 2～3 mm,确认光纤落入 V 形槽内后盖上防尘盖。

(7)用同样的方法做好另一端光纤的端面后放入熔接机的另一端。

(8)启动光纤熔接机进行光纤熔接,并通过熔接机的自检和人工观察,确认光纤接续良好后进行热熔保护。

(9)以同样的方法进行第二纤熔接和热熔保护,接续完后通知测试点进行监测。

(10)按照上述方法逐一进行剩余纤芯熔接和热熔保护。

6. 接续指标测试

采用 OTDR 进行光缆线路接续施工和接续损耗的监测是目前最常用、最有效的方式。这种方法最主要的一个优点是,在测得精确接续损耗的同时还可以测出接续点与测试点之间的准确距离。这一点对于光缆线路的日常维护来说是非常重要的。

OTDR 监测一般有 4 种方式:远端监测方式、近端监测方式、近端监测远端环回方式和两端监测方式。在施工和维护中可以根据需要选择不同的测试方式。

(1)远端监测方式

该方式是一种比较理想的监测方式,所谓远端监测,是指将 OTDR 放在机房内,被测光缆的全部光纤接上带连接器的尾纤。光纤接续点不断向前移动,OTDR 始终在机房内作远端监测,通过测试人员和接续人员的联系,及时反馈接续存在的问题,如图 9-48 所示。这种方法的缺点是仅能测得接头点的单向损耗。

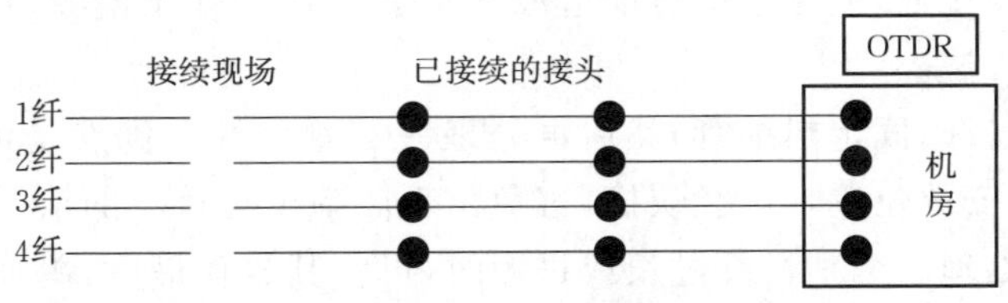

图 9-48　远端监测示意图

(2)近端监测方式

该方式是指 OTDR 始终在光缆接续的前方一个盘长的地方,随着接头往前推进,如图 9-49 所示。这种方式的缺点同远端监测方式的一样,只能测得接头点的单向损耗,另外 OTDR 需要不停地换地方，对于精密仪器的使用寿命极为不利。

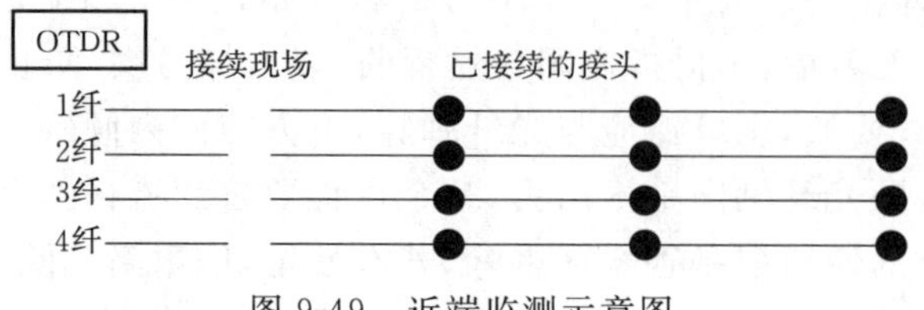

图 9-49　近端监测示意图

(3)近端监测远端环回方式

该方式和近端监测方式一样，只是在远端(机房内)将光纤每两根环接在一起(即 1 号和 2 号连接，3 号和 3 号连接，以此类推)，如图 9-50 所示，这样可以监测到光纤接头的正、反向接续损耗，有利于判断接续质量是否合格。在长途干线光缆工程中，采用这种方式很有必要。

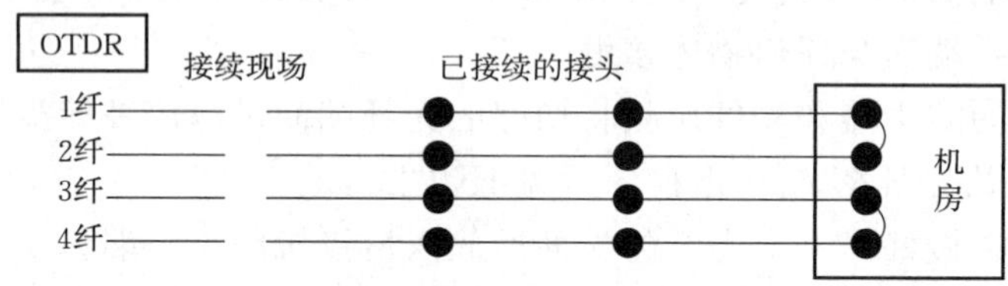

图 9-50　近端监测远端环回示意图

(4)两端监测的方式

该方式是指用两台 OTDR 分别在两端机房对光链路中间正在接续的接头进行监测的方式，仅适合于现有光缆线路的割接、故障抢修。因为对于长途干线来说，链路中间的接头损耗指标是非常重要的，为了得到准确的接续损耗，同时可使用光源、光功率计对整个链路的衰耗进行配合测试。

使用这种方法时必须注意：两台 OTDR 不能同时对同一条光纤测试，因为相对于背向散射光来说，对方 OTDR 发过来的光太强，容易激发仪表的自保护(早期 OTDR 的收光模块甚至会被烧坏)，需要重新复位才能使仪表正常工作。因此在测试时有必要以终端机房为主，在需要配合时对方机房才进行测试。

7. 光纤收容

光纤接续完毕并测试合格后，收容光纤余长。目前接头盒常用平板式盘绕法，就是将裸光纤盘绕在接头盒内的光纤收容盘(俗称盘纤)中，盘纤方法分为以下 4 种：

(1)先中间后两边，即先将热缩后的保护管逐个放置于固定槽中，然后再处理两侧余纤。优点：有利于保护光纤接点，避免盘纤可能造成的损害。在光纤预留盘空间小、光纤不易盘绕和固定时，常用此种方法。

(2)从一端开始盘纤，固定热缩管，然后再处理另一侧余纤。优点是可根据一侧余纤长度灵活选择热熔保护管安放位置，方便、快捷，避免出现曲率半径过小的情况。

(3)特殊情况的处理。个别光纤过长或过短时，可将其放在最后，单独盘绕：带有特殊光器件的可将其另盘处理；若与普通光纤放置在同一盘时，应将其轻置于普通光纤之上，两者之间加缓冲衬垫，以防止挤压造成断纤，且特殊光器件尾纤不可太长。

(4)根据实际情况采用多种图形盘纤。按余纤的长度和余留空间大小，顺势自然盘绕，切忌生拉硬拽，应灵活地采用圆、椭圆、“CC”、“S”等多种方式盘纤(注意盘绕半径≥3.75 cm)，尽可能最大限度地利用余留空间和有效降低因盘纤带来的附加损耗。

8. 收容后复测

盘纤结束后盖上保护盖，通知测试点进行复试。

9. 接头盒封装

接续点接到收容复测合格后进行接头盒封装。在接头盒封装之前，应检查以下内容：(1)光缆加强芯是否安装牢靠，光缆安装是否牢固；(2)光纤收容盘是否固定牢靠；(3)光纤在收容盘内是否有微弯和受力的地方。检查完以上内容后，可封装接头盒。

密封处理是接头盒封装的关键，不同的接头盒其密封方法不一样。具体操作中，应按照接头盒的安装说明书，严格按照操作步骤进行。

(1)对光缆密封部位均应做清洁和打磨，以提高光缆与防水材料间可靠的黏合。注意打磨砂纸不宜太粗，光缆打磨的方向应沿光缆垂直方向旋转打磨，不宜与光缆平行方向打磨。

(2)用脱脂棉和无水乙醇将接头盒擦洗干净并凉干，然后把密封胶条安放到位。

(3)将上半个盒体合在下半个盒体上，上下左右对齐，对准下半个盒体的紧固螺栓孔位，然后用紧固螺栓套上垫片及弹垫对角交替均匀紧固直至上下盒体之间缝隙闭合时为止。过几分钟后再次紧固螺栓，确保接头盒的气密性和水密性。

10. 光缆接头防护

接头防护是光缆接续、光缆割接、故障抢修中的最后一道工序。接头防护分为接头盒固定和余留光缆固定两道工序。下面分别讲述直埋光缆、架空光缆以及管道光缆接头防护方法。

(1)直埋光缆接头的防护

直埋光缆接头的埋深应与该位置直埋光缆的埋深一样，坑底应铺 10 cm 的细土，接头盒上方要埋上 30 cm 的细土然后盖上水泥盖板加以保护，最后用普通土将接头坑回填平整，余留光缆盘的直径应大于 1.5 m。

(2)架空光缆接头的防护

架空光缆接头盒一般分为立式和卧式。

立式接头盒一般固定在电杆上，光缆余留盘绕在电杆两侧的余留架上。

卧式接头盒一般固定在电杆旁的吊线上，抢修的接头有时也在一挡线的中间，余留光缆盘绕在接头盒两侧或相邻电杆的余留架上。

(3)管道光缆接头的防护规定

管道人孔内光缆接头的固定应满足以下要求：

①尽量安装在人孔内较高(贴近人扎上覆)的位置，减少人孔内积水的浸泡，并防止施工人员的踩踏；

②安装时尽量不影响其他线路接头的放置和光(电)缆的走向；

③光缆应有明显标志，对于两根光缆走向不明显时应做方向标记；

④对人孔内光缆进行保护和放置光缆安全标志牌。

(4)接头盒防护应注意的事项

①一般是先固定接头盒，再盘绕光缆余留，避免接头盒在余留盘绕的过程中剧烈晃动。

②光缆余留盘绕时，从接头盒根部往外盘，把余留盘绕时所产生的扭转力向光缆侧释放，避免光缆在接头盒根部转动。

③光缆余留盘绕的技巧：在余留盘绕过程中，为避免产生扭转力，一般采取正一圈、反一圈的盘绕方法，其原理与盘“∞”字一样，正反圈所产生的扭转力抵消。

11. 清理现场

把现场清理干净。

（四）光缆成端的制作方法和步骤

光缆线路到达端局、中继站需要与光端机或中继器相连，这种连接称为光缆的成端。

1. 光缆的成端方法

铁路通信系统光缆成端主要有用户成端、中间站成端和通信站成端。用户成端是在光终端盒中进行终端，中间站是在综合引入柜中进行成端，通信站是在光纤配线架中进行成端。

（1）光终端盒

光终端盒是光传输系统中一个重要的配套设备，作用是将光缆和尾纤进行熔接，实现光缆的成端。它具有光路调接、尾纤存储的作用，一般应用在用户端，但有时也应用中间站。

（2）综合引入柜

在铁路中间站通信机械室内，需要对各种电缆、光缆进行引入、配线，还可以放入铁路数字专用系统的车站分系统的后台设备等。在综合柜的内部设有光纤配线单元，主要完成光缆的引入、光纤的熔接与收容，配线光纤的盘储，配线尾纤与跳线尾纤的同定与连接等功能。光纤配线单元与光纤配线架的作用很相似，只是应用的地方不同，容量不同。

（3）光纤配线架

光纤配线架（ODF），又称光纤配线柜，广泛应用在通信、广电、智能楼宇等领域，是用于光纤通信网络中对光缆、光纤进行终接、保护、连接及配线设备。在本设备上可以实现对光缆的固定、开剥、接地保护以及各种光纤的熔接、跳转、冗纤盘绕、合理布放、配线调度等功能，是传输媒体与传输设备之间的配套设备。

2. 光缆成端的技术要求

（1）光缆进入机房前应留足够的长度，一般不少于 12 m。

（2）光缆标识清晰明了，引入机架时弯曲半径应不小于光缆直径的 15 倍。

（3）采用终端盒方式成端时，终端盒应固定在安全、稳定的地方。

（4）成端接续要进行监测，接续损耗要在规定值之内。

（5）采用 ODF 架方式成端时，光缆的金属护套、加强芯等金属构件要安装牢固，光缆的所有金属构件要做终结处理，并与机房保护地线连接。

（6）光缆开剥长度适宜，塑料保护套管约束到位、不打折、不别劲且冗余适当。

（7）从终端盒或 ODF 架内引出的尾纤要插入机架的珐琅盘内，空余备用尾纤的连接器要带上塑料帽，防止落上灰尘。

（8）光缆成端后必须对尾纤进行编号，同一中继段两端机房的编号必须一致。无论施工还是维护，光纤编号不宜经常更改。尾纤编号和光缆色谱对照表应贴在 ODF 架的柜门或面板内侧。

3. 光纤配线架成端安装

（1）光纤配线架结构

光纤配线架的结构如图 9-51 所示，光缆引入孔可根据现场情况调整为上引入或下引入。

（2）光纤配线架成端制作

光纤配线架成端制作的操作方法和步骤如下：

①将光缆从光缆引入口引入箱体。

②开剥光缆，开剥长度等于光缆固定处至熔配一体化模块加上熔配一体化模块内光纤的

余留长度。

③用束管钳去除光缆松套管，应余留 4 cm 左右松套管，将光纤清理干净，套上塑料保护套管，管长为从光缆开剥处到熔配一体化模块的长度，根据实际路由确定管长。

④塑料保护套管与光缆开剥接口处用绝缘胶带缠紧。

⑤将光缆加强芯穿入分支架内固定柱中用螺母紧固。

⑥将套上保护套管的光纤引入到熔配一体化模块内，并用尼龙扎带固定在熔配一体化模块上。

⑦安装适配器、尾纤。适配器按从左到右排列。

⑧将尾纤与光纤进行熔接。

⑨把光纤熔接接头固定在熔配一体化模块热缩管固定槽中，并盘留光缆余纤和尾纤。

⑩盖好盖板，把熔配一体化模块推入熔配单元导轨中，同时把套入保护套管的光纤按预定光纤走线方向布放在光纤配线架内。

综合引入柜和光终端盒的光缆成端制作与光纤配线架的光缆成端制作基本相同，此处不再详细介绍。

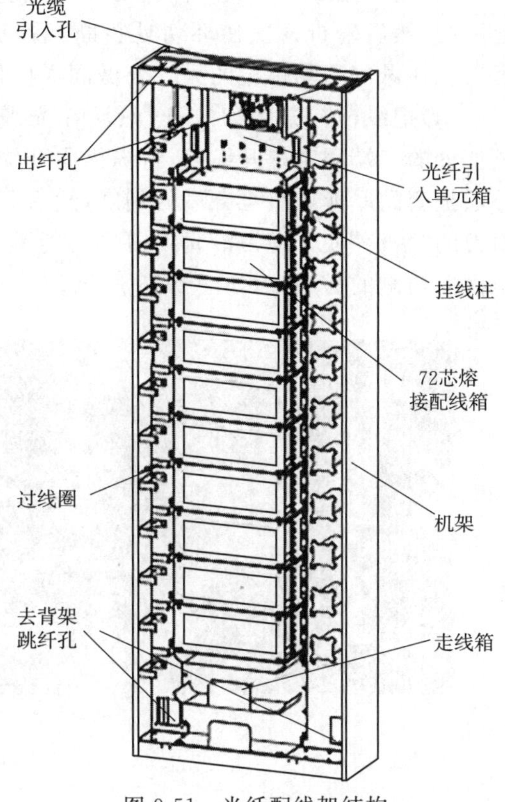

图 9-51　光纤配线架结构

(五)光缆纵剖接续的方法和步骤

在光缆线路的施工和维护中，经常会遇到以下问题：正在运行中的光缆需分配部分纤芯至分歧光缆，而分歧点距接头盒较远；光缆因机械损伤，造成部分纤芯损伤需修复，而另外的纤芯正常。按常规的处理方式需进行中断业务的光缆割接，光缆的纵剖接续就是在保全正常纤芯的运用情况下进行分歧接续或受损纤芯修复的接续方式。

下面以光缆纵剖接续分歧(使用 GYS-JB 型光缆接头盒)为例介绍光缆纵剖接续的方法和步骤。

1. 准备工作

(1)平整接头场地，放置好工作台及需要工具、材料，并将工具和材料擦净。将光缆接头盒打开，取出连接支架，从连接支架上取下光纤盘留板，待用。

(2)将要进行纵剖光缆引出地面，用棉纱将光缆外护套上的污泥清洁干净(长度 2 m)。理直光缆纵剖部位，并架设在工作台两侧的固定支架上。

(3)分歧光缆引出地面，用棉纱将光缆外护套上的污泥清洁干净(距端头 2.3 m)，并在光缆端头各锯去 100 mm(检查端头部位是否完好，如有损坏现象应切除)。

(4)将分歧光缆接头部位理直，并架设在工作台一侧的固定支架上。

2. 主干缆护层开剥

(1)标识主干光缆纵剖位置，在相距 1 500 mm(纵剖长度)两处做好切割标记，如图 9-52 所示。

(2)选择与纵剖光缆外径尺寸相符合的挡圈将其剖开，合在纵剖光缆上，并用 502 胶水黏合，两侧各做两片，待用。

(3)用专用割刀在做好标记处环切光缆外护套一周,然后轻折几次使环切处折断,看见内护套层。在做好切割标记的另一处做同样操作。

(4)把纵横向开缆刀打开,然后在光缆横向环切处的一端固定好开缆刀,将纵横向开缆刀按外层护套的厚薄调整至合适的刻度,然后利用开缆刀的“手柄”使开缆刀沿光缆向另一端滑动,直至横向切割的另一处,如图 9-53 所示。

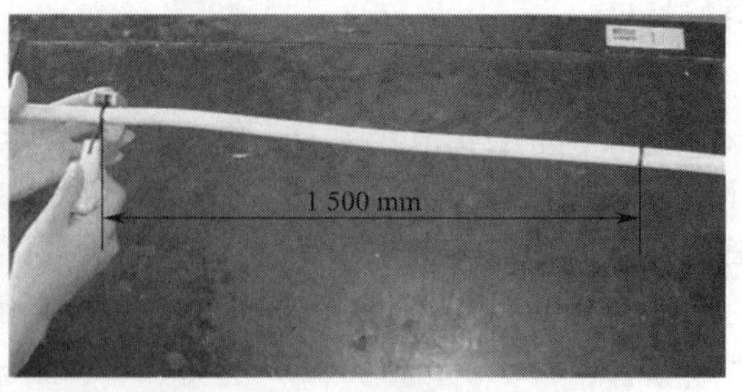

图 9-52　主干光缆纵剖长度

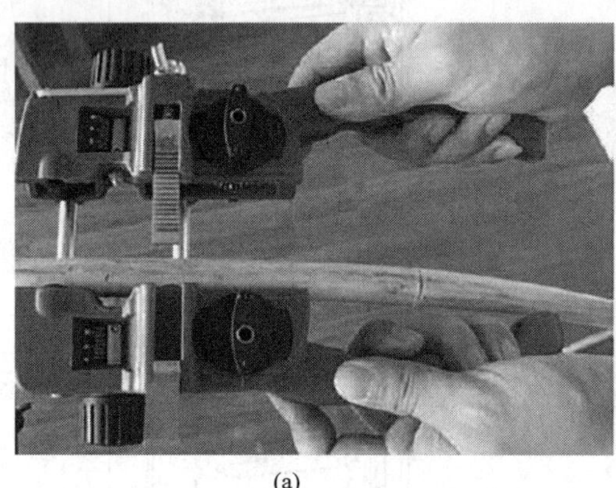

(a)

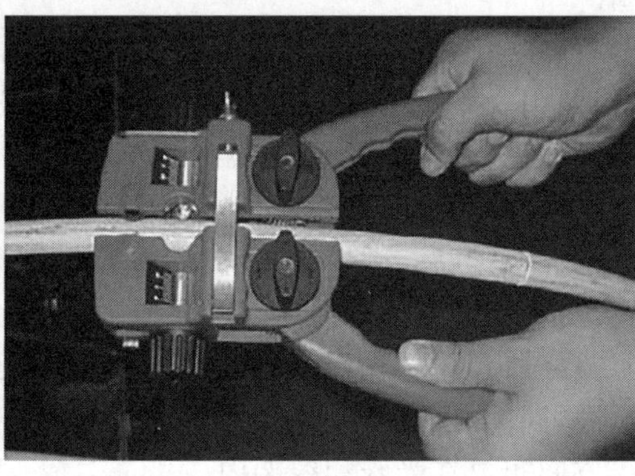

(b)

图 9-53　纵剖示意图

(5)剥除外护套,裸露内护套层。用剥除外护套的方法将内护套层剥除。

(6)依次用棉纱、清洗剂和酒精棉将裸露松套管、加强芯上油膏擦净,并剪去填充物等。

3. 分歧缆的开剥

(1)将与光缆外径尺寸相符合的挡圈(两片)套入分歧光缆上待用。

(2)在距光缆端头 900 mm 处,用管子割刀环切光缆外层护套一周,然后轻折几次使环切处折断,将要剥除的光缆外层护套往端口侧用力抽去,裸露内护套层。

(3)在距外护套切口 15 mm 处用管子割刀将内护套环切一圈,轻轻将内护套折断抽出。

(4)从光缆端头松解油膏包层至护套切口处,并用刀片将油膏包层割除,露出光纤或塑管以及填充物、加强芯等。

(5)依次用棉纱、清洗剂和酒精棉将裸露光纤或松套管、加强芯上油膏擦净,并剪去填充物等。

4. 连接支架、加强芯安装及松套管预盘留

(1)调整好工作台固定支架上的光缆距离,使两侧光缆基本平直对应。

(2)将光缆连接支架托在纵剖光缆下面,并用光缆固定卡夹住缆身,然后用 M4 螺钉紧固在支架端头固定块上,光缆固定卡边缘距外护套切口 5 mm。

(3)清理核查光缆松套管,将需分歧的松套管在中间剪断。

(4)将光缆加强芯在离光缆外护层环切点 130 mm 处剪去,两侧均留下 130 mm 长的加强芯(加强芯如有涂塑层,应将端头 50 mm 处用刀片割除塑料护层露出钢绞线)。

(5)将直通松套管整理预盘留好,如图 9-54 所示,用扎带将松套管绑在连接支架的松套管预留处内,扎带不能抽得太紧,松套管能自由伸缩为宜。

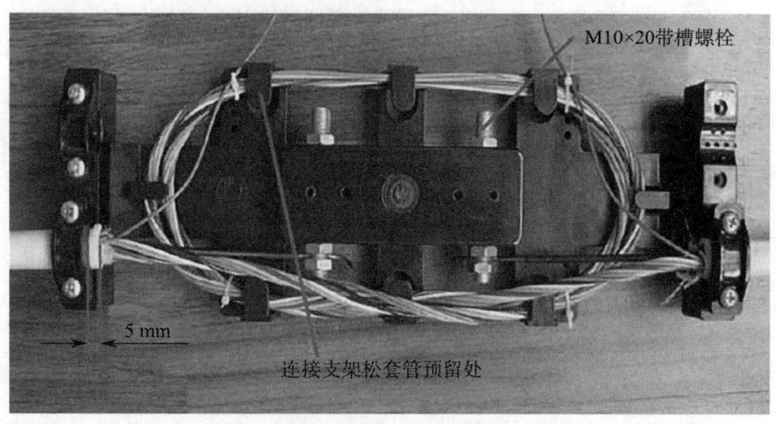

图 9-54　松套管盘留

(6)将光缆加强芯端头卡入 M10×20 的带槽螺栓内，上好螺帽，用两用快扳(呆扳手)紧固，并将加强芯端头做打弯处理。

(7)按上述方法将分歧光缆上支架、加强芯固定和松套管预盘留。

5. 盘留板安装与光纤接续

(1)用酒精棉纸、清洗剂将光纤接续所需用的工具、材料擦净待用，按顺序检查分歧缆松套管的排列，并分开理顺。

(2)把光纤盘留板上的两个孔对准连接支架上的孔位，并用螺栓拧紧。

(3)在光纤盘留板引入口处，将纵剖缆和分歧缆的松套管用多口钳(选择合适的孔位)在距光缆外护套切口 110 mm 处切割一刀，轻轻折断并抽去，露出光纤(光纤松套管可分段割除)。

(4)用酒精棉纸、清洗剂擦净光纤上的油膏，再把光纤放置在盘留板的引入槽内，并用绑扎带将光纤松套管绑扎在槽孔上，绑扎不宜太紧，应稍能移位松动。

(5)将光纤熔接机及接续所需材料和专用工具放置在操作台上，并把各仪器电源线按规定连接好。将光纤在光纤盘留板内做预盘留，确定接头位置，按光纤色谱顺序进行光纤熔接。

(6)每接完一根光纤后，进行接头加强保护，并在保护管上按顺序编号，把光纤余长盘留在盘留板内。光纤盘留弯曲半径不小于 ϕ40 mm，不得有小圈，光纤接头加强管应固定在盘留板的槽道内。

(7)每层光纤盘留板最多容纤 12 根，然后在每层盘片上覆盖一片防震垫(防震垫应安放到位，否则可能会影响光纤的盘留损耗)，并通知测试点对每根光纤进行复测。

6. 接头盒安装

(1)在距光缆固定卡外侧 60 mm 处，用砂纸将缆身打毛，并用酒精清洁。

(2)将接头盒下盒体由下而上套到连接支架上，并将挡圈放入盒体挡圈槽内，用记号笔分别在挡圈内侧标出密封区域。

(3)在密封区域用密封带拉伸缠绕，缠绕宽度为 38 mm，缠绕高度略高于挡圈高度。堵头缠绕方法同上。

(4)将预先放置的挡圈移至缠绕好的密封带两侧并将接头放入下盒体内，两侧挡圈必须入槽到位。把两根密封条分别嵌入盒体两边的槽道内，多余部分剪去。在盒体两端相应位置放入 20 mm 的短密封条，如图 9-55 所示。在无光缆引入的盒体端口处放入缠好密封带的堵头。

(5)将上盒体合到下盒体上，上下对齐，放入紧固螺栓，对角交替均匀拧紧所有外部紧固螺

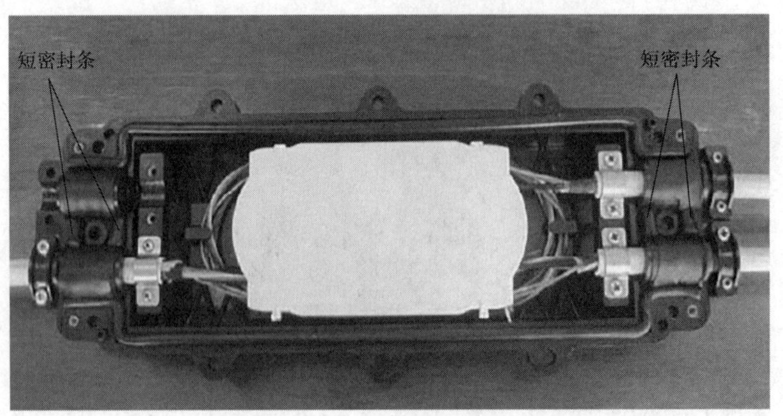

图 9-55 接头盒组装

栓。在高架线路上,按固定支架的固定孔位置在槽道底部安装 4×M6 的膨胀螺栓,安放 4 个防震橡胶垫,固定防震支架,并将安装完的接头盒放置在防震支架上,并装上穿钉螺栓固定。

(六)光缆绝缘节的制作方法和步骤

光缆绝缘节的作用是断开光缆里面的金属加强芯,起到断路、绝缘、保护终端设备的作用。

1. 在做绝缘节 1 m 范围内将光缆理直,并固定在操作支架上,清洗干净。

2. 选取中间 250 mm 长,用开剥刀将光缆内外护层开剥去除,并清洗干净。

3. 用断线钳将光缆加强芯在中间部位切掉 20 mm。

4. 把两端光缆加强芯分别穿入闸头螺丝孔内,并紧固到盒体绝缘板上,保证两侧的光缆加强芯间距为 10 mm。

5. 在盒体的密封区缠绕 2×35×1 300 的密封带,要求宽度为 30 mm,直径 61 mm。

6. 用挡圈割刀将四只挡圈割到光缆的外径尺寸,半径割开卡置在密封带两侧。

7. 圈外侧光缆上缠绕 2×25×600 的密封带,要求宽度为 25 mm,直径 43 mm。

8. 在下盒体密封槽内嵌入 ϕ6.0 mm 的密封条,并由下而上托起下盒体使两端的密封胶带和挡圈进入盒体密封区。

9. 扣合上盖体,用四副抱箍均匀紧固合体至密合,要求相邻抱箍螺栓交叉紧固在盒体两侧密合枫缝处。

三、光缆线路检修

(一)光缆线路维护标准

1. 通信线路维护工作范围与基本要求

日常维护:根据区域特点定期进行光电缆线路巡视和护线宣传,及时发现问题,排除故障因素,确保通信畅通;对通信线路及附属设备进行补强,保证光电缆线路及附属设备的完整良好,预防故障发生。

重点整治:重点更换不合格的接头、地线、地线断开装置;整治埋深不够、防护不善等问题;克服传输特性严重下降区段;改善线路径路不符合建筑接近限界规定的处所。增强线路抗灾抗干扰能力,巩固提高光、电特性指标,确保线路传输质量。

通信线路维修单位在进行维修工作时,应严格执行国铁集团、铁路局集团公司营业线施工和临近营业线施工管理的有关规定,办理相关手续。施工前应与相关部门取得联系;作业中如有可能影响通信正常使用时，应随时保持联系；工作完毕，应通知有关机械室进行业务恢复试验，确认良好后方能离开工作现场，并及时做好维修记录。

通信线路发生故障时，工区人员应服从调度和有关机械室（网管）的统一指挥。

2. 设备管理范围

光缆线路有长途、地区、站场线路、线路附属设备和光纤监测系统。

通信线路和通信机械设备的维护分界，以引入室内的第一连接处为分界点，并作如下规定：通信电缆及架空线路，以保安器、分线箱（盒）、总配线架的外线端子为分界点，其外线端子属于室内设备；光缆线路，以第一个尾纤活动连接器为分界点，其活动连接器属于室内设备；对于引入室内的光缆、成端电缆以及配线的日常清扫、整理和其裸露端子配线焊接、根部强度的检查等工作，均由所在室负责。

在通信线路中的非通信部门引入设备与通信部门的维护分工规定如下：光缆线路以尾纤活动连接器为分界点，其活动连接器属于通信部门。

3. 维护项目与周期

长途光电缆线路的维护测试项目与周期规定需符合《铁路通信维护规则》的相关规定。

4. 光缆线路维护质量标准

光缆线路维护质量标准应符合《铁路通信维护规则》的相关规定。

四、光缆线路障碍处理

由光缆线路原因引起的光缆通道阻断和通信质量不符合要求，称为光缆线路障碍。障碍发生后，应首先判断障碍部位、区段，涉及行车调度指挥、铁路行车安全保障及信息系统等必须采取倒、代、迂回等措施，将影响减小到最低程度。

（一）光缆线路障碍类型的判断

经常出现的障碍有：光纤中有大的反射点、光纤中断、光纤衰耗过大、光纤终端障碍。

1. 光缆线路障碍产生的原因

（1）线路障碍在接头盒处的分析，非外力导致的光缆故障，接头盒内出现问题的情况较多，导致接头盒内断纤或增大的原因分为以下情况：

①容纤盒内光纤松动，导致光纤弹起在容纤盒边缘或盘上螺丝处被挤压，严重时会压伤、压断光纤。

②接头盒内的余纤在盘放收容时出现局部弯曲半径过小或光纤扭绞严重，产生较大的弯曲损耗和静态疲劳，在 1 310 nm 波长测试变化不明显，1 550 nm 波长测试接头损耗显著增大。

③制作光纤端面时，裸光纤太长或者热缩保护管加热时光纤保护位置不当，造成一部分裸光纤在保护管之外，接头盒受外力作用时引起裸光纤断裂。

④除涂覆层时裸光纤受伤，长时间后损伤扩大，接头损耗随着增加，严重时会造成断纤。

⑤接头盒进水，冬季结冰导致光纤损耗大，甚至发生断纤。

（2）非接头盒处的障碍分析大致可分为四类：外力因素、自然灾害、光缆自身缺陷及人为因素。

①外力因素引发的线路故障有以下 3 类：

a. 外力挖掘：挖掘是直埋光缆损坏的最主要原因。在建筑施工、维修地下设备、修路、挖沟等工程时，均威胁到光缆线路的安全。

b. 车辆挂断：车辆撞倒电杆使光缆拉断或者光缆下面通过的车辆刮断吊线或光缆造成的通信中断。处理车刮故障时，应首先对故障点光缆进行双向测试，确认光缆阻断处，然后再有针对性地处理。

c. 枪击：架空光缆因受各类枪支射击、子弹爆炸和冲击而发生的光缆故障，这类故障一般不会使所有光纤中断，而是部分光缆部位或光纤损坏，但这类故障查找起来比较困难。

②自然灾害原因造成的线路故障：

a. 鼠咬与鸟啄：由于动物啃咬光缆造成光缆破裂和光纤断纤。无论地下、架空还是室内的光缆都会受到鼠害的威胁。

b. 火灾：光缆路由下方堆积的柴草、杂物等起火导致的线路损坏或架空光缆附近农民焚烧秸秆引发的光缆故障。

c. 洪水：由于洪水冲断光缆或光缆长期浸泡水中使光纤进水引起光纤衰减增大。

d. 大风：飓风、台风等强风暴造成电杆倒、断、光缆连带受伤或中断。

e. 冰凌：冰凌造成的光缆受力阻断。

f. 雷击：当光缆线路上或附近遭受雷击时，在光缆上产生高电压放电损伤光缆。

g. 电击：当高压输电线与光缆或光缆吊线相碰时，强大的高压放电电流会把光缆烧坏。

③光纤自身原因造成的线路故障。

自然断纤：由于光纤是由玻璃、塑料纤维拉制而成，比较脆弱，随着时间推移会产生静态疲劳，光纤逐渐老化导致自然断纤。接头盒进水，导致光纤损耗增大，甚至发生断纤。

④人为破坏：

a. 偷窃：犯罪分子盗割光缆，造成光缆阻断。

b. 破坏：人为蓄意破坏，造成光缆阻断。

以上各种原因造成的光缆阻断情况不同，不同的障碍原因导致的光缆故障处理方法也各不相同。

2. 障碍定位分析

光缆线路障碍是指处于线路维护实体内的障碍。首先应确定是否为机房活动连接器障碍，并在机房活动连接器处对线路方向进行 OTDR 线路测试。在掌握测试数据及相关资料基础上，进行定位计算及现场检查。

(1)确定障碍纤及障碍处纤长位置。

(2)掌握光缆线路竣工资料。

初步确定位置，调动护线人员前往现场踏察。

(3)精确确定位置，根据纤长障碍位置及路由资料最终核算到路由地表位置，要求准确、熟练、迅速，实践证明这一点对障碍修复时间非常关键。

(4)障碍处于接头附近时，应判断障碍位置与接头的关系。

(5)有地表以上的破坏痕迹在巡查中直接确定。

(6)双向测试定位分析能提供有效地参照和印证。

3. 障碍定位

(1)原则上从距离障碍点近端机房侧测试会提高精确度。

(2)先确定障碍所处光缆段，从最近接头点处开始核算。

(3)处于机房侧第一段时，要综合考虑测试尾纤长度进机房敷设长度、地下室、人孔余留长度，并注意记录光缆尺标。

(4)双向测试定位分析能提供有效参照和印证。

(5)掌握准确翔实的路由、线路资料。

(6)隐蔽障碍开挖后未找到障碍时，应记录光缆尺标与核算尺标比较确定真实障碍点的方向位置。机房侧尺标能在机房看到，接头坑口尺标在线路资料中应当有。

(7)根据实际路由资料进行地表路由位置修正(如S弯敷设及转弯线路增减长度考虑)。

(二)光缆线路故障的处理方法

1. 大反射点的查找

在施工和维护过程中，光纤中经常会出现大的反射点，测试时应精确调整OTDR的折射率、脉宽、波长，使之与被测光纤的参数相同，尽可能减少误差。将测出的距离信息与资料核对。查看障碍点是否在接头处。若通过OTDR曲线观察障碍点有明显的菲涅尔反射峰，与资料核对和某一接头距离相近，可初步判断为光纤接头盒内光纤障碍(盒内断裂多为小镜面性断裂，有较大的菲涅尔反射峰)。人员到达现场后，可先与机房内配合人员联系进行进一步判断。若障碍点与接头距离相差较大，则为缆内障碍。

用OTDR精确测试障碍点至邻近接头点的相对距离(纤长)，由于光缆的缆长与纤长不完全一致，所以OTDR测试的纤长不等于光缆长度，必须将测试的纤长换算成光缆长度，再根据接头的位置与缆长的关系以确定障碍点的位置。

2. 中断障碍查找

光纤中断障碍，查找较为容易，一般为外力影响所致。可利用OTDR测出障碍点与端站间的距离，结合资料，确定障碍点的地理位置，指挥巡线人员沿光缆路由查看是否有建设施工，架空光缆是否有明显的拉伤、火灾，一般可找到障碍点。若无法找到就需要用上面介绍的方法进行精确计算，确定障碍点。

3. 光纤衰减过大查找

若出现光纤衰减过大，可利用OTDR测试障碍纤芯。如发现障碍是某点衰减突变引起的，可细查障碍点位置后再处理。障碍点常位于接头处，多是由于弯曲衰减造成的，引起障碍的原因有：盒内余留光纤盘留不当形成小圈；环境温度变化使光缆中的纤膏流出造成光纤弯曲；热缩管固定不好引起热缩管盒内脱落；外界震动使光纤产生弯曲；接头盒进水造成接头处障碍。

4. 线路终端障碍查找

若障碍发生在终端机房内，在障碍端测试时OTDR仪表显示不出规整曲线，在对端测试时发现障碍纤芯测试曲线正常。为精确定位，需一段能避开仪表盲区的光纤，一般长度不少于500 m，先精确测出光纤长度，再接入障碍光纤测试。

光缆障碍修复时，涉及行车调度指挥、铁路行车安全保障及信息系统等重要通信设备和电路的通信障碍必须采取“倒、代、迂回”等措施，将影响减少到最低程度。在倒、代通后，应先完成重要光纤的熔接，再进行其他光纤的熔接，经测试合格后，再倒回到维修好的光缆线路上。

五、光缆敷设

铁路光缆通信工程由光缆线路和传输设备组成，它们之间的分界点是：通信站光缆终端在光纤分配架(ODF)上，分界点是第一个尾纤活动连接器，活动连接器属于室内设备；在中间站或中继站光缆终端在综合柜上，分界点是综合柜的活动连接器，活动连接器属于室内设备；对于终端用户，光缆终端在光终端盒上，分界点是尾纤头。分界点的外侧为光缆线路部分，即两个分界点之间的光缆传输通道为光缆的线路部分，其余为传输设备或光设备终端。光缆线路的施工主要由以下部分组成：

1. 线路部分

光缆线路部分的施工主要以设计为依据，根据光缆程式和型号，选择施工方案和工艺。光缆线路施工主要包括光缆径路选择、光缆单盘测试、光缆配盘、光缆搬运、光缆沟开挖、管道清理、杆路准备、光缆敷设、先缆防护、光缆接续、光缆中继测试及验收。

2. 中间站部分

光缆中间站部分的施工主要是光缆在室外余留、光缆的引入、光缆进站的绝缘处理(室内设备与室外光缆金属护层及金属加强件须断开彼此绝缘，避免室外雷击电流或机车供电电流的感应构成对人员、设备的威胁)、光缆在室内的布放、光缆加强芯的固定、光缆在综合柜上的成端、尾纤的盘绕固定、尾纤与设备的连接等。

3. 通信站部分

通信站部分的施工主要包括局用光缆的布放、光缆进站的绝缘处理、光缆在室内的余留、加强芯的固定、光缆在光纤分配架上的终端、尾纤在光纤分配架上的余留、光中继段的测试。

为了保证光缆敷设的安全和成功，光缆敷设时，应遵守下列规定：

(1)光缆的弯曲半径应不小于光缆外径的 15 倍，施工过程中应不小于 20 倍。

(2)布放光缆的牵引力不应超过光缆最大允许张力的 80%，瞬间最大牵引力不得超过光缆的最大允许张力，而且主要牵引力应作用在光缆的加强芯上。

(3)有 A、B 端要求的光缆要按设计要求的方向布放，A 端须朝铁路上行方向。

(4)为了防止在牵引过程中扭转损伤光缆，光缆牵引端头与牵引索之间应加入转环。

(5)布放光缆时，光缆必须由缆盘上方放出并保持松弛的弧形。光缆布放过程中应无扭转，严禁打背扣、浪涌等现象发生。

(6)机械牵引敷设时，牵引机速度调节范围应为 0～20 m/min，且为无级调速。

(7)人工牵引敷设时，速度要均匀，一般控制在 10 m/min 左右为宜，且牵引长度不宜过长，可以分几次牵引。

(8)为了确保光缆敷设质量和安全，施工过程中必须严密组织并有专人指挥，必须备有良好的联络手段。

(9)光缆布放过程中以及安装、回填中均应注意光缆安全，严禁损伤光缆。发现护层损伤及时修复。

(10)光缆布放完毕，发现可疑时，应及时测量，确认光纤是否良好。光缆端头必须做严格的密封防潮处理，不得进水。

(11)未放完的光缆不得在野外放置(无人值守情况下)，埋式光缆布放后应及时回填土(不少于 30 cm)。

(12)现场施工完毕后，应及时清理现场废弃物，保持好施工现场的环境卫生。

(13)施工过程中，应注意施工现场周围各种线路的性质，考虑各种道路的通行状况，采取相应的措施，避免发生人身伤亡的事故和材料、设备的损失。

(一)光缆单盘检验测试

1. 单盘检验测试

一般光缆的标准制造长度为 2 km(有时也可根据用户要求来确定)，70 km 以上的超长中继段的埋式光缆为 2 km。光缆在敷设之前，必须进行单盘检验。单盘检验工作，包括对运到现场的光缆及连接器材的规格、程式、数量进行核对、清点、外观检查和光电主要特性的测量。

(1)单盘检验的一般规定

a. 单盘检验应在光缆运达现场分屯点后进行。

b. 单盘检验前准备工作必须做好。

c. 经过检验的光缆、器材应作记录。

e. 检验合格后,单盘光缆应及时恢复包装。

f. 对经检验发现不符合设计要求的光缆、器材应登记上报不得随意在工程中使用。

(2)单盘测试

光缆单盘测试是光缆线路工程施工中很重要的一个环节,主要是利用光时域反射仪(OTDR)对单盘光缆的长度、光纤衰减系数和光纤后向散射曲线进行测量检查,以确定光缆的主要性能指标是否达到工程设计和采购要求,并为光缆配盘提供依据。

a. 光缆的结构、端别、纤序识别

光缆由缆芯、护层和加强芯组成。常用的光缆按结构可分为层绞式光缆、骨架式光缆、束管式光缆、带状光缆、单芯光缆、特殊光缆。光缆的端别各生产厂家生产的产品不完全一致。一般来说,可按下列 4 种方式来区别光缆的 A、B 端:

(a)光缆截面,领示色光纤(或松套管)以红、绿顺时针为 A 端,逆时针为 B 端。

(b)按厂家提供的有关资料来区分光缆的端别。

(c)按光缆外护套上标明光缆米标来区分,如规定小数字端为 A 端,大数字端为 B 端。

(d)设计中有明确规定的应按设计中的规定来区别光缆端别。

一般来说,按照端别和光纤涂覆层的颜色可以将光纤的纤芯顺序区分清楚。如层绞式松套光缆 A 端纤序为:松套管顺序按顺时针从红到绿顺序为 1、2、…、$n-1$,每根松套管内光纤按蓝、橘、绿、棕、灰、白、红、黑、黄、紫、粉红、天蓝顺序排列。

b. 光缆单盘测试程序

在光缆单盘测试时应选择责任心强、技术过硬、施工经验丰富的施工人员进行,并严格按照施工程序,才能保证施工质量。其主要程序如下:

(a)检查资料

到达测试现场后,应首先检查光缆出厂质量合格证,并检查厂方提供的单盘测试资料是否齐全,其内容包括光缆的型号、芯数、长度、端别、结构剖面图及光纤的纤序、衰减系数、折射率等,查看其是否符合订货合同规定的要求。

(b)外观检查

主要检查光缆盘包装在运输过程中是否损坏,然后开盘检查光缆的外皮有无损伤,缆皮上打印的字迹是否清晰、耐磨,光缆端头封装是否完好。对存在的问题,应做好详细记录,在对光缆指标测试时,应做重点检验。

(c)核对端别

从外端头开剥光缆约 30 cm,根据光纤束(或光纤带)的色谱判断光缆的外端端别,并与厂方提供的资料相对照,查看是否有误。然后在光缆盘的侧面标明光缆的盘号和端别,以方便光缆配盘和敷设。

(d)光纤检查

开剥光纤束管约 20 cm,清洁光纤,核对光纤芯数和色谱是否有误,并确定光纤的纤序。

(e)技术指标测试

用 V 形连接器把被测光纤与测试光纤相连后,再连接到 OTDR 上,根据设计要求测试光纤的长度、光纤的平均衰减，并与光纤的出厂测试指标相对照，查看是否有误。同时应查看光纤的后向散射曲线是否有衰减台阶和反射峰。整条光缆里只要有一根光纤出现断纤、衰减严重超标、明显的衰减台阶或反射峰(不包括光纤尾端的反射峰)，应视为不合格产品。

(f)恢复包装

测试完成后，把光缆端头剪齐，用热可缩帽对端头进行密封处理，然后把拉出的光缆盘绕在缆盘上并加以固定，同时恢复光缆盘包装。

(二)光缆配盘

光缆配盘应根据径路复测时实际测量的光缆长度、光缆敷设时的各种余留以及设计要求，计算出光缆应敷设的总长度。根据光纤全程传输质量要求，按照光缆的出厂编号、单盘测试的长度、衰减、端别、模场直径等指标，选择单盘光缆在工程中的布放顺序。

1. 光缆配盘的目的

光缆配盘是为了合理使用光缆，减少光缆接头数量和降低接头衰减，达到节省光缆和提高光缆通信工程质量的目的。

2. 光缆配盘的要求

光缆配盘，要求工作人员具有高度的责任心和耐心细致的工作作风，配盘时一定要细致准确，这样才能保证光缆工程的工程效益，保证光缆敷设的安全顺利，提高光缆施工的质量。负责配盘的工程技术人员，在单盘测试后即开始配盘。在光缆敷设接续过程中，由于要用光时域反射仪对光缆接续进行监测，这样就可以根据接续时的测试结果，不断检查和检验配盘是否合理，若接续质量不能满足要求，可作适当调整。

光缆配盘的基本要求是：

(1)光缆配盘一般是在工程径路复测、单盘测试之后，按一个中继段进行配盘。

(2)光缆配盘时，应按设计规定选配相同程式、规格的光缆。配盘的总长度、总衰减等指标应满足规定要求。

(3)光缆配盘时，应尽量做到整盘配置，以减少接头数量。尽量避免短段光缆；短段光缆长度不得小于 200 m。

(4)光电缆配盘时须 A、B 端相连，敷设时须 A、B 端顺向布放，A 端须朝铁路上行方向，分支光缆的端别应服从主干光缆的端别。

(5)同一光中继段内宜使用相同生产厂商、相同型号和批次的光缆。

(6)干线光缆配盘时须根据通信机房、区间无线基站、信号中继站等位置里程和径路长度，选择合适的光缆盘长，确保光缆分歧接头落在上述相关设备机房附近。

(7)光缆配盘时尽量按出厂盘号顺序排列，以减少光纤参数差别所产生的接头本征损耗。非出厂盘号顺序排列时，相邻两盘光缆的光纤模场直径之差须小于 1 μm。

(8)光缆配盘时直埋光缆接头位置应尽量安排在地势平坦、稳固和无水地带，不得落在河流、公路、铁路、桥梁等位置上；管道光缆接头位置应避开变通道口；埋式与管道交界处的接头应安排在人孔内，由于条件限制，一定要安排在直埋处时，对非铠装管道光缆伸出管道部位，应作保护措施；架空光缆的接头，一般应安排在杆旁 2 m 以内或杆上。光缆接头位置须确保安全要求并考虑维护需要。配盘时还须根据光缆盘长和路由情况，尽量做到不浪费光缆和减少接头。

(9)为了提高耦合效率，利于预放量，靠站侧的单盘光缆长度一般不少于 1 km。

(10)光缆配盘应按规定余留长度，以避免浪费，单盘长度选配应合理，尽量节约光缆，为维护部门多留一些余料作以后维护用，这样又降低了工程造价。

（三）直埋光缆敷设

1. 挖沟

(1)挖沟是按路由复测后的划线进行，不得任意改道和偏离；光缆沟应尽量保持直线路由，沟底要平坦，避免蛇行走向。

(2)路由弯曲时，要考虑光缆弯曲半径的允许值，避免拐小弯。

(3)直线段上光缆沟要求越直越好，直线遇有障碍物时可以绕开，但绕开障碍物后应回到原来的直线上，转弯段的弯曲半径应不小于 20 m。

(4)光缆沟的质量，关键在沟深是否达标。不同土质及环境，对光缆埋深有不同的要求。施工中应按相关要求达到深度标准。

(5)对于一般地质地段，光缆沟的底部宽度一般为 30 cm，沟深为 120 cm 时，上宽尺寸为 60 cm。当同沟敷设多条光缆时，每增加一条，沟底宽度增加 10 cm。沟的上宽尺寸应根据光缆沟的深度和土质来确定，对于同沟敷设的光缆沟以及土质松散或地下水位高地段，上宽以 80 cm 为宜，但要注意同沟敷设的光缆不得交叉、重叠。

(6)可以用机械和人工挖沟两种方式，对于无障碍的平地可以采用机械挖沟的方式，当遇到地理条件及地下管线等障碍物时，采用人工挖沟的方式。对于石质地段，可以通过爆破方法将岩石爆破，然后清除、整理出符合规定要求的光缆沟。一般长途工程中可采用机械、人工相结合的方式。

2. 沟底处理

一般地段的沟底填细土或沙，夯实后其厚度约 10 cm。风化石和碎石地段应先铺约 5 cm 厚的砂浆（1∶4 的水泥和沙的混合物），然后再填细土或沙石，以确保光缆不被碎石的尖刃顶伤。若光缆的外护层为钢丝铠装时，可以免铺砂浆。在土质松软易于崩塌的地段，可用木桩和木块作临时护墙保护。

3. 布放光缆

(1)机械牵引方式

机械牵引方式采取光缆端头牵引及辅助牵引机联合牵引的方式，一般是在光缆沟旁牵引，然后由人工将光缆放入光缆沟中。其牵引方法基本上与管道光缆辅助牵引方式相同。为了不损伤光缆护层和延长敷设的一次牵引长度，在路面上适当距离处安装一个地滑轮，在沟坎位置也可安装导向器或地滑轮。直埋敷设大都在野外进行，只有路由沿公路时，才能采用机械化施工。拆除光缆盘上的小割板或金属盘罩，检查准备工作就绪后，再开始布放。由人将光缆从缆盘上拖出，轻放在沟边，不得由机动车将光缆抛出，约每放 20 m 后再由人工放入沟内。

(2)人工牵引方式

人工牵引方式是由人力代替机械，这是预先在光缆沟上间隔一定的距离安装一组三角状导向器，拐弯、陡坡地点安装一架导向轮。首先是光缆准备、支架光缆盘、放盘，与机械敷设相同。然后安装导引轮，预放牵引索，制备光缆端头。一次牵引 500 m，由 10 人以上组成的牵引小组，中间由专人管理导引轮。分几次牵引采取地面平放或叠放“∞”方式分段牵引。

(3)人工抬放方式

人工抬放方式由几十名施工人员采取一条龙抬放方法抬运到光缆沟旁边，边抬边走，直至到达终点。抬放速度应均匀，避免光缆“背扣”即打小圈。发现光缆背扣要立即停止布放，慢慢放开，检查光缆并判断光纤是否受到损伤。避免在水泥、尖石地面拖拽。

(4)抬“∞”布缆方式

先将光缆盘成“∞”字形，每 2 km 光缆堆成 8～10 个“∞”字，每个“∞”字为一组，每组用皮线捆 5～6 处(先放一组不捆)，每组由 4 个人抬缆，组间各配一人协调。对于中间没有穿管等障碍的地区非常适用，这种方法所用的人力较抬放方式节省，而且避免了地上摩擦，对于保护光缆外护层比较有利，如图 9-56 所示。

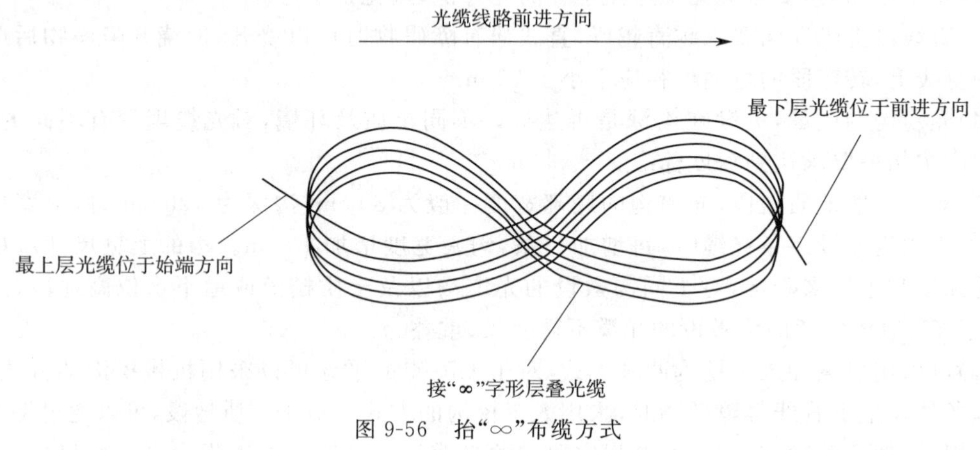

图 9-56　抬“∞”布缆方式

4. 防护处理

(1)穿越铁路或不能开挖的公路时，应采取钢管过轨或顶管方式。顶管在敷设光缆前要临时堵塞，敷设后再用油麻封堵，保护钢管应长出路沟 0.5～1 m，在允许破土的位置采取直埋方式，并加直埋保护。

(2)线路穿过机耕路、农村大道以及市区或易动土地段时，采取铺硬塑、红砖、水泥盖板等保护措施。

(3)光缆穿越山洪冲刷严重的沙河时，应采用加铠装或者砌漫水坡等保护措施。

(4)光缆敷设在易受洪水冲刷的山坡时，缆沟两头应做石砌堵塞。

为标定直埋光缆的走向和光缆接头等的具体位置，以便于线路的维护，在直埋光缆线路上应设置线路标石，光缆接头、光缆拐弯点、排流线起止点、同沟敷设光缆的起止点、光缆特殊预留点、与其他缆线交越点、穿越障碍物地点以及直线段市区每隔 200 m，郊区和长途每 250 m 处均应设置普通标石。需要监测光缆内金属护层对地绝缘、电位的接头点应设置监测标石。

(5)在一些特殊地段，光缆应采取以下加固措施：

①光缆沟的坡度较大时，应将光缆用卡子固定在预先铺设好的横木上，如图 9-57 所示。

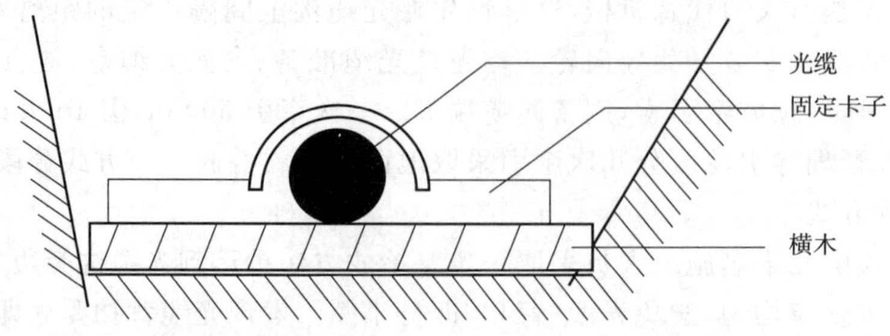

图 9-57　光缆沟的坡度较大时光缆固定方式

坡度大于200时，每隔20 m左右设一固定卡子；坡度大于300时，除固定卡子外，还应将光缆沟挖成S形，而且每隔20 m设一挡土墙；坡度大于450时，除以上措施外，还应选用全铠装光缆。

②光缆穿越铁路或高等级公路时，可用千斤顶或穿孔机从路面下穿入钢管，再将光缆从钢管中穿入。路面允许破开时，可交替破开路面的一半，敷设水泥管道、硬塑料管或光缆管道。穿越简易公路或乡村大道时，可盖砖保护。

③光缆通过地形易变及塌方处，常采用管子包封、挡土墙等办法保护光缆。地下管线及建筑物较多的工厂、村庄、城镇地段，光缆上面约30 cm处应放一层红砖，保护光缆不被挖坏。

4. 光缆进局成端

(1)应按设计中的规定留足余留光缆。

(2)光缆进入机架的位置，开剥尺寸，应符合不同厂家机型的ODF架或ODP盘的具体规定。

(3)光缆及光纤应固定好，加强芯、铝箔层及铠装层的终端应符合设计要求。

(4)光纤接头的保护及余纤收容，应符合操作规程、光纤弯曲半径不能过小。

(5)光缆、光纤安装应符合整齐、美观和便于维护等要求。

(6)光缆、尾纤、铜线对，应在醒目部位标明方向和序号。

(7)局端ODF线序要进行对号，并保证线序的一致性。

5. 回填

(1)回填前完成的工作

光缆中光纤及铜导线必须经检查确认符合质量验收标准后，方可全沟回土。完成设计规定的机械保护、防雷保护、防啃咬保护等措施。光缆护层对地绝缘的检查。

(2)回填的方法要求

回填时，应先填细土。石质地段或有易腐蚀物质的地段应先铺盖30 cm左右的沙子或细土，再回填原土。注意不要把杂草、树叶等易腐蚀的物质或大石块等填入沟内。当回填原土厚50～60 cm时，进行第一次夯实。然后每回填土30 cm夯实一次。回填后，夯实的土应高出地面。有条件的地方，最好移植一些多年生草坯，以防水土流失。光缆敷设于市区或有可能开挖的地段时，覆土填沟后，应在光缆上面30 cm处铺以红砖作为标志，也可保护光缆线路。

6. 埋设标石

(1)光电缆标石埋设位置按有关技术规范的要求执行，标石表面平整无缺陷，做到尺寸、强度符合要求。标石尺寸为：14 cm×14 cm×100 cm。正面向铁路。

(2)距离：直线标以50 m距离为宜，拐弯、过轨、沟、上下坡视地形而定，不宜过于密集。

(3)埋深：光电缆标石埋设深度为600 mm。标石地面要有500 mm×500 mm混凝土卡盘。

(4)编号：光电缆径路标应从上行至下行方向顺序编号(为3位数)，编号段以车站区间为单位，光缆接头标以中继段为单位顺序编号(为3位数)，电缆接头标以无人段为单位顺序编号(无人段为3位数、编号为2位数)，联通、广电等以原单位编号为准；径路标在同一径路的，在标石调整后统一流水编号。

(5)标志：标石两侧喷“光缆标石，禁止移动”，标石正面上部喷路徽，上下坡标识喷于编号下端；拐弯、过轨、直通、分歧、预留标识喷于标石顶部，这样比较直观。接头标顶部均喷制运营商的标徽(未签代维协议的除外)便于区分，标徽面向铁路。

(6)颜色：路徽及标徽均喷红色油漆，编号为黑色油漆，标体为白色油漆。

(7)光电缆标石标志应按表9-1规定的符号编制。

表 9-1　光电缆标石标志

序号	标　志	符　号	备　注
1	光缆	GL	光缆径路喷于正面
2	电缆	DL	电缆径路喷于正面
3	光电缆	GDL	光电缆同一径路时
4	标石两侧	光缆标石或电缆标石、禁止移动	
5	光电缆直通	—	喷于顶部
6	光电缆预留	Ω	喷于顶部
7	光电缆过轨、拐弯	┘	喷于顶部
8	光电缆分歧	┴	喷于顶部
9	光电缆上、下坡	╱‾、‾╲_	喷于流水号下方
10	光缆接头	Ⅱ-××	Ⅱ—中继段 ××—接头号
11	电缆接头	T02-××	T—同轴电缆 02—无人井号 ××—接头号

(四)管道光缆敷设

1. 管道光缆敷设一般规定

(1)按设计要求核对光缆占用管孔位置。

(2)在同路由上选用的孔位不宜变动,如变动或拐弯时光缆曲率半径必须大于光缆外径20倍。

(3)人工布放时,每个人孔应有人值守。机械布放时,拐弯人孔应有人看守。

(4)光缆一次牵引长度一般不大于1 000 m,超长时应采用“8”字方法分段牵引。

(5)光缆布放后,应由专人统一指挥,逐个人孔将光缆按人井内光缆预留长度,应按设计要求预留。一般来说要根据人井、手井的大小留够固定在井壁的预留。

(6)根据现场实际情况,按人井距离的远近,地形实际的情况来安排人员,可一人一井,也可一人多井(但敷缆后要注意加无人看守井的光缆预留长度的回抽)或多人一井;人井如有水妨碍穿缆应先抽水,不可涉水摸着穿缆,以免出错甚至出事故。

2. 清洗管道

(1)管孔资料核实

按设计规定的管道路由和占用管孔,检查是否空闲以及进、出口的状态。按光缆配盘图核对接头位置所处地貌和接头安装位置,并观察(检查)是否合理。

(2)管孔清洗方法

管孔应清刷干净,清刷工具应包括铁砣、钢丝刷、棕刷、抹布等,铁砣的大小应与管孔适应。

3. 预埋子管

(1)在布放塑料子管时,先把子管在地面上放开,量好距离。

(2)同时布放两根以上子管时,牵引头应把几根塑料管绑扎一起,管头应用塑料胶布包起来，以免管头卡到管块接缝处造成牵引困难。

(3)井口和管口处要有专人管理，避免将塑料管压瘪。

(4)在布放子管时地面上的塑料管尾端应有专人看管，防止塑料子管碰到行人及车辆，另外也应随着布放速度松送顺直子管。

(5)塑料子管引出管孔 10 cm 以上或按设计留长塞好管孔堵头和子管堵头。

4. 穿放光缆

光缆盘由光缆拖车或千斤顶支撑于管道人孔一侧；为安全起见在光缆入口孔处，可以采用输送管，输送管可用蛇皮钢管或聚乙烯管，使用它可以避免光缆打小圈（背扣）和防止光缆外护层损伤。

(五)架空光缆敷设

架空光缆主要适用于地形平坦、起伏较小的地区。架空光缆主要有钢绞线支撑和自承式两种吊挂方式，目前基本都采用钢绞线支撑式。

架空光缆垂度的取定，要考虑光缆架设过程中和架设后受到最大负载时产生的伸长率应小于 0.2%，工程中应根据光缆结构及架挂方式计算架空光缆垂度，并应核算光缆伸长率，使取定的光缆垂度能保证光缆的伸长率不超过规定值。

架空光缆可适当地在杆上作伸缩余留。一般重负荷区、超重负荷区要求每根杆上都作“Ω”余留；中负荷区 2～3 挡作一余留；轻负荷区 3～5 挡作一处余留。对于无冰期地区，可以不作余留，但布放时光缆不能拉得太紧，注意自然垂度。杆上余留长度为 2 m，一般不得少于 1.5 m；靠杆中心部位应采用聚乙烯波纹管保护；余留两侧及绑扎部位，应注意不能扎死，以利于在气温变化时能伸缩起到保护光缆的作用。光缆经十字吊线或丁字吊线处亦应安装保护管。

光缆线路跨越小河或其他障碍时，可采取长杆档设计，一般用 7/3.0 钢绞线。

架空光缆引上安装要求杆下用镀锌钢管保护，防止人为损伤；上吊部位应留有伸缩弯并注意其弯曲半径，以确保光缆因气温剧烈变化时的安全，管口堵塞。架空光缆应按设计规定措施做防强电、防雷。在光缆与高压线交越时，应采用胶片或竹片等做绝缘处理。光缆与建筑物接触部位，应用聚乙烯波纹管保护。架空光缆在平地敷设光缆时，使用挂钩吊挂，山地或陡坡敷设光缆，使用绑扎方式敷设光缆。光缆接头应选择易于维护的直线杆位置，预留光缆用预留支架固定在电杆上。架空光缆跨路、跨河、跨桥等特殊地段应悬挂光缆警示标志牌。

架空吊线与电力线交叉处应增加三叉保护管保护，每端伸长不得小于 1 m。靠近公路边的电杆拉线应套包发光棒，长度为 2 m。为防止吊线感应电流伤人，每处电杆拉线要求与吊线电气连接，各拉线应安装拉线式地线，要求吊线直接用衬环接续，在终端直接接地。

光缆牵引张力和弯曲半径应符合规定。按设计要求进行立杆，放吊线或利用原有杆路进行整治，达到规定要求。光缆挂钩的要求与预放，吊挂式光缆挂钩的程式可根据光缆外径选用，应保持一致。光缆挂钩的卡挂间距为 50 cm，允许偏差应不大于±3 cm。电杆两侧的第一个挂钩距吊线在杆上的固定点边缘为 25 cm，挂钩在吊线上的搭挂方向应一致。当光缆采用挂钩预放置布放时，应先在光缆架设前安装挂钩。

在光缆盘及牵引点安装导向在杆路准备时，已经将部分挂钩安装于吊线上。按光缆规程规定，每隔 50 cm 挂光缆挂钩，并穿好引线，引线可用 2.5～3.0 mm 铁线、尼龙绳或钢丝绳等。索引及滑轮，引线通过挂钩至光缆盘的光缆端头，通过网套式牵引端头连接光缆。牵引光缆完毕后，再补充整理光缆挂钩，调整间距 50 cm，并在杆上作伸缩弯和放好接头预留长度。

挂设光缆的吊线可按设计要求用三眼单槽夹板或三眼双槽夹板固定于电杆上，固定夹板的高低应符合最小垂直空间距离，但也不宜太高。通常夹板离电杆顶端不小于 40～50 cm，特殊情况不小于 25 cm。吊线夹板在电杆上的高度要力求一致，遇有障碍物或下坡、上坡时可适当调整。吊线的坡度一般不应超过杆距的 1/20。

架空光缆线路所用的拉线、撑木及固定横木是克服杆路上的不平衡张力、保障杆路的稳固性、增强机械强度的重要措施。拉线通常用来稳固抗风杆、防凌杆、角杆、坡度杆及长杆档电杆、终端杆等。不便采用拉线的地方，可改用撑杆或引留撑杆来加强机械强度。

架空光缆线路的拉线一般采用镀锌钢绞线，拉线程式及装设方法应以设计方案为准。

(六)特殊地区光缆敷设

1. 水底光缆敷设

水底光缆是敷设于水底穿越河流、湖泊和滩岸等处的光缆。这种光缆的敷设环境差，修复故障的技术和措施也困难得多，所以对水底光缆的可靠性要求比直埋光缆高。水底光缆必须采用钢丝或钢带铠装的结构，护层的结构要根据河流的水文地质情况综合考虑。施工的方法根据河宽、水深、流速、河床土质等情况进行选定。

(1)水底光缆的选用

①河床稳定、流速较小、河面不宽的河道，在保证安全且不受未来水上作业影响的前提下，可采用直埋光缆过河。

②河床及岸滩稳定、流速不大但河面宽度大于 150 m 的一般河流或季节性河流，应采用短期抗张强度为 20 000 N 及以上的钢丝铠装光缆。

③河床及岸滩不太稳定、流速大于 3 m/s 或主要通航河道等，应采用短期抗张强度为 40 000 N 及以上的钢丝铠装光缆。

④河床及岸滩不稳定、冲刷严重以及河宽超过 500 m 的特大河流，应采用特殊设计的加强型钢丝铠装光缆。

⑤如果河床土质及水面宽度情况能满足定向钻孔施工设备的要求，也可选择定向钻孔施工方式，此时可采用在钻孔中穿放直埋或管道光缆过河。

⑥穿越水库、湖泊等静水区域时，可根据通航情况、水上作业和水文地质状况综合考虑确定。

(2)水底光缆过河地段的选择

水底光缆的过河位置应选择在河道顺直、流速不大、河面较窄、土质稳定、河床平缓无明显冲刷、两岸坡度较小的地方。下列地点不宜敷设水底光缆：

①河流的转弯与弯曲处、汇合处和水道经常变动的地方以及险滩、沙洲附近。

②水流情况不稳定，有漩涡产生或河岸陡峭不稳定，有可能遭受猛烈冲刷导致坍岸的地方。

③凌汛危害段落。

④有拓宽和疏浚计划或未来有抛石、破堤等导致河势改变可能的地点。

⑤河床土质不利于布放、埋设施工的地方。

⑥有腐蚀性污水排泄的水域。

⑦附近有其他水下管线、沉船、爆炸物、沉积物等的区域。

⑧码头、港口、渡口、桥梁、锚地、船闸、避风处和水上作业区附近。水底光缆的埋深，应根据河流的水深、通航状况、河床土质等具体情况分段确定。在土质适宜的情况下，采用截流挖沟、水泵冲槽、机械挖掘等方式可以达到适宜的埋深，但当埋深要求在 2～3 m 以上时，则需要使用专用设备进行施工。河床有水部分的埋深应符合下列规定：

a. 水深小于 8 m(指枯水季节的深度)的区段，河床不稳定或土质松软时，光缆埋入河底的深度不应小于 1.5 m；河床稳定或土质坚硬时不应小于 1.2 m。

b. 水深大于 8 m 的区域，可将光缆直接布放在河底不加掩埋。

c. 在游荡型河道等冲刷严重和极不稳定的区段，应将光缆埋设在变化幅度以下；如遇特殊困难不能实现，在河底的埋深亦不应小于 1.5 m，并应根据需要将光缆作适当预留。

d. 在有疏浚计划的区段，应将光缆埋设在计划深度以下 1 m 或在施工时暂按一般埋深，但需要将光缆作适当预留，待疏浚时再下埋至要求深度。

e. 石质和半石质河床，埋深不应小于 0.5 m，并应加保护措施。

第二节　电缆线路的维护

通信电缆的维护工作应保证电缆线路强度、性能良好，为传输各种铁路通信信息提供安全畅通、稳定可靠的通路。所维护设备包括铁路长途、地区、站场电缆线路，线路附属设备和电缆充气、气压监测设备等。

通信电缆线路维护工作分日常维护、集中检修和重点整治三种。其中日常维护工作中主要包括：根据区域特点定期进行线路巡视和护线宣传，及时发现问题，排除故障因素，确保通信畅通；对通信线路及附属设备进行补强，保证电缆线路及附属设备的完整良好，预防故障发生；重点整治：重点更换不合格的接头、地线、地线断开装置；整治埋深不够、防护不善等问题；克服传输特性严重下降区段；改善线路径路不符合建筑接近限界规定的处所。增强线路抗灾抗干扰能力，巩固提高电特性指标，确保线路传输质量。

要做好电缆线路的维护工作，首先要学会如何发现缆线运用质量上的问题，即学会如何使用正确方法测试电缆线路，找出故障点所在的位置，这些测试方法包括电缆直流特性测试和电缆的交流特性测试。

一、电缆直流特性测试

无论是电缆单盘检验、竣工验收，还是电缆线路维护和障碍抢修，都离不开对电缆的交、直流特性测试。本节以直流特性测试方法进行说明。

电缆直流测试包括电缆芯线对号、芯线环阻测试、芯线环阻不平衡测试、绝缘电阻测试、耐压特性测试。直流测试是通信电缆施工和维护时最常用到的基本技术和技能，电缆的大部分障碍只需通过直流测试就可以查找到。掌握电缆的直流测试对通信电缆施工和维护非常重要。

1. 电缆芯线对号

为使电缆线路两端的芯线号一致，在电缆割接、改造以及芯线障碍修理等工作中，经常要进行对号测试。常用测试仪表有万用表、晶体管蜂鸣器、简易对号器。

(1)利用万用表对号

利用万用表的欧姆量程(为对号方便可根据不同电缆长度选择合适的量程，当对端短接时使万用表指针指向“0”)对电缆芯线对号是施工和维护时最常用的一种方法，在开始对号前需要利用电缆中某一线对作为通话线，在两边用小电话联络。

①环线电阻测试法

第一步，把回路 a、b 线在对端短接时，测试端万用表的指针指向“0”，说明 a、b 线两端相通，没有断线；若不指向“0”，说明 a、b 线中有一根或两根线断线，如图 9-58 所示。

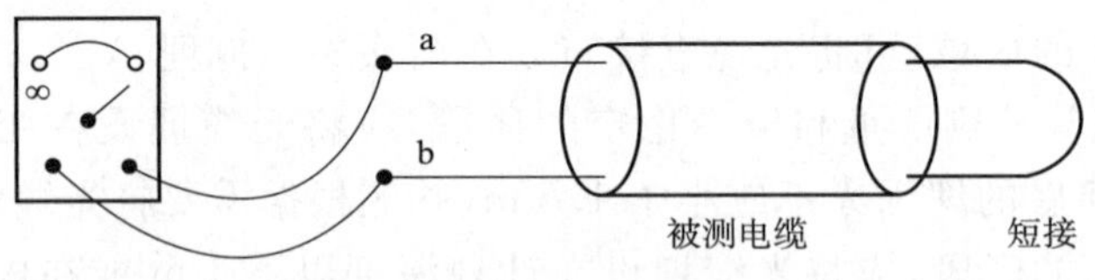

图 9-58　对端短接测试

第二步，把回路 a、b 线在对端断开时，测试端万用表的指针应指向“∞”，说明 a、b 线间无混线；若不指向“∞”，说明 a、b 线间短路，如图 9-59 所示。

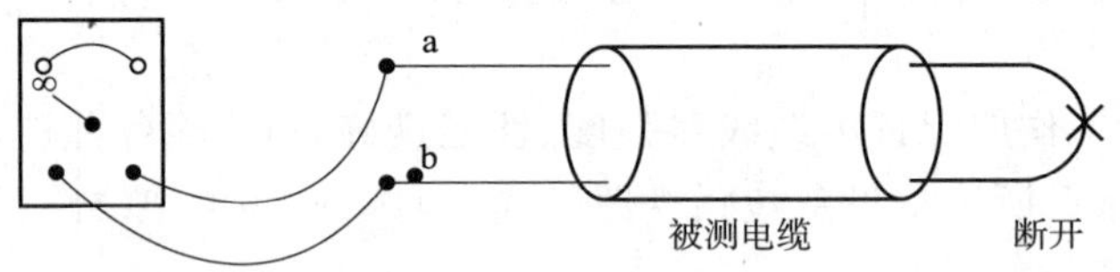

图 9-59　对端断开时测试

经此两步可以判断回路内有无断线和混线障碍。此种方法对号速度快，但有的芯线错误无法发现，如交叉、接地。

②电缆屏蔽层连通电阻测试法

电缆屏蔽层和金属护套(铝或铅)在工程中是全程连通接地的，电缆的铝护套和屏蔽层俗称电缆的地，利用电缆屏蔽层(或利用确定没问题的线对代替)连通电阻测试方法，在电缆施工和维护中应用非常普遍。对号时，测试端每次让对端连接和断开时，要注意观察表针的反应情况，以便正确判断芯线障碍。此种方法能够测试出所有障碍类型。

第一步，测试端让对端被测芯线接地，测试端万用表的指针指向“0”，说明被测芯线两端对应，没有断线；若不指向“0”，说明被测芯线断线或交叉(若不是还有可能是鸳鸯对)。

要判断是否交叉，可将对端芯线分别接地，若只有一根芯线接地时，万用表指针指向“0”，此根线即为交叉到的芯线。

若对端有多根芯线分别接地时，万用表的指针都指向“0”，说明有混线，如图 9-60 所示。

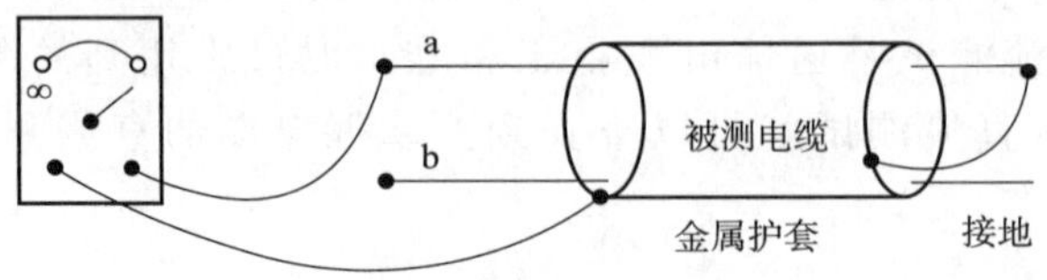

图 9-60　芯线对端接地

第二步，测试端让对端把被测芯线断开，测试端万用表的指针指向“∞”，说明被测芯线没有接地；若不指向“∞”，说明被测芯线接地，如图 9-61 所示。

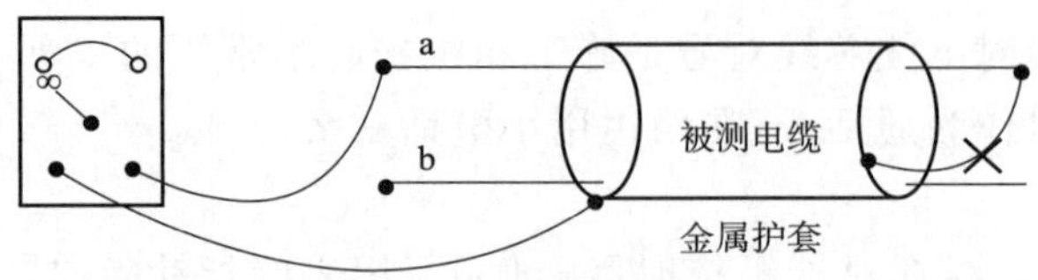

图 9-61　芯线对端接地断开

经此两步可以判断被测芯线有无断线、交叉、混线和接地。

③利用蜂鸣器放音对号方法

蜂鸣器面板图及蜂鸣器放音对号电路连接如图 9-62 所示。

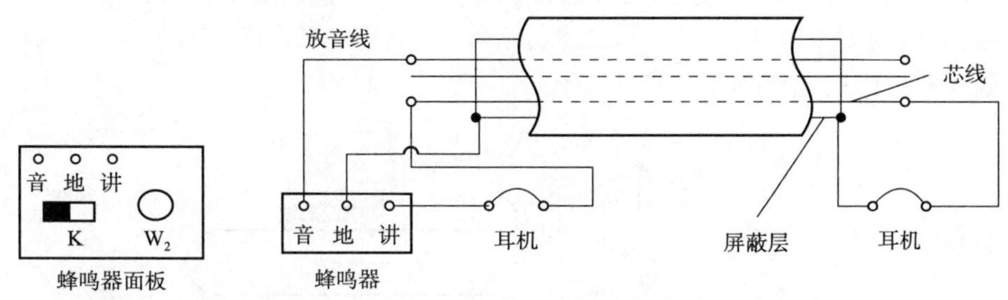

图 9-62　蜂鸣器面板图及蜂鸣器放音对号电路连接图

放音对号的具体方法如下：

a. 在放音端把蜂鸣器的“地”端子连接在电缆屏蔽层上或电缆芯线中的好线上(称公用线)。

b. 在蜂鸣器的“讲”端子上连接耳机一端，耳机的另一端连接电缆中好芯线(称联络线)。

c. 蜂鸣器上的“音”端子连接电缆芯线所要放音的芯线上(称放音线)。

d. 在接收端把耳机的一端接电缆屏蔽层或电缆芯线中的好线(公用线)。

e. 耳机的另一端连接电缆中的好芯线(联络线)。

f. 在联络线上并联一根测试线(也称摸线)。

放音对号电路建立后就可按图 9-63 所示进行放音对号。放音端用放音线放信号，在接收端用摸线去触摸电缆芯线，在触摸到芯线中某一根时听到了声音，说明要对号的线已找到。接收端要通知放音端该线已测试到，放音端可调换下一根线放音，如此循环直到全部线对测试完为止(放音对号一般从小号到大号逐一对号)。

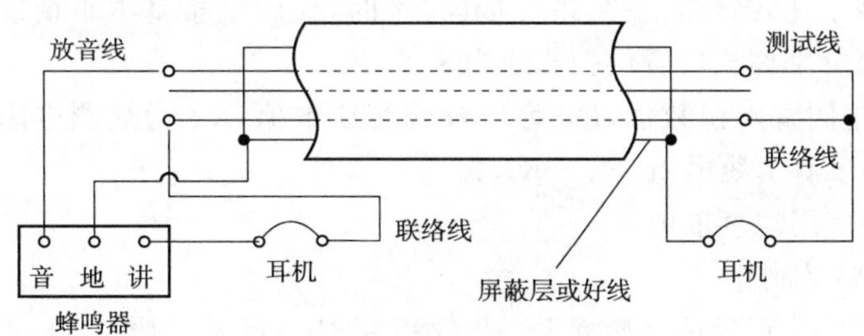

图 9-63　放音对号电路

在通信站或其他室内施工，或者想检查配线架之间的配线是否有错误，可以用非常简单的蜂鸣器对号。这个蜂鸣器可以用一般的门铃改装即可(就是把门铃开关用两根导线引出)。

如图 9-64 所示，在电缆两端根据芯线线序依次对号，若芯线正常蜂鸣器发声。否则说明芯线断线或错线。在机房利用此对号方法前确保电缆单盘测试是合格的。

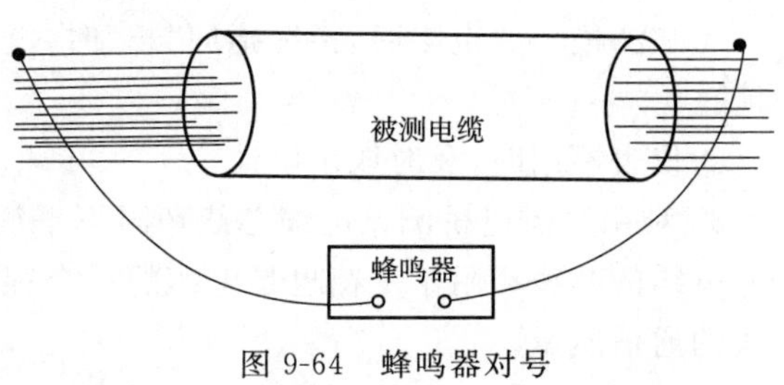

图 9-64　蜂鸣器对号

2. 电缆芯线环阻测量

电缆芯线的环阻是电缆的一个很重要的指标，环阻如果不合格，说明电缆的芯线线径不合格或芯线材料不合格。

为了精确测试电缆环阻，测量的仪表通常采用 QJ-45 型直流电桥。

(1)环路电阻的测量方法

①测量环路电阻的电路如图 9-65 所示。

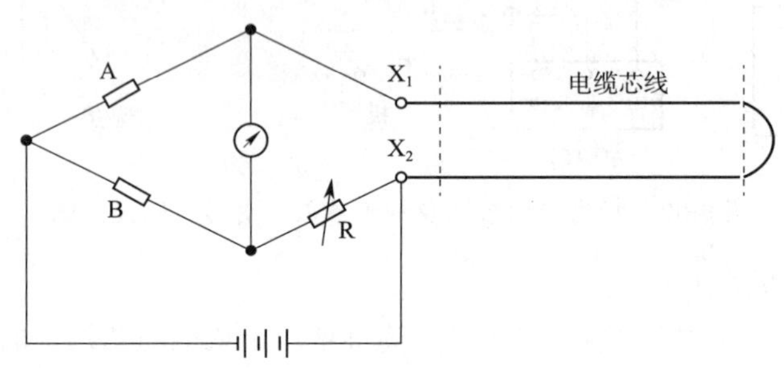

图 9-65 测量环路电阻的电路图

②末端混线短路。

③被测芯线始端(测试端)接在仪表×1 和×2 端子上(也可用测试引线先接在×1 和×2 端子，然后将引线的另一端接芯线，实际被测电阻应减去引线电阻)。

④“S”开关扳向“接入”。量程变换电键扳向“R”。

⑤估算被测电阻值，按约估被测电阻值选择(调整)合适的比例臂“K”旋钮。

⑥在调电桥平衡前一般使比较臂旋钮处中间数值。

⑦先按下“0. 01G”按钮，观察检流计指针偏向。当指针指向“＋”时，增加比较臂阻值；当指针指向“－”时，减小比较臂阻值；当指针指向“0”时，说明电桥基本平衡。重复上述步骤，依次按“0. 1G”“1G”挡分别调比较臂旋钮直至电桥平衡。

取读数：K 为比例臂旋钮数值，R_0 为比较臂旋钮数值，R_X 为被测电阻，$R_{引}$ 为引线电阻，$R_X=KR_0-R_{引}$，如没有引线电阻，$R_X=KR_0$。

(2)QJ-45 电桥使用注意事项

①使用时电桥要平放。

②应正确使用仪表，正确选择比率臂，按 G 按钮时一定要按照 0. 01、0. 1、1 的顺序，否则易损坏表头。

③在使用前，若表的指针不在 0，应校正表的指针指向 0。

④在测量环路电阻时，指针指向“＋”时，增加比较臂阻值。指针指向“－”时，减小比较臂阻值。

⑤仪表不用时，及时取出电池。

3. 利用直流电桥测试电缆芯线环阻不平衡

电缆的芯线环阻不平衡也是电缆的一个很重要的电气指标，不平衡电阻过大会直接影响芯线的通信质量。

利用直流电桥测电缆芯线环阻不平衡常用方法有两种。

第一种方法为三环路测试，与一般测试环阻相同，如图 9-66 所示。

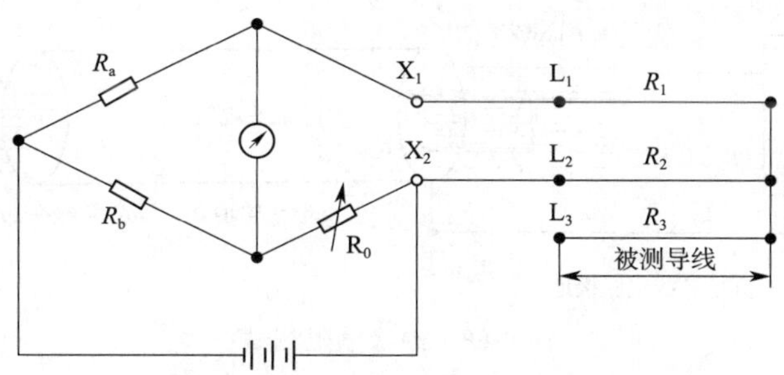

图 9-66 三环路法测试不平衡电阻

假如回路的两根芯线电阻分别为 R_1 和 R_2，则环阻便为 R_1+R_2，回路的电阻不平衡应为 R_1-R_2。要想测环阻不平衡 R_1-R_2，只需在回路对端另外找一根线并把被测试的两根芯线一起混线。假如另找的芯线电阻为 R_3，在测试端分别测出环阻 R_1+R_3 和环阻 R_2+R_3，将两次所测结果相减即可。这种测试方法因需要测试两次所以平时施工和维护时不采用，只有要求精确测试时使用。

第二种方法为伐来法，具体操作原理如图 9-67 所示。

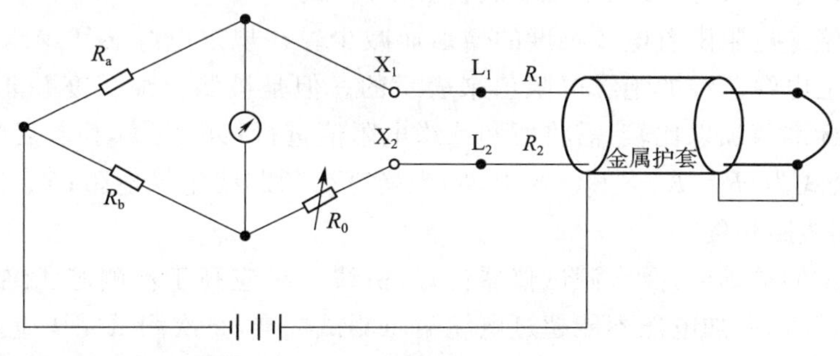

图 9-67 伐来法原理图

伐来法测试环线电阻不平衡方法步骤：

①将被测回线在对端混线接地(外护套)，用万用表确认回线混线接地良好。

②电桥面板接地端子和电缆外护套相连。

③将 RVM 电键扳向“V”。

④选择比例臂为 1，调整比较臂，使电桥平衡，测定臂读数 R 即为不平衡电阻。

⑤当遇有电桥不能取得平衡时需将导线 L_1 和 L_2 的位置对调，即可使电桥平衡。

⑥欲取小于 1 Ω 的读数时可使用内插法求得。当测试不平衡电阻时，设 R_0 等于 2 Ω，而检流计指针向右离开“0”位置 5°。改变 R_0 电阻由 2 Ω 至 3 Ω 时，若检流计指针向左离开“0”位置 20°，那么检流计 5°所相当的电阻偏差等于 0.2 Ω，则实际导线不平衡电阻应是 2+0.2=2.2 Ω。

4. 用兆欧表测试芯线间及对地的绝缘电阻

绝缘电阻是电缆一项很重要的直流指标，其大小直接反映电缆绝缘层的质量好坏，理论上讲绝缘电阻是越大越好。但由于种种原因会使电缆芯线的绝缘电阻不合格。电缆芯线之间以塑料为绝缘层，由于绝缘物受到水和潮气的侵袭，使绝缘电阻下降，造成电流漏泄的现象称为绝缘不良。它一般是由接头在封装前驱潮处理不够、电缆受伤浸水、充气充入潮气等造成芯线绝缘长期下降所致。通过测试绝缘电阻来判断芯线绝缘质量好坏是施工和维护人员的基本技能。

绝缘电阻测试连线如图 9-68 所示。

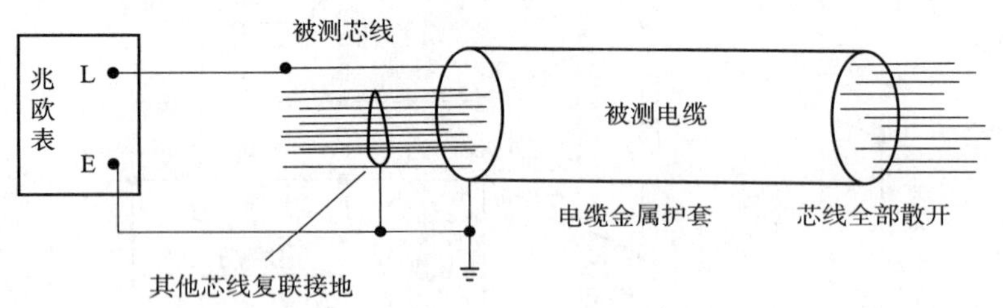

图 9-68 绝缘电阻测试

测试时，将被测电缆芯线接至线路端子 L，其他芯线复联接至仪表地端子 E 上并接地，终端全部芯线散开(不能碰线)。测完一根后，再从被复联芯线束中抽出另一根接至线路端子 L 进行测试。测完后的芯线不再复联至芯线束中，直至全部芯线测完为止。如果在测试过程中发现有问题线(绝缘不合格、混线、芯线接地)时，需要将问题芯线(做记号)放回芯线束中，待所有芯线测试一遍后，再把有问题的芯线单独测试，来确定具体障碍原因。用上述方法，可测出每根芯线与其他芯线间及对地的绝缘电阻。如果仅测两根导线之间的绝缘电阻，只要将两根导线分别接在 L、E(不接地)端子上即可；如果仅测一根导线的对地绝缘电阻，只要将导电芯线接在 L 端子上，E 端子(接地)接在电缆金属护套上即可。

电缆芯线的绝缘电阻随着电缆长度的增加而减少。在规定电缆芯线绝缘电阻的标准时，是以每公里长度上电缆芯线的绝缘电阻值来表示的。但是被测电缆长度并非恰好 1 km。为了便于与规定的标准值加以比较，需将所测绝缘电阻值进行长度换算，换算后的绝缘电阻值即为标准值，换算公式为：$R=R_X\times L$。式中，R 为换算后的芯线绝缘电阻；R_X 为实测的芯线绝缘电阻；L 为被测线路长度。

为了提高测试的准确度，要求测试仪器良好，引线绝缘应高于被测芯线绝缘，并要经常校验测试仪器。测试时，所加电压不能超过电缆耐压测试标准，每次测试完毕应及时放电。

在实际施工时，如果是长途对称电缆，平时一般选用 1 000 V 兆欧表，验收选用 500 V 兆欧表；如果是地区电缆，平时一般选用 500 V 兆欧表，验收选用 250 V 兆欧表。

二、电缆线路检修

电缆线路的检修工作主要有：通信电缆的探测定位、电缆漏气查找、电缆接续和电缆气压维护等工作。

(一)电缆走向探测和定位

在实际维护中，除架空敷设的电缆以外，直埋和管道敷设的电缆都是掩埋在地下，无法用肉眼识别定位的。因此，就要借助电缆径路探测仪器来对地下电缆进行探测定位。

(二)电缆漏气查找

电缆内护套封焊(或包扎)不严，电缆内护套被腐蚀，遭受人为和自然界的机械力的损坏、雷击、气闭头堵塞不严或气门漏气等，都会造成电缆漏气。

查找电缆漏气故障，有卤素查漏法、计算法和气压曲线法等，以下就以长途电缆查漏一般使用气压曲线法为例介绍。

1. 气压曲线法查漏的原理

当电缆外皮发生漏气时，电缆内游走的气压就会下降。因电缆内有一定气阻，所以电缆内的气压值离漏气电越远则气压下降得越少，离漏气点最近点则气压下降的最多。根据这个原理，当发生电缆漏气时准确地用水银气压计或金属弹簧管气压表测定各气门点的气压值(若气门点太少或为了提高测试精度，也可增设气门点)，将各点的气压值在方格纸上按比例绘出气压—距离曲线，在曲线上连接两直线的交点即可大致判断出漏气点位置，再结合沿线的地形地物及工区掌握的情况，可较快又较正确地找出漏气地点。

2. 画气压曲线注意事项

(1)比例

方格纸上每格代表的距离数和气压值要小些，这样画的曲线交点就更准确。

(2)画法

画线要细，画点要小，位置要准，连线要直；通过点的中心，不能弯斜。

(3)距离

气门间距离要准确，必要时可拉一下距离。如果利用杆距，要注意杆距的大小。

(4)在画曲线定点时，最好用往返两次读数的平均值，以消除量气时路程时间差别造成的误差。

3. 气压测量方法

(1)往返测量法

在已确定漏气点的大致区段后，可在粗测的漏气点左右来回各测一次取其平均值。

(2)同时间测量法

用经校正的气压表，在电缆各气门点同时测量气压，共测两次取其平均值。

(3)在已初步掌握漏气点的大致部位后，只选择漏气点两侧的各 2～3 个气门处进行测量，以压缩测量时间，减少误差。

(4)两端等压法

在漏气点两侧的适当距离(一般在 3 个气门以上)，供给相同的气压，经过一段时间(约 4 h)后，每隔 15 min 测量一次每个气门点的气压值并绘成曲线，就能找出较准确的漏气点。

(三)电缆接续

电缆接续的节点称为电缆接头，按照接续电缆区别，可分为全塑电缆接续和长途对称电缆接续；按照电缆接头接续步骤，可分为电缆芯线接续和电缆封合；按照电缆封合方式，可分为电缆接头热缩套管封合和电缆接头盒封合；按照电缆接头的功能，可分为电缆一般接头、成端接头、气闭接头和电缆绝缘节等。

1. 全塑电缆接续方法

(1)全塑电缆芯线接续

全塑电缆芯线接续方法见第三章。

2. 长途对称电缆接续方法

长途对称电缆(干线电缆)接续目前经常使用的有两种方法：利用套管套肩封焊接续和利用接头盒接续。

(1)利用套管套肩封焊接续(适用于充气电缆)

①工艺流程

利用套管套肩封焊接续工艺流程如图 9-69 所示。

②对称电缆外护套的开剥及套肩的封焊

a. 对称电缆外护套的开剥如图 9-70 所示。

(a)检查电缆的余留长度、接头坑的大小、电缆余留的中心位置是否符合要求。

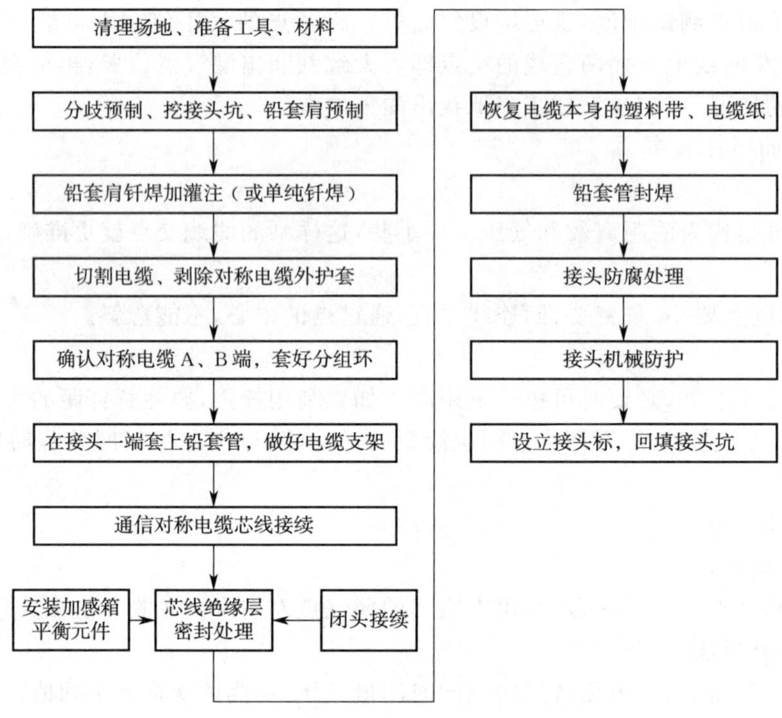

图 9-69　工艺流程

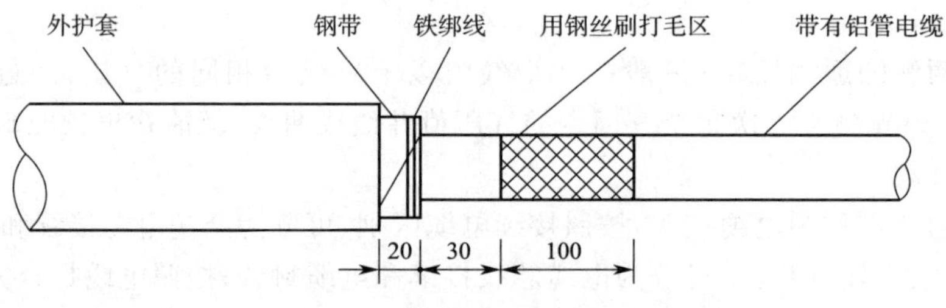

图 9-70　电缆护套开剥(单位:mm)

(b)根据接头坑的形状和接头形式,将电缆摆直,量好尺寸,做出剥除外护套的记号,为统一电缆余留长度,可在接头坑内将电缆摆顺理直,A、B 端电缆重叠在一起后,在坑中心点两条电缆做环形切痕,切除电缆外护套、接续后其余留长度为 940 mm。

(c)在距离塑料外护套 15 mm 处,用 ϕ1.2 mm 铁线将钢带捆扎两圈,用钢锯切断电缆钢带,在扎好铁线的部位截除(在截除钢带时,钢锯不能直接把钢带锯断,应锯下钢带三分之二时用螺丝刀轻轻撬起,不能锯伤铝管)。

(d)用喷灯在电缆上均匀加热,使沥青熔化后,立即剥除塑料带,再用汽油棉纱将铝护套外沥青擦洗干净,清洗长度从钢带切口算起不小于 300 mm。

b. 套肩的封焊

(a)将电缆临时固定在支架上,用钢丝刷将铝护套钎焊部位(距钢带切口 30～150 mm 处)反复打毛,以清除铝护套表面既有氧化层(AL_2O_3)。钢丝刷必须专用,且不得粘有油污,打毛痕迹应成网状,以增加底料与铝护套的结合强度,如图 9-71 所示。

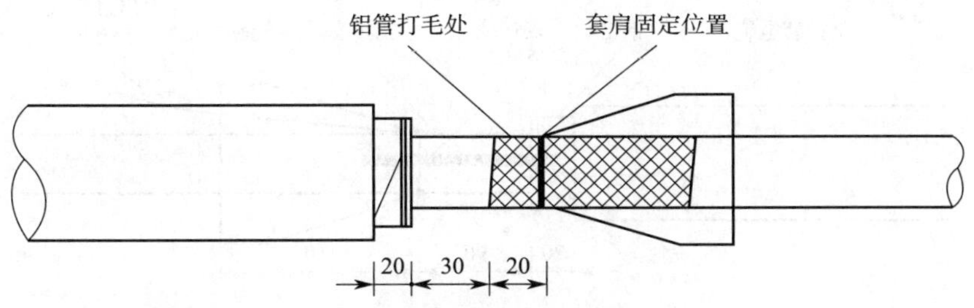

图 9-71　套肩的打毛及护套固定(单位:mm)

(b)打毛后立即用喷灯对打毛区四周均匀加热约 20 s,使铝护套表面温度达到 150～200 ℃以上,然后立即用铝底料(HL-3)在加热区反复涂擦(一定要靠铝护套的温度熔化铝底料,禁止用喷灯直接熔化)。将该部位全部涂上一层底料后,边加热边用铜丝刷在该部位划小圈循序研磨或用铜丝刷在该部位依次朝同一方向成网状擦刷,以进一步破坏铝氧化层,使铝底料(HL-3)牢固浸润在铝护套上。

(c)涂第二道铝底料。方法步骤同上。

(d)涂底焊锡。趁铝护套温度未降时,用低温焊锡(HS-1)迅速而均匀地在已涂好底料部位涂上一层底锡,防止铝底料氧化。

(e)为了保证绝缘层不被高温破坏,可用棉纱蘸水放在涂底料两端进行冷却,严禁石蜡直接接触底料,涂底料总时间不得超过 2 min。

(f)将该部位两端多余部分底料用电工刀刮掉,距离钢带切口应有 30 mm 长度未涂底料。

(g)用钢丝刷将灌注环氧部位打毛处理干净,清除套肩内外侧氧化物,用电工刀将封焊部位刮净涂上焊锡,在铅套肩距小口 40～50 mm 处打对称两个眼,以便灌注时用(单纯钎焊法时不打眼),如图 9-72 所示,再把套肩穿入封焊部位。

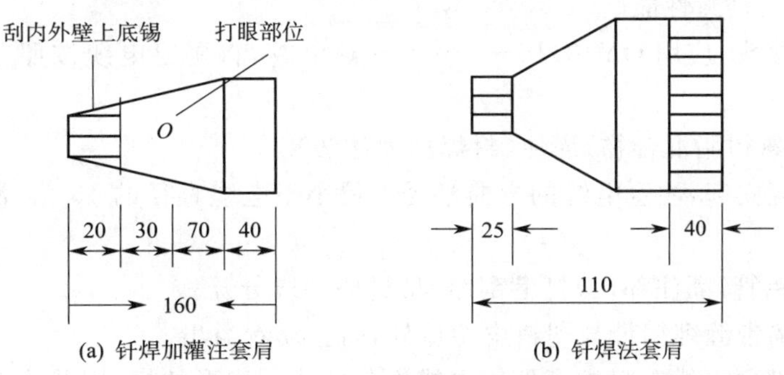

图 9-72　钎焊套肩示意图(单位:mm)

(h)将准备好的过桥线(5×0.9 mm 铜线)一端预先镀上焊锡穿过套肩,并排勾在套肩小口上,如图 9-73 所示。

(i)在套肩大口径端临时塞入支撑物以防松动(禁止用棉纱或其他化纤材料做支撑物),在小口径端用木锤敲打收口,使其与铝护套密贴。

(j)用喷灯加热底锡和封焊部位,堆放适量低温焊锡(HS-1)用焊布推动焊锡,使焊缝处均匀涂上一层焊锡。再堆足够数量的焊锡,同时边加热边用焊布推、抹、揉使焊锡均匀分布,表面呈弧状。接缝处焊锡厚度不小于 4 mm,接缝两侧焊脚为 20～25 mm。

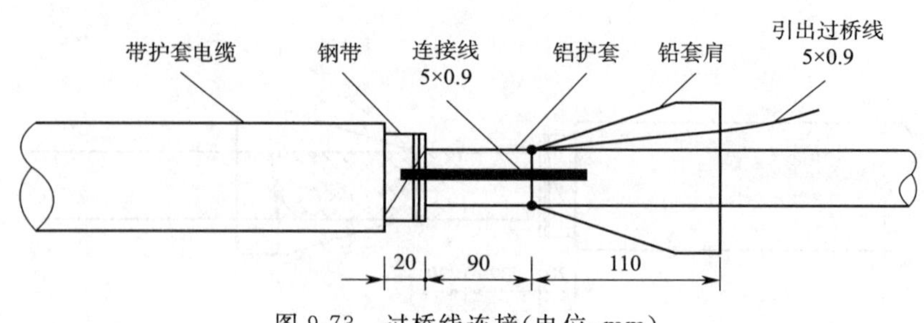

图 9-73　过桥线连接(电位:mm)

(k)成型后立即用石蜡冷却,并将石蜡擦干净,取出支撑物将未涂底料部位的焊锡用电工刀刮掉,要求封焊时间不超过 6 min。

(l)将钢带加热擦净沥青,用木锉在两层钢带重叠处打毛,镀上焊锡,用铜线焊接在钢带打毛处,加焊点应牢固,面积不少于 20 mm^2,另一端焊在套肩根部。

③铝护套与副套管的防腐(单纯封焊法用)

a. 用电工刀刮掉铝护套裸露部分残留的底锡并用砂纸打净。

b. 用 3 号砂布条从外护套(40 mm)、钢带、铝护套副套管(100 mm)等表面沿圆周方向打毛,除去油物。

c. 用喷灯均匀预热已打毛的电缆表面,预热温度约为 60 ℃(烫手)。

d. 将宽 40 mm 的热熔胶带在铝护套上绕包一圈,再用喷灯预热一次(60 ℃)。

e. 把圆形热缩管移到上述规定位置上。

f. 用喷灯从热缩管中间沿圆周方向往两端均匀加热,从中部收缩到两端,把空气向两端赶出,使热缩管紧紧包裹于电缆上。在加热过程中,应不停地使火焰往复移动,避免局部过热。要求第一次达到热缩管基本收缩到电缆上即可,待整个热缩管都收缩完后,再用喷灯重新均匀加热一遍,这一次时间比较短,着重加热未服帖部位。热缩管收缩完毕,两端圆周 360°均有密封胶溢出,以保证其密封性能。

g. 若是分歧接头,应用 GY40、15～180 mm 热缩管,将尾巴电缆按照上述过程一起进行防腐处理。

④套肩的(环氧树脂混合物)灌注(封焊加灌注法)

a. 将电缆轻轻立起,注意电缆的弯曲半径不得小于电缆直径的 15 倍,灌注部位尽量与地面垂直。

b. 将套肩及铝管(灌注部位)打毛刮净,将过桥铜线分开。

c. 用聚氯乙烯带缠绑钢带与塑料皮切口处,防止沥青溢出。

d. 在套肩外部到电缆塑料护套处用电缆纸包扎成圆锥形的模,用芯线在电缆切口 20 mm 处绑扎固定。

e. 环氧树脂混合物灌注部位及尺寸,如图 9-74 所示。

f. 环氧树脂混合物的配制比例为以环氧树脂为 100%,则二丁酯为 12%、乙二胺(有毒)为 9%(或无毒 15%)、石英粉为 120%,配制方法为:

(a)将环氧树脂放入搪瓷盘内,用喷灯加热至 120 ℃驱潮。

(b)将经过处理的石英粉倒入环氧树脂盘内,用油灰刀搅拌使之均匀无石英颗粒为止。

(c)待混合后的环氧树脂温度降到 90 ℃时加入二丁酯继续搅拌。

(d)当混合物温度在冬季降至 70 ℃～75 ℃,夏季降到 60 ℃～65 ℃时,加入乙二胺继续搅

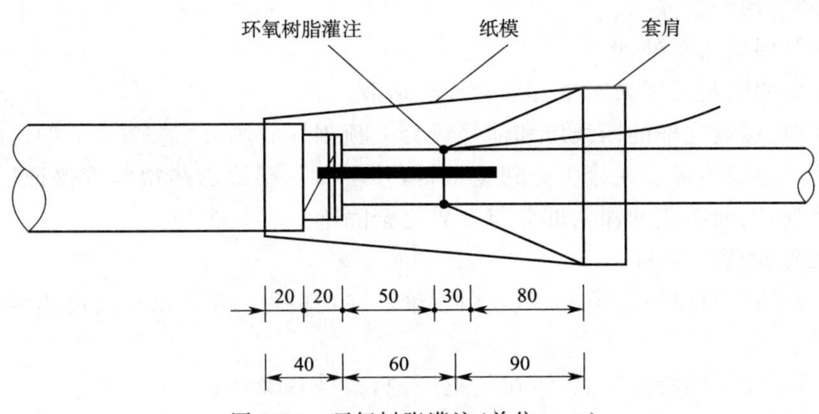

图 9-74　环氧树脂灌注(单位:mm)

拌,要在 1 min 内搅拌均匀。

g. 灌注。当环氧树脂混合物中的烟已将放尽、无大气泡溢出时,即可灌入套肩内,开始流量要大,然后逐渐均匀减少流量,以免造成堵塞或形成气泡,要求在 2 min 内灌完。

h. 套肩内部灌注深度约为 60 mm,使内外环氧树脂混合物的液面大致在同一水平上。

i. 放置 15～30 min,待固化后轻轻将电缆放下。若当天不接续时,应将套肩口部用塑料带包扎密封以防进入脏物,然后用水泥槽反扣,回填适当土防止损坏。

⑤对称电缆芯线接续

a. 将铅套管内外壁用棉纱擦净,在铅套管的外壁距两端口 25 mm 部分和内壁距两端口 10～20 mm 刮净氧化层并涂上焊锡。

b. 将准备临时放置铅套管一侧缆身擦干净垫上电缆纸,然后将铅套管套入。

c. 将两侧电缆头摆正,对直、弯曲余留好后,将电缆端头封焊的多余部分截掉,确认 A、B 端正确无误。

d. 在距套肩口 10 mm 处,用钢锯将铝管轻轻锯一周。不能直接锯透,锯的深度约是铝管的 2/3,再活动被截掉部分铝管,使铝管从锯口处断开抽出。

e. 将铝管锯口处用木锉打去毛刺,用白布带在铝管头部缠绕 2～3 层,用螺丝刀塞紧。

f. 在距铝管口 10 mm 处,用白线绳绑扎两圈,剥去逆时针端的电缆纸及塑料带,顺时针端作恢复时再用。

g. 在打开电缆芯线前,在接头位置下面铺好油布,摆好接续时所需用的工具。

h. 打开电缆芯线,量好芯线接续位置并在距接续点 10 mm 处用原四线组的尼龙线绑扎 3～5 圈,以保证芯线原扭绞。在绑扎尼龙线时,不准拉的过紧,以防损伤芯线绝缘层。在绑扎好的四线组上套上事先准备好的分组环,按顺序将电缆编好组。

i. 校准好两端肩口接续距离应为 460 mm,将两端电缆固定。

j. 按接续卡片仔细确认交叉程式,将应接的两根芯线按顺时针方向,左压右重叠扭 3～5 个花,扭绞长度为 20 mm。

k. 用刮线夹剥除芯线绝缘层不得伤线。

l. 按前松后紧的原则,将两根芯线裸铜部分扭接在一起。最后剪掉多余部分芯线,裸铜部分留长度 15 mm。

m. 用脱脂棉沾松香水(松香放人工业酒精制成)涂于裸铜芯线端部。

n. 用烟斗烙铁在芯线接头上加焊 5 mm 左右,加焊后趁热用白布带将接头上的污物擦掉，污物严重的应用酒精擦拭。

⑥芯线绝缘层的密封处理

芯线绝缘层的密封处理采用聚乙烯管加热熔胶工艺。

其方法为：将接续完毕的四线组和信号线套上预制好的热可缩塑管套，然后用丁烷气枪密封的工艺。使其芯线绝缘层在接头处完全密封，并增加一层聚乙烯塑料管保证了绝缘层的强度及外形的美观，因而芯线的裸铜部分与外界完全隔绝。

a. 热可缩密封管的预制

(a)预制密封管的材料：直径 ϕ4 mm 白色聚乙烯塑料管；ϕ4.5 mm 白色热可缩管；带式热熔胶。

(b)密封管所需用的特殊工具：丁烷气枪一把，型号 GB2001。

(c)在工点先将直径 ϕ4×厚 0.1 mm 的聚乙烯塑料管擦清去污后剪成长 30 mm 的小段。

(d)将直径 ϕ4.5 mm 热可缩管擦干净剪成 45 mm 长。

(e)将热熔胶带剪成长 3 mm×宽 5 mm 小片。将剪好的聚乙烯塑料管套入剪好的热可缩管内，热可缩管两端放入剪好的热熔胶(环形放入)。

(f)用丁烷气枪的蓝火部分均匀烘烤热可缩管的一端，使热可缩管和热熔胶受熔化收缩成豆状密封(收缩部分待冷却后再集中在一起)，如图 9-75 所示。

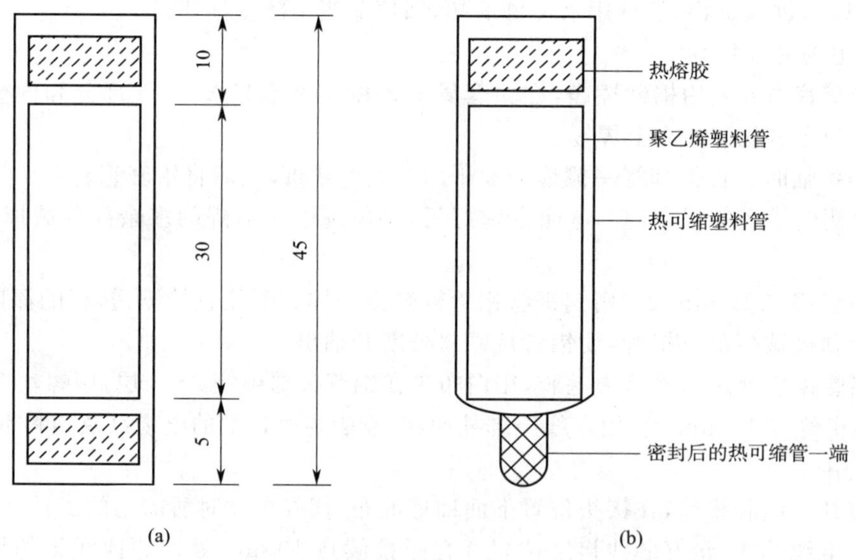

图 9-75　热缩帽制作(单位：mm)

(g)将加工好的热可缩管及分组环装进干净的塑料带密封后带到工地使用。

b. 芯线接头部位用热可缩管密封

将预制好的热可缩管套入接好的芯线部位，热可缩管与芯线绝缘层部分重叠 15 mm 在热可缩管封口处，预先放入的热熔胶正好绕芯线绝缘层一周，用丁烷气枪蓝火四周烘烤热可缩管 10 mm 的位置，使热熔胶和热可缩管受热熔化，收缩密封，如图 9-76 所示。在做完密封管后，应检查一遍，有无密封做得不好。

⑦对称电缆铅套管的焊接

a. 用喷灯火在焊口处熔化适当焊锡(高温焊锡 35∶55)。用抹布反复揉抹使焊锡均匀地分布在接口处填满缝隙，这层焊锡主要是使焊口密封不透气。

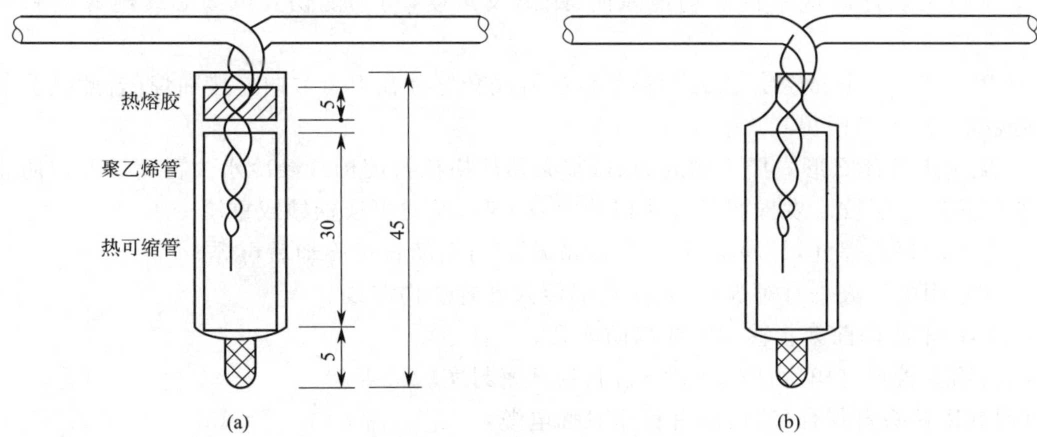

图 9-76　热缩帽密封(单位:mm)

b. 第二次在焊口处加适量焊锡,应满足接头造型并保证足够的机械强度(要求焊缝两侧的焊脚应大于 20 mm,在焊缝处的最小厚度应大于 4 mm)。用喷灯火加热使焊锡熔化,推拿均匀做好形状,造型工作完成后,用石蜡稍微冷却,再用喷灯加热使表面焊锡软化,用抹布轻轻拉光,直至焊接面无砂眼、裂缝、凹凸不平,表面光滑明亮均匀美观为止。

c. 焊接完毕后,用石蜡由远向近冷却使焊锡迅速凝固。用棉纱将铅套管和封焊部位的石蜡擦干净。

⑧接头套管的防腐处理

待一个气闭段接续完毕,电气性能测试合格气压稳定,即可进行电缆接头防腐工作。目前防腐有两种方法均可采用:一是采用热可缩管或热可缩带进行防腐处理;二是采用沥青机油混合物和聚氯乙烯塑料带(三油两塑方法)防腐处理。

⑨接头的机械防护

a. 根据电缆接头形式采用不同规格的水泥槽防护。

b. 倒放电缆接头时,电缆接头要保持平直(1.5～2 m 范围),轻轻放入水泥槽内,严禁用脚或其他工具硬踩、硬压,以免损坏电缆接头。

c. 电缆头放稳妥后,盖好水泥槽盖板,并埋上 200 mm 厚的松土。松土中不得有石块及硬物。

⑩通信对称电缆接续操作要点

a. 接续前不管气候如何,接头坑上应搭好小帐篷、帐篷口应在背风向以防灰尘落入接头。坑底应铺油布(塑料布)隔潮,对渗水坑,坑壁也应用油布(塑料布)隔潮。

b. 芯线接续前一定要洗手,在整个接续过程中必须保持双手清洁,接续用的工具、材料必须保持清洁干净。

c. 不准用偏口钳剥除芯线绝缘层,以免伤线或芯线变形(可用专用工具)。

d. 芯线焊接时,不得使用有腐蚀性焊剂,焊点必须光滑无毛刺,焊接后趁热用白布带或酒精球将接头上的残焊剂和污物擦掉。

e. 芯线接续完毕后,将热可缩帽套入芯线接头时,应注意必须压上芯线绝缘层 10 mm 左右,不得过长或过短,若压得过多,芯线绝缘层余留部分失效不利于再接续;若压得过短,密封效果差。应用丁烷气枪加热,加热部分 5～10 mm。

f. 用喷枪烘烤时应掌握好场地风向、距离及角度，切不能伤及电缆芯线绝缘层和其他芯线。

g. 用 $\phi(6\sim8)$ mm 聚氯乙烯塑料管将过桥线套好并在上行方向连接加焊(若此接头需接地，地线统一从上行引出)。

h. 无论进行什么形式接头的封焊时，都必须严格执行用棉纱蘸冷水放在套肩部位防止环氧树脂受热产生裂纹。发现有蒸气从棉纱中溢出时，及时更换棉纱或重浸冷水。

i. 套管的每侧焊缝，封焊不得超过 20 min，如时间超长可冷却后再焊。

j. 禁止用喷灯火焰直对焊口，避免火焰侵入套管烧伤芯线。

k. 焊口未冷却前禁止移动电缆以防断裂。

l. 在铅套管焊完毕后，应设临时气门，局部密封实验检查。

(2)利用接头盒封合(适用所有长途对称电缆)

①工艺流程

工艺流程如图 9-77 所示。

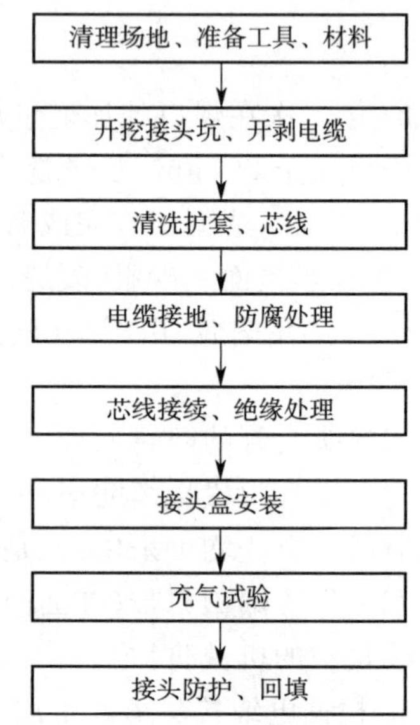

图 9-77　利用接头盒接续工艺流程

②施工步骤

a. 接续准备

接续工作之前，组织技术及接续人员，按照接头资料对每个接头用料逐一进行核实准备，归类存放。检查接续使用工具、仪表是否齐全、完好。

b. 开挖接头坑

由专人负责接头坑的开挖，清理平整工作，要保证接头空间方便接续。

c. 开剥电缆

交叉固定两侧电缆，做够电缆余留，其弯曲半径要符合施工规范。电缆的开剥尺寸严格按照工艺要求执行(按接头盒厂家提供的安装说明)，注意不要损坏电缆铝护套及芯线绝缘层。

d. 清洗金属护套及芯线

用汽油将金属护套逐点洗净，用中性油(煤油)将芯线上的油膏清洗干净。清洗后将铝护套及芯线间缝隙用 PVC 带缠绕堵塞，以免油膏流出。

开剥芯线绝缘层，作芯线对号、绝缘测试。若不合格，不得进行下道工序。

e. 钢带接地，防腐处理

由于注油电缆散热较慢，因此在接续过程中，焊接的时间应控制在一定范围内，以免造成芯线损伤。

(a)将铝护套打毛，涂底料，用铜丝刷涂抹后涂面料。

(b)将裸铜芯线一端围绑在已打毛好的钢带上进行锡焊，另一端与铝护套进行锡焊，锡焊面积不小于 1 cm^2。

(c)将 PE 层、钢带、铜线及铝管余部打毛，套上 PE 热缩管进行热缩防腐处理。注意加热时采用横向周围法，使中间部位先收缩，再向两侧加热，以免有气泡产生。严禁在某一点大火烘烤。

f. 芯线接续，绝缘处理

芯线接续工艺同充气电缆一样。注意与充气电缆不同的是在接续前必须将电缆缆身上封口部件先套在电缆上。要特别注意在芯线对接前，必须将手、工具清洁干净，并使之干燥。

电缆接续完成后，按照技术资料上的要求经测试合格后安装接头盒。

g. 接头盒安装

(a)将电缆堵头的密封带缠好，并用酒精将堵头、接头盒内面擦净。

(b)将上、下盒体对扣，电缆与接头盒平行。按对角交替方式用扳手紧固盒体螺栓直至上、下盒体密封，接头处有地线的将地线引导至盒体外。

(c)充气试验：用自制的充气装置接在盒体空闲的引入口上，充入气体检查接头盒密封性。

h. 接头防护、回填

接头用防护槽防护，先填部分松土或细砂，再填满接头坑。

(四)电缆成端制作方法

电缆成端是指外线电缆由于规格、型号、芯线线径接不同，不能直接接入机房配线架(箱内)，必须通过改接一段全塑电缆以达到接入配线架的规格、型号、芯线线径的统一。

通常来说电缆成端制作步骤包括成端电缆把线编扎和电缆成端接续二个步骤，而电缆成端接续又包括电缆芯线改接、芯线绝缘保护、电缆内护层保护、电缆外护套保护、气闭保护等五项工作，以下进行详细介绍。

1. 成端电缆把线编扎步骤

(1)成端电缆选择：

成端电缆应选择阻燃、全色谱、有屏蔽的电缆，一般采用 HPVV 或 PVC 全塑市话电缆。

(2)成端电缆的量裁。

如果成端电缆只有一条时可以采用单裁法。作两条或更多条时，应采用双裁法。双裁法是指将一条电缆从当中分裁为两条，双裁后两条电缆的线序号相反，一条从外向里编号，另一条从里向外编号。

(3)编扎竖列把线根据配线架的高度采用不同程式的保安排容量。有穿线板的采用扇形式编扎，采用 20 回线保安排时把线每 5 对一出线，打双扣；无穿线板的按梳形编扎，把线每 100 对一出线，打双扣，扎成 Z 形弯，用塑料扎带(尼龙扎带)扎紧。

(4)编扎成端把线必须顺直，不得有重叠扭绞现象。用蜡浸麻线扎结须紧密结实，分线及线扣要均匀整齐，线扣扎结串连成直线。然后缠扎 1～2 层聚氯乙烯带(顺压一半)作为保护层，缠扎要紧密整齐、圆滑匀称。

(5)布设把线时，应先在配线架的横铁板上选定把线位置。在该处缠两层塑料条，再将把线顺入直列，上下垂直、前后对齐、不得歪斜，再用蜡浸麻线将把线绑扎在横铁板上。

(6)芯线与端子焊接时先分明 A、B 端，不得任意颠倒。再将芯线绝缘物刮净并绕在接线端子上两圈，锡焊时要求牢固光滑。

(7)保安排是绕线端子时，应采用绕线枪在接线端子上密绕 6 圈半，半圈为导线带有绝缘皮的，以防绝缘皮倒缩。

(8)保安排是卡接端子时，采用专用工具将线对压入刀片，余长线头自动切断，用手轻拉线对，检查是否卡接牢固。

2. 电缆成端接续

常用的制作方法有热注塑套管法、热可缩套管法。

以热注塑套管法为例介绍：

①将 HYA 电缆端头剥开 630 mm 以上并将单位芯线约 50 mm 处用胶带扎牢。在电缆切

口处安装屏蔽地线(规格根据电缆对数而定)。用自粘胶带固定小塑料管,将堵塞剂料灌注入小塑料管内,待 24 h 凝固后用 80 kPa 压力做充气试验。

②在堵塞小管下边约 50 mm 处,采用热注塑方法注一个内端管,将大外套管套在 HYA 电缆上。

③根据上列电缆的外径在外端盖上打孔及打毛处理,然后套在电缆上。芯线采用模块接线排压接的方法进行接续。

④如果外套管内容量较大,25 回线模块排可加装防潮盒子,用非吸湿性扎带或 PVC 胶带将接线排捆扎牢固,测试检查有无坏线对。

⑤大套管与内端盖之间的接缝处打毛清洁,装好模具进行注塑,要求大外套正直。

⑥如果芯线接续模块已加装防潮盒,外端盒打毛后采用自粘胶带密封,并在外边缠两层 PVC 胶带保护。

⑦一般接线模块在大套管内必须注入 442 胶(填充电缆接头使用大 442 胶),灌满为止。再盖好外端盖,将大套管与内端盖之间的接缝处打毛清洁,采用自粘胶带密封,在外边缠两层 PVC 胶带保护。

⑧引出的屏蔽地线与地线排连接牢固。

三、电缆故障处理

电路故障主要分为电缆外部故障和内部故障。电缆外部故障主要指电缆受外界机械外力影响造成电缆绝缘护套、金属护套破损甚至断裂;电缆内部故障主要指电缆芯线故障。电缆芯线故障包括:有断线、混线、接地、反接、交接及差接等 6 种情况。以下主要就电缆芯线故障的判断处理。

(一)电缆线路故障类型

1. 芯线障碍种类及造成原因

电缆芯线对号是电缆施工与日常维护工作测试的基本项目,主要判断电缆是否有断线、混线(自混、他混)、地气(接地)、反接(交叉)、交接(大交叉)及差接(鸳鸯对)。

(1)断线

电缆芯线一根或数根断开称为断线,这种现象一般是由于接续或敷设时不慎使芯线断裂、受外力损伤、强电流烧断所致。

(2)混线

芯线由于绝缘层损坏相互接触相碰(又名短路)。本对线间相碰为自混;不同线对间芯线相碰为他混。

(3)接地

电缆芯线绝缘层损坏碰触屏蔽层称为接地(又名地气),是因受外力磕、碰、砸等磨损坏缆芯护套或工作中不慎使芯线接地而形成。

(4)反接

本对芯线的 a、b 线在电缆中间或接头中间错接,又称交叉。

(5)差接

本对芯线的 a(或 b)线错与另一对芯线的 b(或 a)线相接,又称鸳鸯对。

(6)交接

本对线在电缆中间或接头中间错接到另一对芯线,产生错号,又称跳对或大交叉。

2. 芯线故障判断

判断方法见实训三。

(二)电路线路故障的处理

电缆芯线故障经测试、判断和定位,弄清故障芯线位置及故障原因后,需要对故障芯线进行处理。针对不同的故障其处理方法主要有以下几点:

1. 断线故障处理:将电缆故障纤芯找出后可使用同线径的电缆线连接断线部分。

2. 混线故障处理:找到故障点后可采用重新绕包裸露芯线的方式进行临时克服。如混线故障不能消除,则需要割接替换一段电缆。

3. 接地故障处理:找到故障点后,应除去故障的点的金属外护套,并将护套内故障芯线逐一绕包,修复绝缘层损伤,如受损面过大过长,则应采用更换电缆方式进行克服。

4. 反接故障处理:判断出交叉线对后,松开原接头重新接续。

5. 差接:判断出差接线对后,松开原接头重新接续。

6. 交接故障处理:判断出交接线对后,松开原接头重新接续。

7. 对于电缆外皮破损故障查找方式见电缆查漏相关内容。

(三)电缆线路故障防范

电缆故障防范就是主要是对电缆中间接头、终端接头的查验。定期检测测电缆绝缘、环路电阻,包括中间接头的防潮、接线盒是否有裂纹、潮湿进水、有无放电痕迹。在日常工作中主要防范以下情况:

1. 电缆有无受邻近高温设备烘烤而引起电缆绝缘部分老化、损坏的现象,有无承压高温设备突然破裂后将介质喷射到电缆的可能。

2. 电缆排上有无严重积粉现象,对于易积粉的地方有无积粉自燃的现象。

3. 电缆沟道内积油或渗油,防止充电电气设备的油流入电缆隧道内,在设备起火时引燃电缆。

4. 电缆沟盖板是否严密,防止因电缆沟盖板不严、电焊渣火花等火种误入电缆沟而引起电缆着火。

5. 电缆隧道内有无漏水、积水或电缆漫水现象,防止长期水浸泡电缆而造成电缆绝缘能力降低而发生爆炸,造成火灾。

6. 检查电缆有无发热、鼓胀现象,特别是对高压电缆和电缆接头应加强检查。

7. 严格控制在电缆附近、隧道内的动火作业。

8. 电缆上无重物积压而造成绝缘损伤的现象。

四、电缆敷设

(一)电缆敷设一般规定

铁路通信电缆施工主要指长途电缆和地区电缆施工,其主要内容包括电缆径路复测、电缆单盘测试、配盘及运输、敷设、电缆线路建筑、电缆接续和电缆测试及验收交接。为了保证电缆敷设的安全和成功,电缆敷设时,应遵守下列规定:

1. 电缆径路复测

电缆径路复测主要是实地测量区间或站场电缆所需的总长度(包括各种余留),为电缆配盘提供必须的技术资料;调查所需槽道或管道是否贯通,判断是否具有电缆敷设条件;同时还要调查区间其他有关设施,如区间电话、电缆需要分歧的位置、中继位置及铁路终端用户位置等，以便合理安排电缆接头位置；要了解所选径路地下设施情况，如既有线缆、既有管道及隐蔽的其他设施，为以后的安全施工做好准备。如果施工时某些特殊困难地段需要防护，要确定合理的防护方式，顺便还要调查施工区段的道路交通情况，为以后施工运输做好准备工作。在铁路沿线铺设电缆时，须事先与相关部门联系，签订安全协议后方可施工；电缆线路施工穿越农田损毁青苗或树木时，须事先征得有关单位或物主同意后再进行施工，并按规定妥善处理赔偿事宜。具体复测方法如下：

(1)定线

根据施工设计图纸，找到图纸上标出的关键点（铁路里程标涵洞、固定建筑物等），并进行核对；按径路选择原则进行比较，选择控制点位置。

(2)测距

测距的目的是测量电缆线路长度。

(3)绘制径路图

绘制内容：径路附近的地形、地物；控制点和固定目标的有关位置；径路弯转的角度；各接续头的编号和位置；除规定外的余留长度和位置；无人增音站、中断站充气房等房屋建筑位置；沿线分歧电缆的径路、电缆型号及相关的信号继电器箱和沿线各铁路单位的房屋建筑位置；穿越复杂地形时所采用的防护方法；各个区段的土质种类；须采用防蚀、防强电流、防雷的地点和方法。

2. 电缆单盘测试

当电缆运输到工地后，首先在开盘前应根据到货清单，核对电缆的盘号、型号、规格、盘长、端别、数量，检查外观包装有无破损、缆线有无损坏、压扁等情况，并详细记录。对包装有受损、外护层有损伤的单盘，在测试时重点检测。根据电缆出厂记录并对照实物检查电缆程式、金属缆芯、绝缘介质、屏蔽层、色谱标识及其他机械物理特性是否符合相关技术标准的规定。如果是充气电缆，要检验电缆气压情况，并做好验气记录。最后要注意妥善保管出厂时的合格证及测试记录。其次要对电缆单盘进行单盘测试：

(1)开盘检验电缆端面，确定 A、B 端；

(2)对号检查芯线；

(3)测试环阻及不平衡电阻；

(4)测试单线对地绝缘电阻；

(5)单盘测试完毕后，做密封处理。

3. 电缆配盘

电缆配盘主要指在工程中要敷设的各盘电缆电气特性可能不完全一样，长度也可能不同。配盘的目的就是按一定的要求，把长度不等和电气性能不同的电缆安排在预定的段落内，以保证传输质量和提高经济效益。电缆配盘的方法和要求如下：

首先根据径路复测资料，考虑通信机房、区间电话等设施的位置和径路长度，选择合适的电缆盘长；考虑不要使电缆接头落在河流、公路、铁路、桥梁等位置上；考虑选择合理的电缆接头位置，使其在确保安全的同时还应维护方便；考虑要敷设电缆的沿途地形和特殊地段，对电缆实际长度的影响（如“S”弯、电缆余长、留长等）。考虑电缆盘长和路由情况，尽量做到不浪费电缆和减少接头；考虑不同厂家的电缆或不同结构的电缆不要混在一起布放，应把它们分类集中在不同的段落内。其次，根据单盘测试资料将电容耦合系数 K 和对地电容不平衡系数值比较小的低频四线组电缆单盘分别配置在一个低频段的两端；将 K、e 值较大的低频四线组电缆单盘配置在一个低频段的中间；把低频四线组 K、e 值大小接近的单盘须放置在相邻的位置。通过以上方法，加上平衡手段可以相互抵消、减小 K、e 值，来降低串、杂音。

4. 电缆运输

电缆运输是指从生产厂家直接运抵施工单位的现场屯放点，在现场屯放点经过检验测试后，根据径路复测情况及测试资料进行合理配盘，再根据配盘表把电缆从屯放点运输到敷设点或离敷设点比较近的位置的过程。运输前，要做好线路调查，详细了解进入每个撒料点的路径及路况，保证运输过程中的道路交通安全；必须检查电缆盘是否完好牢固，电缆封端是否严密；必须检查电缆封头是否固定和保护好，如果发现问题必须处理好后方能装车运输。在运输和装卸电缆盘的过程中，电缆盘必须采取可靠的固定措施，以防止其移位、滚动、倾翻或相互碰撞，从而保证电缆不受损伤。装卸电缆盘一般采用吊车进行，卸车时如果没有起重设备，严禁将电缆盘直接从载重汽车上直接推下，因为直接推下，除了电缆盘遭受破坏外，电缆也容易损坏。可以用木板搭成斜坡样的牢固跳板，再用绞车或绳子拉住电缆盘使电缆盘慢慢滚下。电缆盘在地面上滚动必须控制在小距离范围内。滚动的方向必须按照电缆盘侧面上所示箭头方向(顺着电缆的缠紧方向)。如果采用反向滚动会使电缆退绕而松散、脱落。不得将电缆盘平放运输。因为将电缆盘平放时，底层电缆可能受到过大的侧向压力而变形，而且运输途中由于震动可能使电缆缠绕松开。长度在 30 m 以下的短段电缆，可以按电缆允许弯曲半径绕成圈子，至少存 4 处捆紧后搬运。各种电缆混装应该将蘑的电缆盘置于车厢前面。

(二)直埋电缆敷设

直埋电缆敷设包括开挖电缆沟、人工敷设、电缆敷设余留、电缆沟回填、电缆防护及标桩设置六个步骤。

1. 开挖电缆沟

在电缆沟开挖前，要会同有关维护单位，实地调查电缆径路上地下管线及建筑物状况。开挖时，须有维护单位人员配合，严禁损坏通信光电缆、信号电缆、电力电缆及煤气管道，供水管道等地下设施。

(1)长途(干线)电缆线路埋深须符合《铁路通信维护规则》的要求。设计有特殊要求时，必须符合设计要求。对于有冻土层的直埋地段，直埋线路的埋深应在表中的埋深上增加 0.1～0.5 m。

(2)开挖电缆沟须预画径路白线，并按径路白线开挖。

(3)在铁路路肩上、站场股道间和穿越铁路开挖电缆沟时，电缆敷设完后须及时回填、务实、整平，做到不敞沟过夜。

2. 人工敷设

(1)电缆敷设时，人数应足够多，统一指挥，统一行动。径路弯曲时，敷设人员注意使用同侧肩抬缆。

(2)支盘时应选择平坦地形，大轴应支水平，电缆盘离开地面不要超过 10 cm。

(3)电缆敷设时须按配盘表敷设，A、B 端顺向布放，A 端须朝铁路上行方向。

(4)电缆的弯曲半径应满足：铝护套电缆不应小于电缆外径的 15 倍，困难地段为 10 倍。铅护套电缆不应小于电缆外径的 7.5 倍。

(5)人工抬放电缆时，严禁压、折、摔、托、扭曲，不得在地上拖拉电缆。

(6)为保证电缆正常接续及接续后的余留符合要求，敷设后两条电缆重叠长度应为 2～3 m。

(7)如果敷设是在铁路沿线施工，为了人身安全，必须设专职的防护人员瞭望列车运行，提醒施工人员注意避让。

(8)电缆敷设余留要求

首先按设计要求去余留,没有特殊要求,按下面规定余留:

①电缆接续后余留 0.8～1.5 m。

②电缆通信站引入口外余留 3～5 m。

③中间机械室引入口外余留 2～3 m。

④穿越 30 m 以上河流(本线本缆时),两岸各余留 1～5 m。200 m 以上的大桥两端和 250～500 m 的隧道两端,各余留 1～3 m;通过 500 m 以上的隧道应在大避车洞内适当余留。

3. 回填

电缆沟回填前应做如下检查:各种余留长度符合设计要求和标准规定;电缆外部是否有损伤;电缆在沟底应自然摆平放稳不得有张力;不应有突起部分;电缆附近不应有石块等坚硬物,两条以上电缆同沟敷设应分开摆放,不得有扭绞。电缆沟回填应满足下列要求:

(1)先回填 20 cm 细土,再用其他土回填;

(2)特殊地段回填时须分层夯实;

(3)严禁石块砸在电缆上。

(4)在具有土壤腐蚀或污土的区段,浅埋时应换用纯净细土。

4. 直埋电缆的防护

为了保证特殊地带电缆安全,地下直埋电缆通过下述地段时应采取防护措施:

(1)穿越铁路、公路、河沟、水渠。

(2)埋设在铁路路肩及其他困难地段,埋深不能满足标准时。

(3)电缆穿越断沟。

(4)穿越流速大于 2 m/s 的小溪、山间、流水沟及水利于渠。

(5)爬越斜坡和石山。

(6)通过桥梁、隧道。

(7)电缆接头。

直埋电缆防护管的材质必须无变形和裂纹。对于电缆埋深达不到要求或施工困难地段,采用直埋钢管、水泥槽、复合槽、硅芯管、砂砖等防护方式;防护的位置、长度应符合设计规定。所有隐蔽工程完工后,必须经现场配合防护人员验收签认。

5. 电缆线路标桩设置及埋设

整个通信线路施工完工后都要在其径路上面埋设标桩,为今后维护提供方便。

(1)电缆直埋路段标桩应设置在电缆接头点和余留点、线路转弯拐点、接地点、穿越障碍点;设置在穿越河流、铁路及公路的两侧。

(2)电缆线路直线段标桩设置间距须符合设计要求。

(3)标桩埋设在不易变迁、不影响交通与耕作的位置。如果埋设位置不易选择,在附近增设辅助固定标记,但需要在固定标志上以油漆印写电缆标记。

(4)线路标桩埋设在电缆径路的正上方;标桩按不同规格埋深,一般普通标桩埋深 60 cm、出土部分 40 cm;标桩周围土壤须夯实。

(5)两根及以上相同类型的电缆同沟敷设时,必须做标识。

(三)管道电缆敷设

敷设前必须对敷设管孔进行疏通,对人孔进行清扫,清除管孔中的淤泥或异物;当管孔发生障碍时，作修复处理。敷设时，在经过的人孔均须设专人监管，转弯处安装滑轮；当人孔两侧的管孔高度不一致时，设专用工具或PE管予以引导；电缆通过人孔时，须紧贴人孔侧壁并绑扎在托板托架上，避免直线通过；如果电缆在人孔中需接头时，须采取措施予以固定保护，管孔内不得有接头；如果在一个管孔内布放两条缆时，必须一次穿放完成；电缆在人孔内的弯曲半径要符合要求；电缆穿放孔位须顺序排列，按设计图施工。在每一人孔内须对电缆挂设标牌，标明电缆型号、规格、起讫站名等。完成敷设工作后，注意清扫现场，并将管孔进出口封堵严密。

（四）槽道电缆敷设

在对槽道进行勘查基础上，对既有线槽道进行修复，修复的主要内容有：清除槽道盖板上方的土层或碎石，防止杂物掉入槽内；掀开盖板（堆放整齐、稳同，不得影响列车运行安全），清除槽道内石块及其他杂物；槽道有损坏的地方，该修补的要修补，盖板有损坏的，该更换的要更换。在敷设电缆时，如果一个槽内同时敷设多条电缆须互不交叉，电缆在槽道内应摆放整齐。敷设完后要先回填细沙把电缆隐蔽，然后按原样恢复槽道盖板。

（五）架空电缆敷设

1. 杆路测量

杆路路由应尽量采取短、直的路径，较少角杆，避免迂回和S弯，便于架设和维护工作。杆路应尽量减少与高压输电线的交叉跨越、平行和接近，以避免危险和干扰影响。杆路应尽量减少穿越铁路、公路和河流等障碍物，一般不应穿越厂房、广场及城市建设的预留空地，尽量避免长杆档建筑。

2. 测量要求

确定杆位；维修换杆。

3. 杆路定位方法

(1)直线段的测量：

①长线段测量：先选定角杆或终端杆位置，树立标旗或标杆（远树标旗、近树标杆），从起点处开始向标旗方向丈量杆距，每一杆距立一标杆，由看标人看直方向及标杆，以三根标杆对准标旗为准。

②立杆目测：先在挖好杆坑旁的标桩点处，连续立3～4根标杆，看直，再树立终端杆或角杆与标杆对直（角杆必须留有内移量）。确定标杆之后，以此杆为准往前立下去。

③换杆目测：换杆前要观测杆位是否正确，立新杆目测时，依前后三棵旧杆为准对直（角杆除外），目测方法同立杆目测。

4. 拉线定位

(1)拉线入土点位置，可按杆高比例1∶1从电杆向拉线方向丈量拉距测定。

(2)当拉线的距高比等于1时，拉线入土点至拉线洞中心线之间的距离等于拉线地锚的埋深；当拉线距高比不为1时，拉线入土点至拉线洞中心之间的距离可按图方法测量。

5. 电杆树立后应达到的要求

直线线路的电杆位置应在线路路由中心线上，电杆的中心垂线与路由中心线左右偏差不大于5 cm。电杆本身应上下垂直，左右不歪，前后对齐。电杆上的线担、分线设备组装应符合规定。

钢筋混凝土电杆的角杆应立在线路转角点以内（即线路夹角平分线）10～15 cm，木杆应在线路转角点以内20～30 cm，如因受环境所限，装撑木的角杆杆位可不采取内移措施。角杆立起后，杆梢应向线路转角点以外倾斜一个杆梢左右，待线路线条收紧后，再回到转角点上。终端杆立起后，杆身应向张力反侧(即拉线侧)倾斜 10～20 cm。

6. 回土夯实

(1)回土夯实应分层进行，每回土 30 cm 夯实一次。

(2)回土回至需做杆根装置部位时，应按规定处理妥善后继续回夯土夯实。

(3)土便道立杆，杆根应培土 5～10 cm(指高出原有地面部分)。

(4)水泥砖或有路面的人行道上立杆，杆根不易培土，但应与原地面平齐。

7. 敷设

(1)架空吊线式普通型电缆 100 对及以上电缆在布放时，A 端须朝铁路上行方向。

(2)直线杆、角杆、终端杆、终端结、丁字结、十字结、假终结等采用的安装附件应完整无损伤，安装牢固有效。

(3)架空吊线式普通型电缆架设后剪断的电缆端头，应及时包扎严密，以防进水。

(4)吊线式电缆芯线接续完毕，接头套管应及时密封包扎好。工程未完的临时接口应及时采用胶带或塑料布包严，以防进水。

(5)引上杆、终端杆电缆的屏蔽地线，应与保护地线连接牢固。

(六)电缆线路的验收交接

验收时，干线电缆是以一个低频段作为一个单位工程验收；市话(地区)电缆是以一个站场为一个单位工程验收。验收包括平时隐蔽工程的随工验收、线路建筑验收及电缆电气指标的测试验收。当验收合格后，需要办理工程有关的备品备件、技术资料、技术图纸及工程部分管理资料的交接。在电缆线路施工完毕后，定期巡回区间线路，了解掌握电缆线路及区间设备有无受损、偷盗等情况。如遇有其他管线在电缆径路上交越时，必须采取必要的保护措施，并记录具体位置。当区间线路有其他异常情况时，必须采取措施，确保电缆及区间设备安全。

实　训

实训一　电缆的单盘检验和配盘

一、实训目的

1. 掌握单盘检验和配盘工作。
2. 掌握电缆的单盘检验与配盘仪表使用方法。

二、设备及仪器

1. 兆欧表、万用表、气压表、高压电表。
2. 对称电缆一盘。

三、内容与步骤

1. 不良线对检验

(1)断线检验

连接如图 S1-1 所示，通过模块型接线子将一端短路，另一端用模块开路，在调试端接出一根引线与耳机及干电池(3～6 V)串联后再接出一根摸线连测试塞子，通过模块型接线子的测试孔与芯线接触，如耳机听到“咯”声，说明是好线；如无声，则是断线。

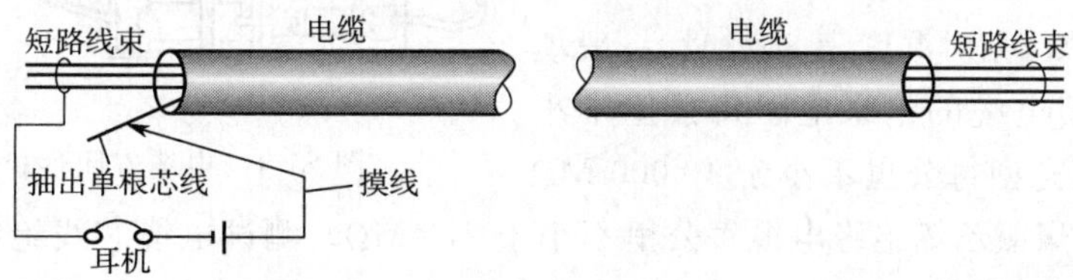

图 S1-1　断线检验原理图

(2)混线检验

连接如图 S1-2 所示，测试端的接法与断线检验相同，另一端全部芯线腾空，当摸线通过试线塞子和测试孔与被测芯钱接触时，耳机内听到“咯”声，即表明有混线。

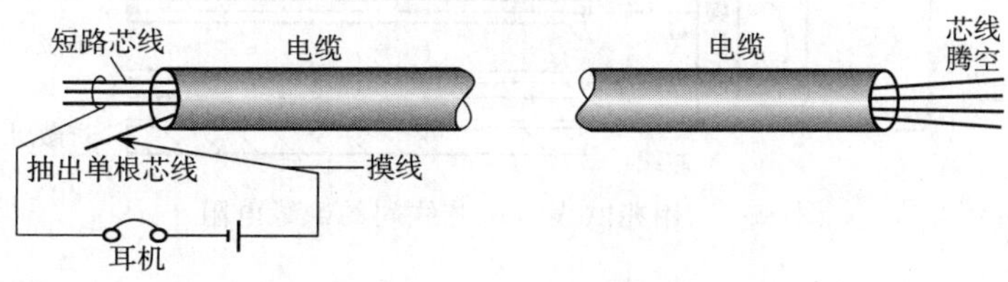

图 S1-2　混线检验连接图

(3)地气检验

连接如图 S1-3 所示，电缆的另一端芯线全部腾空，测试端的耳机一端与金属屏蔽层连接，"摸线"通过试线塞子和模块型接线子的测试孔与芯线逐一碰触，当听到"咯"声时，即表示有地气。

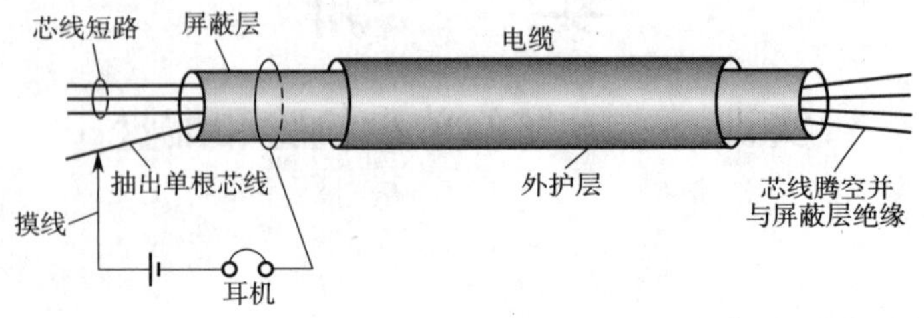

图 S1-3　地气检验连接图

2. 电缆气闭性检验

首先在全塑电缆的一端封上带气门的端帽，另一端封上不带气门的热缩端帽，以便充入气体和测量气压。充气时，在电缆气门处通过皮管连接一个 0～0.25 MPa 的气压表，用来指示气压。充气设备及输气管等不得漏气。充气设备可用人工打气筒或移动式充气机，充入电缆内的空气要经过干燥和过滤。滤气罐一般用有机玻璃制成，内装干燥剂。使用时，一般应串接两个滤气罐，如图 S1-4 所示。

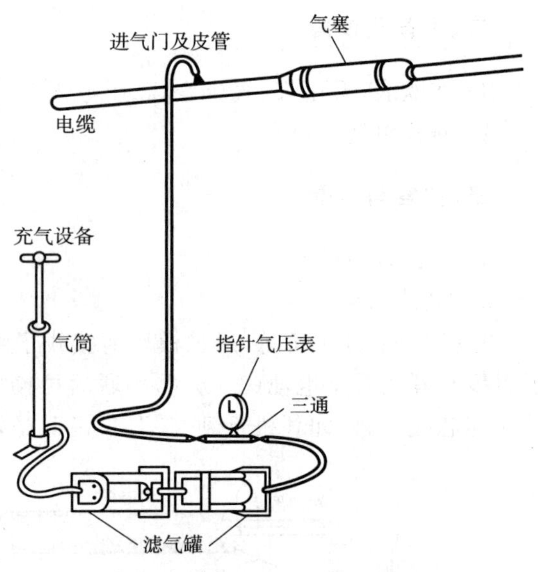

图 S1-4　电缆气闭性检验原理图

3. 绝缘电阻的测量

(1)线间绝缘电阻的测量

在温度为 20 ℃，相对湿度为 80%时，一般填充型全塑市内通信电缆的绝缘电阻每公里不小于 3 000 MΩ；非填充型每公里不小于 10 000 MΩ (500 V 高阻计)。聚氯乙烯绝缘电缆每公里不小于 200 MΩ。测试电缆芯线绝缘电阻，一般使用 500 V 高阻计；500 V、量程 1 000 MΩ 的兆欧表只能用来测量局内电缆(施工现场也可代用)。测试时，首先将电缆两端护套各剥开 10～20 cm，然后用高阻计或兆欧表测试。

用兆欧表测试芯线间的绝缘电阻的接线方法如图 S1-5 所示。

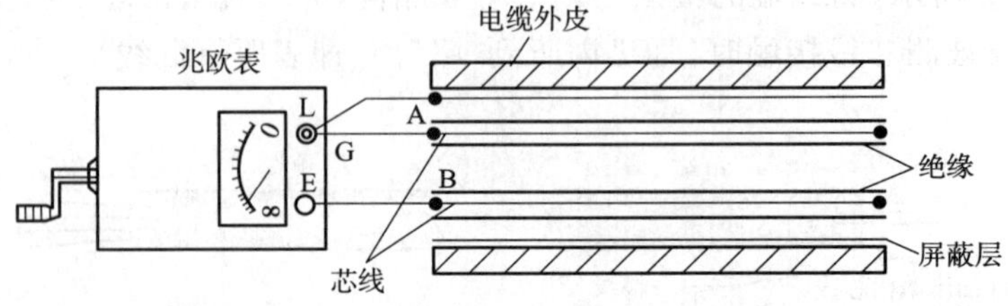

图 S1-5　用兆欧表测试芯线间的绝缘电阻

将兆欧表的 L 接线柱接一根芯线，E 接线柱接至另一根芯线，G 保护环接地。测试时要把仪表放平，然后摇动手摇发电机，转速由慢逐渐加快，表针稳定后即可直接读出绝缘电阻值。

(2)芯线对地绝缘电阻的测量

用兆欧表测试芯线对地绝缘电阻的接线如图 S1-6 所示。

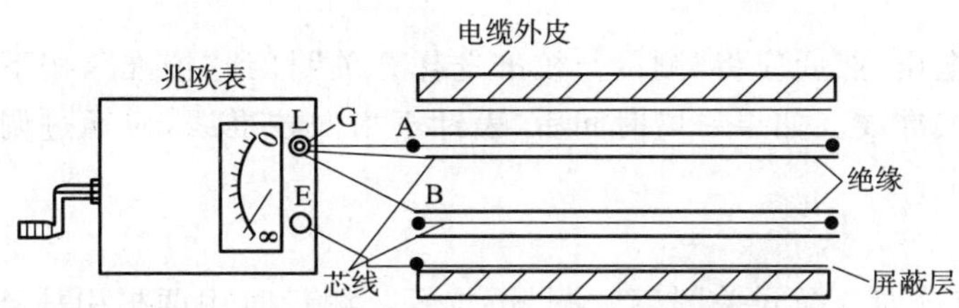

图 S1-6　用兆欧表测试芯线对地绝缘电阻

此时应将芯线与金属屏蔽层之间保持开路,L 接线柱接至被测芯线,E 接线柱接至金属屏蔽层,G 保护环接至芯线绝缘层表面。通过模块型接线子和测试塞子,可测试芯线与地之间的绝缘电阻,测试方法与测试芯线间的绝缘电阻相似。

4. 耐压测试

原则上所有电缆的芯线都应进行耐压测试,但在电缆质量比较稳定、绝缘电阻良好的情况下,也可以只对传输远供电源或在野外敷设的电缆进行测试。测试时可用输出电压相当的耐压测试器,根据通信行业标准规定的电压及时间进行。

5. 电缆配盘

电缆配盘必须以单盘电缆检验记录、线路图、电缆分歧点、递减点的分布等为依据。

市内通信全塑电缆主要是根据电缆的制造长度配盘。根据线路图所提供的各种规格的电缆所在段长和现有盘装电缆的实际情况,在一定地段配设指定盘上一定长度的电缆,以免造成任意截断电缆,既增加接头,又浪费材料。对线路图所提供的长度,尤其对电缆管道的实际长度要进行实地测量。

同一地段应布放同一类型的电缆,根据自然地段等情况,必要时布放特种电缆。

在配盘时要注意不要把不同厂家的电缆或不同结构的电缆混在一起布放,应把它们分类集中在一个段落内。另外,还应熟悉敷设电缆的沿途地形,必要时还要实地查勘,要考虑到线路通过的特殊地段对电缆实际长度的影响,如“S”弯、电缆余长、留长等。

实训二　线路绝缘电阻测试

一、实训目的

1. 掌握对称电缆 a、b 线间绝缘电阻的测试方法。
2. 掌握对称电缆 a 线或 b 线对屏蔽层的绝缘电阻的测试方法。

二、设备及仪器

1. QZ3 型兆欧表(高阻计)。
2. 对称电缆一盘。

三、内容与步骤

1. 准备

利用兆欧表测试线路绝缘电阻时,连接有保安排或分线箱的电缆线路应使用不大于

250 V 电压挡位。在电缆线路上没有连接保安设备时,可使用 500 V 电压挡位。

利用兆欧表测试线路绝缘电阻,应先将测量室的竖列保安单元拔出,并断开用户下线。

2. 校准

首先确定测量电压,然后应将“测量与校准选择开关”打到“校准”,按下仪表“开关”键,表头指针逐渐地指向校准线。如果一段时间后,表针不指向校准线,应通过调整“校准”钮,将表针调到校准(红)线上。

3. 测量

首先将“测量与校准选择开关”打到“测量”位置。测量时用两根引线连到 L、E 接线柱上去,其中 E 为接地接线柱。G 端子接电缆内绝缘层,然后按下仪表“开关”键,表头所指的数值即为被测的电阻值(1 min 后读数)。

4. 放电

测试完毕后应进行放电处理。先将仪表“开关”键按到“关”,再按下放电钮 2 s 放电,以免被测物带电。最后将被测物与连线断开。

5. 测试芯线间绝缘电阻

测试接线方法参考实训三。

测试读数换算方法如下:

单位绝缘电阻数值=电缆芯线测试读数值×电缆长度

6. 测试芯线对地(电缆屏蔽层)绝缘电阻

测试接线方法参考实训三。

实训三 电缆线路障碍测试

一、实训目的

1. 掌握地气障碍点测定方法。
2. 掌握混线障碍点测定方法。

二、实训器材

1. 电缆故障测试器。
2. 电缆一盘。

三、实训操作方法与步骤

1. 地气障碍点测定

(1)在电缆的末端,把被测的好线与坏线各一根互相连接起来。

(2)测试端,将好线接在 X_1 端子上,坏线接在 X_2 端子上,如图 S3-1 所示。

(3)地端子连接电缆屏蔽层。

(4)先用测量环路电阻法,量出环路电阻值 R_{ab}。

(5)将量程变换倒向“V”。

(6)选择比率盘的比值,再调节变阻盘,使电桥平衡。

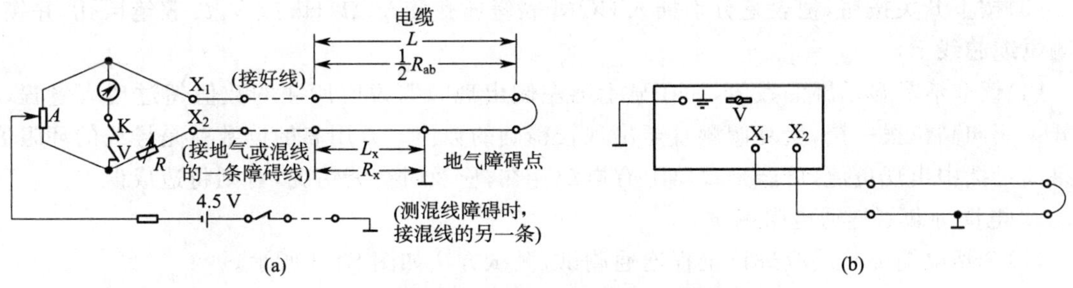

图 S3-1　地气障碍点测定的接线图

计算方法为：

$$R_X = \frac{R_{ab} - AR}{A+1}$$

2. 混线障碍点测定

混线障碍的测试如图 S3-2 所示，其测试原理和操作步骤基本上与地气测定方法一样，计算也完全使用同样的公式。所不同之处是：X_2 端子连接混线中的一条，地端子连接混线的另一条。

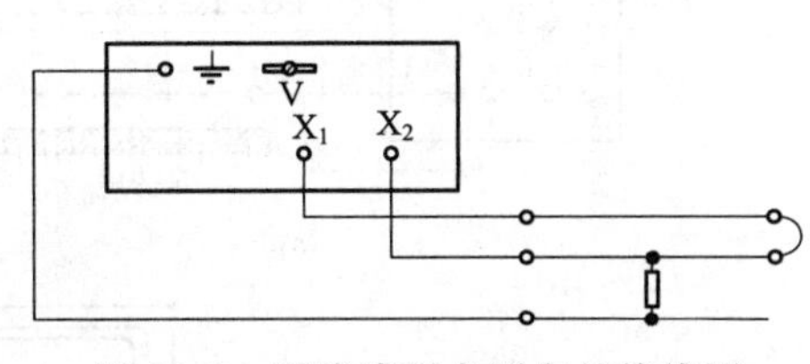

图 S3-2　混线障碍点测定的接线图

实训四　环路电阻和屏蔽层电阻测试

一、实训目的

1. 掌握环路电阻的测试方法。
2. 掌握电缆屏蔽层电阻的测试方法。

二、设备及仪器

1. 万用表。
2. 电缆若干。

三、内容与步骤

1. 环路电阻的测试

(1)将被测电缆芯线的始端与机房断开，在被测电缆的末端将两根芯线短路，如图 S4-1 所示。

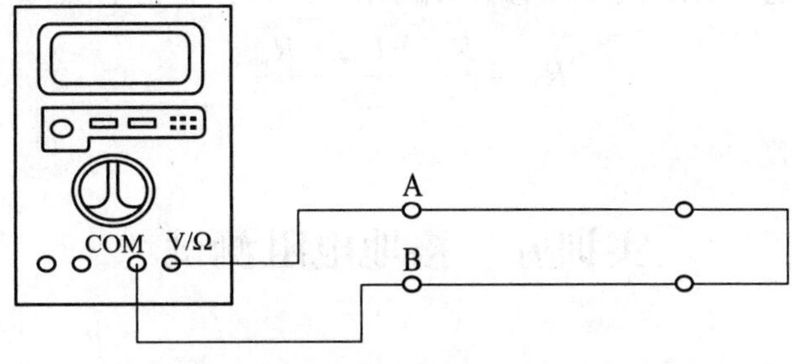

图 S4-1　环路电阻的测试原理图

(2)根据电缆程式和长度，将数字式万用表的挡位量程选择钮转向“Ω”量程范围的适当挡位。

(3)按下开关按钮,把表笔分别插入 COM 表笔插孔和 V/Ω/Hz 或 V/Ω 表笔插孔,并接至被测电缆芯线上。

(4)读取液晶显示屏的数值,如在显示屏左侧出现“1”,说明所测的数值超过现有量程,量程开关应向高位拨一挡,反复调测直至出现较精确的数值。万用表的读数就是导线的环阻值。如果测量挡中出现负值,可能是线路上有电源存在,应及时查清情况,否则将造成误差。

2. 电缆屏蔽层连通电阻测试

(1)全塑电缆屏蔽层应进行全程连通测试,测试方法如图 S4-2 所示。

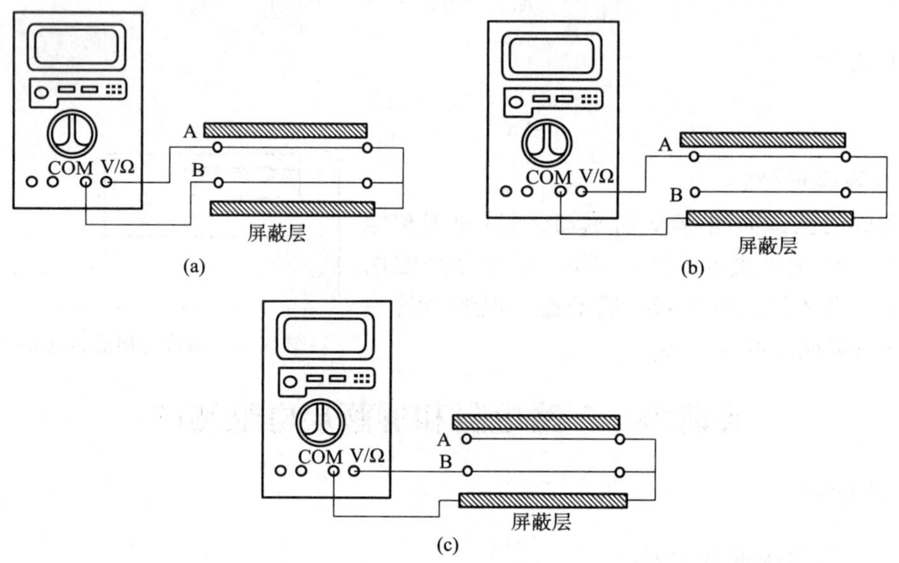

图 S4-2 屏蔽层连通电阻的测试原理图

(2)全塑电缆屏蔽层连通电阻测试步骤

先要在被测电缆末端将一根屏蔽线牢固地卡接在电缆屏蔽层,选一对良好芯线,将其末端 a、b 线短路,并与电缆屏蔽线连通。

打开万用表开关,万用表连线插接正确,万用表量程开关拨到电阻量程范围,选择适当的测试挡,准确读取读数。

① 测试线对环路电阻 R_{ab}。

② 测试 a 线与电缆屏蔽层的环路电阻 R_{ae}。

③ 测试 b 线与电缆屏蔽层的环路电阻 R_{bc},用下式来计算出电缆每公里屏蔽层连通电阻:

$$R_{屏}=\frac{R_{ae}+R_{be}-R_{ab}}{2L}$$

式中,L 为被测电缆长度。

实训五 接地电阻测试

一、实训目的

1. 掌握 ZC-8 型接地电阻测量仪的使用方法。
2. 掌握接地电阻测量测试方法。

二、设备及仪器

1. ZC-8 型接地电阻测量仪。

2. 对称电缆一盘。

三、内容与步骤

1. 接测试导线：用 5 m 导线连接 P_2 端子与接地极，电位极用 20 m 接至 P 端子上，电流极用 40 m 接 C 端子上，如图 S5-1 所示。

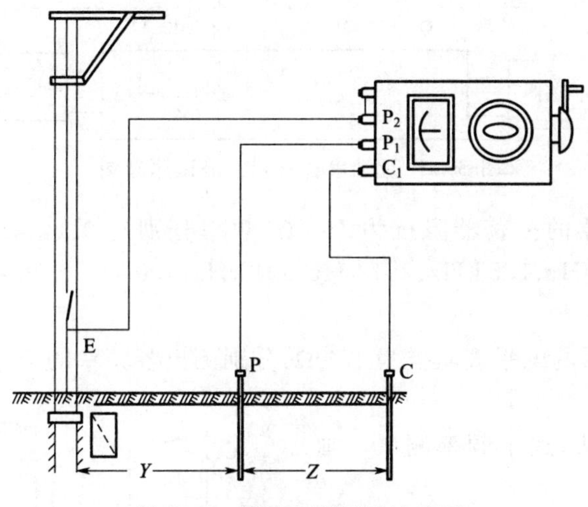

图 S5-1　接地电阻测试连线图

2. 表放平，检查表针是否指零位，若不为零，应调节到零位。

3. 转动倍率盘到某数位置，如×0.1、×1、×10。

4. 以 120 rad/min 摇动发电机，同时也转动测量盘使表针稳定在“零”位上不动为止。此时测量盘指示的刻度读数乘以倍率读数即为被测电阻值，即：

被测电阻值(Ω)＝测量盘指数×倍率盘指数

实训六　电缆串音测试

一、实训目的

1. 掌握对称电缆四线组回路间近端串音衰减测试方法。

2. 掌握对称电缆四线组回路间远端串音防卫度测试方法。

3. 掌握串音衰减测试器的使用方法。

二、设备及仪器

1. 串音衰减测试器。

2. 仪表配套使用测试线。

3. 150 Ω 终端电阻。

4. 对称电缆一盘。

三、内容与步骤

1. 近端串音衰减 A_0 的测试

(1)按串音衰减测试器的测试原理图接线,如图 S6-1 所示。测试时先选择同一四线组两对回路,然后再选择组间的两对回路,测试的数据填写在测试报告中的有关表格内。

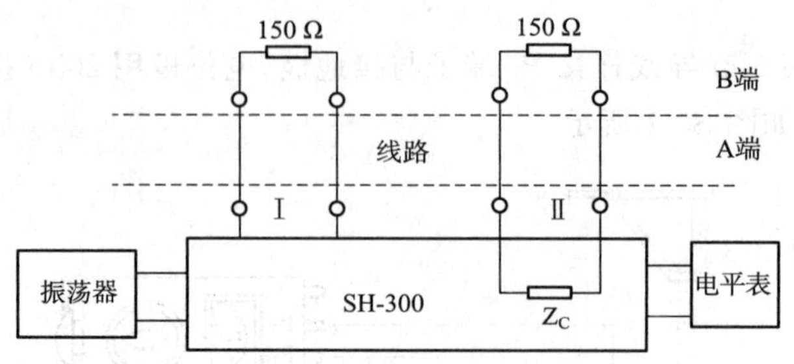

图 S6-1　近端串音衰减的测试原理图

(2)串音衰减测试器的振荡器阻抗为 150 Ω,频率分别送 0.25 kHz、0.3 kHz、0.4 kHz、0.6 kHz、0.8 kHz、1.0 kHz、1.6 kHz、2.4 kHz、3.4 kHz、4.0 kHz、150 kHz、1 024 kHz,输出电平均为 $P_1=0$ dB。

(3)串音衰减测试器的电平表阻抗为 150 Ω,分别测出各频率的 P_{20}。

(4)$A_0=P_1-P_{20}$。

(5)依上述测试方法,逐个频率测试。画出 A_0 与 f 变化关系曲线。

2. 远端串音防卫度的测试

(1)按串音衰减测试器的测试原理图接线,如图 S6-2 所示。测试时先选择同一四线组两对回路,然后再选择组间的两对回路,测试的数据填写在测试报告的有关表格内。

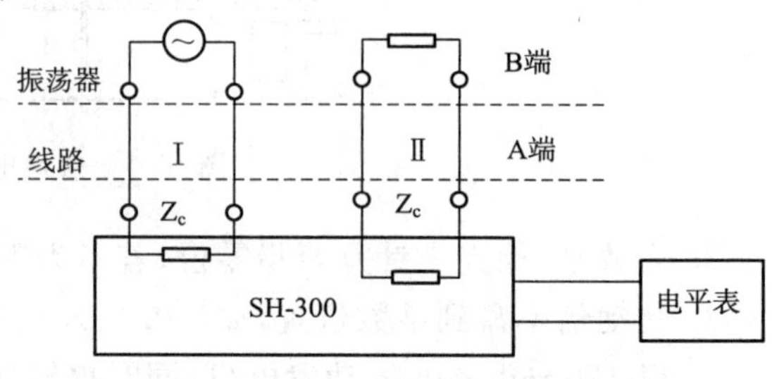

图 S6-2　远端串音防卫度的测试原理图

(2)串音衰减测试器的振荡器阻抗为 150 Ω,频率分别送 0.25 kHz、0.3 kHz、0.4 kHz、0.6 kHz、0.8 kHz、1.0 kHz、1.6 kHz、2.4 kHz、3.4 kHz、4.0 kHz、150 kHz、1 024 kHz,输出电平均为 0 dB。

(3)串音衰减测试器的电平表阻抗为 150 Ω,分别测出各频率的 $P_{信}$ 和 $P_{串}$。

(4)$A_u=P_{信}-P_{串}$。

(5)依上述测试方法,逐个频率测试,即可得 A_u 与 f 特性曲线。

实训七　环路电阻、不平衡电阻测试

一、实训目的

1. 掌握环路电阻的测量方法。
2. 掌握不平衡电阻的测量方法。

二、设备及仪器

1. 电桥。

2. 电缆若干。

三、内容与步骤

1. 环路电阻的测量

(1)测量原理如图 S7-1 所示。

$$X=\frac{A}{B}R$$

式中,A/B 为比率臂指示值;R 为比较臂指示值;X 为环路电阻的阻值。

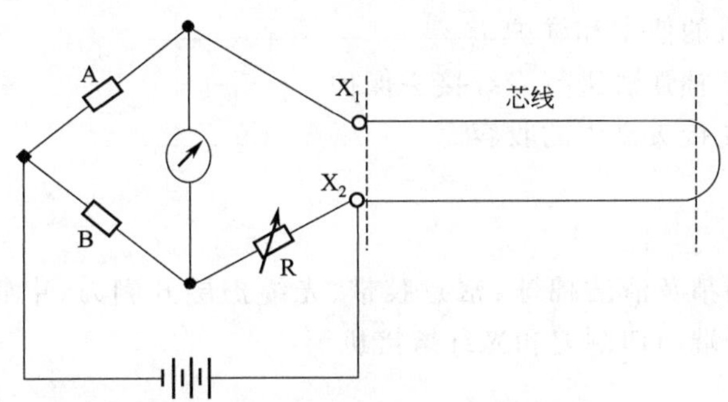

图 S7-1　环路电阻测量原理图

(2)测量步骤

被测电缆芯线始端接在仪器的 X_1 和 X_2 接线端子上,末端混线。断接开关扳向“接入”,电键扳向 R,调整检流计,使指针指零。约估被测环阻值范围,按约估数调节比率臂的指示值,顺序按下 G 钮(0.01、0.1、1),再调节比较臂旋钮,使检流计指针在零线上无偏转,此时测量的结果可按上式计算。

当测量阻值大于 104 Ω 时,若发现检流计指针偏转不显著,可在仪器 G 接线端子上外接高灵敏指示仪表。此时已自动断开内接检流计线路。

2. 不平衡电阻的测量

如图 S7-2 所示,仪器的比率臂调节在 1/1 处。电键扳向 V 的位置,电桥取得平衡时的比较臂读数,即为导线的不平衡电阻值 ΔR。

$$\Delta R=R_a-R_b$$

若被测导线的电阻值较低,其不平衡电阻值较小,有可能使仪器的比较臂读数仅一位或无法平衡,则应该采用检流计指针分度偏读法来增加比较臂可读位数。

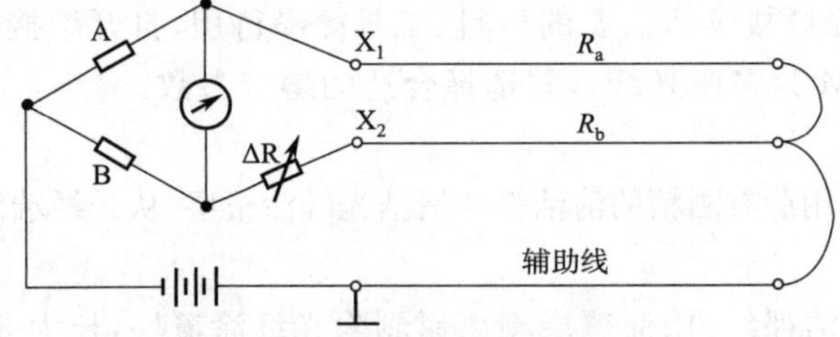

图 S7-2　不平衡电阻的测量原理图

由于电桥平衡条件必须满足 $R_a > R_b$，所以若发现电桥不能取得平衡时，可将 X_1 和 X_2 接线端互换。采用此方法时，不适宜用大地作为辅助线，因接地时会产生极化电流和带来其他杂散电流，给测量造成困难。

实训八　光纤熔接

一、实训目的

1. 掌握光缆的正确开剥方法。
2. 掌握应用光纤切割刀进行光纤端面制作。
3. 掌握光纤熔接机的使用和维护。
4. 掌握运用热可缩补强法进行光纤接头保护。
5. 掌握余留光纤在接头盒中的收容。

二、实训器材

光缆、热可缩管、酒精及清洁棉球、密封胶带、光缆护层开剥刀、束管钳、卡钳、扳手、螺丝刀、涂覆层剥离钳、光纤端面切割刀和光纤熔接机等。

三、实训操作方法与步骤

1. 光缆开剥及固定

(1)开剥光缆外护层。光缆开剥长度根据不同的接头盒确定。本次实训中光缆开剥长度为 1 200 mm。

将护套开剥刀放入光缆开剥位置，调整好光缆护套开剥刀刀片进深，沿光缆横向绕动护套开剥刀，将光缆护套割伤后拿下护套开剥刀，轻折光缆，使护套完全断裂，然后拉出光缆护套。

(2)打开光缆缆芯，将加强钢丝距外护套切断处留 80 mm，其余部分剪去，并剥去加强钢丝端点 45 mm 处的外护套。

(3)在距外护套切断处 140 mm 处将束管剥离，露出裸光纤，并用酒精棉球将光纤表面的油膏擦净。

(4)将已开剥好的光缆距外护套切断处 20 mm 处，用塑料自粘带缠绕至大于壳体进出光缆孔径 1 mm。

(5)分别将两端光缆用夹箍固定好后，再分别将两端加强钢丝穿入接地螺钉孔内，并且用螺母紧固螺钉，然后把光纤束管嵌入盘板的入口处，用尼龙扎带扎住束管。

2. 光纤熔接

(1)用酒精棉球将光纤接续所需要的材料、工具擦净待用，打开熔接机电源，选择熔接机模式(SM 为单模光纤，MM 为多模光纤)，并选择合适的熔接参数。

(2)制备光纤端面

①清洁光纤涂覆层：用蘸有酒精的清洁棉球清洁光纤涂覆层(从光纤端面往里大约 100 mm)。

②套光纤热缩管。

③去除涂覆层和清洁裸纤：用涂覆层剥离钳剥除光纤涂覆层，长为 30～40 mm。

④光纤端面切割：使用光纤端面切割刀切割光纤，光纤切割长度为 10～17 mm。端面做好后应保持光纤切割端面的清洁和无缺损，并立即将光纤放入熔接机，避免光纤端面与任何物

体接触。

(3)熔接机上放置光纤

①打开防风罩。

②打开左、右光纤压板,提起光纤压板也就打开了光纤压脚。

③放置光纤于V形槽中,光纤端面必须放置在V形槽前端和电极中心线之间,放置光纤时应注意防止光纤端面接触任何物体,以免损伤端面。

④轻轻关闭光纤压板以压住光纤。

⑤以同样的方法制备和安装第二根光纤。

⑥关闭防风罩。

(4)熔接操作

按“自动”键,光纤开始自动熔接。如果光纤状态检查及角度测量没有发生错误,熔接机将自动对准两侧光纤,然后熔接机产生一个高压放电电弧,使光纤熔接在一起。

当超过熔接损耗容限时,将显示错误信息,此时需重新熔接。在某些情况下,按“ARC”键,通过再放电可以改善熔接损耗,但在另一些情况下则可能恶化。

(5)取出光纤

①打开防风罩以及加热器夹具。

②把光纤热缩管移至熔接机左光纤压板,用左手拿住(以热缩管套在左光纤为例),然后打开右侧光纤压脚和光纤压板,最后打开左侧光纤压脚和光纤压板。

③左手拿住热缩管,右手拿住右侧光纤,从熔接机中取出光纤。

(6)熔接点加固

①将光纤热缩管滑至熔接处的中心,并确保加固金属体朝下。

②拉紧光纤的同时,将光纤放入加热器的中间位置,左边加热器夹具将自动关闭。

③继续拉紧光纤,用左手关闭右边加热器夹具。这可防止光纤在热缩套管内扭曲。

④按“HEAT”键,开始加热。

⑤打开左右加热器夹具,拉紧光纤,轻轻取出加固后的熔接点。

⑥观察热缩管内的气泡和杂质。

3. 盘纤

光缆接头必须留有一定长度的光纤,一般完成光纤连接后的余留长度(光缆开剥处到接头间的长度)为60～100 cm。进行光纤熔接,将熔接好的光纤盘于光纤盘板内,使每根光纤盘留半径大于45 mm,并用光纤加强管依次固定好。

实训九　光缆测试

一、实训目的

1. 通过实验加深对理论知识的理解。
2. 掌握OTDR的使用方法。
3. 掌握光纤参数测试的技能。

二、实训仪器

1. OTDR仪。

2. 光纤若干。

3. 活动连接器若干。

4. 酒精一瓶。

三、实训内容及步骤

1. 实训内容

(1)光纤断点测量。

(2)光纤两点平均损耗测量。

(3)光纤接头损耗测量。

2. 步骤

(1)菜单内容说明及基本操作

仪器具有五层菜单,即一层主菜单及四层子菜单,只要按显示屏右边中文显示对应的按键即可执行其功能。

(2)条件设置

应根据所测光纤或光缆的长度、特性以及对测量的不同要求,合理地选择量程、脉宽、衰减、折射率和光缆正系数。

①量程选择

每量程表示在该量程内可显示的最大距离。为避免第二次菲涅尔反射的影响,一般应使所选量程为被测光纤长度的 2 倍。

②脉宽选择

仪器对每量程可发射四种不同的光脉冲。光脉冲宽度增加,后向散射光功率增加,波形的信噪比(S/N)得到改善,但测距空间分辨率下降。脉冲宽度变窄,信噪比变差,但可提高测机空间分辨率。因此,脉冲宽度按测试目的予以选择,可发射光脉冲宽度取决于光插件和所选的测距量程。

③衰减调整

根据光纤信号的大小,调整 ATT,将程控放大器衰减调到最佳值。

按对应衰减的菜单键,即进入衰减调整。其最大值设定为 20.00 dB,最小为 0.00 dB。顺时针转动旋钮,衰减值增大;逆时针转动,衰减值减小。其变化步距为 1.25 dB。

④折射率设定

其默认值为 1.460 00,可在 1.000 00～1.999 99 范围内变化。

根据所测光纤段的不同特性,置入适当的折射率。

⑤光缆修正系数调整

其默认值为 1.000 0,可在 0.800 0～1.000 0 范围内变化。

(3)量程选择

主要是根据测量要求对测得的波形进行分析所使用的方法。

①算法

算法就是测损耗所使用的计算方法,包括两点法(TPA)、最小二乘法(LSA)、合成法(ALL)以及平均处理预制次数。

由于 OTDR 测长能力有限,距离越远,信噪比越差,因此应根据不同的光纤段合理选择两点法、最小二乘法或合成法以提高测损耗精度。

按对应“算法”的菜单键即进入算法选择菜单，此时再按与菜单对应的按键选择不同的算法，则在屏幕左下角相应位置显示其英文代号。当选择好算法后，按“返回”键确认，以便进行其他操作。

②项目选择

在测试的光纤中如果存在断点、连接点以及熔接点，如何知道断点、连接点的菲涅尔反射大小，熔接点的熔接损耗大小以及所测光纤段的平均衰耗呢？此时就可以通过项目选择来测出这些值的大小。

按对应“平均损耗”的菜单键，可以测出任意两标志点之间的距离、损耗及两标志点的平均损耗。

按对应“连接损耗”的菜单键，可以设置四个标志点，前两个标志点置于第一段光纤上，后两个标志点置于第二段光纤上，此时在屏幕相应位置将显示两段光纤的平均损耗以及连接损耗。

按对应“反射损耗”的菜单键，可测出菲涅尔反射峰大小。把第一个标志点置于菲涅尔反射峰的起始点，第二个标志点置于峰顶，即可测出该点的反射损耗。

③事件阈值

当对测得的波形进行自动搜索事件点时所设定的损耗阈值，即为事件阈值。事件阈值范围为 0.005～5.000 dB，其默认值为 0.005 dB。

④波形分析

当按“波形分析”菜单键时，仪器将根据给定的事件阈值对测得的波形进行事件点自动搜索。

⑤事件表

如果对波形进行过波形分析或自动测试，此时可按对应“事件表”的菜单键调用事件表，了解所搜索到的事件点位置、性质及损耗大小。

3. 一般操作步骤

(1)接通电源

确认供给电源为交流 220 V±22 V 或专用电源，并确认仪器熔丝管为 2 A 后，将电源线插头与仪器后面板上的电源插座相连。

接通电源开关，面板上全部指示灯点亮。仪器自测试通过后，键盘各按键进入工作状态。

(2)波长、群折射率及光缆修正系数设定

当仪器具有 1 310/1 550 nm 双波长功能时，按面板上的“λ”键可在 1 310 nm 和 1 550 nm 波长间选择所需的光波长。否则不用选择“λ”。

按“折射率设定”和“光缆修正系数调整”的操作方法，设定光纤群折射率及光缆修正系数。

(3)测试光纤光缆的连接

将待测光纤光缆与光插件的光输出适配器相连。连接步骤如下：

①必须确保光连接器无灰尘污染，无任何外部杂物。

②用无水酒精棉球清洗光连接器的端面，加上匹配油。

③将光输出盒盖板向左移动。

④将光纤光缆连接器小心地插入光输出适配器，且适当旋紧。

⑤慢慢松回盖板。